I0813795

Madinat al-Zahra

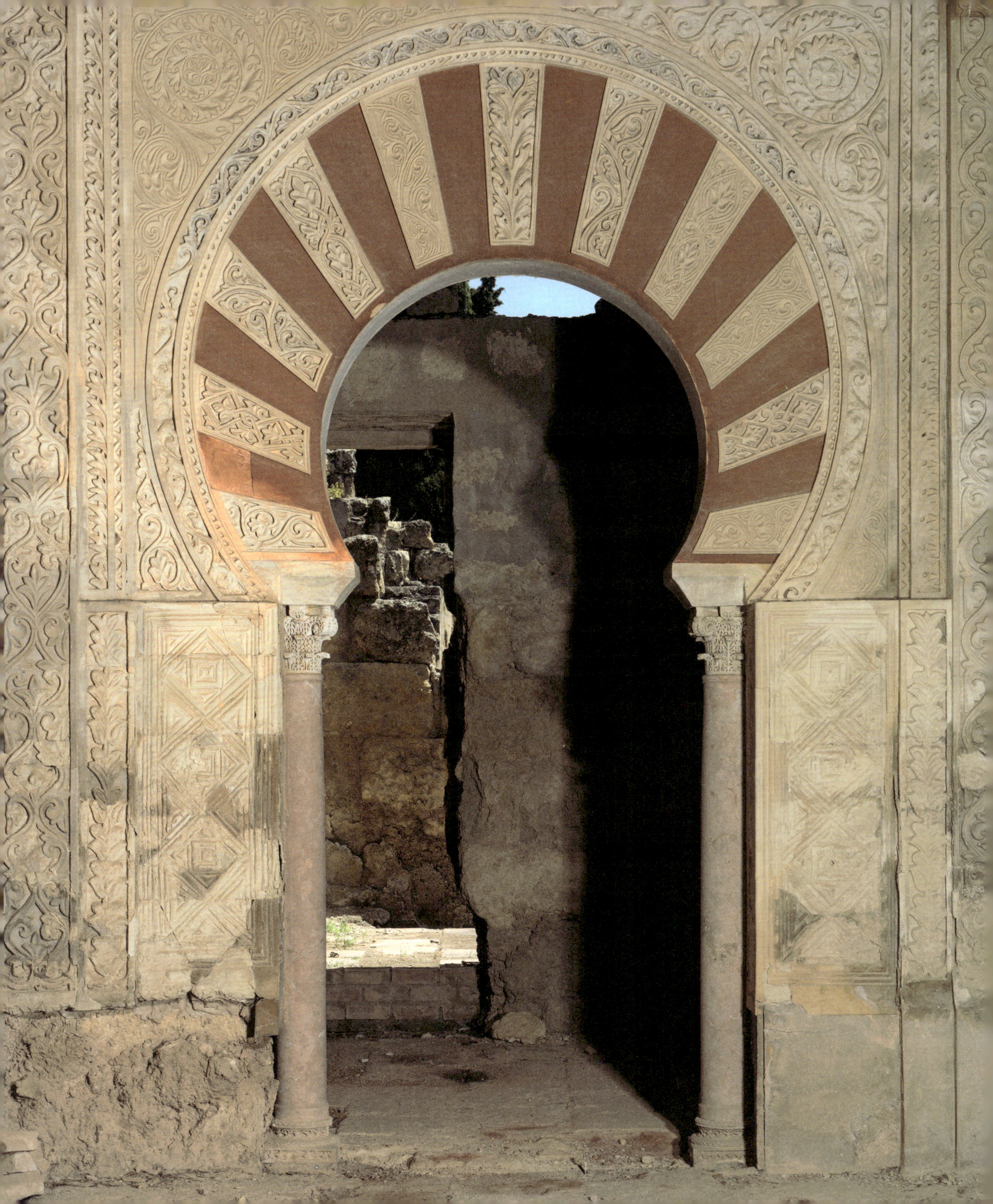

Madinat al-Zahra

The Radiant Capital of Islamic Spain

Edited by Antonio Vallejo Triano and Eduardo Manzano Moreno

Including contributions by Maribel Fierro Bello, Gerrit Bos, Patrice Cressier, Miquel Forcada, Teresa Garulo, Tawfiq Ibrahim, Fabian Käs, Ana Labarta, Eduardo Manzano Moreno, M. Antonia Martínez Núñez, Jorge Elices Ocón, Mariam Rosser-Owen, Irene Montilla Torres, Antonio Vallejo Triano, and Mercè Viladrich

INSTITUTE FOR THE STUDY OF THE ANCIENT WORLD
AT NEW YORK UNIVERSITY

PRINCETON UNIVERSITY PRESS, PRINCETON AND OXFORD

This catalogue is published by the Institute for the Study of the Ancient World at New York University and distributed by Princeton University Press on the occasion of the exhibition *Madinat al-Zahra: The Radiant Capital of Islamic Spain* at the Institute for the Study of the Ancient World, October 30, 2024 – March 2, 2025.

EXHIBITION

Concept and Direction
Roberta Casagrande-Kim

Curatorial Team
Antonio Vallejo Triano
Eduardo Manzano Moreno

Exhibitions Registrar and Installations Manager
Joanna Salicki

Publications and Interpretive Manager
Taylor McBride

Curatorial Assistant
Carl Walsh

Financial Analyst
Sophy Chu

Exhibition Designer
Ian Sullivan

Graphic Designer
Laura Grey

Lighting Designer
Mary Ann Hoag

LENDERS

American Numismatic Society
Brooklyn Museum
Conjunto Arqueológico Madinat al-Zahra
The Hispanic Society of America
The Metropolitan Museum of Art
Museo Arqueológico y Etnológico de Córdoba
Museo Arqueológico Municipal de Jerez de la Frontera
Museo Provincial de Jaén

CATALOGUE

Editor
Eduardo Manzano Moreno
Antonio Vallejo Triano

Managing Editor
Taylor McBride

Designer
Laura Grey
Bella Bennett

Copy Editor
Mary Cason

Proofreader
Gretchen Dykstra

Color Separations and Printing
Conti Tipocolor S.p.A

This exhibition and its accompanying catalogue were made possible by generous support from the Achelis and Bodman Foundation, the Gladys Krieble Delmas Foundation, and the Leon Levy Foundation. Additional funding provided by Liz and Iris Fernandez Zimick.

Contents

Transliteration Note

Selecting a transliteration scheme for this exhibition catalogue was not an easy task. Not only do these essays include several languages, we also faced the challenge of deciding between following one convention or including conventions common to both English and Spanish readers. We needed a system that would be comprehensible to the general reader but was also sensitive to the nuances of each language. The catalogue follows the transliteration guidelines set forth by the *International Journal of Middle East Studies* for both the English and Spanish, with some deviations and exceptions. Diacritics have also been maintained for most words. While employing a single transliteration system for multiple languages requires some compromises, the central goal was to have consistency throughout the catalogue.

Nota sobre la transliteración

Seleccionar el esquema de transliteración para el catálogo de esta exposición no fue una tarea fácil. Los ensayos que contiene no solo incluyen varios idiomas, sino que además enfrentamos el desafío de escoger entre seguir una única convención o utilizar convenciones comunes para los lectores tanto del inglés como del español. Necesitábamos un sistema que fuera comprensible para el público en general, sin dejar de lado los matices de cada idioma. El catálogo sigue las normas de transliteración del *International Journal of Middle East Studies* tanto para el inglés como para el español, con algunas desviaciones y excepciones. Los signos diacríticos se han mantenido en la mayoría de las palabras. Si bien el empleo de un único sistema de transliteración para varios idiomas requiere hacer algunas cocesiones, el objetivo central fue la coherencia en todo el catálogo.

Letter from ISAW

Carta del ISAW

Alexander Jones
Leon Levy Director, ISAW

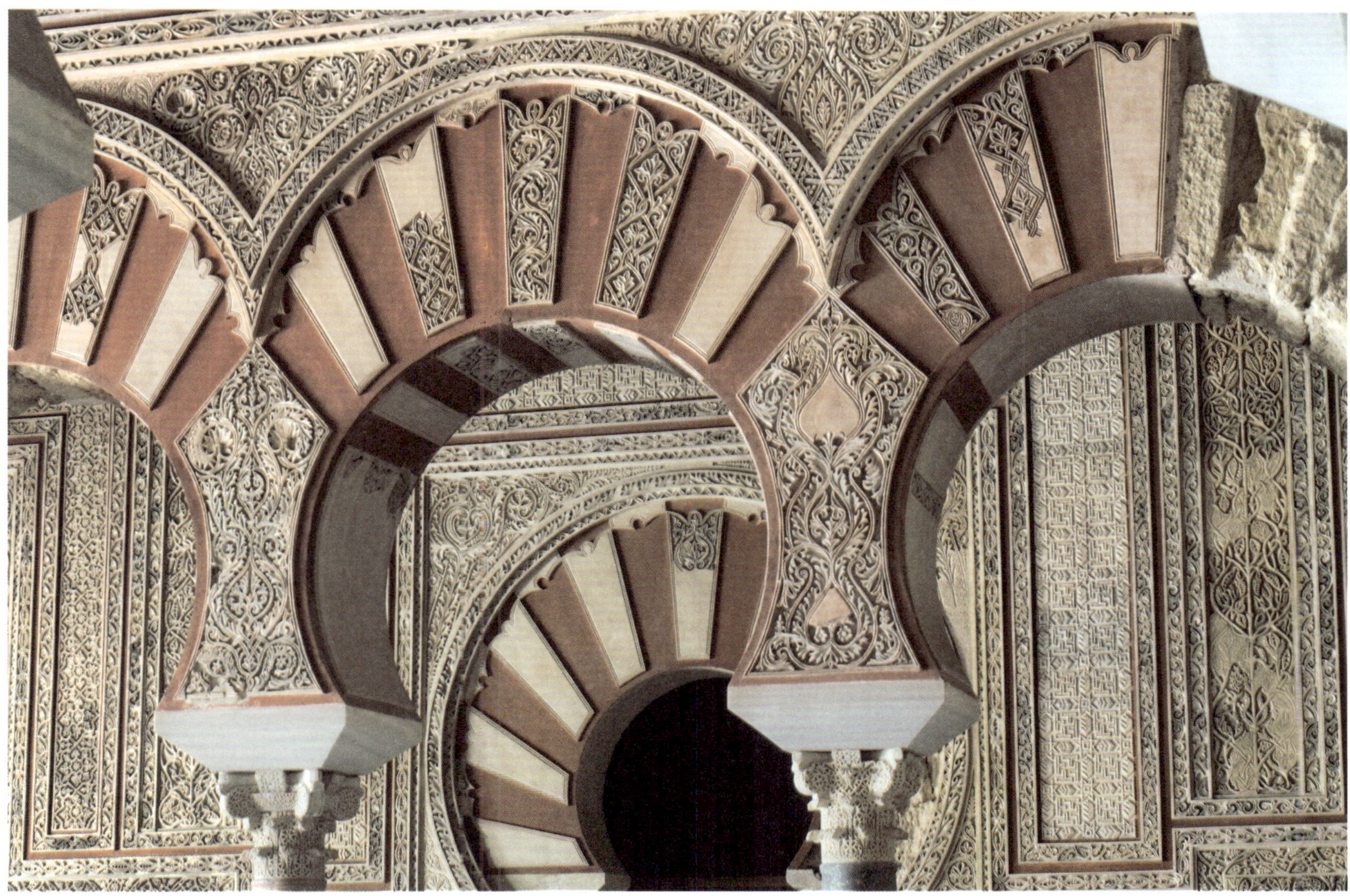

View of the interior of the Salón Rico. Image courtesy of Conjunto Arqueológico Madīnat al-Zahrā'. Vista del interior del Sálon Rico. Fotografía del Conjunto Arqueológico Madīnat al-Zahrā'.

The story of the Islamic kingdoms of Europe is one that has remained little told, and yet the gleaming capital of the Umayyad caliphs in Spain was a famed center of the sciences, arts, and literature in the medieval world. *Madinat al-Zahra: The Radiant Capital of Islamic Spain* and its catalogue present this unique moment in Spanish history, when the westernmost part of Europe was largely ruled by the Umayyad caliphs in the tenth century CE. Based at Madīnat al-Zahrā' (936–1013 CE), a fortified palace-capital at the western outskirts of Córdoba, the Umayyads transformed the Iberian Peninsula, which they named al-Andalus, into a thriving, bustling hub for poets, scholars, artists, and diplomats from Baghdad to Byzantium. The resulting confluences of cultures led to a unique cosmopolitan society composed of people of different faiths and beliefs coexisting under the rule of the caliphs.

Madinat al-Zahra spotlights the cultural accomplishments of the Umayyads and their capital through architectural elements, luxury goods, pottery, coins, and scientific instruments. These not only showcase how

La historia de los reinos islámicos de Europa se ha contado en muy pocas ocasiones; no obstante, la resplandeciente capital de los califas omeyas en España era un reconocido centro de ciencias, artes y literatura del mundo medieval. *Madinat al-Zahra: The Radiant Capital of Islamic Spain* y su catálogo presentan este momento extraordinario en la historia de España durante el siglo X e. c., en el que la mayor parte del extremo oeste de Europa era gobernada por califas omeyas. Con sede en Madīnat al-Zahrā' (936-1013 e. c.), un palacio-capital fortificado en las afueras del oeste de Córdoba, los omeyas transformaron la península ibérica—a la que llamaron al-Andalus—en un pujante y ajetreado centro para poetas, académicos, artistas y diplomáticos que provenían de diversos lugares, desde Bagdad hasta Bizancio. Esta confluencia de culturas dio como resultado a una sociedad cosmopolita única compuesta por personas de diferentes creencias y religiones que convivían bajo las normas de los califas.

La arquitectura, los bienes de lujo, la alfarería, las monedas y los instrumentos científicos de *Madinat*

fashions and tastes were shaped through contemporary diplomacy, politics, and trade, but also vividly illustrate the significant cultural impacts of Islamic traditions in al-Andalus. These impacts are explored further in this catalogue, which delves into the pursuits of caliphal court culture such as astronomy, poetry, and medicine, as well as the multicultural nature of society at the time. The cultural impacts of Islamic Spain would last long after the reconquest by Christian kingdoms, and would eventually become key aspects of Spanish cultural heritage as we know it today.

ISAW exhibitions depend on the generosity of our lenders, and I extend my sincere thanks to the Spanish museums whose objects form the core part of *Madinat al-Zahra*: Conjunto Arqueológico Madīnat al-Zahrāʾ, Museo Arqueológico y Etnológico de Córdoba, Museo Provincial de Jaén , and Museo Arqueológico Municipal de Jerez de la Frontera. I would also like to acknowledge the Metropolitan Museum of Art, the Brooklyn Museum, the American Numismatic Society, and the Hispanic Society Museum & Library for the loans that they generously provided.

My deepest thanks go to our guest curators, Antonio Vallejo Triano, Director of the Conjunto Arqueológico Madīnat al-Zahrāʾ, and Eduardo Manzano Moreno, Research Professor at the Consejo Superior de Investigaciones Científicas in Madrid, whose vision guided the exhibition from its inception and who made possible many of the loans from the Conjunto Arqueológico Madīnat al-Zahrāʾ. I would also like to congratulate the contributors for their outstanding essays in this catalogue.

We are particularly grateful for the long-standing support of the Leon Levy Foundation, which allows ISAW to continue to fulfill its mission of presenting innovative and engaging stories about the ancient world through its exhibition program. We would also like to thank the Achelis and Bodman Foundation, the Gladys Krieble Delmas Foundation, and Liz and Iris Fernandez Zimick for their generous support, which made this exhibition possible.

Madinat al-Zahra was the product of the dedicated work of our ISAW exhibitions team and collaborators, who all deserve praise for their expertise in putting this show together. Ian Sullivan, our exhibition designer, has again shaped an engaging and memorable space for our visitors to explore. Laura Grey, our graphic designer, has superbly crafted the design of our catalogue and exhibition website. The gallery didactics and exhibition catalogue could not have come together without the creative and professional eye of Taylor McBride, ISAW Publications

al-Zahra destacan los logros culturales de los omeyas y su capital. Todo esto no solo pone de manifiesto cómo la diplomacia, la política y el comercio contemporáneos moldearon la moda y los gustos, sino que también ilustra con claridad la importancia de los impactos culturales de las tradiciones islámicas en al-Andalus. Esas consecuencias se analizan a fondo en este catálogo, que examina en profundidad los intereses culturales de la corte califal, como la astronomía, la poesía y la medicina, además de la naturaleza multicultural de la sociedad de esa época. Los impactos culturales de la España islámica perduraron por mucho tiempo luego de la reconquista de los reinos cristianos y, con el tiempo, se convirtieron en aspectos clave de la herencia cultural española como la conocemos hoy en día.

Las exposiciones del ISAW dependen de la generosidad de quienes nos ceden en préstamo sus obras, por eso deseo extender mi más sincero agradecimiento a los museos españoles cuyos objetos conforman la parte principal de *Madinat al-Zahra*: el Conjunto Arqueológico Madīnat al-Zahrāʾ, el Museo Arqueológico y Etnológico de Córdoba, el Museo Provincial de Jaén, y el Museo Arqueológico Municipal de Jerez de la Frontera. También me gustaría reconocer al Metropolitan Museum of Art, al Brooklyn Museum, a la American Numismatic Society y al Hispanic Society Museum & Library por los préstamos que aportaron con generosidad.

Agradezco profundamente a nuestros curadores invitados, Antonio Vallejo Triano, Director del Conjunto Arqueológico Madīnat al-Zahrāʾ, y Eduardo Manzano Moreno, profesor investigador del Consejo Superior de Investigaciones Científicas de Madrid, cuyos aportes guiaron la exposición desde sus orígenes y quienes hicieron posible la concreción de muchos de los préstamos del Conjunto Arqueológico Madīnat al-Zahrāʾ. También quisiera felicitar a los autores y autoras de los ensayos por sus destacadas contribuciones a este catálogo.

Estamos particularmente agradecidos a la Leon Levy Foundation por apoyarnos desde hace mucho tiempo y por permitir que el ISAW siga cumpliendo su misión de presentar historias innovadoras e interesantes acerca del mundo antiguo mediante su programa de exposiciones. También queremos agradecer a la Fundación Achelis y Bodman y a la Fundación Gladys Krieble Delmas su generoso apoyo, que ha hecho posible esta exposición.

Madinat al-Zahra es el resultado de la dedicación del equipo de exposiciones y colaboradores del ISAW, todos ellos merecedores de nuestros elogios por su pericia en la organización de esta muestra. Ian Sullivan, nuestro diseñador de exposiciones, creó, una vez más, un espacio

and Interpretive Manager, and her team of collaborators: Mary Cason, Gretchen Dykstra, Conti Tipocolor, Full Point Graphics, and Duggal. Joanna Salicki, our Registrar and Installations Manager, meticulously oversaw all aspects of receiving, installing, and subsequently returning loans with the help of her team of professionals: MaryAnn Hoag, lighting designer; Scott Hoefer at Insight Exhibits; Amy Haskins and Beth Brideau at Object Mounts; Corrado Verini, LD and AV supervisor; Dietl International, who ships such precious cargo; and our talented team of art handlers. Sophy Chu, Exhibition Finance Analyst, kept the exhibition team within the budget and oversaw the gallery-attendants program that allowed our galleries to be open to the public. Carl Walsh, our new Curatorial Assistant, researched and wrote the didactics for the exhibition website and our first exhibition guide on Bloomberg Connects, and oversaw the outreach and graduate student docent programs. It is always a pleasure to have ISAW students working with the exhibitions team, and special congratulations go to this year's practicum student Lylaah Bhalerao for her dedicated work on all aspects of the exhibition, but particularly in writing didactic content for Bloomberg Connects, the exhibition website, and galleries. Special thanks also go to former practicum student Nour Ammari for selecting and studying the caliphal coins for the exhibition and for her contribution on numismatics in the exhibition's website. Thanks also to our museum studies intern Mina Turunc for designing and installing vitrines at ISAW exploring the reception of Islamic Spain, to complement the exhibition.

Finally, our profound thanks to the leadership of Roberta Casagrande-Kim, the ISAW Bernard and Lisa Selz Director of Exhibitions and Gallery Curator. Roberta is leading the exhibitions team in bold new directions for presenting stories on the ancient world, and we look forward to what the future holds for ISAW exhibitions.

atractivo y memorable para nuestros visitantes. Laura Grey, nuestra diseñadora gráfica, ha trabajado de manera extraordinaria en el diseño de nuestro catálogo y del sitio web de la exposición. El material didáctico y el catálogo de la exposición no hubieran sido posibles sin la perspectiva creativa y profesional de Taylor McBride, gerente de Publicaciones e Interpretaciones del ISAW, y su equipo de colaboradores: Mary Cason, Gretchen Dykstra, Conti Tipocolor, Full Point Graphics y Duggal. Joanna Salicki, nuestra gerente de Admisiones e Instalaciones, supervisó con meticulosidad todos los aspectos concernientes a la recepción y la instalación, y la posterior devolución de los préstamos con la ayuda de su equipo de profesionales: MaryAnn Hoag, diseñadora de iluminación; Scott Hoefer de Insight Exhibits; Amy Haskins y Beth Brideau de Object Mounts; y Corrado Verini, supervisor de LD y AV; Dietl International, que transporta tan preciado cargamento; y nuestro talentoso equipo de manipuladores de obras de arte. Sophy Chu, analista financiera de exposiciones, contribuyó a que el equipo trabajara dentro de los márgenes del presupuesto previsto y supervisó los programas de asistentes a las galerías que permitieron que nuestras salas estuvieran abiertas al público. Carl Walsh, nuestro nuevo curador asistente, investigó y escribió los materiales didácticos para el sitio web de la exposición y nuestra primera guía de la exposición para Bloomberg Connects; además, supervisó el programa docente de extensión comunitaria y estudiantes graduados. Siempre es un placer que los estudiantes del ISAW trabajen con el equipo de exposiciones; y Lylaah Bhalerao, la residente de este año, merece una felicitación especial por la dedicación con la que trabajó en todos los aspectos de la exposición, pero sobre todo, en la escritura del contenido didáctico para Bloomberg Connects, el sitio web de la exposición y las galerías. Un agradecimiento especial también a la antigua alumna de prácticas Nour Ammari por la selección y el estudio de las monedas califales para la exposición y las galerías y por sus aportaciones sobre numismática para el sitio web de la exposición. Gracias a la pasante de museología Mina Turunc por diseñar e instalar las vitrinas del ISAW que exploran la recepción de la España islámica y complementan la exposición.

Finalmente, nuestro profundo reconocimiento al liderazgo de Roberta Casagrande-Kim, directora de exposiciones "Bernard and Lisa Selz" y curadora de galerías del ISAW. Roberta dirige el equipo de exposiciones por nuevos y audaces rumbos para presentar historias del mundo antiguo, y esperamos con ansias lo que el futuro traiga para las exposiciones del ISAW.

Letter from the Junta de Andalucía

Carta de la Junta de Andalucía

Patricia del Pozo Fernández
Minister of Tourism, Culture, and Sport
of the Regional Government of Andalusia

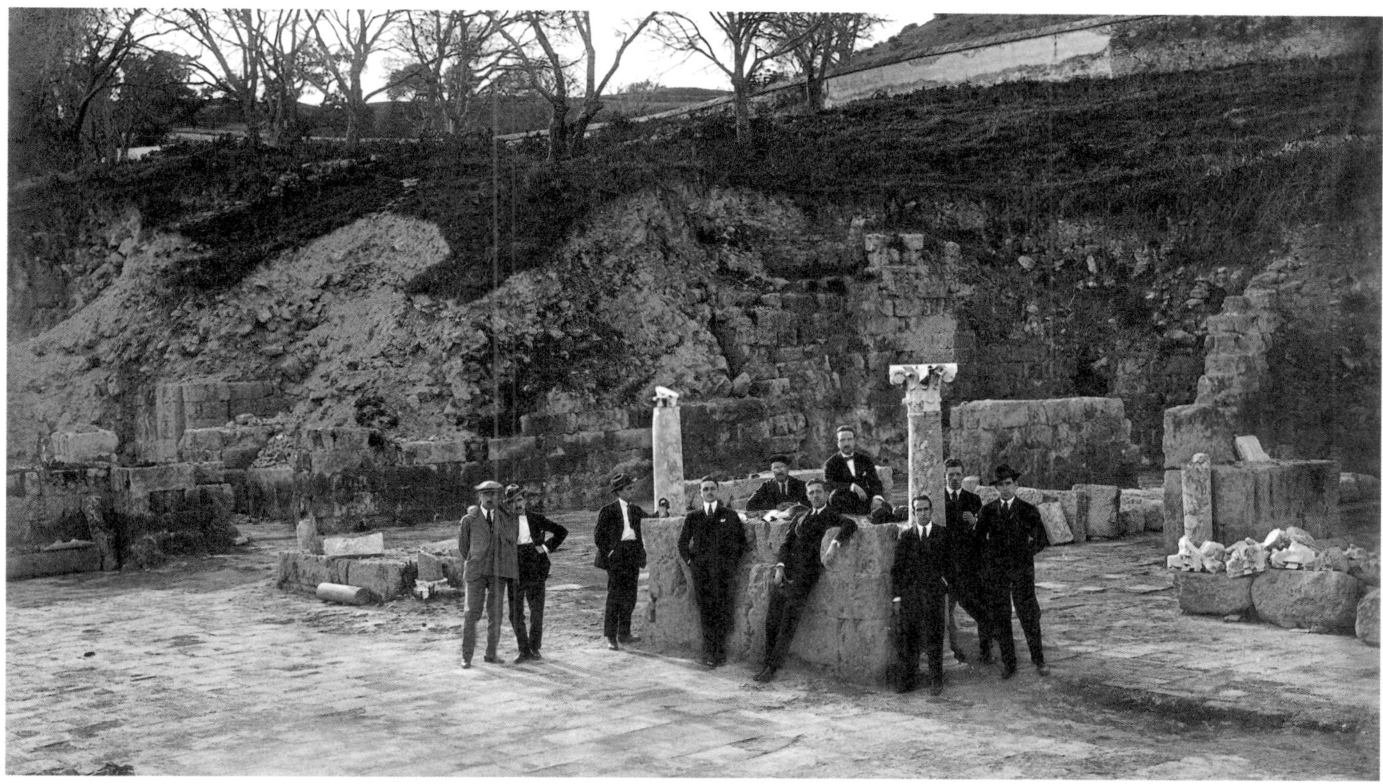

Excavation of the Dār al-Jund in 1918. Image courtesy of Conjunto Arqueológico Madīnat al-Zahrā'. Excavación del Dār al-Jund en 1918. Fotografía del Conjunto Arqueológico Madīnat al-Zahrā'.

As an admirer of the excellent joint initiative between the Institute for the Study of the Ancient World (ISAW) at New York University and the Conjunto Arqueológico Madīnat al-Zahrā', I write these words with my most sincere thanks to those who have made this exhibition, *Madinat al-Zahra: The Radiant Capital of Islamic Spain*, possible.

This exhibition assembles a comprehensive picture of the great Umayyad caliphate of al-Andalus, what we are now, and what we owe to it: imagination, art, internationalism, and innovation. This groundbreaking exhibition brings together one of the Junta de Andalucía's iconic cultural spaces, which is also a UNESCO World Heritage Site, with a prestigious American institution for a joint celebration and promotion of a cultural legacy for which we are proud flag bearers.

This exhibition in New York will allow us to show American audiences the wonders of the caliphal city of Madīnat al-Zahrā', an outstanding example on the international stage of Andalusian art and archeology. Due to its extraordinary artistic and cultural legacy, this will be one of the best introductions for the American people to experience the rich cultural history managed by the Regional Government of Andalucía.

Admirada por la excelente iniciativa conjunta del Institute for the Study of the Ancient World (ISAW), de la New York University y del Conjunto Arqueológico Madīnat al-Zahrā', escribo estas letras con mi más sincero agradecimiento a quienes han hecho esta exposición posible: *Madinat al-Zahra: The Radiant Capital of Islamic Spain.*

Esta muestra recoge mucho de lo que fue el gran califato omeya de al-Andalus y de lo que actualmente somos y le debemos: innovación, arte, internacionalismo y vanguardia. Esta muestra pionera une por vez primera uno de nuestros más insignes espacios culturales, que es además Patrimonio Mundial de la UNESCO, con una prestigiosa institución estadounidense, para una común puesta en valor y la difusión de un legado patrimonial del que somos referente.

Esta exposición en Nueya York permitirá mostrar de forma directa al público estadounidense las maravillas de la antigua ciudad califal de Madīnat al-Zahrā', un referente mundial del arte y la arqueología andalusí por su extraordinario legado artístico y cultural, la mejor carta de presentación para el pueblo americano del rico patrimonio histórico cultural que gestiona la Junta de Andalucía.

1.

An Islamic Caliphate in the Heart of Europe: A Historical Approach

Un califato islámico en el corazón de Europa: Una aproximación histórica

Eduardo Manzano Moreno
Instituto de Historia, CSIC

The distant antecedent that led to the emergence of an Islamic caliphate in the Iberian Peninsula in the tenth century CE/fourth century Hijri is to be found in the early Arab expansion that followed the preaching of the Prophet Muḥammad. This expansion swept the Sasanian empire and most territories of its Byzantine rival in the Near East, and extended to the southern shores of the Mediterranean through Egypt and North Africa. In 711/92 H., an army composed of Arab and Berber troops landed in the former province of Hispania, where the German Visigoths had created a kingdom after the collapse of the Roman empire. The defeat of this kingdom followed a pattern very similar to that of the eastern conquests: after a decisive, pitched battle, the conquerors met only local pockets of resistance, which allowed them to occupy the main cities, taking control of the administration and establishing different sorts of agreements with the conquered aristocracy.[1]

The conquest had two immediate effects: the widespread settlement of Arabs and Berbers in cities and rural areas of Iberia, and the substitution of the Roman name of Hispania with the Arabic al-Andalus, a denomination that became inscribed on coins issued by the conquerors as early as 716–17/98 H. The origins of the new name remain obscure as there are no previous mentions of it in classical works, inscriptions, or coins; a recent hypothesis has suggested a Coptic origin although the matter remains far from settled.[2] Other long-lasting consequences of the conquest took more time to emerge. Mixed marriages, socioeconomic dealings, and the political rule of the newcomers fostered processes of Arabization and Islamization that ultimately changed Iberian society.[3]

Arabization entailed the gradual adoption of Arabic language and culture by the whole population irrespective of their different ethnic origins or religions. This change was well under way one hundred years after the conquest. A Latin ecclesiastic who wrote in Córdoba at the middle of the ninth/third H. century complained that young Christians were eager to read the "literary pomps" of the Arabs instead of learning Latin. However, Arabization was clearly gaining momentum. By the tenth/fourth H. century, Christians living in al-Andalus under Muslim rule, known as "Mozarabs," were translating sacred texts such as the Psalms or the Gospels into Arabic, a good indicator of the widespread use of this language across religious cleavages.[4] Arabization also affected Jewish communities,

El lejano antecedente que condujo a la aparición de un califato islámico en la península ibérica en el siglo x de nuestra era (siglo iv de la Hégira) se encuentra en la temprana expansión árabe que siguió a la predicación del profeta Mahoma. Esta expansión ocupó el Imperio Sasánida y la mayoría de los territorios de su rival bizantino en Oriente Próximo, y se extendió hasta las costas meridionales del Mediterráneo a través de Egipto y el norte de África. En 711 (92 H.), un ejército compuesto por tropas árabes y bereberes desembarcó en la antigua provincia de *Hispania*, en donde los Visigodos habían creado un reino tras el colapso del Imperio romano. La derrota del reino visigodo siguió un patrón muy similar al de las conquistas orientales: tras una decisiva batalla campal, los conquistadores sólo encontraron focos locales de resistencia, lo que les permitió ocupar las principales ciudades, hacerse con el control de la administración y establecer distintos tipos de acuerdos con la aristocracia conquistada.[1]

La conquista tuvo dos efectos inmediatos: el asentamiento generalizado de árabes y bereberes en ciudades y zonas rurales de Iberia, y la sustitución del nombre romano de *Hispania* por el árabe *al-Andalus*, denominación que aparece ya inscrita en monedas emitidas por los conquistadores en el año 716-17 (98 H.). Los orígenes del nuevo nombre siguen siendo oscuros, ya que no existen menciones anteriores en obras clásicas, inscripciones o monedas; una hipótesis reciente ha sugerido un origen copto, aunque la cuestión dista mucho de estar zanjada.[2] Otras consecuencias duraderas de la conquista tardaron más en aparecer. Los matrimonios mixtos, las relaciones socioeconómicas y el dominio político de los recién llegados fomentaron procesos de *arabización* e *islamización* que cambiaron la sociedad indígena en el largo plazo.[3]

La arabización supuso la adopción gradual de la lengua y la cultura árabes por parte de toda la población independientemente de sus diferentes orígenes étnicos o religión. Este cambio estaba muy avanzado cien años después de la conquista. Un eclesiástico latino que escribía en Córdoba a mediados del siglo ix (iii H.) se quejaba de que los jóvenes cristianos estaban más deseosos de leer las "pompas literarias" de los árabes que de aprender latín. Sin embargo, la arabización estaba claramente ganando impulso. En el siglo x (iv H.), los cristianos que vivían en al-Andalus bajo dominio musulmán, conocidos como "mozárabes ," traducían al árabe textos sagrados como los Salmos o los Evangelios, un buen indicador del uso

as shown by the vibrant Judeo-Arabic literature that also emerged in al-Andalus during this period and that was deeply influenced by Arab models.[5]

In other cases, Arabization went hand in hand with the Islamization that entailed widespread conversions to Islam. These conversions started in the aftermath of the conquest and increased during the ninth and tenth/third and fourth H. centuries, as witnessed by the growing number of mosques that were built in cities and rural areas. Former Christians—and to a lesser degree Jews—joined the ranks of the Muslim community, or *umma*, for a variety of personal, social, or political reasons, leading to a sort of "snowball effect." As the number of Christians diminished, Church institutions lost ground, religious buildings became abandoned, and bishoprics declined and finally disappeared. By the end of the tenth/fourth H. century, all data suggest that Christian communities still existed in some cities and rural areas, but that they had become a minority within a largely Muslim population.[6]

The process of Arabization and Islamization was accompanied by a vast transfer of knowledge to al-Andalus from the central areas of the Islamic realm (*dār al-islām*) in Western Asia and North Africa. It was a massive importation of learnings, manuscripts, ideas, techniques, and portables that helped to shape belief systems, rituals, values, institutions, and symbolic and material representations. Of paramount importance in this process was the work of scholars known as *ʿulamāʾ*, many of whom "traveled in search of knowledge" (*riḥla fī ṭalab al-ʿilm*) from al-Andalus to places such as Qayrawān (in modern Tunisia), Egypt, and Madina (in modern Saudi Arabia) in order to learn from leading Muslim scholars.[7] Back in their land, these specialists in the theological, doctrinal, and legal aspects of Islam replicated these transmissions among their own colleagues and disciples. All of this crystallized in the creation of networks of knowledge and exchange, in which Córdoba and other main cities became primary or secondary hubs that closely connected al-Andalus with the main centers of the *dār al-islām*, a process that also helped shape the urban character of the new social formation.

WHY THE UMAYYADS

The political framework in which the Arabization and Islamization of al-Andalus took place was dominated by the extraordinary saga of the Umayyad dynasty. Although their ancestors had also come from Mecca and were

generalizado de esta lengua por encima de las divisiones religiosas.[4] La arabización, además, afectó a las comunidades judías, como demuestra la literatura judeoárabe que también surgió en al-Andalus durante este periodo y que estuvo profundamente influida por los modelos árabes.[5]

En otros casos, la arabización fue de la mano de la islamización, que conllevaba conversiones generalizadas al islam. Estas conversiones comenzaron tras la conquista y aumentaron durante los siglos IX y X (III y IV H.), como atestigua el creciente número de mezquitas que se construyeron en ciudades y zonas rurales. Los antiguos cristianos—y en menor medida los judíos—se unieron a las filas de la comunidad musulmana o *umma* por razones personales, sociales o políticas, lo que provocó una especie de "efecto bola de nieve". A medida que disminuía el número de cristianos, las instituciones eclesiásticas perdían terreno, los edificios religiosos se abandonaban, y los obispados declinaban y finalmente desaparecían. A finales del siglo X (IV H.) todos los datos sugieren que aún existían comunidades cristianas en algunas ciudades y zonas rurales, pero que se habían convertido en una minoría dentro de una población mayoritariamente musulmana.[6]

El proceso de arabización e islamización vino acompañado de una vasta transferencia de conocimientos a al-Andalus desde las zonas centrales del ámbito islámico (*dār al-islām*) en el Próximo Oriente y el norte de África. Se trató de una importación masiva de aprendizajes, manuscritos, ideas, técnicas u objetos que contribuyeron a configurar sistemas de creencias, rituales, valores, instituciones o representaciones simbólicas y materiales. De capital importancia en este proceso fue la labor de los eruditos conocidos como *ʿulamāʾ*, muchos de los cuales "viajaron en busca del conocimiento" (*riḥla fī ṭalab al-'ilm*) desde al-Andalus a lugares como Qayrawān (en la actual Túnez), Egipto y Madina (en la actual Arabia Saudí) para aprender de los principales eruditos musulmanes.[7] De regreso a su tierra, estos especialistas en los aspectos teológicos, doctrinales y jurídicos del islam reprodujeron estas transmisiones entre sus propios colegas y discípulos. Todo ello cristalizó en la creación de redes de conocimiento e intercambio, en las que Córdoba y otras ciudades principales se convirtieron en centros primarios o secundarios que conectaban estrechamente al-Andalus con los principales centros del *dār al-islām*, un proceso que también contribuyó a configurar el carácter urbano de la nueva formación social.

powerful members of the distinguished clan of Quraysh, into which the Prophet had also been born, the Umayyads had initially shown a staunch reluctance to accept his preaching and had only joined the ranks of the early Muslim community once its final triumph had become clear to all and sundry. Despite this lack of good credentials during the early and difficult days of the Prophet's mission, the Umayyads' power and influence made them the unlikely beneficiaries of the early expansion of the new community.

At the time of the death of the Prophet Muḥammad in 632/11 H., the thorny issue of his succession was sorted out by appointing a "deputy of God on His Earth" (*khalīfat Allah fī arḍihi*), a figure vested with political power and widely accepted religious authority on the legacy of the last prophet who had been sent by God to mankind. Muḥammad had not left a male or acknowledged successor, and the election of who would be God's representative on Earth proved to be a highly divisive and controversial question. A council (*shūra*) elected the first three caliphs, under whose rule the early Arab conquests were carried out. For some reason, however, the electors did not consider as their first choice the man who might have seemed the natural successor: ʿAlī b. Abī Ṭālib—the Prophet's cousin, son-in-law, and one of his earliest supporters—who had married Fāṭima, the only daughter who had survived her father into adulthood. When ʿAlī was finally elected as caliph in 656/35 H., at a time of political upheaval within the nascent community, the powerful and well-connected Umayyad leader Muʿāwiya b. Abī Sufyān managed to outmaneuver him and to proclaim himself as caliph in 661/40 H., after his rival's assasination. The caliphate ceased to be elective and became a de facto hereditary institution, which many felt had taken on some of the mundane characteristics of other imperial regimes.[8]

The Umayyad caliphs governed from the city of Damascus, a vast empire that was still in the making. While al-Andalus was being conquered in the west in 711/92 H., other caliphal armies were also campaigning in Central Asia and Sind (modern Pakistan). Such was the complexity of the new political and social situations faced by the expanding Arab empire that factionalism grew within its ranks and opposition arose against the Umayyad caliphs, who were accused of behaving in a despotic, greedy, or immoral manner.[9] The most prominent enemies of Umayyad rule were the followers of the late ʿAlī b. Abī Ṭālib, who insisted on the idea that the descendants of his union with Fāṭima had been conferred

POR QUÉ LOS OMEYAS

El marco político en el que se produjo la arabización e islamización de al-Andalus estuvo dominado por la extraordinaria saga de la dinastía omeya. Aunque sus antepasados también procedían de La Meca y eran poderosos miembros del distinguido clan de Quraysh, en cuyo seno también había nacido el Profeta, los omeyas habían mostrado al principio una firme reticencia a aceptar su predicación y sólo se habían unido a las filas de la primitiva comunidad musulmana una vez que su triunfo final era ya evidente. A pesar de esta falta de buenas credenciales durante los primeros y difíciles días de la misión del Profeta, el poder y la influencia de los omeyas hicieron de ellos los improbables beneficiarios de la temprana expansión de la nueva comunidad.

A la muerte del profeta Mahoma en 632 (11 H.), la espinosa cuestión de su sucesión se resolvió mediante el nombramiento de un "adjunto de Dios en Su Tierra" (*khalīfat Allah fī arḍihi*), una figura investida de poder político y autoridad religiosa sobre el legado del último profeta que Dios había enviado a la humanidad. Mahoma no había dejado un sucesor, y la elección de quién sería el representante de Dios en la tierra resultó ser una cuestión muy divisiva y controvertida. Un consejo o *shūra* eligió a los tres primeros califas, bajo cuyo gobierno se llevaron a cabo las primeras conquistas árabes. Sin embargo, por alguna razón, los electores no consideraron como primera opción al hombre que podría haber parecido el sucesor natural: ʿAlī b. Abī Ṭālib, primo y yerno del Profeta, uno de sus primeros partidarios, que había casado con Fāṭima, la única hija que había sobrevivido a su padre hasta la edad adulta. Cuando ʿAlī fue finalmente elegido califa en 656 (35 H.), en un momento de agitación política dentro de la naciente comunidad, el poderoso y bien relacionado líder omeya Muʿāwiya b. Abī Sufyān consiguió proclamarse califa en 661 (40 H.), tras el asesinato de su rival. El califato dejó de ser electivo y se convirtió en una institución hereditaria, que muchos consideraron que había adoptado algunas de las características mundanas de otros regímenes imperiales.[8]

Los califas omeyas gobernaban desde la ciudad de Damasco un vasto imperio aún en ciernes. Mientras al-Andalus era conquistada en Occidente en 711 (92 H.), otros ejércitos califales también hacían campaña en Asia Central y Sind (actual Pakistán). Tal era la complejidad de las nuevas situaciones políticas y sociales a las que se enfrentaba el imperio árabe en expansión, que

a God-given right to lead the Muslim community. The accusations of impiety against the Umayyads became even harsher after the suppression of the rebellion of Ḥusayn b. ʿAlī, one of the sons of ʿAlī and Fāṭima, who was killed by a caliphal army at the Battle of Karbala in 680/61 H. The killing of the Prophet's grandson had a profound effect on his "group of followers," or *shīʿa*, who continued to follow the descendants of the martyr of Karbala as imams (leaders of the Muslim community), thus becoming the core of what we know today as Shīʿism.

The Caliphate of Damascus came to an end in 750/132 H. when the Umayyads were dethroned by the rival family of the ʿAbbāsids, another Qurashi lineage, whose ancestor ʿAbbās had been the Prophet's paternal uncle and one of his earliest supporters. The ʿAbbāsids brought together a broad coalition of those who abhorred Umayyad rule as despotic and impious and were willing to accept the transfer of the caliphate to a descendant of the "family of the Prophet," which was understood in a broader sense than that proposed by the Shīʿites. Having massacred the principal members of the Umayyad house, the ʿAbbāsid caliphs ruled from their new capital, Baghdad, with no opposition to their caliphal claims other than that of the Shīʿites, who entered a period generally characterized by secrecy.

However, those who thought that the Umayyads were finished once and for all were mistaken again. A scion of the family, ʿAbd al-Raḥmān b. Muʿāwiya, a grandchild of the Umayyad caliph Hishām, managed to escape the extermination of his relatives, and after a series of vicissitudes he eventually reached the shores of al-Andalus, where he seized power in 755/138 H., having managed to gather support among members of the army, many of whom were "clients" (*mawālī*), of his family. Later Umayyad chroniclers described the extraordinary

FIG. 1-2. (OPPOSITE, TOP) (PÁGINE SIGUIENTE ARRIBA)
In 92 H., eighty years after the death of the Prophet Muḥammad, the Arabs crossed the Straits of Gibraltar. During those decades, Muslim armies had undergone an extraordinary expansion, conquering the Sassanian Empire and a significant part of the Byzantine Empire. The conquest of Hispania came only after the major coastal cities of North Africa had been taken. En el año 92, ochenta años después de la muerte del profeta Mahoma, los árabes cruzaron el estrecho de Gibraltar. Durante esas décadas, los ejércitos musulmanes habían experimentado una extraordinaria expansión, conquistando el Imperio sasánida y una parte importante del Imperio bizantino. La conquista de Hispania sólo se produjo después de la toma de las principales ciudades costeras del norte de África.

FIG. 1-3. (OPPOSITE, BOTTOM) (PÁGINE SIGUIENTE ABAJO)
In Caliphal times, the Iberian Peninsula was divided by a *thagr* (frontier), which separated Muslim al-Andalus from the Christian kingdoms and counties. En época califal la península Ibérica estaba dividida por uno *thagr* (una frontera) que separaba al-Andalus musulmán de los reinos y condados cristianos.

el faccionalismo creció en sus filas y surgió la oposición contra los califas omeyas, a los que se acusaba de comportarse de forma despótica, codiciosa o inmoral.[9] Los enemigos más destacados del gobierno omeya eran los seguidores del difunto ʿAlī b. Abī Ṭālib, que insistían en la idea de que a los descendientes de su unión con Fāṭima se les había conferido un derecho otorgado por Dios para dirigir la comunidad musulmana. Las acusaciones de impiedad contra los omeyas se hicieron aún más duras tras la represión de la rebelión de Ḥusayn b. ʿAlī, uno de los hijos de ʿAlī y Fāṭima, que fue asesinado por un ejército califal en la batalla de Karbala en 680 (61 H.). El asesinato del nieto del Profeta tuvo un profundo efecto en su "grupo de seguidores" o *shīʿa*, que continuaron reconociendo a los descendientes del mártir de Karbala como imanes o líderes de la comunidad musulmana, convirtiéndose así en el núcleo de lo que hoy conocemos como shīʿismo.

El califato de Damasco llegó a su fin en 750 (132 H.) cuando los omeyas fueron destronados por la familia rival de los ʿAbbāsíes, otro linaje Qurashí, cuyo antepasado, ʿAbbās, era tío paterno del Profeta y también uno de sus primeros partidarios. Los ʿAbbāsíes reunieron a una amplia coalición de quienes aborrecían el gobierno omeya por despótico e impío y estaban dispuestos a aceptar el traspaso del califato a un descendiente de la "familia del Profeta", que pasó a ser entendida en un sentido más amplio que el propuesto por los shīʿíes. Tras masacrar a los principales miembros de la familia omeya, los califas ʿabbāsíes gobernaron desde su nueva capital, Bagdad, sin más oposición a sus pretensiones califales que la de los shīʿíes, que entraron en un periodo generalmente caracterizado por el secretismo y la clandestinidad.

Sin embargo, quienes pensaban que los omeyas estaban acabados de una vez por todas, volvieron a equivocarse. Un vástago de la familia, ʿAbd al-Raḥmān b. Muʿāwiya, nieto del califa omeya Hishām, logró escapar al exterminio de sus parientes y, tras una serie de vicisitudes, llegó finalmente a las costas de al-Andalus, donde se hizo con el poder en 755 (138 H.) tras haber logrado recabar apoyos entre los miembros del ejército, muchos de los cuales eran "clientes" o *mawālī* de su familia. Cronistas omeyas posteriores describieron los extraordinarios logros de este ʿAbd al-Raḥmān I, conocido como "el Inmigrante" (*al-Dākhil*), de quien se decía que inspiraba una mezcla de respeto y temor entre sus rivales. Una vez afianzado en el poder, ʿAbd al-Raḥmān I ordenó la construcción de la Mezquita Mayor de Córdoba, que fue ampliada por sus sucesores siguiendo siempre un diseño

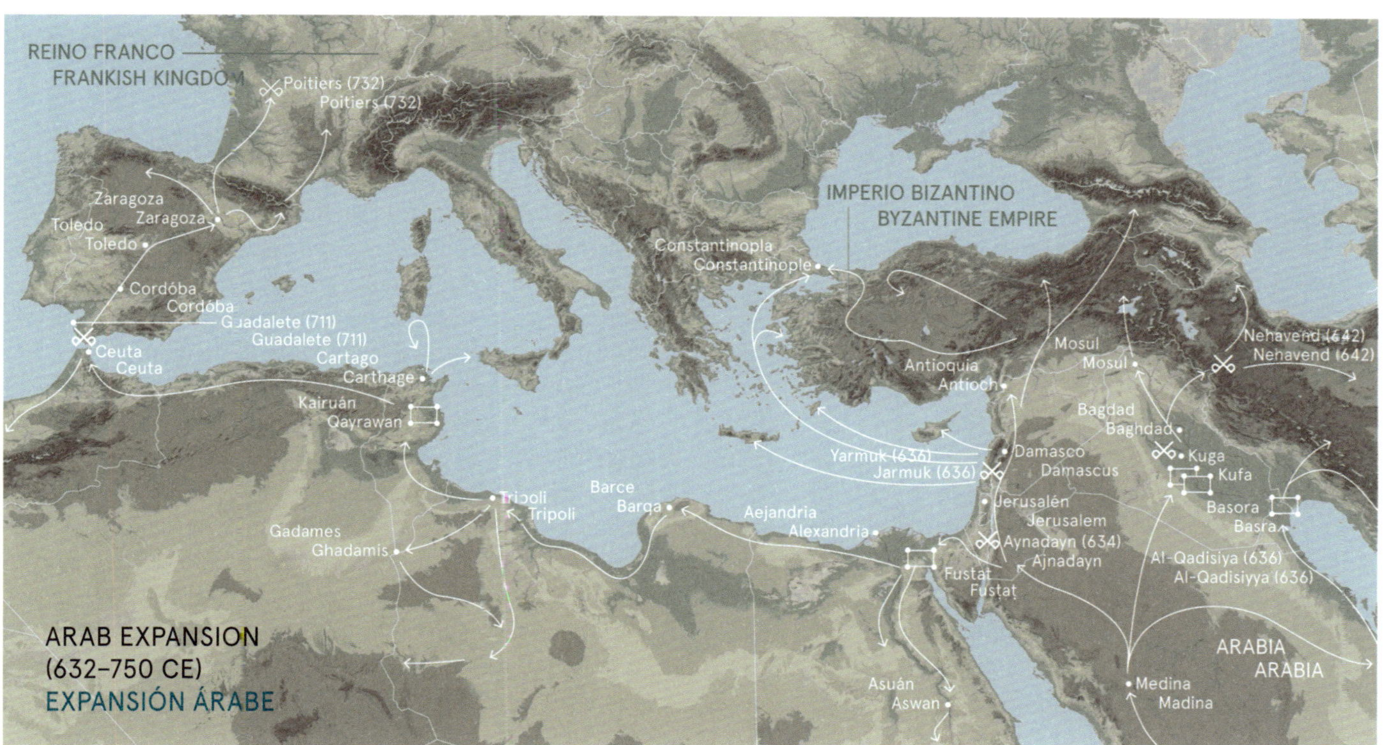

COUNTY OF CASTILLE
CONDADO DE CASTILLA
KINGDOM OF LÉON
REINO DE LÉON
KINGDOM OF PAMPLONA
REINO DE PAMPLONA
Santiago de Compostela
Oviedo
Astorga
León
Sahagun
Burgos
Nájera
Pamplona
San Millán
Arlanza
Oporto
Lamego
Zamora
Silos
Clunia
Calahorra
Tudela
Huesca
Barbastro
Viseu
Sepúlveda
Gormaz
Sepúlveda
Atienza
Zaragoza
Calatayud
Balaguer
Girona
Lleida
Barcelona
Madrid
Medinaceli
Talavera
Santarén
Tortosa
CATALAN COUNTIES
CONDADOS CATALANES
Lisboa
Badajoz
Trujillo
Toledo
Evora
Mérida
Mojáfar
AL-ANDALUS
Calatrava
Valencia
Mertola
Niebla
Córdoba
Ocsonoba
Baena
Sevilla
Carmona
Ecija
Cabra
Morón
Alcalá la Real
Elvira
Baza
Lorca
Cartagena
Sidonia
Takurunna
Rayyo
Lucena
Granada
Guadix
Penchina
Almeria
Ceuta
Ceuta
Asila
Melilla

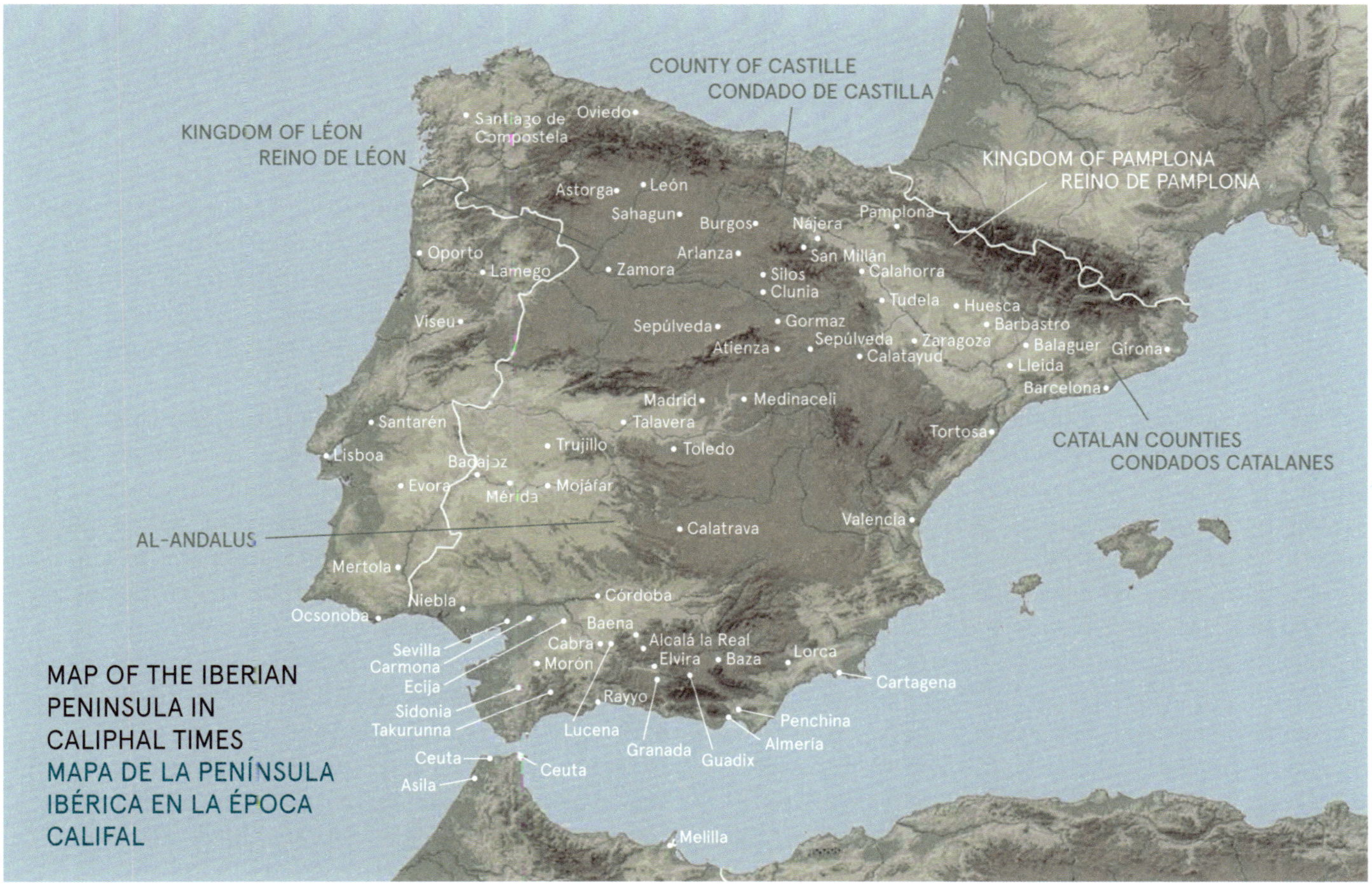

MAP OF THE IBERIAN PENINSULA IN CALIPHAL TIMES
MAPA DE LA PENÍNSULA IBÉRICA EN LA ÉPOCA CALIFAL

achievements of this ʿAbd al-Raḥmān I, known as "the Immigrant" (*al-Dākhil*), who was said to inspire a mixture of respect and awe among his rivals. Once his rule was firmly established, ʿAbd al-Raḥmān I ordered the construction of the Great Mosque of Córdoba, which was enlarged by his successors—always following a similar architectural design—as a token of the dynasty's self-awareness.[10]

WHY THE CALIPHATE IN AL-ANDALUS

The Umayyads of al-Andalus gave themselves the modest title of emirs, or "governors," and maintained a calculated ambiguity about the caliphal institution, refusing to recognize their ʿAbbāsid archenemies while upholding the same principles of the *sunna*, or Muslim tradition. Power passed through the descendants of ʿAbd al-Raḥmān I, almost always from father to son, and although there were occasional family squabbles, the dynasty was relatively stable. This was no small achievement. Against all odds, the Umayyads had managed to survive at the western edge of the *dār al-islām*, in a land with an extensive and difficult frontier *(thagr)* against the Christians, which the Umayyads claimed to be successfully defending. Al-Andalus's social complexity gave rise to a number of rebellions, which the emirs always defeated in one way or another, particularly during the second half of the ninth/third H. century, when the dynasty was again on the brink of disappearing.[11] Despite these hardships, under Umayyad rule the warlike society of the early conquerors was transformed into an urban polity dominated by merchants, artisans, bureaucrats, and scholars whose different ethnic origins were subsumed under the common traits of an unyielding Arab and Muslim identity. All of these classes were more than willing to accept the existence of a state based on a centralized system of taxation whose vast resources became available to them as providers of products, goods, luxuries, or services.

By the early tenth/fourth H. century, the achievements of the Umayyads in al-Andalus contrasted with the decline of the ʿAbbāsids. The once-imposing caliphate of Baghdad had plunged into political chaos, while the religious authority of the dynasty had been seriously eroded when it proved unable to prevent the unprecedented emergence of the Fāṭimids, a Shīʿite dynasty that took control of the North African province of Ifrīqiya (modern Tunisia and parts of Algeria and Libya) in 909/296 H. The Fāṭimid caliphs claimed direct descent from the marriage

arquitectónico similar, como muestra de la fuerte conciencia de la continuidad de la dinastía.[10]

POR QUÉ EL CALIFATO EN AL-ANDALUS

Los omeyas de al-Andalus se dieron a sí mismos el modesto título de emires o "gobernadores" y mantuvieron una calculada ambigüedad sobre la institución califal negándose a reconocer a sus archienemigos ʿabbāsíes, al tiempo que defendían los mismos principios de la tradición musulmana o *sunna*. El poder pasó a través de los descendientes de ʿAbd al-Raḥmān I, casi siempre de padres a hijos, y aunque hubo ocasionales disputas familiares, la dinastía fue relativamente estable. No fue un logro menor. Contra todo pronóstico, los omeyas habían logrado sobrevivir en el extremo occidental del *dār al- slām*, en una tierra con una extensa y difícil frontera *(thagr)* contra los cristianos, que los omeyas afirmaban defender con éxito. La complejidad social de al-Andalus dio lugar a numerosas rebeliones, que los emires siempre derrotaron de una u otra forma, sobre todo durante la segunda mitad del siglo IX (III H.), cuando la dinastía estuvo de nuevo a punto de desaparecer.[11] A pesar de estas dificultades, bajo el dominio omeya, la sociedad guerrera de los primeros conquistadores se transformó en un sistema político urbano dominado por comerciantes, artesanos, burócratas y eruditos cuyos diferentes orígenes étnicos quedaron subsumidos bajo los rasgos comunes de una innegociable identidad árabe y musulmana. Todas estas clases estaban más que dispuestas a aceptar la existencia de un estado omeya basado en un sistema centralizado de impuestos a cuyos vastos recursos ellos también podían acceder como proveedores de productos, bienes, objetos de lujo o servicios.

A principios del siglo X (IV H.), los logros de los omeyas en al-Andalus contrastaban con el declive de los ʿAbbāsíes. El otrora imponente califato de Bagdad se había sumido en el caos político, mientras que su autoridad religiosa se había visto seriamente erosionada, cuando se mostró incapaz de impedir la aparición de los Fāṭimíes, una dinastía shī'í, que se hizo con el control de la provincia norteafricana de Ifrīqiya en 909 (296 H.) Los califas fāṭimíes se decían descendientes directos del matrimonio entre ʿAlī b. Abī Ṭālib y Fāṭima, y podían hacer gala de ser la primera rama del shī'ismo que había dejado de ser un movimiento clandestino para hacerse con el poder en una región del *dār al-islām*. Al declarar abiertamente el advenimiento de una nueva era que

between ʿAlī b. Abī Ṭālib and Fāṭima, and by seizing power in a region of the *dār al-islām*, they could boast of their status as the first branch of Shīʿism to have ceased to be an underground movement. Moreover, by openly declaring a new era that would redress all the injustices that had plagued mankind, the Fāṭimids professed that their final aim was to extend their rule to the whole Muslim community, as shown by the military campaigns that were launched against neighboring Egypt. They finally succeeded in 969/358 H. when a Fāṭimid army conquered the land and founded al-Qāhira (Cairo) as their new capital.[12]

It was against this political background that ʿAbd al-Raḥmān III (912–961/300–350 H.), a descendant of the founder of the Umayyad dynasty in al-Andalus, decided to reassume the title of his ancestors by also proclaiming himself caliph in 928/316 H. He took the honorific title or *laqab* of al-Nāṣir li Dīn Allāh (he who brings victory to the religion of God) and as Commander of the Faithful (*amīr al-mū'minīn*), the new caliph claimed religious authority over all Muslims beyond al-Andalus at a time of deep incertitude for the *umma*. In their rapturous panegyrics, courtly poets announced imminent campaigns that would take the Umayyad banners back to Syria and to the holy places of Mecca and Madina. It was a well-justified (although also unrealistic) optimism. In stark contrast with the failure of the ʿAbbāsids to maintain the unity of the Muslim community, and with the Fāṭimids' esoteric reading of the Islamic tradition as the explanation for their sudden triumph and grandiose plans, the Umayyad caliphs portrayed themselves as tireless custodians of a religious orthodoxy that had been preserved among all places in distant al-Andalus. As a courtly poet put it:

> In the West the sun of a caliphate has risen
> which is to shine bright with splendour in the
> two Easts
> Syria is reaching out to its arrival
> as it has long-standing rights over it
> so that an imam zealous for the good of the pure
> religion (*al-dīn al-ḥanīf*)
> may dispel the darkness of unfaithfulness with
> the light of orthodoxy.[13]

The legitimizing ideology of the neo-Umayyad caliphate in al-Andalus drew elements from different sources.[14] People from the central Islamic lands had usually looked upon al-Andalus as a distant and provincial imitator of their cultural splendor. After reading the *ʿIqd al-Farīd*,

repararía todas las injusticias que habían asolado a la humanidad, los Fāṭimíes profesaban que su objetivo final era extender su dominio a toda la comunidad musulmana, como demuestran las campañas militares que se lanzaron contra el vecino Egipto, que finalmente triunfaron en 969 (358 H.) cuando un ejército fāṭimí conquistó este país y fundó al-Qāhira o El Cairo como su nueva capital[12].

En este contexto político, ʿAbd al-Raḥman III (912-961/300-350 H.), descendiente del fundador de la dinastía omeya en al-Andalus, decidió reasumir el título de sus antepasados proclamándose también califa en 928 (316 H.). Tomó el sobrenombre honorífico or *laqab* de al-Nāṣir li Dīn Allāh (el que trae la victoria a la religión de Dios) y, como Comendador de los Creyentes (*amīr al-mū'minīn*), el nuevo califa reivindicaba su autoridad religiosa sobre todos los musulmanes más allá de al-Andalus en un momento de profunda incertidumbre para la comunidad islámica o *umma*. En sus extasiados panegíricos, los poetas cortesanos anunciaban inminentes campañas que llevarían los estandartes omeyas de vuelta a Siria y a los lugares santos de La Meca y Madina. Era un optimismo bien justificado (aunque también irreal). En marcado contraste tanto con el fracaso de los ʿAbbāsíes a la hora de mantener la unidad de la comunidad musulmana, como con la lectura esotérica de la tradición islámica que los Fāṭimíes propugnaban como explicación de su repentino triunfo y sus grandiosos planes, los califas omeyas se retrataban a sí mismos como incansables custodios de una ortodoxia religiosa que se había conservado en el lejano al-Andalus; pues como decía un poeta cortesano:

> Siria se levanta para recibir al Califa,
> porque desde antiguo tiene derechos sobre ella.
> Por Occidente ha salido el sol de un Califato
> que ha de brillar con esplendor en los dos Orientes,
> para que, con la luz de la ortodoxia, disipe las tinieblas de la infidelidad
> un Imam celoso del bien de la pura religión.[13]

La ideología legitimadora del califato neo-omeya en al-Andalus tomaba elementos de distintas fuentes.[14] Los orientales solían considerar al-Andalus como un imitador lejano y provincial de su esplendor cultural: tras haber leído el *ʿIqd al-Farīd*, obra literaria del andalusí Ibn ʿAbd Rabbih (ʿUmar Aḥmad b. Muḥammad; 860-940/246-328 H.), el visir ʿAbbāsí, Ṣāḥib b. ʿAbbād había sentenciado desdeñosamente: "¡Esta es nuestra propia mercancía que

Genealogy of the Fāṭimid Caliphs and the Umayyad Caliphs of Al-Andalus
Genealogía de los califas fātimíes y de los califas omeyas de al-Andalus

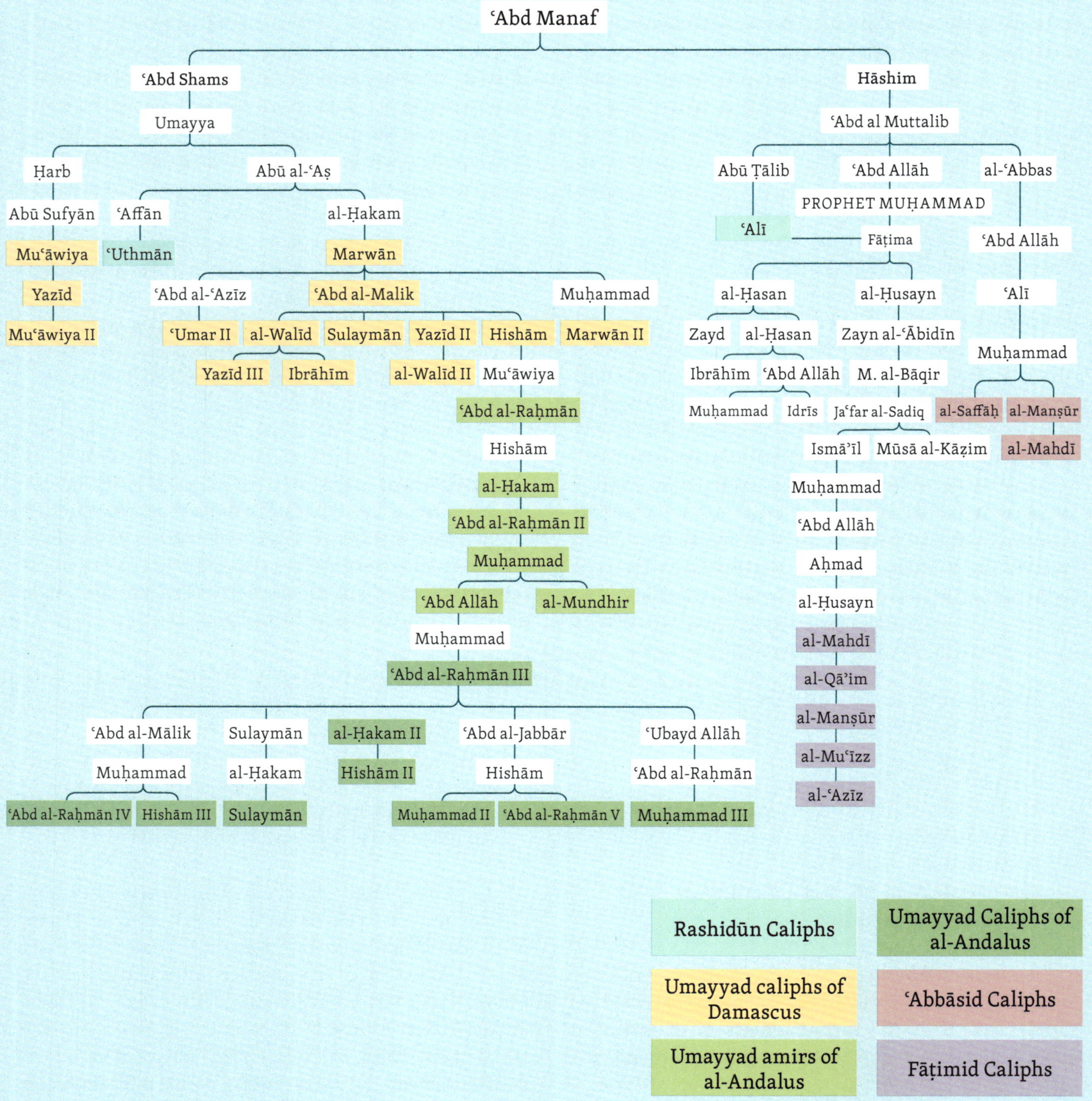

a literary work by the Andalusi Ibn ʿAbd Rabbih (Abū ʿUmar Aḥmad b. Muḥammad; 860–940/246–328 H.), the ʿAbbāsid vizier Ṣāḥib b. ʿAbbād declared: "This is our merchandise brought back to us! I thought it would contain notices on their country (al-Andalus), but it merely contains notices about our country. We do not need it!"[15] This haughtiness missed the point. The symbolic capital that the Andalusis had been accumulating throughout the previous generations had allowed them to rework Arab cultural elements and Islamic principles with a high degree of originality and sophistication. Poets mastered the literary tropes of the best Arab poetry, scientists could rely on a growing background of astronomical, medical, or agricultural works, and scholars of Islamic law excelled in the interpretation of the principles of the Mālikite legal school that had been adopted in Umayyad al-Andalus.

The caliph ʿAbd al-Raḥman III and his son and successor, al-Ḥakam II, were also well aware of what had brought them to this corner of the *dār al-islām*. In the magnificent new *miḥrāb* niche that defined the direction of the prayer and had been completed by al-Ḥakam II in the Great Mosque of Córdoba in 971/360 H., Arab inscriptions included the text of Qur'an 2:286, which could be read as a reference to the story of fall and redemption that had marked the fate of the dynasty:

> Lord, do not take us to task if we forget or make mistakes. Lord, do not burden us as You burdened those before us (*al-ladhīna min qablinā*). Lord, do not burden us with more than we have strength to bear. Pardon us, forgive us, and have mercy on us. You are our Protector, so help us against the disbelievers.[16]

The Umayyad caliphal ideology also emphasized the historical background of the land that had sheltered them, as evidenced by the work of the court chronicler Aḥmad al-Rāzī, who described the history of al-Andalus from pre-Islamic times to his own day. Under the rule of the dynasty, this land had prospered because the caliphs were genuinely concerned about the welfare (*maṣlaḥa*) of their subjects, as was also stated in official documents. After a long period of hardship and atonement, the Umayyads of al-Andalus were deeply convinced that their dynasty was still relevant for the whole Muslim community, and that this was the manifestation of God's will.

nos la han traído de vuelta! Pensé que contendría noticias sobre su país (al-Andalus), pero sólo contiene noticias sobre nuestro país. No la necesitamos".[15] Sin embargo, esta altanería erraba el tiro. El capital simbólico que los andalusíes habían ido acumulando a lo largo de las generaciones anteriores les había permitido reelaborar los elementos culturales árabes y los principios islámicos con un alto grado de originalidad y sofisticación. Los poetas dominaban los tropos literarios de la mejor poesía árabe, los científicos podían apoyarse en un bagaje cada vez mayor de obras astronómicas, médicas o de agricultura, mientras que los estudiosos de la ley islámica destacaban en la interpretación de los principios de la escuela jurídica mālikí que había sido adoptada en el al-Andalus omeya.

El califa ʿAbd al-Raḥman III y su hijo y sucesor, al-Ḥakam II eran también muy conscientes de lo que les había traído al rincón más occidental del *dār al-islām*. En el magnífico nuevo *miḥrāb* que definía la dirección de la oración y que había sido terminado por este último en la Mezquita de Córdoba en 971 (360 H.), las inscripciones árabes incluían el texto del Corán 2, 286, que bien podía leerse como una referencia a la historia de caída y redención que había marcado el destino de la dinastía:

> ¡Señor! ¡No castigues nuestros olvidos o nuestras faltas! ¡Señor! ¡No nos impongas una carga como la que impusiste a quienes nos precedieron (*al-ladhīna min qablinā*). ¡Señor! ¡No nos impongas más allá de nuestras fuerzas! ¡Y absuélvenos, perdónanos, apiádate de nosotros! ¡Tú eres nuestro Protector! ¡Auxílianos contra el pueblo infiel![16]

La ideología califal de los omeyas también hacía hincapié en los antecedentes históricos de la tierra que les había dado cobijo, como demuestra la obra del cronista cortesano Aḥmad al-Rāzī, que describió la historia de al-Andalus desde la época preislámica hasta sus días. Bajo el gobierno de la dinastía, esta tierra había prosperado porque los califas omeyas se preocupaban verdaderamente por el bienestar (*maṣlaḥa)* de sus súbditos, como también se afirmaba en los documentos oficiales. Tras un largo periodo de penurias y expiaciones, los omeyas de al-Andalus estaban profundamente convencidos de que su dinastía seguía siendo relevante para la comunidad musulmana, lo que constituìa una clara manifestación de la voluntad de Dios.

WHY MADĪNAT AL-ZAHRĀ᾿

The Umayyad *qaṣr* (palace) was located in the southwestern side of the *madīna*, the walled core of the old city of Córdoba. For generations, this palatial complex was the seat of the dynasty to the extent that whoever took hold of this *qaṣr*, its garrison, and administrative services could consider himself to be the effective ruler of al-Andalus. Opposite the *qaṣr* stood (and still stands) the famous Friday Mosque of the Umayyads. Both the palace complex and a neighboring market (*sūq*) formed the core of this *madīna*, which could be entered through several gates in the walls. Its layout is still recognizable in the plan of the modern city.[17]

During the caliphate, Córdoba reached its peak in terms of population and extension. Although some figures that have been suggested (hundreds of thousands or even a million inhabitants) are totally off the mark, it nevertheless was a populous city that extended well beyond the *madīna* in a number of suburbs that surrounded its urban core. Archaeology has recently unveiled some of these tenth/fourth H.-century suburbs, in which gravel-paved streets were laid out according to an orthogonal plan, forming piazzas, streets, and avenues. Neighborhood mosques, markets, and residences punctuated these suburbs, which were also equipped with sewage systems that either flowed into drains running underneath the roads or led to cesspools.[18]

If Córdoba was such a thriving city, why did ʿAbd al-Raḥmān III decide to build a brand new city in ca. 941/330 H., five miles to the west of the capital? There are several explanations for this question. Previous Muslim rulers had already taken up a tradition that went back to antiquity and identified sovereignity with the capacity for founding cities. Moreover, in this case, the ʿAbbāsid caliphs had been provided with a model: Madīnat al-Salām, today's Baghdad, had been founded by the caliph al-Manṣūr (d. 775/158 H.), and several decades later his descendants embarked on the grandiose urban development of Samārra, eighty miles north of Baghdad. One of its promoters, the caliph al-Mutawakkil (d. 861/247 H.), famously declared: "Now I know that I am a king, for I have built myself a city in which I have taken up residence." A very similar idea was expressed by ʿAbd al-Raḥmān III when he responded to criticisms from religious scholars about the excessive luxury and expense of his constructions, saying that "the idiom of architecture (*alsun al-bunyān*) perpetuates the deeds of the sovereigns (*mulūk*)."[19]

POR QUÉ MADĪNAT AL-ZAHRĀ᾿

El palacio o *qaṣr* de los omeyas estaba situado en el lado suroccidental de la *madīna* o núcleo amurallado de la antigua ciudad de Córdoba. Durante generaciones, este complejo palaciego fue la sede de la dinastía hasta el punto de que quien se apoderaba de este *qaṣr*, de su guarnición y de sus servicios administrativos podía considerarse el gobernante efectivo de al-Andalus. Frente al *qaṣr* se alzaba (y aún sigue en pie) la famosa Mezquita de los Omeyas. Ambos complejos y un mercado o *sūq* vecino formaban el núcleo de esta *madīna*, que estaba rodeada por una muralla con varias puertas. Su trazado aún se reconoce en el plano de la ciudad moderna.[17]

Durante el califato, Córdoba alcanzó su máximo apogeo en cuanto a población y extensión. Aunque algunas cifras que se han sugerido (cientos de miles o incluso un millón de habitantes) están totalmente alejadas de la realidad, la ciudad era ciertamente populosa, pues se había extendido mucho más allá de la *madīna* en una serie de suburbios que rodeaban su núcleo urbano. La arqueología ha descubierto recientemente algunos de estos suburbios del siglo X (IV H.), en los que calles empedradas de grava están trazadas según un plan ortogonal, formando plazas, calles y avenidas. Las mezquitas, los mercados y las residencias jalonaban estos suburbios que también estaban equipados con sistemas de alcantarillado, que o bien desembocaban en desagües que discurrían por debajo de las calzadas, o bien desembocaban en pozos negros.[18]

Si Córdoba era una ciudad tan próspera, ¿por qué el califa ʿAbd al-Raḥmān III decidió construir una ciudad totalmente nueva hacia 941 (330 H.) a ocho kilómetros al oeste de la capital? Hay varias explicaciones para esta pregunta. Anteriores gobernantes musulmanes ya habían retomado una tradición que se remontaba a la Antigüedad y que identificaba la soberanía política con la capacidad de fundar ciudades. También en este caso, los califas ʿabbāsíes habían proporcionado un modelo a seguir: Madīnat al-Salām, la actual Bagdad, había sido fundada por el califa al-Manṣūr (m. 775/158 H.), y varias décadas más tarde sus descendientes se embarcaron en el grandioso desarrollo urbanístico de Samārra, 80 millas al norte de Bagdad; uno de sus promotores, el califa al-Mutawakkil (m. 861/247 H.) declaraba: "Ahora sé que soy un rey, pues me he construido una ciudad en la que he fijado mi residencia". Una idea similar era expresada por ʿAbd al-Raḥmān III, cuando respondía a las críticas de los círculos religiosos sobre el lujo y el gasto excesivos de sus construcciones diciendo que

Yet, when ʿAbd al-Raḥmān III decided to build Madīnat al-Zahrāʾ, everybody knew that Samārra had been a monumental fiasco. The new capital not only had failed to replace Baghdad, but had also proved to be an extravagant dilapidation of resources that produced only a gigantic ruin of huge avenues and palaces. ʿAbd al-Raḥmān III seems to have learned this lesson. The idea behind Madīnat al-Zahrāʾ was not to replace Córdoba, but rather to create a new urban pole in its vicinity, centered around the caliphal palace and the administrative buildings, without the constraints imposed by the urban network of the old city. Madīnat al-Zahrāʾ was not located at a crossroads, but rather in a place that had to be deliberately accessed, reinforcing its character as an official city that enshrined the ideology and organization of the Umayyad caliphate.[20] The new *qaṣr* was not only the residence of the caliph and his presumptive heir, al-Ḥakam, but also the site of grandiose receptions to celebrate the festivities of the Islamic calendar, the arrival of foreign emissaries, and the commemoration of military triumphs. During these official celebrations, all the ranks of the caliphal state, from viziers to secretaries, from members of the army to the *ʿulamāʾ* and the poets, were summoned to magnificent gatherings presided over by the caliph according to a strict protocol. These state rituals were carefully orchestrated to make a strong impression on those present. Madīnat al-Zahrāʾ was more than a palace and even more than a city: it was a display of the power and authority of a surviving dynasty.

WHY THE END

From the very beginning of his caliphate, ʿAbd al-Raḥmān III decided that his son, al-Ḥakam, would be his heir. An exceptionally learned man, al-Ḥakam was well versed in Islamic law, theology, science, and literature, and amassed a magnificent library of four thousand volumes.[21] He also developed a passion for architecture, which he expressed in the building works of Madīnat al-Zahrāʾ. When he finally reached the caliphate, he was forty-six years old—an advanced age by the standards of the time. Although he lacked the warlike character of his father, he seems to have continued most of his policies, in which the son had been involved since his youth. The reign of al-Ḥakam II (961–976/350–366 H.), who is also known by the surname he adopted, al-Mustanṣir bi-Allāh, "he who seeks the victorious help of God," marks the heyday of the Umayyad caliphate in al-Andalus, when the power and authority

"el lenguaje de la arquitectura (*alsun al-bunyān*) perpetúa las hazañas de los soberanos (*mulūk*)."[19]

Sin embargo, cuando ʿAbd al-Raḥmān III decidió construir Madīnat al-Zahrāʾ, todo el mundo sabía que Samārra había sido un fiasco monumental. La nueva capital no sólo no había logrado sustituir a Bagdad, sino que había resultado ser una extravagante dilapidación de recursos que no había hecho más que producir una gigantesca ruina de enormes avenidas y palacios. ʿAbd al-Raḥmān III parece haber aprendido esta lección. La idea de Madīnat al-Zahrāʾ no era sustituir a Córdoba, sino crear un nuevo polo urbano en sus inmediaciones, centrado en torno al palacio califal y los edificios administrativos, sin las limitaciones impuestas por el entramado urbano de la ciudad antigua. Madīnat al-Zahrāʾ no estaba situada en un cruce de caminos, sino en un lugar al que había que acceder deliberadamente, reforzando su carácter de ciudad oficial que consagraba la ideología y la organización del califato omeya.[20] El nuevo *qaṣr* no sólo era la residencia del califa y su presunto heredero, al-Ḥakam, sino también el lugar de grandiosas recepciones para celebrar las festividades del calendario islámico, la llegada de embajadas extranjeras o la conmemoración de triunfos militares. Durante estas celebraciones oficiales, todos los rangos del estado califal, desde los visires hasta los secretarios, pasando por los miembros del ejército, los ulemas o los poetas, eran convocados a magníficas reuniones presididas por el califa según un estricto protocolo. Estos rituales de estado estaban cuidadosamente orquestados para causar una fuerte impresión en los presentes. Madīnat al-Zahrāʾ era más que un palacio e incluso más que una ciudad: era una muestra del poder y la autoridad de una dinastía de supervivientes.

POR QUÉ EL FIN

Desde el principio de su califato, ʿAbd al-Raḥmān III decidió que su hijo, al-Ḥakam, sería su heredero. Al-Ḥakam era un hombre excepcionalmente culto, versado en la ley islámica, la teología, la ciencia y la literatura, lo que le permitió amasar una magnífica biblioteca de 4000 volúmenes.[21] También había desarrollado una pasión por la arquitectura, que plasmó en las obras de Madīnat al-Zahrāʾ. Cuando finalmente alcanzó el califato, tenía 46 años, una edad avanzada para los estándares de la época. Aunque carecía del carácter guerrero de su padre, al-Ḥakam II parece haber continuado la mayoría de las políticas en las que había participado desde su juventud.

of the caliph exercised tight control over all the levers of administration.

Al-Ḥakam II died in 976/366 H. For some reason, he had been obsessed with the idea that his son, Hishām, should inherit the caliphate. But Hishām was an eleven-year-old child, and according to Muslim law the caliphate had to be held by an adult. The principal figures of the military and civil administration maneuvered to proclaim him caliph, silencing dissenting voices and taking control of the government. From their factional disputes, a man called Muḥammad b. Abī ʿĀmir (d. 1002/392 H.) emerged victorious. A former legal scholar who had climbed the ranks of the administration under al-Ḥakam II, he took the reins of power and became best known by the surname he adopted once he was in full command: al-Manṣūr (Spanish, Almanzor). With all the state's resources under his thumb, al-Manṣūr relegated Hishām II to a mere ceremonial role. The caliph became secluded behind the closed walls of Madīnat al-Zahrāʾ, devoted to pious undertakings and with no interest in mundane matters—at least according to al-Manṣūr's public announcements. The caliphal city lost its political, administrative, and ceremonial functions, and the powerful Almanzor decided to build his own city, to be called Madīnat al-Zāhira, in the eastern area of Córdoba, where he transferred his residence, the treasury, and the administration. After a long rule that was dominated by constant warfare against the Christians in the northern peninsula, al-Manṣūr died in 1002/392 H. and handed power to his son al-Muẓaffar, who governed until his own demise in late 1008/399 H. He was succeeded by his brother, ʿAbd al-Raḥmān, also known as Shanjūl (d. 1009/399 H.).[22] Disaster broke out almost immediately.

By this time, the caliph Hishām II was an adult, and after years of being stripped of all public relevance, he seems to have shown no interest in political affairs. In an unprecedented move, Shanjūl persuaded Hishām to name him heir to the caliphate. This provoked an open and violent reaction from members of the Umayyad family in Córdoba, a response that brought to the fore the political and social contradictions that had been brewing for decades. A civil war, or *fitna*, broke out and lasted more than two decades (1009–1031/399–422 H.), marked by the disappearance of both the al-Manṣūr family and Hishām II, as well as by a succession of Umayyad caliphs who fought among themselves and generally held short periods of rule.

During this *fitna*, Madīnat al-Zahrāʾ became a war front and was sacked twice before the rule of the

El reinado de al-Ḥakam II (961-976/350-366 H.), conocido también por el sobrenombre que adoptó, al-Mustanṣir bi-Allāh, "el que busca la ayuda victoriosa de Dios", marca el apogeo del califato omeya en al-Andalus, cuando el poder y la autoridad del califa ejercían un férreo control sobre todos los resortes de la administración.

Al-Ḥakam II murió en 976 (366 H.). Por alguna razón, estuvo obsesionado con la idea de que su hijo, Hishām, heredara el califato. Pero Hishām era un niño de once años y, según la ley musulmana, el califato debía ostentarlo un adulto. Las principales figuras de la administración militar y civil maniobraron para proclamarlo califa acallando las voces discrepantes y haciéndose así con el control del gobierno. De las disputas entre facciones salió victorioso un hombre llamado Muḥammad b. Abī ʿĀmir (m. 1002/392 H.). Un antiguo jurisconsulto, que había escalado posiciones en la administración bajo al-Ḥakam II, este hombre tomó en exclusiva las riendas del poder, pasando a ser conocido con el sobrenombre que adoptó una vez que tuvo el mando absoluto: al-Manṣūr (en español, *Almanzor*). Con todos los recursos del Estado bajo su control, Almanzor relegó a Hishām II a un papel meramente ceremonial. El califa se recluyó tras los muros cerrados de Madīnat al-Zahrāʾ dedicado a empresas piadosas y sin interés por los asuntos mundanos, o al menos eso fue lo que al-Manṣūr anunció públicamente. La ciudad califal perdió sus funciones políticas, administrativas y ceremoniales, y el poderoso Almanzor decidió construir su propia ciudad llamada Madīnat al-Zāhira, en la parte oriental de Córdoba, donde trasladó su residencia, el tesoro y la administración. Tras un largo gobierno dominado por la guerra constante contra los cristianos del norte peninsular, Almanzor murió en 1002 (392 H.) y traspasó el poder a su hijo al-Muẓaffar, que gobernó hasta su propio fallecimiento a finales de 1008 (399 H.). Le sucedió su hermano, llamado ʿAbd al-Raḥmān, también conocido como Sanjūl o *Sanchuelo* (m. 1009/399 H.) por la ascendencia navarra de su madre.[22] El desastre estalló casi de inmediato.

Para entonces, el califa Hishām II ya era un adulto, pero tras años despojado de toda relevancia pública, no parece haber mostrado interés alguno por los asuntos políticos. En un movimiento sin precedentes, Sanchuelo persuadió a Hishām para que le nombrara heredero del califato. Esto provocó una reacción violenta por parte de los miembros de la familia omeya de Córdoba, una reacción que sacó a la luz las contradicciones políticas y sociales que se venían gestando desde hacía décadas. Estalló una guerra civil, o *fitna*, que duró más de dos décadas (1009-1031/399-422 H.),

Umayyads came to a definitive end in late 1031/422 H., leading to the political fragmentation of al-Andalus into the so-called *taifa* kingdoms. Several decades after its destruction, the king of the *taifa* of Seville, al-Muʿtamid, spent a leisure day walking around the ruins of Madīnat al-Zahrāʾ with his retinue, wandering from palace to palace and drinking wine:

> They climbed to the topmost rooms . . . until they arrived finally in the garden after having examined the ruins closely, their view increasing in increments as they went. In the garden they settled themselves on springtime carpets striped with white flowers and bordered with streams and water channels . . . overlooked by the ruins of those halls which, like bereaved mothers, mourn the devastation and the end of the joyful gatherings, now that the lizard plays among the stones and croaks on the walls. Nothing remained except holes and stones: the pavilions had collapsed and youth had become old age, as occasionally iron becomes soft and that which is new rots. All the while they drank cups of wine and wandered about, both enjoying themselves and yet pausing for reflection.[23]

As vegetation came to reign over caliphal walls and reception halls, the memory of the city faded—except for those who used the buildings as quarries from which they extracted precious ashlar masonry that was used in other constructions. In modern times, when the memory of al-Andalus had also disappeared, the ruins were thought to be the remains of a Roman city. It was only in the late nineteenth century that the work of Spanish Arabists helped identify the vestiges of the caliphal city. Archaeological excavations started in 1911 and have continued to the present day. Every year, almost a quarter of a million visitors contemplate the result of the efforts of generations of archaeologists, Arabists, and historians who have tirelessly worked to reconstruct the past splendor of the caliphal city of the Umayyads in al-Andalus.

1 Manzano Moreno 2010; García Sanjuán 2014.
2 Corriente 2008.
3 Marín 2004.
4 Aillet 2010, 134–36, 177–203. For an example of these translations, see Monferrer Sala and Bonhome Pulido 2021.
5 Alfonso 2008.

y estuvo marcada por la desaparición tanto de la familia de Almanzor como de Hishām II, así como por una sucesión de califas omeyas que lucharon entre sí y mantuvieron, por lo general, breves periodos de gobierno.

Durante esta *fitna*, Madīnat al-Zahrāʾ se convirtió en un frente de guerra y fue saqueada en dos ocasiones, antes de que el dominio de los omeyas llegara a su fin cuando terminaba el año 1031 (422 H.), dando lugar a la fragmentación política de al-Andalus en los llamados "reinos de taifas."

Varias décadas después de su destrucción, el rey de la *taifa* de Sevilla, al-Muʾtamid, pasó un día de ocio paseando por las ruinas de Madīnat al-Zahrāʾ con su séquito, deambulando de palacio en palacio y bebiendo vino:

> Subieron a las salas más altas... hasta llegar finalmente al jardín, después de haber examinado de cerca las ruinas, aumentando su visión a medida que avanzaban. En el jardín se instalaron sobre alfombras primaverales rayadas de flores blancas y bordeadas de arroyos y canales de agua... dominados por las ruinas de aquellos salones que, como madres desconsoladas, lloran la devastación y el fin de las alegres reuniones, ahora que el lagarto juega entre las piedras y grazna en las paredes. No quedaban más que agujeros y piedras: los pabellones se habían derrumbado y la juventud se había convertido en vejez, como de vez en cuando se ablanda el hierro y se pudre lo nuevo. Todo el tiempo bebían copas de vino y deambulaban, divirtiéndose y, sin embargo, deteniéndose a reflexionar.[23]

Cuando la vegetación pasó a reinar sobre las murallas califales y los salones, el recuerdo de la ciudad se desvaneció, salvo para quienes utilizaban los edificios como canteras de las que extraían preciados sillares que utilizaban en otras construcciones. En la época moderna, cuando el recuerdo de al-Andalus también había desaparecido, se pensó que las ruinas eran los restos de una ciudad romana. Sólo a finales del siglo XIX, los trabajos de arabistas españoles ayudaron a identificar los vestigios de la ciudad califal. Las excavaciones arqueológicas comenzaron en 1911 y han continuado hasta nuestros días. Cada año, casi doscientos cincuenta mil visitantes contemplan el resultado de la labor de generaciones de arqueólogos, arabistas e historiadores que han trabajado incansablemente para reconstruir el pasado esplendor de la ciudad califal de los Omeyas en al-Andalus.

6 Manzano Moreno 2006, 268–74.
7 Avila 2002.
8 Kennedy 2016, 1–33.
9 Marsham 2024, 78–100.
10 Manzano Moreno 2023.
11 Ballestín Navarro 2020; Acién Almansa 1997.
12 Brett 2001.
13 The poem was declaimed by ʿAbd al-ʿAzīz b. Ḥusayn al-Qarawī during the reception for the Feast of the Breaking of the Fast in 974 (363 H). Ibn Ḥayyān 1965, 162; Manzano Moreno 2023, 302.
14 Acién Almansa 2020.
15 Toral-Niehoff 2018, 86.
16 *Qur'an* 2010; Ocaña Jiménez 1988–90, 18.
17 León Muñoz and Montejo Córdoba 2023.
18 Camacho Cruz 2018.
19 Al-Yaʿqūbī, *Kitāb al-buldān*, in Gordon et al. 2018, 1:100; cf. Al-Maqqarī 1968, 1:575.
20 Vallejo Triano 2010, 502.
21 Avila and Fierro 2024.
22 Rosser-Owen 2022, 17–24, 54–56.
23 Al-Maqqarī 1968, 1:563–64, trans. Ruggles 1993:173.

1 Manzano Moreno 2010; García Sanjuán 2014.
2 Corriente 2008.
3 Marín 2004.
4 Aillet 2010, 134-36, 177-203. Por un ejemplo de estas traducciones, véase Monferrer Sala y Bonhome Pulido 2021.
5 Alfonso 2008.
6 Manzano Moreno 2006, 268-74.
7 Avila 2002.
8 Kennedy 2016, 1-33.
9 Marsham 2024, 78-100.
10 Manzano Moreno 2023.
11 Ballestín Navarro 2020; Acién Almansa 1997.
12 Brett 2001.
13 El poema fue declamado por Abd al-Aziz b. Husayn al-Qarawī durante la recepción de la fiesta de la ruptura del ayuno en 974 (363 d. C.). Ibn Ḥayyān 1965, 162; Manzano Moreno 2023, 302.
14 Acién Almansa 2020.
15 Toral-Niehoff 2018, 86.
16 *Qur'an* 2010; Ocaña Jiménez 1988-90, 18.
17 León Muñoz and Montejo Córdoba 2023.
18 Camacho Cruz 2018.
19 Al-Yaʿqūbī, *Kitāb al-buldān*, en Gordon *et al.* 2018, 1:100; cf. Al-Maqqarī 1968, 1:575.
20 Vallejo Triano 2010, 502.
21 Avila y Fierro 2024.
22 Rosser-Owen 2022, 17-24, 54-56.
23 Al-Maqqarī 1968, 1:563-64, trad. Ruggles 1993:173.

2.

Madīnat al-Zahrāʾ: A Capital for the Umayyad Caliphate of al-Andalus

Madīnat al-Zahrāʾ. Una capital para el califato omeya de al-Andalus

Antonio Vallejo Triano
Conjunto Arqueológico Madīnat al-Zahrāʾ

The construction of enormous cities to serve as capitals for the three great Islamic states—the ʿAbbāsids, Fāṭimids, and Umayyads—which governed the Mediterranean and the Near East between the ninth and eleventh centuries CE, was a unique urban phenomenon in the medieval Muslim world.

The political circumstances that prompted the creation of these new capitals, some of which were quite close to pre-existing cities that already fulfilled this role, were different in each case, but two common elements prevail in all of them: first, the need to create a space to facilitate direct control of the administrative, economic, and military machinery of the State by the governing caliph; and second, the creation of a formidable setting to represent the power of the caliph as the sole legitimate ruler of the whole Muslim community (*umma*).

Madīnat al-Zahrāʾ is a superlative example of these features. Its construction is directly associated with the proclamation of ʿAbd al-Raḥmān III as caliph, motivated by the need to counterbalance the newly created Fāṭimid caliphate, whose expansionist policies in Ifrīqiya and the Western Maghreb threatened the interests and security of al-Andalus.

Its proximity to Córdoba, just five miles away, enabled economic and social ties to be maintained with the old capital; both centers participated in the political life of the caliphate, functioning as a single capital with two seats (FIG. 2-1).[1]

The site for Madīnat al-Zahrāʾ was carefully chosen, taking into account factors like topography and landscape. Its location at the foot of the immense rocky expanse of the Sierra Morena placed the city within a natural setting of extraordinary beauty, accentuated by the requisite terraced layout of its entire urban structure (FIG. 2-2). Here the caliphate constructed a rectangular city with a shape that approximated a double square, delineated by an imposing wall 1,657 yards long and 815 yards wide that enclosed an area of roughly 277 acres.

Sources indicate that construction began in 936 and that three caliphs lived there:[2] ʿAbd al-Raḥmān III (r. 912–961), al-Ḥakam II (r. 961–976), and Hishām II ((r. 976–1009 and 1010–1013). During the reign of the first two, Madīnat al-Zahrāʾ oversaw the political and economic life of the caliphate and was the center of the Umayyad state's powerful diplomatic activity. The monarchs of the Christian kingdoms from the north of the peninsula, ambassadors from Byzantium and the Ottonian dynasty, and the heads of the tribal groups of

La construcción de enormes ciudades como capitales de los tres grandes estados islámicos que gobernaron el Mediterráneo y el Próximo Oriente entre los siglos IX y XI, ʿabbāsíes, fāṭimíes y omeyas, constituye un fenómeno urbanístico singular en el mundo medieval musulmán.

Las circunstancias políticas que motivaron la creación de estas nuevas capitales, algunas muy próximas a las ciudades preexistentes que ya venían ejerciendo ese papel, fueron diferentes en cada caso, pero en todas ellas prevalecen dos elementos comunes: por una parte, la necesidad de crear un espacio que permitiera el control directo de la maquinaria administrativa, económica y militar del Estado por el califa gobernante; y por potra, la generación de un escenario monumental para la representación del poder del califa como único gobernante legítimo de toda la comunidad musulmana (*umma*).

Madīnat al-Zahrāʾ muestra esos rasgos en grado superlativo. Su construcción está íntimamente asociada con la proclamación como califa de ʿAbd al-Raḥmān III, y ésta, a su vez, con la necesidad de contrarrestar al recién creado califato fatimí, cuya política expansionista por Ifriqiya y el Magreb occidental amenazaba los intereses y seguridad de al-Andalus.

Su proximidad a Córdoba, a tan sólo 8 km, permitió mantener los lazos económicos y sociales con ésta y hacer partícipes a ambos centros en la vida política del califato, de modo que funcionaron como una única capital con dos sedes (FIG. 2-1).[1]

El emplazamiento de Madīnat al-Zahrāʾ fue cuidadosamente elegido, y en esta decisión intervinieron razones topográficas y paisajísticas. Su ubicación a los pies de la inmensa masa rocosa de Sierra Morena dejaba a la ciudad en el centro de un marco escénico natural de extraordinaria belleza, acentuada por la necesaria disposición en terrazas de toda su estructura urbana (FIG. 2-2). En este lugar, el califato construyó una urbe de forma rectangular con una geometría que se aproxima al doble cuadrado, definida por una potente muralla de 1515 m de largo y 745 m de ancho que encierra una superficie de unas 112 ha.

Su construcción se inició en el año 936, según las fuentes,[2] y en ella vivieron tres califas: ʿAbd al-Raḥmān III (r. 912-961), al-Ḥakam II (r. 961-976) y Hishām II (r. 9761013). Durante los dos primeros, Madīnat al-Zahrāʾ dirigió la vida política y económica del califato y fue el centro de la potente actividad diplomática del Estado omeya. Por sus salones de recepción desfilaron los monarcas de los reinos cristianos del norte de la península,

the Maghreb who were allies of the Umayyads paraded through its reception halls. During those years, the city also became an important artistic, cultural, and scientific focal point through the support of the caliphs, and a center to receive and rework new architectural and artistic forms and layouts from the East and the Mediterranean that would extend into subsequent centuries.

PARTS OF THE CITY AND CONSTRUCTION PROCESS

Madīnat al-Zahrāʾ was designed as a complete city, independent and autonomous from Córdoba. After more than a century of archaeological investigation, we have a very authoritative picture of the city. Like other capitals founded by a caliphate such as Baghdad, Samarra, or Cairo, it featured two basic units separated topographically: an imposing palace (*qaṣr*) of enormous dimensions, spread over approximately 47 acres, and a space that constitutes the proper city or *madīna* itself, along with a small neighborhood outside the southern wall.[3]

The urban layout is governed by hierarchy, not centrality or symmetry. The construction of staggered terraces allowed each building to be positioned in accordance with a rigorous hierarchical arrangement of the space that reserved the highest part of the site for the *qaṣr*, designed as a caliphal residence, administrative seat of state, and center of political and ceremonial representation.

The *madīna* extended below the *qaṣr* and was separated from it by an imposing wall. In this vast space, various important institutions and infrastructures were erected: religious, such as the Friday Mosque (*masjid al-jamāʿa*) and three other neighborhood mosques; fiscal, such as the mint (*dār al-sikka*); commercial, such as the market (*sūq*); economic production and propaganda, such as official manufactures (*dār al-ṣināʿa*); and military, such as quartering of various regular corps of the army, along with some related facilities (*dār al-ʿudda*) and stables (Dār al-Khayl). The *madīna* was also the place of residence of the viziers and other high State officials, and of the common population, who were attracted by the economic incentives provided by the caliph, who offered 400 dirhams to anyone who settled in his city.[4]

These people and institutions were installed according to very specific zoning on both sides of a large central area without buildings, intended for agricultural use and perhaps other recreational activities as well.[5] The western strip may have accommodated the army, and the

embajadores de Bizancio y del imperio de los Otones, y los jefes de las agrupaciones tribales del Magreb aliadas de los omeyas. Durante esos años, también, la ciudad se convirtió en un importante foco artístico, cultural y científico gracias a la promoción de los califas, y en un centro de recepción y reelaboración de nuevas formas y disposiciones arquitectónicas y artísticas, de Oriente y el Mediterráneo, que se irradiaron a los siglos posteriores.

PARTES DE LA CIUDAD Y PROCESO CONSTRUCTIVO

Madīnat al-Zahrāʾ fue concebida como una ciudad completa, independiente y autónoma de Córdoba. Después de más de un siglo de investigación arqueológica poseemos una imagen muy fidedigna de la urbe. Al igual que otras ciudades capitales de fundación califal como Bagdad, Samarra o El Cairo, se caracteriza por la existencia de dos unidades básicas diferenciadas desde el punto de vista topográfico: un palacio monumental de enormes dimensiones, extendido sobre unas 19 ha, y un espacio que constituye la medina propiamente dicha, junto con un pequeño arrabal exterior a la muralla meridional.[3]

Su disposición urbana se rige por el principio de la jerarquía, no por el de centralidad ni el de simetría. La construcción en terrazas escalonadas permitió situar cada edificio de acuerdo con una rigurosa ordenación jerárquica del espacio que reservó la parte más elevada del emplazamiento para el *qaṣr* (palacio), concebido como residencia califal, sede administrativa y centro de representación política y ceremonial.

La medina se extendió a los pies del *qaṣr*, del que quedó separada por una imponente muralla. En ese amplio espacio se instalaron diversas instituciones e infraestructuras fundamentales: religiosas, como la mezquita mayor (*masjid al-jamāʿa*: mezquita de la comunidad) y otras tres que han sido localizadas como mezquitas de barrio fiscales, como la ceca (*dār al-sikka*); comerciales, como el mercado (*sūq*); económico-productivas y de propaganda, como las manufacturas oficiales (*dār al-ṣināʿa*); y militares, como acuartelamiento de distintos cuerpos regulares del ejército, junto con algunos equipamientos asociados a este (*dār al-ʿudda*) y las caballerizas (*dār al-khayl*). La medina fue también el lugar de residencia de los visires y otros altos funcionarios del Estado, y de la población común, que vino atraída por los incentivos económicos otorgados por el califa, quien ofreció 400 *dirham*-s a todo aquel que se estableciera en su ciudad.[4]

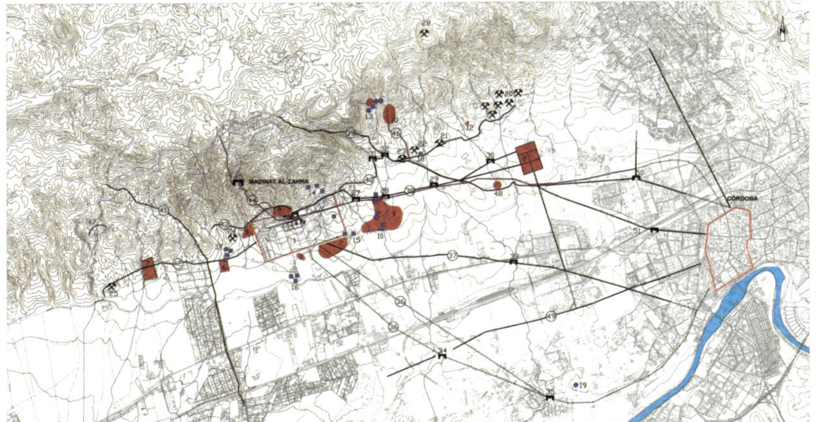

FIG. 2-1.
Topographic map showing Madīnat al-Zahrā' in relation to Córdoba. Image courtesy of Conjunto Arqueológico Madīnat al-Zahrā'. Plano de relación entre Córdoba y Madīnat al-Zahrā'. Fotografía del Conjunto Arqueológico Madīnat al-Zahrā'.

FIG. 2-2.
Aerial view of topograhy surrounding Madīnat al-Zahrā'. Image courtesy of Conjunto Arqueológico Madīnat al-Zahrā'. Emplazamiento de la topografía que rodea Madīnat al-Zahrā'. Fotografía del Conjunto Arqueológico Madīnat al-Zahrā'.

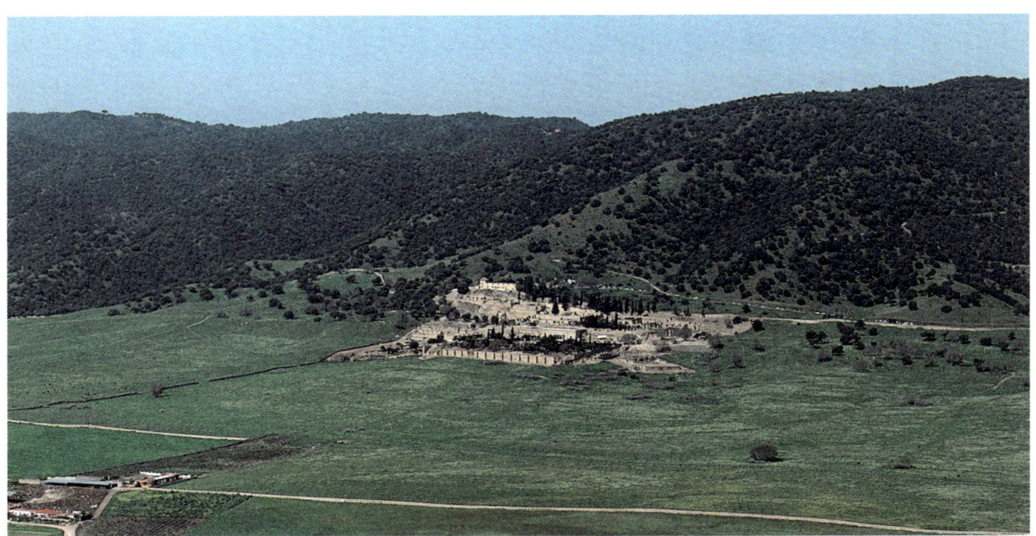

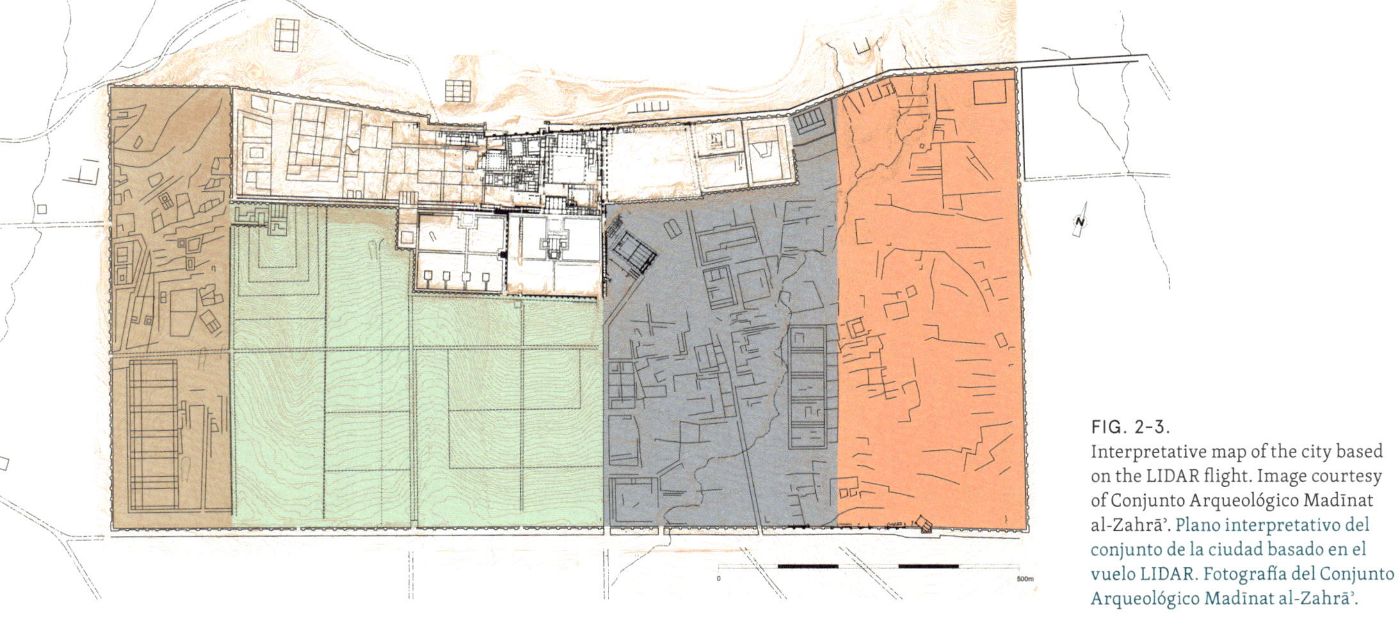

FIG. 2-3.
Interpretative map of the city based on the LIDAR flight. Image courtesy of Conjunto Arqueológico Madīnat al-Zahrā'. Plano interpretativo del conjunto de la ciudad basado en el vuelo LIDAR. Fotografía del Conjunto Arqueológico Madīnat al-Zahrā'.

substantial eastern space held the aforementioned infrastructures and the homes of elites and common population, in addition to the main road to reach the palace from the south, as recent archeo-physics investigation suggests (FIG. 2-3).[6] The location of the Friday Mosque outside the palace in a decentralized and secondary position corresponds to a functional need to serve the inhabitants of the *madīna*, but its limited role in the urban configuration of the city, subordinate to the palace, is significant.

We have knowledge of several basic aspects of its initial construction process: work began with the construction of the *qaṣr*,[7] broadly understood as the personal residence of the caliph and the crown prince, with garden spaces, and served as headquarters for the state's primary administrative institutions, although the process of institutional establishment was necessarily slow and progressive; the Friday Mosque was part of the original design, but the completion date provided through documentation (941/329 Hijri.) and archeology (944–5/333 H.) is contradictory;[8] the wall that surrounded the entire complex was not built at the beginning, but at a later time; construction was personally supervised by the caliph or the crown prince; and the city's population was stimulated by the sovereign through the previously mentioned economic incentives.

After its initial construction, the palace was extensively renovated, which primarily impacted the buildings designated for the administrative headquarters and political reception. These structures were monumentalized, fostering the development of new architectural typologies and new decorative schemes, which are the ones that have survived to the present day.[9]

THE *QAṢR*: SEAT OF THE GOVERNMENT OF AL-ANDALUS

Excavations began in 1911 and continued with some interruptions for more than a century, uncovering the central part of the *qaṣr*, the Friday Mosque, and a small neighborhood mosque next to the southern wall.[10]

The *qaṣr* was the focal point for all of city life. We have the best knowledge of this space thanks to written sources detailing palace life, particularly between 971 and 975.[11] The excavated portion is made up of an extensive cluster of various building types: governmental, residential, and administrative, as well as political reception halls, gardens, and those used by maintenance and service staff. In addition, we must consider the spaces connecting these buildings: covered walkways, open streets, squares,

Esta población y estas instituciones se instalaron siguiendo una zonificación muy precisa a ambos lados de una amplia área central, vacía de edificación, que estuvo destinada a espacios agrícolas y quizá también a otras actividades recreativas.[5] En la banda occidental pudo situarse el ejército, y en el extenso espacio oriental las infraestructuras señaladas y las viviendas de la élite y de la población común, además del principal camino de acceso al palacio desde la muralla meridional, como apuntan las recientes investigaciones arqueofísicas (FIG 2-3).[6] El emplazamiento de la mezquita aljama al exterior del palacio, en una posición excéntrica y secundaria, responde a una exigencia funcional, para su utilización por los habitantes de la medina, pero resulta significativo también del escaso papel otorgado a este edificio en la configuración urbana de la ciudad, subordinado al palacio.

Conocemos varias cuestiones básicas sobre su proceso constructivo inicial: las obras comenzaron con la edificación de un *qaṣr* (palacio),[7] entendido en sentido amplio como la residencia personal del califa y el príncipe heredero, con espacios ajardinados, y sede de las principales instituciones administrativas del Estado, aunque el proceso de implantación institucional fue necesariamente lento y progresivo; la mezquita aljama formó parte del diseño fundacional, aunque la fecha de terminación proporcionada por los textos (329 H/941 d. C.) y por la arqueología (333/944-5) es sea contradictoria;[8] la muralla que rodeó el conjunto completo de la ciudad no se edificó en el momento inicial, sino en fechas más tardías; las obras fueron supervisadas personalmente por el califa o por el príncipe heredero; y el poblamiento de la ciudad se vio impulsado por el soberano gracias a los estímulos económicos señalados.

Tras su construcción inicial, el palacio sufrió una amplia reestructuración que afectó, principalmente, a la sede de los edificios administrativos y de representación política. Estos experimentaron un proceso de monumentalización en el que se introdujeron nuevas tipologías arquitectónicas y nuevos programas decorativos, que son los que han llegado a nuestros días.[9]

EL *QAṢR*, SEDE DEL GOBIERNO DE AL-ANDALUS

Las excavaciones, iniciadas en 1911 y proseguidas con algunas interrupciones durante más de un siglo, han dejado a la luz la parte central del *qaṣr*, la mezquita aljama y una pequeña mezquita de barrio junto a la muralla meridional.[10]

passageways, and stairs (FIG. 2-4). All of this created a well-structured complex despite its irregular morphology due to adaptation to its steep topography.

Archaeological analysis gives us information not only on how the palace functioned, but also the emotional experiences of spectators who attended its ceremonial presentations. Everything was designed to arouse surprise, admiration, disorientation, and even fear in the spectator, from the architecture to the buildings' furnishings, and even to the decoration itself.[12]

The ceremonial entrance door of the *qaṣr*, called *Bāb al-Sudda* (Gate of the State), was designed to create a flurry of emotions in the visitors. This door follows the tradition of other monumental doors found in the East, such as the *Bāb al-ʿĀmma* of Samarra;[13] it has various symbolic meanings because it simultaneously represents the state, the palace complex acting as its center of operations, and the figure of the caliph himself. It is also the gate that symbolizes caliphal justice.[14] The entrance is through an immense porticoed façade of 14 arches that opens to a 150-meter-wide square at the opposite end of which is located a new portico, recently investigated.[15] From the square, the façade can be contemplated in all its scenographic monumentality, highlighting the presence of a small pavilion on the central arch that would serve as a privileged viewpoint from which, probably, the caliph would review the troops formed in it (FIG. 2-5).

The palace's topography allows us to broadly distinguish an area that we can classify as "official," where the city's government magistrates and the main administrative institutions of the State were located. We can also discern an area of greater privacy that held the caliphal residences, as well as those of certain high officials, and the buildings intended for the palace's domestic servants and administration. On a lower level are the large political reception halls.

RESIDENCES WITHOUT FAMILIES

The residences excavated in the palace allow us to identify three main types of inhabitants: the caliph and the crown prince; certain officials dedicated to the administrative tasks of the upper level of the state, such as the *ḥājib*; and other officials in charge of managing the domestic palace work, such as administration and service (kitchens, food supply, security, etc.). All of them lack spaces for family life, so the excavated palace appears to be a place where no families lived, and where we cannot clearly identify the presence of women or children.

El *qaṣr* constituye el centro en torno al cual gravita toda la vida de la ciudad, y el espacio del que más y mejor estamos informados gracias también a las fuentes escritas, que narran con detalle la vida del palacio, especialmente, entre los años 971-975.[11] La parte excavada está compuesta por un extenso conglomerado de edificios de diverso tipo: residenciales, administrativos, de intendencia y servicio, de representación política y jardines. A estos hay que añadir sus espacios de relación: corredores cubiertos, calles abiertas, plazas, pasadizos y escaleras (FIG. 2-4). Todo ello compone un conjunto bien articulado, aunque de morfología irregular por su adaptación a la empinada topografía del terreno.

El análisis arqueológico nos permite conocer no sólo cómo era el funcionamiento del palacio, sino también las experiencias sensitivas que podían producir en los espectadores que acudían a sus representaciones ceremoniales. Todo estaba concebido para provocar sorpresa, admiración, desorientación e incluso temor en el espectador, desde la arquitectura hasta el mobiliario de los edificios y la propia decoración.[12]

La puerta ceremonial de entrada al *qaṣr*, llamada *Bāb al-Sudda* (Puerta del Estado), se concibió para producir en los visitantes ese cúmulo de sensaciones. Esta puerta se encuentra en la tradición de otras puertas monumentales de Oriente, como la *Bāb al-ʿĀmma* de Samarra,[13] y posee múltiples significados simbólicos porque representa, a la vez, al Estado, al conjunto del palacio que constituye su sede y a la figura misma del califa. Es también la puerta que simboliza la justicia califal.[14] El ingreso se realiza a través de una inmensa fachada porticada de 14 arcos que abre a una amplia plaza de 150 m de longitud en cuyo extremo opuesto se sitúa un nuevo pórtico, recientemente investigado.[15] Desde la plaza, la fachada puede ser contemplada en toda su monumentalidad escenográfica, destacando la presencia de un templete sobre el arco central que serviría como mirador privilegiado desde el que, probablemente, el califa revistaría las tropas formadas en ella (FIG. 2-5).

La topografía del palacio permite distinguir a grandes rasgos una zona que podemos considerar "oficial", donde se localizan las magistraturas de gobierno de la ciudad y las principales instituciones administrativas del Estado; y una zona de mayor privacidad en la que se sitúan las residencias califales, las de algunos altos funcionarios y los edificios destinados a los trabajos domésticos de servicio e intendencia del palacio. En un nivel inferior se emplazan los grandes salones de representación política.

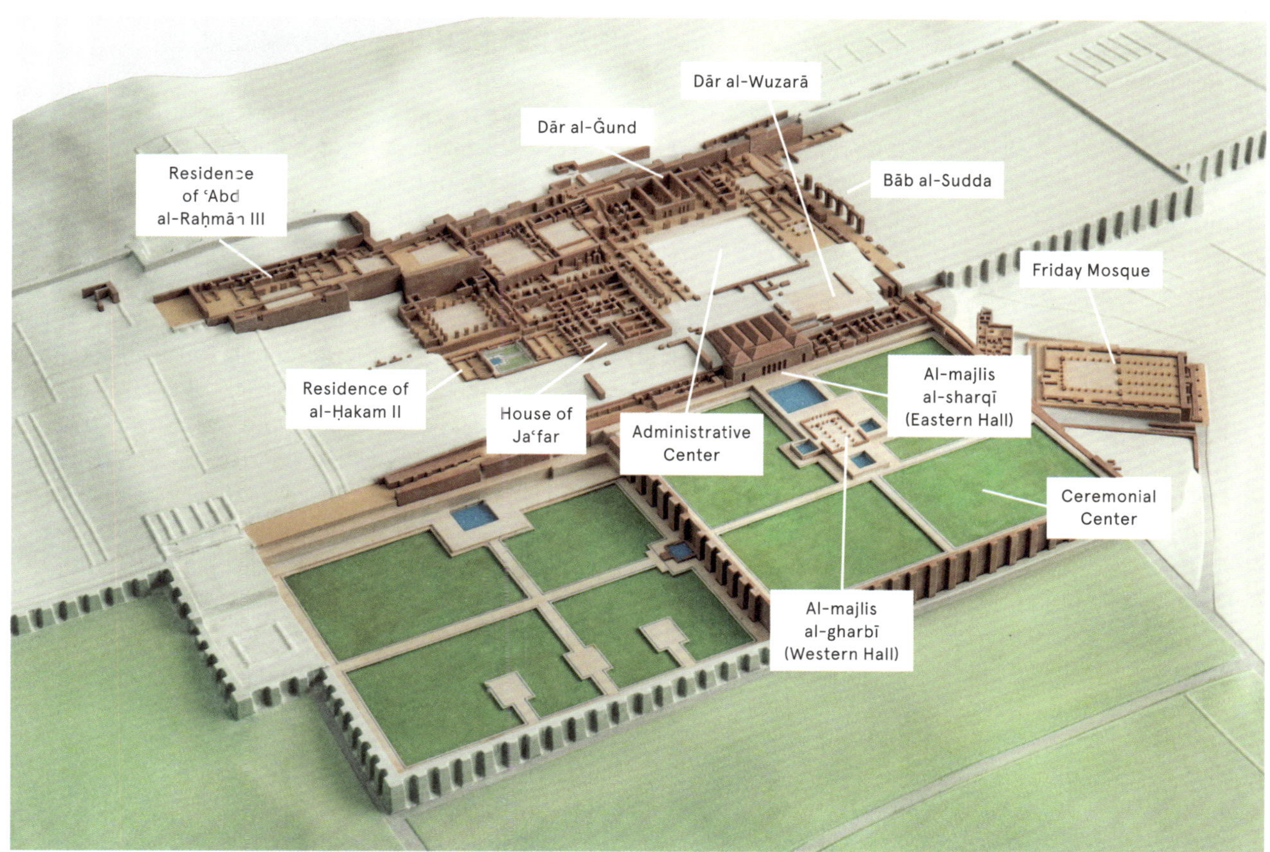

FIG. 2-4.
Model of the palace. Image courtesy of Conjunto Arqueológico Madīnat al-Zahrā'. Maqueta del palacio con indicación de sus principales edificaciones. Fotografía del Conjunto Arqueológico Madīnat al-Zahrā'.

FIG. 2-5.
Virtual reconstruction of the *Bāb al-Sudda*. Image courtesy of Conjunto Arqueológico Madīnat al-Zahrā'. Reconstrucción virtual de la Bāb al-Sudda. Fotografía del Conjunto Arqueológico Madīnat al-Zahrā'.

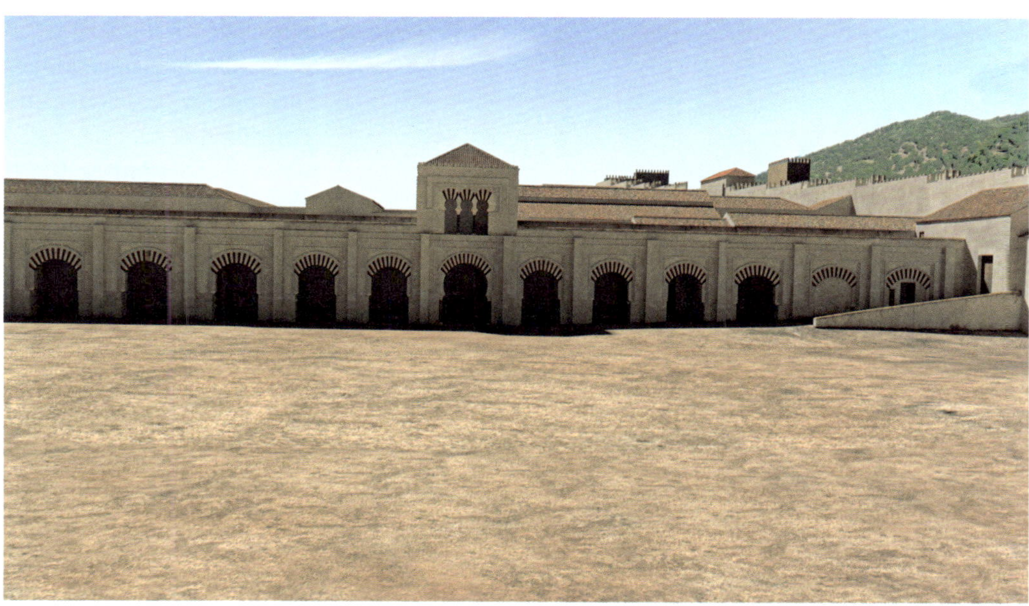

The caliphal residences of ʿAbd al-Raḥmān III and al-Ḥakam II are the most important in the palace, both for their architectural and decorative individuality, as well as their size (FIG. 2-6). The distinct architectural design was in response to the specific orders from its owners that must have been connected to decisions based on the role and image that each of them wanted to convey. Consequently, there is no template for a caliphal residence.

The first, called Dār al-Mulk (residence of power) in the sources, is organized in long parallel lines with rooms at the ends without patios, featuring a large decorated façade open to the rest of the city. This example epitomizes the idea of urban prominence and visual dominance as a symbolic representation of power. The residence of al-Ḥakam II, on the other hand, exhibits a radical departure from his father's residence, arranged with double rooms facing each other that open on the sides to an interior garden with a pool. This residence, more innovative in every way, is dominated by features intended to create an optimal setting, with the architecture, water, and garden contributing to creating a space for holding gatherings (*majlis*) of a more private nature.

Both residences feature imposing decoration with vegetal and geometric shapes carved in stone on their facades, as well as the presence of a single-user bathroom located at the eastern end, removed during renovation work on the Dār al-Mulk, whose typology comes from the eastern Umayyad world.

There is nothing in these caliphal residences pointing to the presence of women and children, who would obviously have lived in the harem, which has not yet been located or excavated.

Other homes were the headquarters of important administrative magistrates, such as the *ḥājib*, and others are dedicated to carrying out the daily work of the palace's administration. The management of these administrative and government functions was entrusted primarily to a staff member called a *fatá* (young person), so named because of their assignment to these palace activities from a very young age. These *fatá*-s were generally slaves (*ṣaqāliba*), some of them eunuchs with no family, trained in the palace and at the service of the caliphs. They were part of the new elite of the state, supported by the sovereigns due to their exclusive loyalty to them.[16]

The most representative example of this new administrative elite was the *ḥājib* (chamberlain) Jaʾfar ibn ʿAbd al-Raḥmān, whose residence was adjacent to the home

UNAS RESIDENCIAS SIN FAMILIAS

Las residencias excavadas en el palacio permiten diferenciar tres tipos principales de habitantes: el califa y el príncipe heredero, algunos funcionarios dedicados a las tareas administrativas de la alta dirección del Estado, como el *ḥājib*, y otros funcionarios encargados de la dirección de los trabajos palaciegos que podemos considerar domésticos, de intendencia y de servicio (cocinas, seguridad, abastecimiento de alimentos, etc.). Todas ellas tienen en común la ausencia de espacios para la vida familiar, de manera que el palacio excavado se nos presenta como un lugar donde no habitan familias, donde no se identifica claramente la presencia de mujeres e hijos.

Las residencias califales de ʿAbd al-Raḥmān III y de al-Ḥakam II son las más importantes del palacio, tanto por su singularidad arquitectónica y decorativa como por sus dimensiones (FIG. 2-6). Su diferente concepción arquitectónica constituye la respuesta a encargos específicos de sus propietarios que debemos relacionar con decisiones basadas en el papel y la imagen que cada uno de ellos quiso transmitir. No existe, pues, un modelo de residencia califal.

La primera, denominada en los textos Dār al-Mulk (residencia del poder), se organiza en largas crujías paralelas con habitaciones extremas, sin patios, y con una gran fachada decorada abierta al resto de la ciudad. En ella prevalece la idea de protagonismo urbano y de dominio visual como referente simbólico del poder. La residencia de al-Ḥakam II, por el contrario, muestra una diferencia radical con la de su padre, pues dispone sus estancias en forma de dobles habitaciones enfrentadas que se abren en los lados de un jardín interior con alberca. En esta residencia, más novedosa desde todos los puntos de vista, dominan las cualidades ambientales que se relacionan con la creación de un escenario en el que arquitectura, agua y jardín se conjugan para la celebración de reuniones (*majālis*) de carácter más privado.

Ambas residencias tienen en común su imponente decoración de formas vegetales y geométricas labradas en piedra en sus fachadas, y la presencia de un baño unipersonal ubicado en el extremo oriental, desaparecido por una obra de reforma en la Dār al-Mulk, cuya tipología procede del mundo omeya de Oriente.

Nada hay en estas residencias califales que permita identificar la presencia de mujeres e hijos, quienes vivirían, obviamente, en el harén, aún no localizado ni excavado.

Otras viviendas constituyen las sedes de importantes magistraturas administrativas como el *ḥājib*, y otras están

of al-Ḥakam II (FIG. 2-7). Ja'far was *ḥājib* for this caliph between the years 961 and 971, making him the highest-ranking person in the caliphate administration.[17] His residence was also the center of operations for the magistracy that he led, the *ḥijāba*, which was the reason its architectural structure included a hall with three longitudinal naves to carry out this role, with an imposing, ornately decorated façade. The architectural plan is rounded out by service rooms and a private area with only a single room. Consequently, there is nothing in the structure of this residence that would imply the presence of a family unit; it is for a person living alone, as would be expected of a eunuch at the service of others.

In the rest of the house, countless servants worked under Jaʿfar's direction—evidenced by the presence of a common-use latrine that opened directly to the courtyard—many of whom were also probably directed by some of these *fatá*-s. The buildings dedicated to carrying out these activities have rooms with greater architectural importance than the other rooms of the house—and with a latrine directly connected to the bedroom—which served as the residence of the official who managed the activity carried out in the building (FIG. 2-8). In the rest of the house, a countless number of servants worked under his direction—evidenced by the presence of a common latrine, open directly to the patio—many of whom would be slaves, according to sources,[18] and whose gender cannot be determined from an archaeological perspective. There is also no space in these homes for a family unit.[19]

THE ADMINISTRATIVE CENTER OF THE STATE

Madīnat al-Zahrā' also had its own government and security magistracies for the city (*ṣāḥib al-madīna* and *shurṭa*); and as the capital of the caliphate, it was the center of operations for the primary institutions of the central administration of the Umayyad state: the *ḥājib*, the viziers, and the secretaries. All these magistracies and institutions were located in the palace, in the area closest to the *Bāb al-Sudda*.

The headquarters of the *ḥājib* and that of the viziers (Dār al-Wuzarā) are clearly identified archaeologically, allowing us, for the first time, to know how the architectural layout of these great administrative institutions was formed in the early Islamic world. However, they had unique features in al-Andalus that were not always similar to those of the East.[20] In the Umayyad administration,

dedicadas a la realización de los trabajos cotidianos de intendencia del palacio. La dirección de estas funciones administrativas y de intendencia estuvo encomendada mayoritariamente a un personal denominado *fatá* (joven), así llamado por su dedicación a estas actividades palaciegas desde muy joven. Estos *fatá*-s eran frecuentemente de origen esclavo (*ṣaqāliba*), algunos de ellos eunucos, sin familia, formados en palacio y al servicio de los califas. Ellos compusieron parte de la nueva elite del Estado promocionada por los soberanos debido a su exclusiva lealtad a su persona.[16]

El ejemplo más representativo de esta nueva elite administrativa lo constituye el *ḥājib* Jaʿfar ibn 'Abd al-Raḥmān (Jaʿfar el eslavo), cuya residencia se situó contigua a la vivienda de al-Ḥakam II (FIG. 2-7). Jaʿfar fue *ḥājib* (chambelán) de este califa entre los años 961 y 971, por tanto, el personaje más alto en la escala administrativa del califato.[17] Su residencia fue también la sede de la magistratura que dirigía, la *ḥijāba*, de ahí que, en su estructura arquitectónica destaque un salón de tres naves longitudinales para el ejercicio de esa función, con una imponente fachada ricamente decorada. El programa arquitectónico se completa con unas estancias de servicio y un ámbito íntimo formado por una sola estancia. Nada hay, pues, en la estructura de esa residencia, que permita pensar en una unidad familiar, sino en un personaje que vive solo, como corresponde a su condición de eunuco, y que tiene gente a su servicio.

Los trabajos de intendencia y servicio del palacio también estuvieron dirigidos, probablemente, por algunos de estos *fatá*-s. Las edificaciones dedicadas a realizar estas actividades disponen en su interior de unas habitaciones de mayor entidad arquitectónica que las restantes estancias de la casa —con una letrina asociada directamente a la alcoba—, que son el lugar de residencia del funcionario que dirige la actividad realizada en ella (FIG. 2-8). En el resto de la vivienda trabaja, bajo su dirección, un sinfín de servidores —evidenciados por la presencia de una letrina de uso común, abierta directamente al patio—, una buena parte de los cuales serían esclavos, según las fuentes,[18] y de quienes no es posible establecer, a nivel arqueológico, el género. Tampoco hay espacio en estas viviendas para una estructura familiar.[19]

EL CENTRO ADMINISTRATIVO DEL ESTADO

Madīnat al-Zahrā' dispuso de sus propias magistraturas de gobierno y de seguridad propias de una ciudad, como

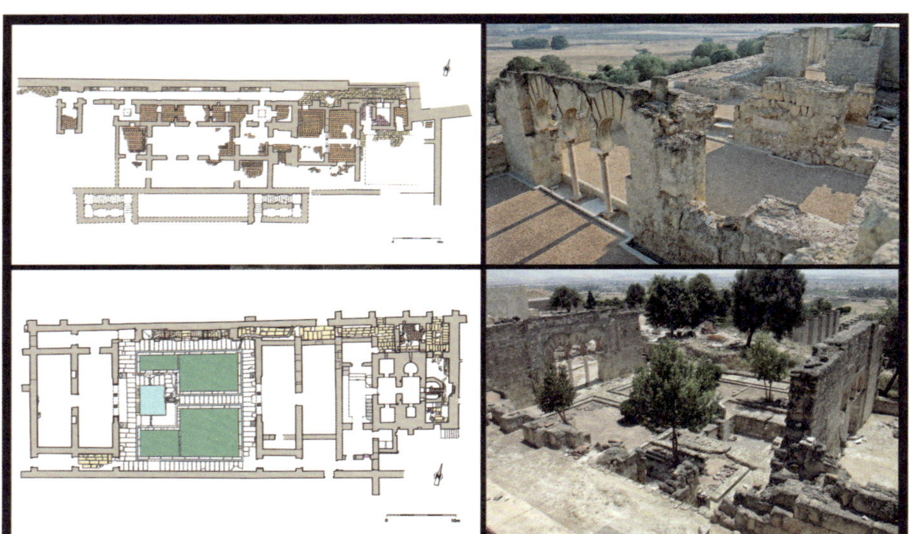

FIG. 2-6.
Map and photos of caliphal residences of ʿAbd al-Raḥmān III and al-Ḥakam II. Image courtesy of Conjunto Arqueológico Madīnat al-Zahrāʾ. Residencias califales de ʿAbd al-Raḥmān III y de al-Ḥakam II. Fotografía del Conjunto Arqueológico Madīnat al-Zahrāʾ.

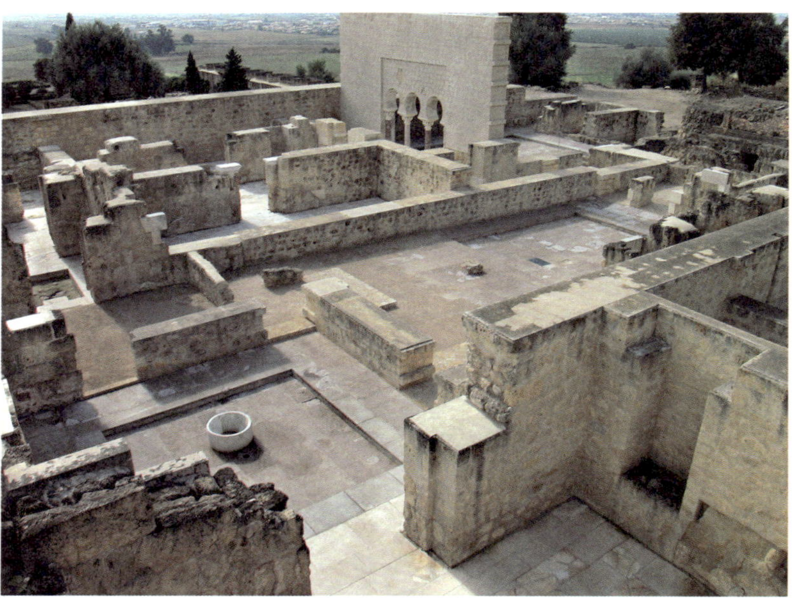

FIG. 2-7.
View of the interior of the residence of the *ḥājib* Jaʿfar ibn ʿAbd al-Raḥmān. Image courtesy of Conjunto Arqueológico Madīnat al-Zahrāʾ. Vista del interior de la residencia del *ḥājib* Jaʿfar ibn ʿAbd al-Raḥmān. Fotografía del Conjunto Arqueológico Madīnat al-Zahrāʾ.

FIG. 2-8.
(Right) Housing for management and service staff. (Left) Map of the living quarters of the caliphal staff are indicated in red and the common-use latrines are highlighted in yellow. Image courtesy of Conjunto Arqueológico Madīnat al-Zahrāʾ. Viviendas para la intendencia y servicio con indicación de las estancias donde vive el funcionario que dirige la actividad (en rojo) y las letrinas de uso común utilizadas por el personal que trabaja en las viviendas (en amarillo). Fotografía del Conjunto Arqueológico Madīnat al-Zahrāʾ.

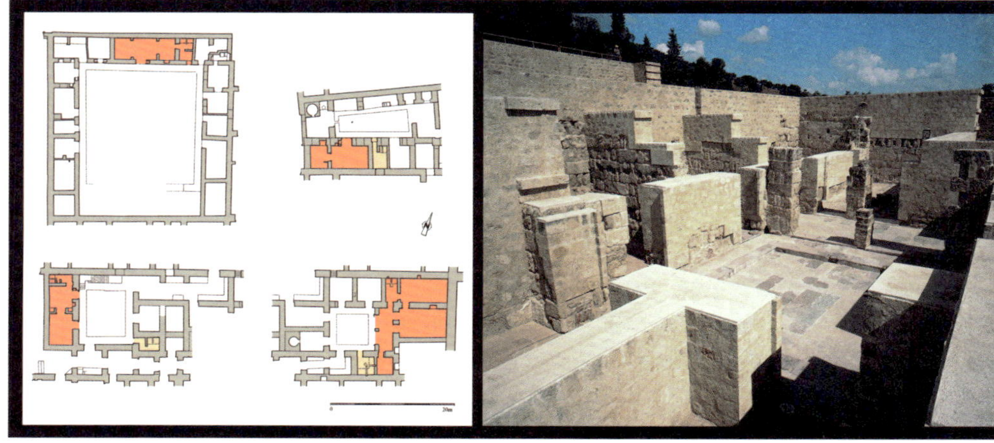

the *ḥājib*, as supervisor of all government services, could be appointed or not depending on the sovereigns' preferences; this is why, after the death of Jaʿfar in 971, the position was vacant until the appointment of Jaʿfar al-Muṣḥafī as *ḥājib* by Caliph Hishām II in 976.

We know that the viziers did not live in the palace, but as the caliph's key advisors for political and administrative affairs, they had a building where they met with the sovereign as an advisory council (Dār al-Wuzarā). This building was close to the political reception hall, although on a higher topographic level. Other important functions were also carried out there, as it was the place where high state officials were appointed, where titles and credentials certifying the ownership or possession of certain territories and fortresses were issued and delivered, and where the loyalty of Berber allies was rewarded with money and gifts during elaborate ceremonies.[21]

The institutional system at the palace was rounded out with a center of operations for the management of all matters related to the army (Dār al-Jund: House of the Army). Its size—the largest administrative building excavated at the site to date—and its elevated topographical position in the center of a huge square with other administrative institutions opening onto it, give an idea of the growing prominence of military affairs in the political life of the caliphate (FIG. 2-9).[22] Although its purposes are not entirely clear, it seems to have centralized a large number of activities related to the registration and recruitment of regular troops, payment of soldiers' salaries, planning of military campaigns, administration, and weapons logistics. The building also played an important role in caliphal ceremony as a waiting place for embassies and other groups participating in the audiences granted by the sovereign.

As we have already noted, the buildings that housed these important administrative offices acquired the architectural complexity and monumentality we see today following significant renovations of the *qaṣr* ordered by caliph ʿAbd al-Raḥmān III from 950 to 960.

THE CEREMONIAL CENTER OF THE UMAYYAD CALIPHATE

Clearly, the main function of Madīnat al-Zahrāʾ was to serve as an imposing stage for the representation of caliphal power. This activity involved both cities, Córdoba and al-Zahrāʾ, and the territory between them as this grandiose presentation took place over several events on

el *ṣāḥib al-madīna* y la *shurṭa*; y como capital del califato, fue la sede de las principales instituciones de la administración central del Estado omeya: el *ḥājib*, los visires y los secretarios. Todas estas magistraturas e instituciones se instalaron en el palacio, en la zona más próxima a la *Bāb al-Sudda*.

La sede del *ḥājib* y la de los visires (*dār al-wuzarāʾ*) se encuentran bien identificadas arqueológicamente, de manera que, por primera vez en el temprano islam, conocemos la forma y disposición arquitectónica que adquirieron estas grandes instituciones administrativas, que en al-Andalus tuvieron rasgos propios no siempre similares a los de Oriente.[20] En la administración omeya, el *ḥājib*, como supervisor de todos los servicios gubernamentales, podía ser nombrado o no en función de los intereses de los soberanos; esto explica que, tras la muerte de Jaʿfar en 971, esta magistratura no volviera a ser utilizada hasta el nombramiento de Jaʿfar al-Muṣḥafī como *ḥājib* por el califa Hishām II en 976.

Sabemos que los visires no vivían en el palacio, pero como principales consejeros para asuntos político-administrativos del califa, disponían de una sede en la que se reunían en consejo consultivo con el soberano (*dār al-wuzarā'*: casa de los visires). Este edificio se encontraba próximo al salón de recepciones políticas, aunque en un nivel topográfico superior. En él se realizaban, además, otras funciones importantes, pues era el lugar en el que se nombraba a los altos funcionarios del estado, donde se expedían y entregaban los títulos y las credenciales que certificaban la propiedad o tenencia de determinados territorios y fortalezas, y donde se recompensaba con dinero y con regalos la lealtad de los aliados bereberes, mediante elaboradas ceremonias.[21]

El aparato institucional instalado en el palacio se completó con una sede para la gestión de todos los asuntos relacionados con el ejército (*dār al-jund*, casa del ejército). Su monumentalidad—es el edificio civil de mayor tamaño excavado hasta el momento en Madīnat al-Zahrāʾ—y su posición topográfica elevada en el centro de una enorme plaza a la que abren otras instituciones administrativas, dan idea del protagonismo adquirido por los asuntos militares en la vida política del califato (FIG. 2-9).[22] Aunque sus funciones no se encuentran del todo clarificadas, parece haber centralizado un amplio número de actividades relacionadas con el registro y reclutamiento de las tropas regulares, el abono de las pagas a los soldados, la preparación de las campañas militares, la intendencia y logística de las armas, etc. El edificio, además, cumplió un

successive days: first, a *burūz* or military parade in the city of Córdoba, then a procession to Madīnat al-Zahrā', and finally, reception by the caliph.[23]

The main historical chronicler in the caliph's court wrote about the spectacle associated with each event in great detail. Until reaching Madīnat al-Zahrā', the route that the embassies took from their accommodations was flanked on both sides of the road by different army corps and by various classes of officials—and sometimes by people from Córdoba—all of them perfectly dressed in colorful clothing displaying weapons of honor. It was a demonstration of strength and an overwhelming spectacle that could have included more than 16,000 participants; according to the chronicler, the events "struck the hearts" of those in attendance.[24] Inside Madīnat al-Zahrā', the parade continued through the entire *madīna* and the interior of the *qaṣr* until reaching the caliphal *majlis*.

During these years, the caliphal ceremony included a simultaneous ceremony of reception and honor, one by the caliph and another by the crown prince.[25] The setting for this double reception was the immense garden space of more than five acres located almost in the geometric center of the city (FIG. 2-10). To highlight his direct dynastic continuity, caliph 'Abd al-Raḥmān III ordered the construction of two political reception halls: one for the caliph himself, which sources refer to as *al-majlis al-sharqī* (Eastern Hall), and another for the crown prince, called *al-majlis al-gharbī* (Western Hall). Archaeological investigation has also enabled us to identify these buildings: the Eastern Hall as the well-known Hall of 'Abd al-Raḥmān III or Salón Rico, and the Western Hall as what is usually called the Central Pavilion (FIG. 2-11). The halls were located opposite each other, separated by a large pool whose waters reflected the two opposite façades, creating an optical illusion of floating palaces that was widely used in later Andalusian palace architecture, notably in the Comares Palace in the Alhambra (FIG. 2-12).[26]

The two buildings were built between 953 and 957, as their abundant epigraphic remnants attest;[27] both had a basilica-style layout, with longitudinal naves (*bahw*-s) and a transversal nave (*mu'tariḍ*), which provided separate entries for the groups participating in the ceremonies, with the entrance for the first group being the most complex. Both had a very ornate decorative scheme that adorned all their surfaces, unlike anything that had been seen before in al-Andalus.

The Eastern Hall functioned as the main reception hall of the Umayyad caliphate. It was from this stage that

papel importante en el ceremonial califal como lugar de espera de las embajadas y de otros grupos participantes en las audiencias ofrecidas por el soberano.

Como ya hemos señalado, los edificios que albergaron estas importantes sedes administrativas adquirieron la complejidad arquitectónica y la monumentalidad con las que hoy los contemplamos a lo largo de la década de 950-960, en virtud de una importante reforma producida en el *qaṣr* ordenada por el califa 'Abd al-Raḥmān III.

EL CENTRO CEREMONIAL DEL CALIFATO OMEYA

Seguramente, la principal función de Madīnat al-Zahrā' fue la de servir de imponente escenario para la representación del poder califal. Esta actividad involucró a las dos ciudades, Córdoba y al-Zahrā, y al territorio entre ambas porque esta grandilocuente representación se desarrollaba en varios actos y en sucesivos días: primero, un *burūz* o desfile militar en la ciudad de Córdoba, después, una procesión hasta Madīnat al-Zahrā' y, finalmente, la recepción por el califa.[23]

La principal crónica de la corte narra con profusión de detalles el espectáculo asociado a cada uno de estos actos. Hasta alcanzar Madīnat al-Zahrā', el recorrido que hacían las embajadas desde sus lugares de aposentamiento se encontraba flanqueado a ambos lados del camino por diferentes cuerpos del ejército y por diversas clases de funcionarios—en ocasiones también por gentes de Córdoba—todos ellos perfectamente ataviados con vistosas vestimentas y armas de honor; una demostración de fuerza y un espectáculo sobrecogedor que podía incluir más de 16 000 participantes, según el cronista, y que "aturdía los corazones" de los asistentes.[24] En el interior de Madīnat al-Zahrā', la formación continuaba atravesando toda la medina y el interior del *qaṣr* hasta alcanzar el *majlis* califal.

En estos años, el ceremonial califal incluía una doble y simultánea ceremonia de recepción y acatamiento, una por el califa y otra por el príncipe heredero.[25] El escenario de esta doble recepción puede identificarse con el inmenso espacio ajardinado de más de 2 ha de extensión situado casi en el centro geométrico de la ciudad (FIG. 2-10). Para visibilizar su continuidad dinástica directa, en este lugar el califa 'Abd al-Raḥmān III ordenó construir dos salones de representación política: uno para el propio califa, denominado en las fuentes *al-majlis al-sharqī* (Salón Oriental), y otro para el príncipe heredero, denominado

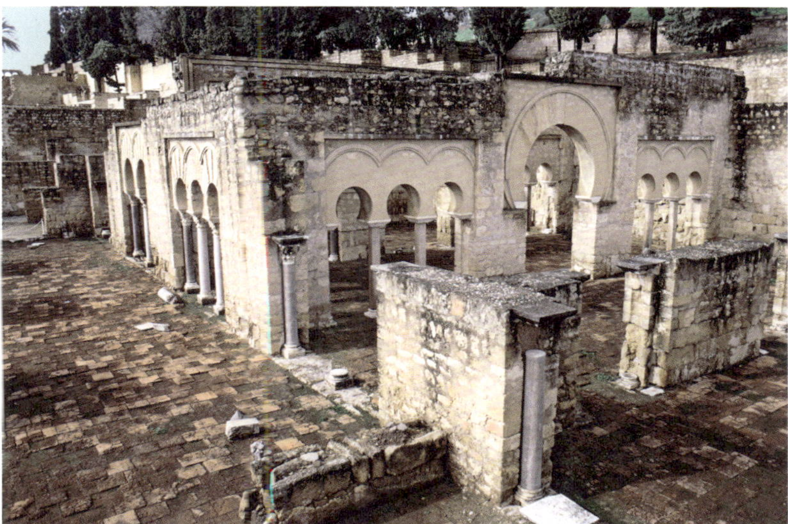

FIG. 2-9.
View of the interior of Dār al-Jund. Image courtesy of Conjunto Arqueológico Madīnat al-Zahrā'. Vista del interior de Dār al-Jund. Fotografía del Conjunto Arqueológico Madīnat al-Zahrā'.

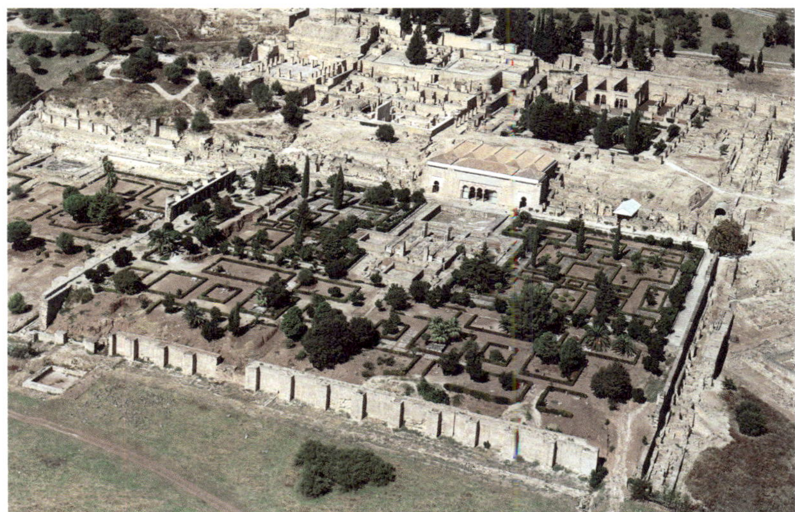

FIG. 2-10.
Aerial view of the Jardín Alto (Ceremonial Center of the State). Image courtesy of Conjunto Arqueológico Madīnat al-Zahrā'. Vista aérea del Jardín Alto (Centro ceremonial del Estado). Fotografía del Conjunto Arqueológico Madīnat al-Zahrā'.

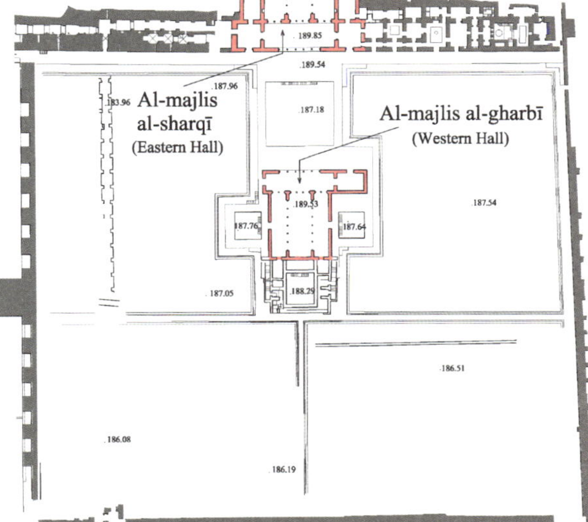

FIG. 2-11.
Plan of the Upper Garden complex with indication of the two halls. Image courtesy of Conjunto Arqueológico Madīnat al-Zahrā'. Plano del conjunto del Jardín Alto con indicación de los dos salones. Fotografía del Conjunto Arqueológico Madīnat al-Zahrā'.

the caliph, seated on the throne (*sarīr*) framed by a niche (*miḥrāb*) at the end of the central nave, presided over all the celebrations: the two important annual religious festivals of *ʿĪd al-Fiṭr* (Feast of Breaking the Fast) and *ʿĪd al-Aḍḥā* (Feast of Sacrifices); the solemn audiences to receive foreign ambassadors; the great receptions to celebrate military victories; and the ceremonies where political enemies surrendered, acceding to the will of the caliph.[28]

In these ceremonies everything was ritualized and guided by rigorous protocol for movements, gestures, and greetings, whose language held essential elements common to other caliphates and contemporary powers.[29] The order and position in the *majlis* of his immediate family, his relatives, the different categories of officials, members of the army, and representatives of Córdoba and the provinces created a faithful reflection of the hierarchical structure of the caliphate. These ceremonies fulfilled multiple objectives, all aimed at upholding the political and religious legitimacy of the caliph as the sole legitimate ruler of Muslims, the only source of order and social stability, and his role as guardian of Islamic orthodoxy.[30] The panegyric poems (*qaṣīda*-s) recited after the ceremonies reinforced this political message, also emphasizing the virtues of the caliph and his heir, and their just claim to the universal leadership of Muslims.[31] The ceremonies concluded with a banquet held in the Western Hall.

Nothing is left of this last building due to the significant plundering of its architectural structure, although many fragments of the architectural decoration that covered its walls remain.

The Hall of ʿAbd al-Raḥmān III, on the other hand, is well known for having been reconstructed thanks to the extraordinary investigation that began after its excavation in 1944 and continues to this day (FIG. 2-13).[32] Its most relevant feature is the prominence of its decorative scheme that adorned all its surfaces, in which vegetal, geometric, and epigraphic motifs were admirably combined, creating one of the most beautiful series in all of Islamic art (pp. 11).[33]

This exquisite ornamentation is arranged vertically on various levels, with the highlight being the large panels located in the lower area of the composition representing tree structures from nature conventionally called "trees of life" (FIG. 2-14). Collectively, this decoration has been interpreted as a possible cosmography,[34] a representation of the order of the cosmos, unitary and hierarchical, serving to exalt the figure of the caliph as God's deputy, responsible for the flourishing of the earth and the natural world.[35]

al-majlis al-gharbī (Salón Occidental). La investigación arqueológica ha permitido también identificar estos edificios: el Salón Oriental con el conocido Salón de ʿAbd al-Raḥmān III o Salón Rico, y el Occidental con el llamado convencionalmente Pabellón Central (FIG. 2-11). Ambos salones se situaron uno frente a otro, separados por una gran alberca cuyas aguas reflejaban las dos fachadas contrapuestas, generando una ilusión óptica de palacios flotantes que será utilizada ampliamente en la posterior arquitectura palaciega andalusí, como en el Palacio de Comares en la Alhambra (FIG. 2-12).[26]

Los dos edificios fueron construidos entre los años 953-957, como atestiguan sus abundantes restos epigráficos;[27] ambos disponían de una planta de tipo basilical, con naves longitudinales (*bahw*-s) y una transversal (*muʿtariḍ*), que proporcionaba accesos diferenciados a los grupos participantes en las ceremonias, siendo más compleja la planta del primero; y ambos poseían un riquísimo programa decorativo que se extendía por todas sus superficies, como nunca antes se había visto en al-Andalus.

De ellos, el Salón Oriental fue el principal salón de recepciones del califato omeya. Fue el escenario en el que el califa, sentado en el trono (*sarīr*) que quedaba enmarcado por un nicho (*miḥrāb*) en el fondo de la nave central, presidía todas las celebraciones: las dos grandes fiestas religiosas anuales de *ʿĪd al-Fiṭr* (la fiesta de ruptura del ayuno) y *ʿĪd al-Aḍḥā* (la fiesta de los sacrificios); las audiencias solemnes para recibir a los embajadores extranjeros; las grandes recepciones para celebrar las victorias militares y las ceremonias de sumisión de los enemigos políticos que acudían a la obediencia del califa.[28]

En estas ceremonias todo estaba ritualizado y guiado por un riguroso protocolo de movimientos, gestos y saludos, cuyo lenguaje presenta elementos esenciales comunes al de otros califatos y poderes contemporáneos.[29] El orden y la posición en el *majlis* de su familia directa, sus parientes, las distintas categorías de funcionarios, miembros del ejército y representantes de Córdoba y provincias constituían un fiel reflejo de la estructura jerárquica del califato. Estas ceremonias cumplían múltiples objetivos, todos ellos dirigidos a exaltar la legitimidad política y religiosa del califa como único gobernante legítimo de los musulmanes, la única fuente del orden y la estabilidad social, y su papel como guardián de la ortodoxia islámica.[30] Las poesías panegíricas (*qaṣīda*-s) recitadas tras las ceremonias reforzaban este mensaje político, enfatizando también las virtudes del califa y su heredero, y su reivindicación justa al liderazgo universal de los musulmanes.[31] Las ceremonias

FIG. 2-12.
Facade of the Salón Rico reflected in the pool. Image courtesy of Conjunto Arqueológico Madīnat al-Zahrā’. Fachada del Salón Rico reflejada en la alberca. Fotografía del Conjunto Arqueológico Madīnat al-Zahrā’.

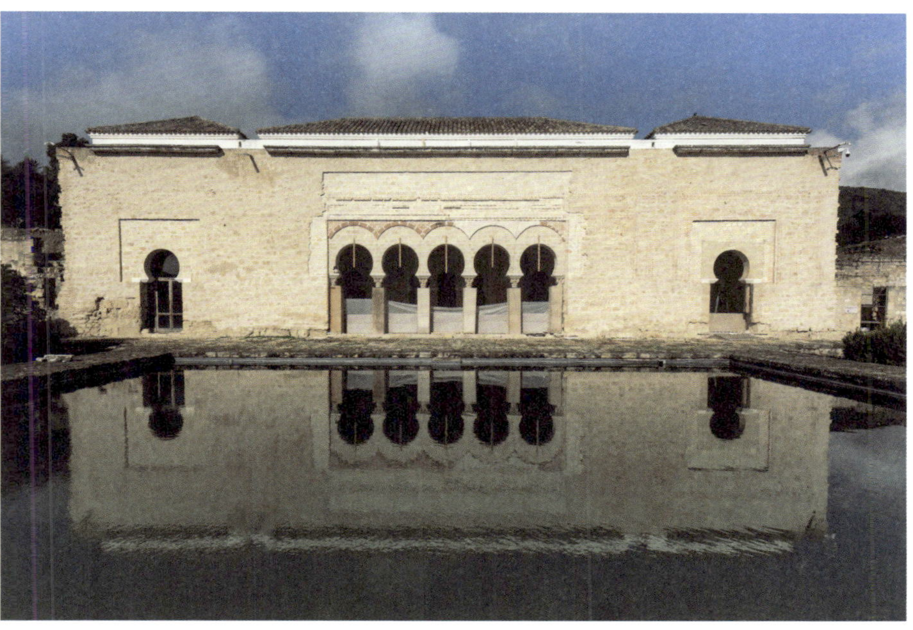

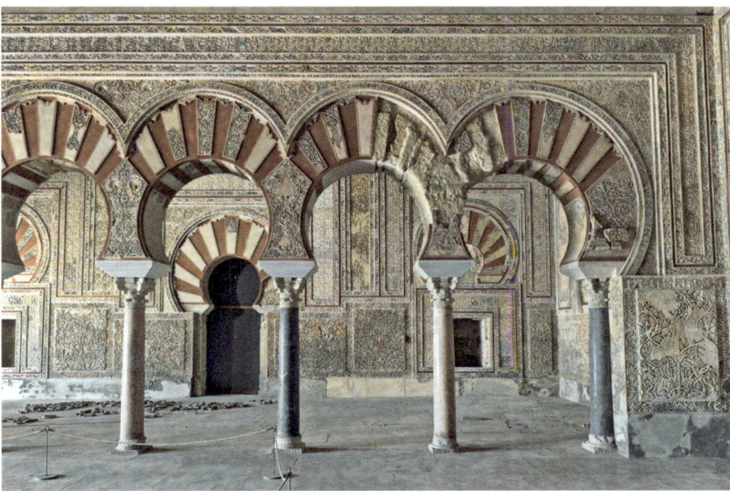

FIG. 2-13.
View of the interior of the Salón Rico. Conjunto Arqueológico Madīnat al-Zahrā’. Vista del interior del Salón Rico. Fotografía del Conjunto Arqueológico Madīnat al-Zahrā’.

FIG. 2-14.
Decorative board of the Salón Oriental. Image courtesy of Conjunto Arqueológico Madīnat al-Zahrā’. Tablero decorativo del Salón Oriental. Fotografía del Conjunto Arqueológico Madīnat al-Zahrā’.

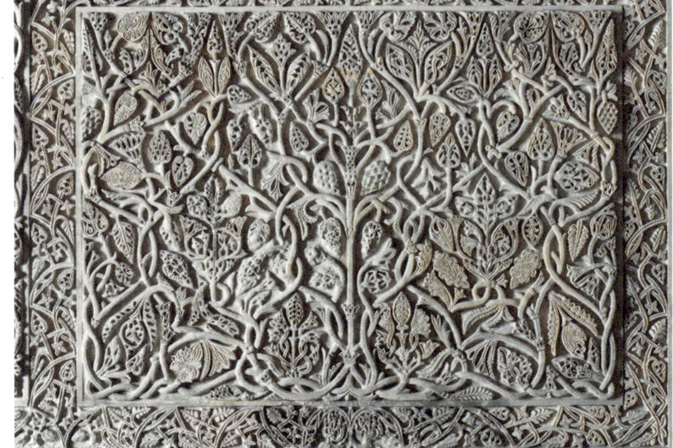

Not only this *majlis*, but the entire terrace complex, like the entire city, is full of connotations and symbolic references, and can be interpreted with multiple political and religious meanings: from the quadripartite layout of the garden (with Qur'anic echoes), to the names of the two presentation halls, which do not allude to their topographical position but instead have an allegorical significance that can be placed in the context of the propaganda of the political and ideological competition with the Fāṭimid caliphate, and its aspirations to universal supremacy. The two buildings could therefore be a symbolic expression of the utopian aspirations of the Umayyad caliphate ruling over all the lands of Islam, across the East and the West; a representation of the world that aimed for subjugation through a space dominated by the caliph and his dynastic heir.[36]

DECLINE AND END OF THE CITY

Al-Ḥakam II's move to Córdoba one year before his death in 976 stopped all reception activities in Madīnat al-Zahrā' and began its political decline. The accession to the caliphate of his son Hishām, at only eleven years old, called into question the legitimacy of the new sovereign in some sectors and caused a break in the functioning of the state. The caliph continued to maintain caliphal prerogatives but became a figurehead, with all political power now concentrated in the figure of the *ḥājib* Muḥammad ibn Abī ʿĀmir (Almanzor), who built a new city at the eastern end of the Córdoba conglomeration, Madīnat al-Zāhira, which became the new center of power in al-Andalus.[37]

The attempt by one of his sons, ʿAbd al-Raḥmān Ibn Sanjūl, to become heir to the caliphate in 1009, breaking the dynastic continuity of the Umayyad family, unleashed a power struggle (*fitna*) among the various claimants between 1009 and 1013. This fight signified the definitive abandonment of the city and the beginning of its destruction,[38] but not before having been temporarily occupied by the Berber forces of caliph Sulaymān al-Musta'īn, who put the mint back into operation in 1009–1010/400 H.[39]

After it was abandoned, the memory of the city in subsequent centuries remained a symbol of a defunct dynasty and a prime example of one of the great architectural feats of Islam. The widely recognized excellence of its materials resulted first in the looting of the most precious ones, which had a new life not only in the buildings and mosques of later dynasties,[40] but also in noble houses, palaces, and the treasuries of Christian churches where they

concluían con un banquete que se celebraba en el Salón Occidental.

Nada se conserva de este último edificio por el intenso expolio de su estructura arquitectónica, aunque subsiste una buena parte de los fragmentos de decoración arquitectónica que revistieron sus muros.

El Salón de ʿAbd al-Raḥmān III, en cambio, es bien conocido por haber sido reconstruido gracias a una extraordinaria investigación iniciada tras su excavación en 1944 que continúa en nuestros días (FIG. 2-13).[32] Su característica más relevante es el protagonismo que adquiere su programa ornamental, extendido por todas sus superficies, en el que se combinan admirablemente motivos vegetales, geométricos y epigráficos, hasta componer uno de los conjuntos más bellos de toda la plástica islámica (pp. 11).[33]

Esta riquísima ornamentación se ordena de manera vertical en diferentes niveles, entre los que destacan los grandes paneles situados en la zona inferior de la composición, que representan estructuras arbóreas de la naturaleza denominadas convencionalmente "árboles de la vida" (FIG. 2-14). En su conjunto, esta decoración ha sido interpretada como una posible cosmografía;[34] una representación del orden del cosmos, unitario y jerarquizado, que sirvió para exaltar la figura del califa como delegado de Dios y responsable del florecimiento de la tierra y del mundo natural.[35]

No sólo este *majlis*, sino todo el conjunto de la terraza, igual que toda la ciudad, está plagado de connotaciones y referentes simbólicos, y puede ser interpretado con múltiples significados políticos y religiosos: desde la disposición cuatripartita del jardín (de ecos coránicos) hasta los nombres de los dos salones de representación, que no aluden a su posición topográfica, sino que poseen una significación alegórica que puede situarse en el contexto propagandístico de la competencia política e ideológica con el califato fatimí y sus pretensiones a la hegemonía universal. Así, los dos edificios podrían constituir la expresión simbólica de las aspiraciones utópicas del califato omeya sobre todas las tierras del islam, sobre el Este y el Oeste; una representación del mundo que se desearía subyugar a través de un espacio dominado por el califa y su heredero dinástico.[36]

DECADENCIA Y FIN DE LA CIUDAD

El traslado de al-Ḥakam II a Córdoba un año antes de su muerte en 976 interrumpió toda la actividad representativa en Madīnat al-Zahrā' y dio inicio a su decadencia política. El acceso al califato de su hijo Hishām, con tan

were reused due to their beauty and refinement in some cases, and as a symbol of triumph over Islamic rule in others.[41] Then came the systematic plundering of the building stone that irrevocably turned its urban appearance into a field of ruins, later buried by vegetation that completely hid its physiognomy, becoming known as "Old Córdoba."

When archaeological excavations began in 1911 (pp. 15), it was the start of a meticulous task of scientific recovery that has allowed us to decipher the significance of the city, to define its urban fabric and to know the layout and architecture of its buildings, which has all successively increased the appreciation of Madīnat al-Zahrā' and led to its naming as a World Heritage Site in 2018.

1 See Mazzoli-Guintard 1997, 57–64; Acién Almansa and Vallejo Triano 1998, 124–26, 133–34.
2 The first mention of this date is attributed to Ibn 'Idārī 1948–51, 231. The work was written between the final years of the thirteenth century and the first two decades of the fourteenth century.
3 Vallejo Triano 2010, 165–219.
4 Vallvé Bermejo 1986, 674; Ibn Ḥawqal 1971, 64.
5 Vallejo Triano 2010, 180–82; Arnold 2019, 311–13.
6 The archeophysics investigation is still ongoing as part of the General Investigation Project called *La Medina Oculta* (The Hidden Medina), coordinated by the Madīnat al-Zahrā' Archeological Site and led by the Archeology Department of the University of Cordoba.
7 Ibn Ḥayyān 1981, 49–50, 359, 363.
8 See, respectively, Al-Maqqarī 1988, 563–65; Martínez Núñez and Acién Almansa 2004, 117–18.
9 Vallejo Triano 2010, 485–90.
10 An overview of the history of the excavations is found in Vallejo Triano 2010, 19–59.
11 The main historical account of the palace for those years can be found in Ibn Ḥayyān 1967.
12 These features have also been corroborated for the great 'Abbāsid palaces, see Milwright 2001, 82. The author refers to this set of interrelated objectives as the "rhetorical function" of the palace.
13 Northedge 2005, 140–41.
14 Its symbolic values have been extensively analyzed in Cardoso 2023, in particular, 89–126.
15 The examination of this portico has been carried out as part of the General Investigation Project called La Plaza de Armas de Madīnat al-Zahrā' (2017–24), which was carried out in collaboration with the German Archaeological Institute and the Archeological Site.
16 See Manzano Moreno 2019, 105–11.
17 See Ocaña Jiménez 1976, 217–23. For more on the features of this house and its construction process, see Vallejo Triano

sólo once años de edad, cuestionó en algunos sectores la legitimidad del nuevo soberano y provocó una disociación en el funcionamiento del Estado. Hishām siguió manteniendo las prerrogativas califales, pero se convirtió en una figura nominal, mientras que todo el poder político se concentró en la figura del *ḥājib* Muḥammad Ibn Abī 'Āmir (Almanzor), quien construyó una nueva ciudad en el extremo oriental de la aglomeración cordobesa, Madīnat al-Zāhira, que se convirtió en el nuevo centro de poder de al-Andalus.[37]

La pretensión de uno de sus hijos, 'Abd al-Raḥmān Ibn Sanjūl, en 1009, de convertirse en heredero al califato rompiendo la continuidad dinástica de la familia omeya, provocó una lucha por el poder (*fitna*) entre distintos pretendientes, entre los años 1009 y 1013. Esta lucha significó el abandono definitivo de la ciudad y el inicio de su destrucción,[38] no sin antes haber sido ocupada temporalmente por las fuerzas bereberes del califa Sulaymān al-Musta'īn, que volvió a poner en funcionamiento la ceca durante el año 400/1009-1010.[39]

Tras su abandono, el recuerdo de la ciudad se mantuvo en los siglos posteriores como símbolo de una gloriosa dinastía desaparecida y como referente de una de las grandes hazañas arquitectónicas del islam. El prestigio de sus materiales provocó, primero, el saqueo de los más preciados, que tuvieron una nueva vida en los edificios y mezquitas de las dinastías posteriores,[40] pero también en las casas nobles, los palacios y en los tesoros de las iglesias cristianas, donde fueron reutilizados con una nueva función por su belleza y refinamiento en unos casos, y como símbolo de triunfo sobre el dominio islámico en otros.[41] Después vino el expolio sistemático de la piedra constructiva que convirtió definitivamente su imagen urbana en un campo de ruinas, sepultadas más tarde por un manto vegetal que ocultó por completo su fisonomía, pasando a ser conocida como "Córdoba la Vieja".

Con su investigación arqueológica iniciada en 1911 (pp. 15) comenzó un minucioso trabajo de recuperación científica que ha permitido descifrar el significado de la ciudad, definir su tejido urbano y conocer la disposición y arquitectura de sus edificios. Todo ello ha acrecentado lo que ha acrecentado sucesivamente la valorización de Madīnat al-Zahrā' hasta su reconocimiento como Patrimonio Mundial en 2018.

1 Véase Mazzoli-Guintard 1997, 57-64; Acién Almansa y Vallejo Triano 1998, 124-26, 133-34.
2 La primera mención de esta fecha se debe a Ibn 'Idhārī

2007, 14–19, 22, 25–26.

18 Calculations of the many domestic staff and women who lived in the palace vary depending on the sources, although they all indicate more than 3,000 staff members and more than 6,000 women; sources can be consulted in Meouak 2004, 135–37.

19 The only house with clear evidence of a potential family unit is the Upper Western Building, whose manager would probably have supervised tasks related to controlling the palace's food supply.

20 For more on the functions and role of the *ḥājib* and the viziers in the ʿAbbāsid administration, which differed from the Umayyad administration, see El-Cheikh 2014 and Van Berkel 2014, respectively, 145–63 and 65–86.

21 For example, Ibn Ḥayyān 1967, 94, 95, 110–11, 141–42, 192–93.

22 For more on the identification of this building, see Vallejo Triano 2010, 493–94.

23 Safran 2000, 70–97, in particular, 82.

24 See, for example, the parade organized to solemnize the entry into Córdoba and the subsequent parade to Madīnat al-Zahrāʾ of Jaʿfar ibn ʿAlī, in Ibn Ḥayyān 1967, 64–74, in particular, 67.

25 Ibn Ḥayyān 1967, 222–23, 239–42 and 271–72, this last double reception was held in the *qaṣr* of Córdoba.

26 Vallejo Triano 2023, 285–93.

27 Martínez Núñez 1995, 111–26 and 129–34.

28 The features of the ceremony, its participants, and its reconstruction can be found in Manzano Moreno 2019, 269–92.

29 E. Cardoso has addressed this topic in various works, particularly in Cardoso 2023, 167–213.

30 Safran 2000, 75.

31 For more on the importance of this poetry as an "insignia" of power, see Stetkevych 1997, 1–48.

32 The various phases of this investigation and restoration process can be found in Vallejo Triano 1995, 9–40.

33 The extraordinary richness and variety of the vegetal motifs, the most innovative of the collection, have been drawn and analyzed by Ewert 1996.

34 Acién Almansa 1995, 179–95.

35 See, for example, Ibn Ḥayyān 1967, 218, 225, 245 and 273.

36 Vallejo 2023, 289–93.

37 For more on this city, which completed the megapolis of Córdoba in the caliphal era, see Rosser-Owen 2022, 94–121.

38 Ibn ʿIḏārī 1993, 87, 89, 94, 98, 103.

39 Frochoso Sánchez 1995, 93–94; Canto García 2001, 423.

40 See, for example, the work of Cressier in this volume on the reuse of caliphal capitals by the Almoravid and Almohad dynasties.

41 Rosser-Owen 2015, 39–64.

1948-51, vol. II, 231. La obra fue escrita entre los últimos años del s. XIII y las dos primeras décadas del s. xiv.

3 Vallejo Triano 2010, 165-219.

4 Vallvé Bermejo 1986, vol 3, 674; Ibn Ḥawqal 1971, 64.

5 Vallejo Triano 2010, 180-82; Arnold 2019, 311-13.

6 Estas investigaciones arqueofísicas se encuentran aún en curso en el marco del Proyecto General de Investigación denominado *La Medina Oculta*, coord. por el Conjunto Arqueológico y dirigido por el Área de Arqueología de la Universidad de Córdoba.

7 Ibn Ḥayyān 1981, 49-50, 359, 363.

8 Véase, respectivamente, Al-Maqqarī 1988, 563-65; Martínez Núñez y Acién Almansa 2004, 117-18.

9 Vallejo Triano 2010, 485-90.

10 Una visión general de la historia de las excavaciones se encuentra en Vallejo Triano 2010, 19-59.

11 La principal crónica del palacio para esos años es Ibn Ḥayyān 1967.

12 Estos rasgos han sido también predicados para los grandes palacios ʿabbāsíes, véase Milwright 2001, 82. El autor se refiere a este conjunto de objetivos interrelacionados como la "función retórica" del palacio.

13 Northedge 2005, 140-41.

14 Sus valores simbólicos han sido analizados ampliamente por Cardoso 2023, especialmente, 89-126.

15 La investigación de este pórtico se ha realizado en el marco del Proyecto General de Investigación denominado La Plaza de Armas de Madīnat al-Zahrāʾ (2017-2024), que se desarrolla en colaboración entre el Instituto Arqueológico Alemán y el Conjunto Arqueológico.

16 Véase Manzano Moreno 2019, 105-11.

17 Véase Ocaña Jiménez 1976, 217-23. Sobre las características de esta vivienda y su proceso de construcción, véase Vallejo Triano 2007, 14-19, 22, 25-26.

18 Las cifras, abultadas, del personal doméstico y de las mujeres que vivían en el palacio varían según las fuentes, aunque todas señalan más de 3000 en el primer caso y más de 6000 en el segundo; pueden consultarse en Meouak 2004, 135-37.

19 La única vivienda que permite, con dudas, plantear la posible presencia de una unidad familiar es el Edificio Superior Occidental, cuyo responsable dirigía probablemente las tareas relacionadas con el control del abastecimiento de alimentos al palacio.

20 Sobre las funciones y el papel del *ḥājib* y de los visires en la administración abbasí, distintas de la administración omeya, véase El-Cheikh 2014 y Van Berkel 2014, respectivamente, 145-63 y 65-86.

21 Por ejemplo, Ibn Ḥayyān 1967, 94, 95, 110-11, 141-42, 192-93.

22 Sobre la identificación de este edificio, véase Vallejo Triano 2010, 493-94.

23 Safran 2000, 70-97, especialmente, 82.

24 Véase, por ejemplo, el desfile organizado para solemnizar la entrada en Córdoba y el posterior desfile a Madīnat al-Zahrā' de Ja'far ibn 'Alī, en Ibn Ḥayyān 1967, 64-74, especialmente, 67.

25 Ibn Ḥayyān 1967, 222-23, 239-42 y 271-72, esta última doble recepción se celebró en el *qaṣr* de Córdoba.

26 Vallejo Triano 2023, 285-93.

27 Martínez Núñez 1995, 111-26 y 129-34.

28 Las características del ceremonial, sus participantes y su reconstrucción pueden encontrarse en Manzano Moreno 2019, 269-92.

29 Se ha ocupado de este tema E. Cardoso en distintos trabajos, especialmente, en Cardoso 2023, 167-213.

30 Safran 2000, 75.

31 Sobre la importancia de esta poesía como una "insignia" de poder, véase Stetkevych 1997, 1-48.

32 Las diferentes fases de este proceso de investigación y restauración se encuentran en Vallejo Triano 1995, 9-40.

33 La extraordinaria riqueza y variedad de los motivos vegetales, los más novedosos del conjunto, han sido dibujados y analizados por Ewert 1996.

34 Acién Almansa 1995, 179-95.

35 Véase, por ejemplo, Ibn Ḥayyān 1967, 218, 225, 245 y 273.

36 Vallejo 2023, 289-93.

37 Sobre esta ciudad, que completó la megápolis de Córdoba en época califal, véase Rosser-Owen 2022, 94-121.

38 Ibn 'Iḏārī 1993, 87, 89, 94, 98, 103.

39 Frochoso Sánchez 1995, 93-94; Canto García 2001, 423.

40 Véase, por ejemplo, el trabajo de P. Cressier en este mismo volumen sobre la reutilización de los capiteles califales por las dinastías almorávide y almohade.

41 Rosser-Owen 2015, 39-64.

3.

A Plural Society

Una sociedad plural

Maribel Fierro
Instituto de Lenguas y Culturas del Mediterráneo,
CSIC (Madrid)

When we think of al-Andalus as a land where three monotheistic communities—Jewish, Christian and Muslim—lived together, the religious diversity, as well as ethnic and linguistic diversity, of its inhabitants takes center stage as a defining characteristic. However, al-Andalus was not exceptional in this way, since a similar plural environment existed in other parts of the Islamic world. The pluralism associated with al-Andalus is ingrained in the popular Spanish term *convivencia* (cohabitation). This is due, in large part, to the appeal of the historical reality of an Islamic society that was located in European territory, and whose disappearance fostered a certain mythification from different perspectives—along with sustained academic interest in understanding what that experience was like.[1]

THE PACT OF *DHIMMA*: THE LEGAL CONDITIONS FOR A PLURAL SOCIETY

The Islamic conquest of the Iberian Peninsula by Muslim troops of Arab and Berber origin occurred when the Islamic empire was ruled by the Umayyads (661–750 CE/41–132 Hijri), whose capital was in Damascus. They established their dominance over an indigenous population made up of Jews and, primarily, Hispano-Romans and Hispano-Visigoths who were Christians. The resulting ethnic diversity—increased by the presence of slaves from the Slavic world and sub-Saharan Africa—often implicitly stands in contrast to the Christian kingdoms established in the north of the peninsula. However, these kingdoms were not homogeneous (what society is?), since they included not only Hispano-Romans and Hispano-Goths, but also Basques, Jews, Arabs, and Berbers—these either convert to Christianity, or even Muslims (the Mudejars) beginning in the late eleventh/fifth H. century—as well as slaves of various origins. The contrast arises primarily from the fact that Muslims brought a legal framework with them for non-Islamic monotheistic communities that ensured their survival. Although it involved discrimination, this framework did not involve persecution—something that the Jews had experienced in the Visigothic era—and is why we continue to see communities of Christians and Jews in Muslim-majority countries to this day, for example, the Copts of Egypt (whereas the numerous Jewish communities in Morocco have almost completely disappeared primarily as a result of their emigration to Israel in the second half of the

Cuando pensamos en al-Andalus como tierra en la que las tres comunidades monoteístas —judíos, cristianos y musulmanes— vivían juntas, la diversidad religiosa, así como étnica y lingüística, de sus habitantes adquiere protagonismo como una seña característica. Al-Andalus no fue, sin embargo, excepcional en este sentido, pues tal realidad plural se dio en otras partes del mundo islámico. La asociación de ese pluralismo con al-Andalus fijado en el popular término "convivencia" se debe, en gran medida, al poder de atracción que ejerce la experiencia histórica de una sociedad islámica que estuvo situada en territorio europeo y cuya desaparición ha fomentado, desde distintas perspectivas, una cierta mitificación junto con un interés académico sostenido por entender cómo fue esa experiencia[1].

EL PACTO DE LA *DHIMMA*: LAS CONDICIONES LEGALES PARA UNA SOCIEDAD PLURAL

La conquista islámica de la península ibérica fue llevada a cabo cuando el imperio islámico estaba gobernado por los omeyas (661–750/41–132 Hégira), con capital en Damasco, por tropas árabes y beréberes que eran musulmanas de religión y que establecieron su dominio sobre una población indígena formada por judíos y, sobre todo, por hispano-romanos e hispano-visigodos que eran cristianos. La diversidad étnica resultante —aumentada con la presencia de esclavos procedentes del mundo eslavo y del África subsahariana— se suele contrastar de manera implícita con la existente en los reinos cristianos que se fueron formando en el norte peninsular. Estos no eran tampoco homogéneos (¿qué sociedad lo ha sido del todo?), pues incluían no solo hispano-romanos e hispano-godos, sino también vascos, judíos, árabes y beréberes —bien conversos al cristianismo, o bien musulmanes (los mudéjares) a partir del siglo XI/V H.—, así como esclavos de distintas procedencias. El contraste viene, sobre todo, del hecho de que los musulmanes trajeron consigo un marco legal para las comunidades monoteístas no musulmanas que aseguraba su supervivencia, pues, si bien suponía discriminación, no implicaba persecución, algo que sí había tenido lugar contra los judíos en la época visigoda. Ese marco legal islámico que aseguraba la supervivencia de los creyentes monoteístas no musulmanes es lo que explica que, hasta hoy en día, en países de mayoría musulmana, siga habiendo comunidades de cristianos y judíos, por ejemplo, los coptos de Egipto (las comunidades

twentieth century). We must remember that in contrast, the Jews were expelled from the Hispanic Monarchy in 1492. There is one notable exception in al-Andalus: when it became part of the Almohad empire whose capital was in Marrakech (twelfth-thirteenth/sixth-seventh H. centuries), a policy was implemented by the Almohad caliphs forcing conversion to Islam; this instance must be regarded as exceptional, a deviation from what had been considered standard in the past.

In fact, the Muslim conquerors brought the legal framework of *dhimma* with them, consisting of a pact granting protection to Jewish and Christian monotheists. This pact did not grant them equality with Muslims, since relatively speaking, they were considered "second-class citizens." Jews and Christians had to pay a special tax (called *jizya* or capitation) that Muslims did not pay, they could not hold positions of power that placed them above any Muslims, and they had to publicly demonstrate their submissive and subordinate status: they had to make way for Muslims in the street, could not dress like them or carry weapons, and were even expected to wear distinctive clothing or symbols. What the pact of *dhimma* did grant them was the right to be governed by their religious authorities, to maintain their beliefs and the existing places of worship in the conquered urban centers.[2] In the case of cities newly founded by Muslims, construction of temples that were not of the Islamic religion was prohibited, as was the permanent settlement of non-Muslims; therefore, in Madīnat al-Zahrā', there were no churches or synagogues.

That was not the case in Córdoba, a pre-Islamic city whose Christian and Jewish temples remained in place after it was conquered. If we could visit Córdoba in the tenth/fourth H. century and walk through its streets, given what we know about the pact of *dhimma*, we might assume that it would be easy for us to distinguish members of the three religious communities based on their dress and conduct in public places. But as in other societies throughout history, legal standards were not always applied in practice, and we have proof that neither Jews nor Christians were required to dress in a special way and that they often adopted typical elements of Muslim dress, for example, the turban. In addition, there were no ghettos: the Andalusi Muslim rulers did not require non-Muslims to reside in special neighborhoods.[3] While Jews and Christians tended to live in specific areas of the city, it was for reasons of convenience, such as proximity to their respective temples. There is evidence that Muslims, Jews,

de judíos, muy numerosas, por ejemplo, en Marruecos, han desaparecido casi por completo a raíz, sobre todo, de su emigración a Israel en la segunda mitad del siglo XX). Recuérdese que, a diferencia de esta situación, los judíos fueron expulsados de la Monarquía hispánica en 1492. El caso de al-Andalus, por su parte, presenta una particularidad: durante el tiempo que pasó a formar parte del imperio almohade con capital en Marrakech (siglos XII-XIII/VI-VII H.), se impuso la conversión forzosa al islam, una política llevada a cabo por los califas almohades que hay que considerar excepcional, una desviación de lo que hasta ese momento se había considerado la norma.

En efecto, los conquistadores musulmanes trajeron consigo el marco legal de la *ḏimma*, consistente en un pacto de protección otorgado a los monoteístas judíos y cristianos. Ese pacto no les otorgaba igualdad con los musulmanes, pues eran considerados, salvando las distancias, "ciudadanos de segunda clase". Judíos y cristianos tenían que pagar un impuesto especial (denominado *yizya* o capitación) que no pagaban los musulmanes, no podían tener posiciones de poder que les situase por encima de estos y tenían que mostrar públicamente su situación de sumisión y subordinación: debían dejar paso a los musulmanes en la calle, no podían vestirse como estos e incluso se preveía que llevasen prendas o signos distintivos, no podían llevar armas.... Lo que sí les otorgaba el pacto de la *dhimma* era el derecho a regirse por sus autoridades religiosas, pudiendo mantener sus creencias y los lugares de culto existentes en los núcleos urbanos conquistados[2]. En el caso de ciudades fundadas *ex novo* por los musulmanes, estaba prohibida la construcción de templos que no fuesen de la religión islámica, así como el asentamiento permanente de no musulmanes: por ello, en Madīnat al-Zahrā', no había ni iglesias ni sinagogas.

Ese no fue el caso de Córdoba, una ciudad preislámica cuyos templos cristianos y judíos se mantuvieron tras la conquista. Si pudiésemos visitar la Córdoba del siglo IV/X y caminar por sus calles, en función de lo dicho sobre el pacto de la dh*imma*, podríamos suponer que nos resultaría fácil distinguir a los miembros de las tres comunidades religiosas de acuerdo con su vestimenta y su conducta en los lugares públicos. Pero como ha ocurrido en otras sociedades a lo largo de la historia, las normas legales no siempre se aplicaban en la práctica, y tenemos constancia de que ni judíos ni cristianos estaban obligados a vestirse de una forma especial y que, a menudo, adoptaron elementos propios de la vestimenta musulmana, por ejemplo, el turbante. Además, no había guetos: el poder musulmán

and Christians had neighborly relations, and we have no proof of any restrictions on entering public baths at the same time.

During the period in question, Muslims became the majority group. The study by Richard W. Bulliet on the conversion curve in the conquered territories shows that during that century, al-Andalus saw a significant demographic increase in the Muslim population.[4] This resulted primarily from the process of conversion to Islam by the indigenous population and Muslim marriage practices. Islamic law allows intermarriage, though in only one direction: Muslim men could marry Jewish or Christian women, or have concubine slaves of those religions, but Muslim women could not have relationships with men of another religion. Muslim men could also practice polygamy. It was mandatory that children born from intermarriages with Jews or Christians be Muslim. The conquerors, a minority at first, thus ensured a future of demographic growth.

THE JEWS

For the Umayyad period, we have no evidence of marriages between Muslim men and Jewish women, however this does not mean that they did not exist. It is likely that the silence on the matter is a reflection of the fact that, as David Wasserstein has highlighted, the Andalusi Jewish community was very small in those early centuries.[5] Its increase was, to a large extent, possible due to the conditions created by the Umayyad caliphate within the conducive framework provided by Islam. Thus, as has been provocatively claimed by Wasserstein, "Islam saved the Jews."[6]

The presence of Jews has been documented in cities such as Mérida, Jaén, Pechina, Tortosa, Elvira/Granada, and Córdoba (FIG. 3-1). Jews are often mentioned in Arabic sources in connection with mercantile activities, including the slave trade, which is mentioned in geographical sources.[7]

These activities could give rise to disputes that, if they involved only Jews, were generally heard by their religious authorities—though parties could decide to bring the case before the Islamic *qāḍī* (judge) if they thought this would be beneficial to them. When the dispute was between a Muslim and a non-Muslim, the case always fell under the jurisdiction of the Islamic judge. In one case, a Jewish merchant from *Jilliqiya* (an Arabic term that refers to the area of Galicia, Asturias,

andalusí no impuso a los no musulmanes la obligación de residir en barrios especiales[3]. Si los judíos y los cristianos tendían a habitar en determinadas zonas de la ciudad, ello era por razones de conveniencia, como la proximidad a sus templos respectivos. Hay evidencia de que musulmanes, judíos y cristianos tuvieron relaciones de vecindad, y no tenemos constancia de que hubiese restricciones a la hora de acudir al mismo tiempo a los baños públicos.

En la época que nos ocupa (siglo X/IV H.), los musulmanes empezaron a constituir la mayor parte de la población. El estudio de Richard W. Bulliet[4] sobre la curva de conversión en los territorios conquistados muestra que es en ese siglo cuando en al-Andalus se produce un incremento demográfico significativo de la población musulmana, siendo ello el resultado, como factores principales, del proceso de conversión al islam por parte de la población indígena y de las prácticas matrimoniales musulmanas. El derecho islámico admite los matrimonios mixtos, si bien en un único sentido: los varones musulmanes podían contraer matrimonio con mujeres judías y cristianas, o tener esclavas concubinas de esas confesiones, mientras que las mujeres musulmanas no podían contraer relaciones con hombres de otra religión. Los varones musulmanes, además, podían practicar la poligamia. Los hijos habidos de uniones mixtas con judías y cristianas eran obligatoriamente musulmanes. Los conquistadores, una minoría al principio, se aseguraban así un futuro de crecimiento demográfico.

LOS JUDÍOS

Para la época omeya, no tenemos evidencia de matrimonios mixtos entre musulmanes y mujeres judías, lo que no quiere decir que no los hubiera; es probable que el silencio al respecto sea un reflejo del hecho de que, como ha puesto de relieve David Wasserstein[5], la comunidad judía andalusí tenía un tamaño muy reducido en esos primeros siglos. Su aumento fue posible, en gran medida, por las condiciones que creó el califato omeya dentro del marco favorable que supuso el islam, pues, como se ha expresado de manera provocadora, "el islam salvó a los judíos"[6].

Tenemos documentada la presencia de judíos en ciudades como Mérida, Jaén, Pechina, Tortosa, Elvira/Granada y Córdoba (fig. 3-1). Los judíos suelen aparecer mencionados en las fuentes árabes como involucrados en actividades mercantiles, incluido el comercio de esclavos, del que nos hablan, por ejemplo, las fuentes geográficas[7].

Esas actividades podían dar lugar a pleitos que, si involucraban solamente a judíos, eran atendidos en

and León) arrived in Mérida with several slaves, among them, a beautiful young woman. The Umayyad prince Muḥammad, then governor of the city on behalf of his father ʿAbd al-Raḥmān II (r. 822–52/206–38 H.), wanted to purchase the slave girl, but when the Jew asked an exorbitant price for her, the prince took her by force. The Jewish merchant reported the case to the city's *qāḍī*, who ruled in his favor and returned the slave to him. The emir of Córdoba approved the judge's sentence. He suggested to the Jew that, once his rights were restored, it would be in his best interest to sell the girl to the prince for whatever price he was willing to pay, and the Jew did so. When Muḥammad became emir, he appointed that judge as *qāḍī* of Córdoba.[8] We cannot ascertain the historic accuracy of this anecdote, but it reflects an idea that is often repeated in Umayyad sources: neither the emir nor his family was above the law, and their conduct must therefore comply with law; by doing so, Umayyad legitimacy was supported. This message gained special importance in the tenth/fourth H. century, when the Cordoban Umayyads emphasized their difference from their rivals, the North African Fāṭimid caliphs, who were Shīʿites and therefore considered impeccable: there are no anecdotes describing them as acting in an objectionable manner and leading the *qāḍī* to issue a sentence against them. The anecdote is an accurate reflection of the message the Umayyad caliphs spread through different narratives to make it clear that they ruled not only for their ethnic group (the Arabs) and religious group (the Muslims), but for all their subjects, including non-Arabs and non-Muslims, and that justice should apply to everyone equally, following the regulations of Mālikī Islamic law prevailing in al-Andalus.

After having been barely visible in previous centuries, following the proclamation of the caliphate in 929/316 H., the role of the Andalusi Jewish community began to grow. Not only did it increase from a demographic perspective, undoubtedly as a result of general economic prosperity and the emigration of Jews from North Africa, for example, but it was also strengthened from a religious and intellectual perspective due fundamentally to the work carried out by Ḥasdāy ibn Shaprūṭ (d. ca. 970). Trained in his religious tradition, this Jew also had a perfect command of the Arabic language and poetry, as well as knowledge of medicine. Caliph ʿAbd al-Raḥmān III (r. 912–61/300–350 H.) placed him in charge of customs and used him as an ambassador, sending him on various diplomatic missions to the Christian

principio por sus autoridades religiosas, aunque las partes podían decidir llevar el caso ante el juez islámico si pensaban que ello les traería algún beneficio. Cuando el pleito era entre un musulmán y uno que no lo era, el caso era obligatoriamente competencia del juez islámico, el cadí. Veamos un caso. Un comerciante judío procedente de *Yilliqiya* (término árabe que se refiere a la zona de Galicia, Asturias y León) llegó a Mérida con varios esclavos, entre ellos, una bella joven. El príncipe omeya Muḥammad era entonces gobernador de la ciudad en nombre de su padre ʿAbd al-Raḥmān II (r. 822-52/206-38 H.) y quiso comprar a la esclava, pero cuando el judío le pidió un precio exorbitante, se apoderó de ella por la fuerza. El judío denunció el caso al cadí de la ciudad, quien dictaminó a su favor, y devolvió la esclava al judío. El emir cordobés aprobó la sentencia del juez. Este le sugirió al judío que, una vez restablecido su derecho, le convenía vender la joven al príncipe por el precio que estuviese dispuesto a pagar, y el judío así lo hizo. Cuando Muḥammad se convirtió en emir, nombró a ese juez para el cadiazgo de Córdoba[8]. No podemos establecer la historicidad de esta anécdota, pero refleja una idea que se repite a menudo en las fuentes omeyas: ni el emir ni su familia estaban por encima de la ley, y su conducta debía, por tanto, ajustarse a la legalidad; al hacerlo, su legitimidad salía reforzada. Este mensaje cobró especial importancia en el siglo X/IV H., cuando los omeyas cordobeses pusieron el énfasis en lo que les diferenciaba de sus rivales, los califas fatimíes norteafricanos, que eran siʿíes y, por serlo, eran considerados impecables: de ellos nunca se cuentan anécdotas que les muestren actuando de una forma censurable que lleve al cadí a emitir una sentencia en su contra. La anécdota citada refleja bien el mensaje que los califas omeyas difundieron, a través de distintas narrativas, para dejar claro que gobernaban no sólo para su grupo étnico (los árabes) y religioso (los musulmanes), sino para todos sus súbditos, incluidos los no árabes y los no musulmanes, y que la justicia debía aplicarse a todos ellos por igual, de acuerdo con las normas del derecho islámico malikí predominante en al-Andalus.

Escasamente visible en los siglos anteriores, tras la proclamación del califato en el año 929/316 H., la comunidad judía andalusí adquiere un protagonismo creciente. No solo aumentó desde el punto de vista demográfico, sin duda por efecto de la prosperidad económica general y por la emigración de judíos procedentes, por ejemplo, del Norte de África, sino que se fortaleció desde el punto de vista religioso e intelectual gracias, fundamentalmente, a

kingdoms. For seven months in 329 H. (940–41), he lived at the court of the King of León Ramiro II (r. 931–51), and this is when we begin to see evidence of the presence of a Jewish community in the area.[9] Ḥasdāy ibn Shaprūṭ also interacted with the embassy of Juan de Gorze sent by Otto I to Córdoba (FIG. 3–2). He carried out crucial work within his community from a religious and intellectual perspective, welcoming Jewish scholars from other places and acting as a patron, quite similar to what the Umayyad caliphs did for the Muslim community. Ḥasdāy ibn Shaprūṭ promoted the introduction of knowledge from the Hebrew tradition that granted autonomy to the Andalusi Jews and he sponsored the composition of works such as the dictionary of Hebrew roots written by his secretary, the poet Menaḥem ben Saruq. Another poet, Dunash ben Labraṭ, adapted Arabic meter to Hebrew poetry. Ḥasdāy ibn Shaprūṭ also established contact with the king of the Khazars in the Caucasus; Byzantine ambassadors had informed him of the existence of that Jewish kingdom, news that had a tremendous impact among the Andalusi Jews.[10]

Given his importance in the caliphal administration, it is not difficult to imagine that his social status exempted Ḥasdāy ibn Shaprūṭ from the humiliation that the pact of *dhimma* envisaged for non-Muslims. He was likely treated with respect, consistent with his positions, not only by Jews and Christians, but also Muslims who had a lower rank or social status. Arab-Muslim sources paint a very positive portrait of him, praising his talent, abilities, and culture, without any criticism of the high position he had achieved. We will see the rise of this criticism however in later eras, such as in Zirid Granada, where the Banū Naghrela Jews served as viziers: the power they achieved engendered resentment by part of the population and gave rise to a pogrom in 1066/459 H., which was justified at the time as punishment against Jews for not taking positions of subordination that were expected of non-Muslims as part of the pact of *dhimma*. The situation in Granada was rather different from that of Córdoba: the Zirids, Berbers who had recently arrived from North Africa, relied on the Jews to deal with a hostile local population and the internal tensions of their own ethnic group at a time of Christian territorial expansion that increased the animosity of the Muslims towards the *dhimmis*.

la labor desarrollada por Ḥasdāy ibn Shaprūṭ (m. ca. 970). Formado en su tradición religiosa, este judío tenía además un perfecto dominio de la lengua y la poesía árabes, así como conocimientos de medicina. El califa ʿAbd al-Raḥmān III (r. 912-61/300-350 H.) lo puso al frente de las aduanas y se sirvió de él como embajador, enviándole a varias misiones diplomáticas en los reinos cristianos. Llegó a residir durante siete meses en 940-1/329 H. en la corte del rey de León Ramiro II (r. 931-51), y es a partir de ese momento cuando empezamos a tener noticia de la presencia de una comunidad judía en la zona[9]. Ḥasdāy ibn Shaprūṭ intervino también en la embajada de Juan de Gorze que había sido enviada por Otón I a Córdoba (FIG. 3-2). Desarrolló una labor decisiva dentro de su comunidad desde el punto de vista religioso e intelectual, acogiendo a sabios judíos procedentes de otros lugares y ejerciendo labores de mecenazgo, de forma muy parecida a lo que hacían los califas omeyas en relación con la comunidad musulmana. Ḥasdāy ibn Shaprūṭ promovió la introducción de saberes de la tradición hebrea que dieron autonomía a los judíos andalusíes y patrocinó la composición de obras como el diccionario de raíces hebreas escrito por su secretario, el poeta Menaḥem ben Saruq. Otro poeta, Dunash ben Labraṭ, adoptó la métrica árabe a la poesía en hebreo. Ḥasdāy ibn Shaprūṭ también estableció contacto con el rey de los jazares en el Cáucaso; embajadores bizantinos le habían informado de la existencia de ese reino judío, noticia que causó gran impacto entre los judíos andalusíes[10].

Dada su importancia en la administración califal, no resulta difícil imaginar que el estatus social alcanzado eximiese a Ḥasdāy ibn Shaprūṭ de la humillación que el pacto de la *dhimma* preveía para los no musulmanes, recibiendo un trato de respeto, acorde a sus funciones, por parte no solamente de judíos y cristianos, sino incluso de los musulmanes que tenían un rango o estatus social inferior. Las fuentes arabo-musulmanas dan un retrato muy positivo del personaje, elogian su talento, sus capacidades y su cultura, sin crítica alguna a la elevada posición alcanzada. Esa crítica sí será formulada en épocas posteriores, como ocurrió en la Granada zirí contra los judíos Banū Naghrela que actuaban como visires: el poder por ellos alcanzado despertó el resentimiento de una parte de la población y dio lugar a un pogromo en 1066/459 H., justificado como castigo por haber roto el pacto de la *dhimma* al salir de la situación de subordinación que se esperaba de los no musulmanes. Fue la de Granada una situación muy distinta a la de Córdoba: los ziríes eran beréberes

FIG. 3-1.
Gravestone of Yehudah bar Abun. 846 CE. Marble. Image © Museo Arqueológico de Córdoba. Lápida funeraria de Yehudah bar Abún. 845. Foto © Museo Arqueológico de Córdoba.

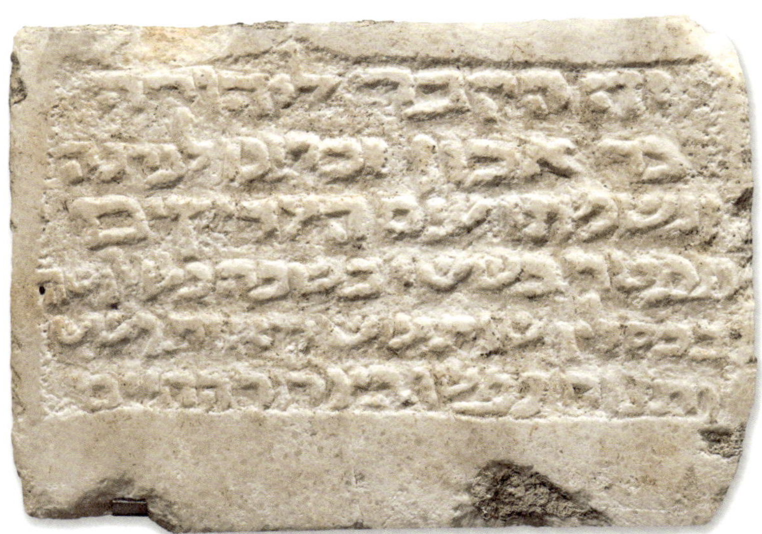

FIG. 3-2.
Dionisio Baixeras y Verdaguer. The Civilization of the Caliphate of Córdoba in the Time of ʿAbd al-Raḥmān III. 1885. Oil on canvas. H. 340 cm; W. 620 cm. Universitat de Barcelona: 792A. © Universitat de Barcelona. Dionisio Baixeras y Verdaguer. La civilización del califato de Córdoba en tiempos de ʿAbd al-Raḥmān III. 1885. Oil on canvas. H. 340 cm; W. 620 cm. Universitat de Barcelona: 792A. © Universitat de Barcelona.

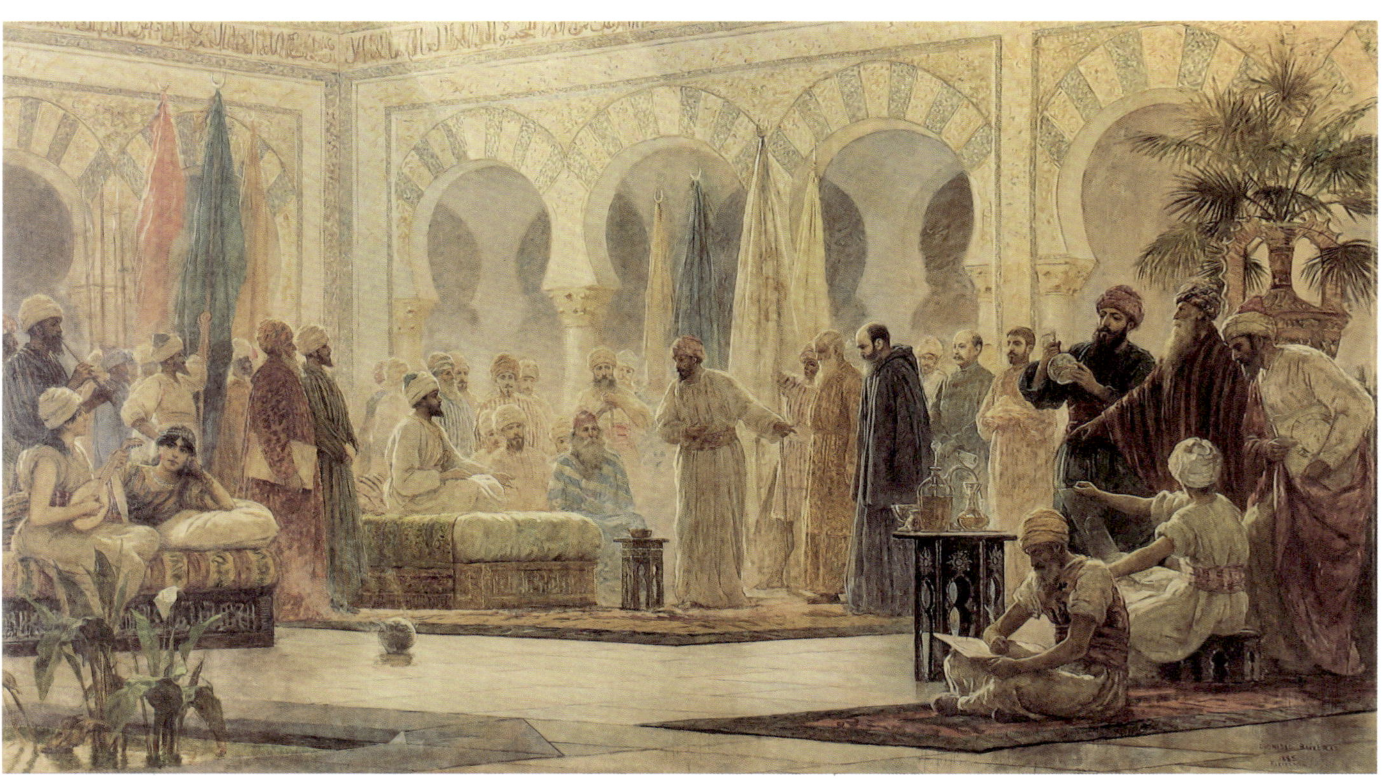

THE CHRISTIANS

The majority of the population of al-Andalus during the first two centuries following the conquest were Christians.[11] Some sectors of the Christian elite established pacts with the conquerors, allowing them to keep their properties. There are documented intermarriages where the Christian lineage inevitably was subordinated, since Arab-Islamic patrilineality was imposed on the offspring of Muslim fathers (whether Arab or of another ethnicity) and Christian mothers. This was the only possible combination for intermarriages from a legal point of view, though there were deviations from the standard in the early period.[12] The cases where maternal ancestry is mentioned are rare. One instance is with the tenth/fourth H. century chronicler known as Ibn al-Qūṭiyya, "the son of the Goth woman" (d. 977/367 H.), since he was a descendant of Sara, daughter of the Visigoth King Wittiza, and the Muslim client of an Arab. In his case, the reference to his maternal ancestor was due to the greater prestige of his maternal lineage compared to his paternal one, as well as the message that Ibn al-Qūṭiyya expressed in his chronicle about the conquest and Umayyad rule in the Iberian Peninsula: this kingdom would endure as long as the Umayyad rulers behaved fairly to all their subjects, regardless of their religion or ethnic origin. By referencing his maternal ancestry, Ibn al-Qūṭiyya's nickname highlighted the hybrid nature of a large part of the population.[13] The chronicle of Ibn al-Qūṭiyya marks the moment when historical works no longer spoke about the conquered peoples to an audience of conquerors, but also spoke to the conquered peoples themselves, from whom the majority of Muslims derived—either by conversion or by descent from intermarriages, as discussed.

Some of the Christians of al-Andalus, particularly those who had the most contact with the Arabs settled in the Peninsula, became Arabized: they began to speak Arabic, in addition to speaking Romance (the language derived from Latin which is called Andalusi Romance).[14] In rural areas where there was not as much contact with Arabic speakers, the conquered population must have maintained Romance monolingualism longer. That is why the term Mozarabic—which means "Arabized" and was used in Christian sources from the eleventh century to refer to Christians who emigrated from Muslim to Christian lands—does not truly reflect the diversity of the linguistic landscape that existed in al-Andalus

recién llegados del Norte de África que se apoyaron en los judíos para hacer frente a una población local hostil y a las propias tensiones internas de su grupo étnico, en un contexto de avance territorial cristiano que potenciaba la animadversión de los musulmanes hacia los dimmíes.

LOS CRISTIANOS

Los cristianos fueron la mayoría de la población de al-Andalus durante los dos primeros siglos tras la conquista[11]. Algunos sectores de las elites cristianas establecieron pactos con los conquistadores, lo que les permitió mantener sus propiedades. Tenemos también documentados matrimonios mixtos en los que, inevitablemente, el linaje cristiano pasaba a segundo plano, pues el patrilinealismo arabo-islámico se imponía en la descendencia de un padre musulmán (ya fuese árabe o de otro origen étnico) con una mujer cristiana, que era la única fórmula posible desde el punto de vista legal, aunque hubo desviaciones de la norma en la época temprana[12]. Los casos en los que se menciona la ascendencia materna son excepcionales. Uno de ellos fue el del cronista del siglo X/IV H. conocido por el sobrenombre de Ibn al-Qūṭiyya, 'el hijo de la Goda' (m. 977/367 H.), pues era descendiente de Sara, hija del rey visigodo Witiza, y de un musulmán cliente de un árabe. En su caso, el recuerdo de su antepasada materna puede ponerse en relación con el mayor prestigio del linaje materno frente al paterno, también con el mensaje que Ibn al-Qūṭiyya transmitió en su crónica sobre la conquista y el dominio omeya en la península ibérica: ese dominio perduraría siempre y cuando los gobernantes omeyas actuasen con justicia con todos sus súbditos, fuese cual fuese su religión y su origen étnico. Al recordar la ascendencia materna, el sobrenombre de Ibn al-Qūṭiyya realzaba el carácter híbrido de una gran parte de la población[13]. La crónica de Ibn al-Qūṭiyya marca el momento en que las obras históricas ya no hablan de los conquistados a una audiencia de conquistadores, sino que se dirigen también a los conquistados, de los que procedía la mayor parte de los musulmanes, bien por conversión, o bien por descendencia de matrimonios mixtos, tal y como se ha mencionado antes.

Una parte de los cristianos de al-Andalus, los que tenían mayor contacto con los árabes asentados en la Península, se arabizaron, es decir, empezaron a hablar en árabe, además de hablar en romance (la lengua derivada del latín a la que se denomina roman-andalusí)[14]. En núcleos rurales donde no había tanto contacto con hablantes del árabe, la población conquistada debió mantener

during the Umayyad period. The verses in the Romance language—the *kharjas*—inserted into strophic poems in Arabic—the *muwashshaḥāt*—invented in the tenth/fourth H. century, are among the artistic creations associated with the Andalusi Christian community that have aroused special interest as the oldest examples of verse in Romance.

In Córdoba, we can see how the Arabization process of Christians went hand in hand with an appreciation of Arab culture, especially its poetry, which exerted a powerful and remarkable attraction. Thus, a Christian text from the ninth century laments the fact that the young Christians of Córdoba preferred the verses of the Arabs to those written in Latin. The Arabization of the Christian population is also reflected in translations from Latin to Arabic: one example of this was the Psalms translated by Ḥafṣ b. Albar.[15] In the tenth/fourth H. century, Christians seem to have adapted to Muslim rule, leaving behind attempts at resistance documented in the previous century among certain groups of the Christian population. This was the case of the voluntary martyrs from Córdoba that divided the community as there were Christians who opposed their search for martyrdom due to a lack of persecution to justify it, while those who sought it believed their situation required them to bear witness to their faith.[16]

During the Umayyad period, we can identify a certain cultural vitality in Latin among the Andalusi Christians. Educated members of the Christian community, especially those from Córdoba, must have achieved the same degree of immersion in Arabic culture as the Jewish community—for which we have ample evidence—but this does not seem to have translated into the same type of abundant literary production encompassing various fields of knowledge that we see with the Andalusi Jews. The work by Ṣāʿid al-Ṭulayṭulī (d. 1069/462 H.), dedicated to the scientific advances of humanity, included a section that highlighted Jewish scholars in al-Andalus, but he barely mentions any Christians. In the tenth/fourth H. century, we see evidence of the activity of Bishop Rabīʿ ibn Zayd, or Recemundo. Like Ḥasdāy ibn Shaprūṭ, he also served the caliph on diplomatic missions and is credited in part with the authorship of the *Calendario de Córdoba*,[17] a work where, in some of the surviving manuscripts, we find information about saints and Christian festivals.

While Jewish celebrations were, by their nature, closed to non-Jews, by way of contrast, we have

un monolingüismo romance durante más tiempo. Por eso, el término mozárabe —que significa 'arabizado' y que se usó en fuentes cristianas del siglo XI para hacer referencia a los cristianos que emigraban de tierras musulmanas a tierras cristianas— no refleja bien la diversidad de realidades lingüísticas que hubo en tierras andalusíes en época omeya. Entre la producción artística que se asocia a la comunidad cristiana andalusí, los versos en lengua romance —las jarchas— insertados en poemas estróficos en árabe, las moaxajas, inventadas en el siglo X, han despertado especial interés como los indicios más antiguos de una lírica en romance.

En Córdoba, podemos comprobar cómo el proceso de arabización de los cristianos fue acompañado por el gusto por la cultura de los árabes, especialmente, su poesía, que ejercía una poderosa y llamativa atracción: así, un texto cristiano del siglo IX recoge el lamento de que los jóvenes cristianos cordobeses preferían los versos de los árabes a los escritos en latín. La arabización de la población cristiana se refleja también en la producción de traducciones del latín al árabe: fue el caso, entre otros, de los Salmos traducidos por Ḥafṣ b. Albar[15]. En el siglo X/IV H., los cristianos parecen haberse acomodado al gobierno musulmán, dejando atrás los intentos de resistencia documentados en el siglo IX/III H. por parte de algunos sectores, tales como el movimiento de mártires voluntarios cordobeses que dividió a la comunidad, pues hubo cristianos que se opusieron a él por no haber persecución que lo justificara, mientras que quienes buscaban el martirio entendían su situación como una que les exigía dar testimonio de su fe[16].

Durante la época omeya, podemos rastrear una cierta vitalidad cultural en latín entre los cristianos andalusíes. Miembros letrados de la comunidad cristiana, especialmente la cordobesa, debieron de alcanzar el mismo grado de inmersión en la cultura árabe que la comunidad judía—caso éste para el que disponemos de amplia evidencia—pero ello no parece haberse traducido en el mismo tipo de abundante producción literaria que cubría varios campos del saber que sí está atestiguada entre los judíos andalusíes. La obra que Ṣāʿid al-Ṭulayṭulī (m. 1069/462 H.) dedicó a los avances científicos de la humanidad incluía un apartado dedicado a los sabios judíos de al-Andalus, pero apenas si menciona a algún cristiano. Para el siglo X/IV H. tenemos noticia de la actividad del obispo Rabīʿ b. Zayd o Recemundo, quien, como Ḥasdāy ibn Shaprūṭ, estuvo al servicio del califa en misiones diplomáticas y a quien se atribuye una parte de la autoría del *Calendario de Córdoba*[17], una obra que, en algunos de los manuscritos que han

information about Muslims participating in Christian celebrations. There were pre-Christian celebrations associated with the solar calendar (different from the Muslim one, which is lunar), such as the first of January (*yannayr*), the summer solstice (*ʿanṣara*), or strictly religious celebrations such as the Nativity of Jesus.[18] This last celebration could be legitimized from an Islamic point of view given that Jesus is a central figure in the Muslim religion as a prophet who will have a relevant role when the Last Hour arrives—not as the Son of God, an idea that is rejected in Islam. The *ʿulamāʾ* (Muslim religious scholars whose mission was to interpret the content of Revelation so that its commands were fulfilled in the societies where they lived) generally tended to disapprove of these celebrations, worrying that they would lead Muslims to syncretic practices and beliefs, considering that many of the "new" Muslims came from Christian families and still had relatives who practiced their former religion. But the spread of these celebrations explain their persistent rejection by the scholars, which was linked to the increase of *ʿulamāʾ* documented throughout al-Andalus and their growing influence on the development of Islamized societies where they sought to exercise greater control over what could or could not be done.

Beginning in the twelth/sixth H. century, we no longer see evidence of a Christian community existing in al-Andalus. Its disappearance was due to conversion to Islam, emigration to the Christian kingdoms in the north, and deportation to North Africa that took place under Almoravid rule.

ETHNIC COMPONENTS OF THE POPULATION

In addition to the Jews and Christians (who were Hispano-Romans and Hispano-Goths), the Andalusi population, as mentioned before, was made up of Arabs, Berbers, and slaves of various origins.

The Arabs who arrived in al-Andalus held a position of privilege in all regards: they were the people chosen by God to bring humanity to the final Revelation, as contained in the Qurʾan, and they were the creators of an empire who ruled in the name of God. It was a given that political power belonged to them and that their role in the origins of Islam positioned them above those non-Arabs who accepted the new religion. Naturally, as the number of converts increased among the native peoples, this Arab superiority was contested and debated.

llegado hasta nosotros, incluye información sobre santos y festividades cristianas.

Mientras que el carácter de las festividades judías hacía de ellas ocasiones cerradas a los no judíos, tenemos, por el contrario, datos que nos hablan de la celebración de las festividades de los cristianos por parte de los musulmanes, ya fuesen festividades de carácter precristiano asociadas al calendario solar (distinto del musulmán que es lunar), como el primero de enero (*yannayr*) y el día del solsticio de verano o día de San Juan (*ʿanṣara*), o festividades propiamente religiosas como la Natividad de Jesús[18]. Esta última celebración se podía legitimar desde un punto de vista islámico, dado que Jesús es una figura central en la religión musulmana, pero solo como profeta que tendrá un papel relevante en la llegada de la Última Hora, no como Hijo de Dios, naturaleza esta rechazada en el islam. Los ulemas (sabios religiosos musulmanes) tendían en general a reprobar dicha celebración, temerosos de que llevase a los musulmanes a prácticas y creencias sincréticas, especialmente teniendo en cuenta que muchos de los "nuevos" musulmanes procedían de familias cristianas y seguían teniendo parientes de su antigua religión. Pero la difusión de dicha celebración es lo que explica la insistencia en su reprobación, que fue unida al aumento de ulemas documentado a lo largo del territorio andalusí y a su influencia creciente en la formación de sociedades islamizadas en las que se buscaba ejercer un mayor control sobre lo que se podía o no se podía hacer.

A partir del siglo XII/VI H. dejamos de tener constancia de la existencia de una comunidad cristiana en al-Andalus. Su desaparición fue debida al proceso de conversión al islam, la emigración a los reinos cristianos del norte y la deportación al Norte de África que tuvo lugar bajo gobierno almorávide.

LOS COMPONENTES ÉTNICOS DE LA POBLACIÓN

Además de los judíos y los cristianos (que eran hispanorromanos e hispano-godos), la población andalusí, tal y como se ha mencionado antes, estaba formada por árabes, beréberes y esclavos de distinta procedencia.

Los árabes que llegaron a al-Andalus tenían una posición de privilegio en todos los órdenes: eran el pueblo elegido por Dios para hacer llegar a la humanidad la última Revelación, contenida en una Escritura en árabe, el Corán, y eran los creadores de un imperio que gobernaban en nombre de Dios. Se daba por supuesto

Beginning in the eleventh/fifth H. century, conquered peoples such as the Turks and the Berbers managed to gain political power without abandoning their Muslim identity.

The troops who conquered al-Andalus included Berbers, a term used in Arabic sources to denote the populations of North Africa who spoke their pre-Roman language. This external perspective afforded them a homogeneity that hid their internal diversity and their association with different tribal groups (Zanāta, Ṣanhāja, Maṣmūda, among others).[19] The memory of these tribal affiliations were maintained in some cases among the Berbers who settled in the Iberian Peninsula, especially those in areas that were poorly structured from a political point of view, such as in Extremadura and Portugal today. Some of them even maintained their own language, but because it was not a written language, it left limited evidence behind. The Berbers who arrived in al-Andalus in the early period and settled among the Arabs, especially in urban centers, became Arabized and quickly joined the group of *ʿulamāʾ*. As an example, Yaḥyā b. Yaḥyā (d. 849/234 H.), who played a crucial role in the introduction of Mālikī legal doctrines that prevailed in al-Andalus, was of Berber origin.

In the tenth/fourth H. century, the military needs of the Umayyad caliphate led to the importation of new North African tribal groups called "new Berbers," who were generally viewed negatively because of their limited Arabization, "deficient" religion, and "foreign" ways. The tensions that arose between them and other sectors of the army led caliph al-Ḥakam II (r. 961–76/350–66 H.) to a dramatic decision: the public burning of a saddle used by these "new Berbers" as a way of showing that they had to be kept in line. Shortly after, driven by his need for their military forces, the caliph began to praise them for their riding skill and their way of dressing. This demonstrates the complex relationship, of both need and rejection, that the Andalusis had with the inhabitants of the "other shore," an expression used in Arab sources to refer to the territories on the other side of the Strait of Gibraltar. Their geographic proximity, contrasting with their "otherness," made them one of the most important components—along with the Christian enemy—in constructing the Andalusi identity.

Slaves in Islamic societies were either prisoners of war or the children of captives (converting to Islam did not make a slave free; freedom was granted through manumission by their owner). Since there were no large

que el poder político les pertenecía y que su papel en los orígenes del islam los ponía por encima de aquellos no árabes que aceptaban la nueva religión. Naturalmente, a medida que el número de conversos aumentaba entre los pobladores autóctonos, esa superioridad árabe se vio contestada y debatida. A partir del siglo XI/V H., los pueblos conquistados como los turcos y los beréberes acabaron haciéndose con el poder político sin renunciar a ser musulmanes.

Las tropas que llevaron a cabo la conquista de al-Andalus estaban formadas también por beréberes, término que se utiliza en las fuentes árabes para denominar a las poblaciones del Norte de África que hablaban una lengua prerromana. Esta mirada externa les daba una homogeneidad que podía ocultar su diversidad interna y su adscripción a distintas formaciones tribales (Zanāta, Ṣanhāǧa, Maṣmūda, entre otras)[19]. El recuerdo de esas afiliaciones tribales se mantuvo, en algunos casos, entre los beréberes que se instalaron en la península ibérica, especialmente entre aquellos que lo hicieron en contextos poco estructurados desde el punto de vista político, como la zona de Extremadura y Portugal. Entre algunos de ellos, se mantuvo también su lengua propia, pero como no era una lengua escrita, no ha dejado mucho rastro. Los beréberes que llegaron a al-Andalus en la primera época y se instalaron entre los árabes, especialmente en núcleos urbanos, se arabizaron. Muy pronto, empezaron a formar parte del grupo de los ulemas, los sabios religiosos cuya misión era interpretar el contenido de la Revelación para que se cumpliese con sus mandatos en las sociedades en las que vivían. Así, Yaḥyā b. Yaḥyā (m. 849/234 H.), el transmisor más importante de las doctrinas legales malikíes que acabaron imponiéndose en al-Andalus, era de origen beréber.

En el siglo IV/X, las necesidades militares del califato omeya llevaron a importar nuevos grupos tribales norteafricanos a los que se denomina "beréberes nuevos" y a los que se describe, en general, de forma negativa, por su escasa arabización, su religión deficiente y sus modos "extranjeros". Las tensiones que surgieron entre ellos y otros sectores del ejército llevaron al califa al-Ḥakam II (r. 961-76/350-66 H.) a una aparatosa decisión: la quema pública de una silla de montar de las que usaban esos "beréberes nuevos" como forma de mostrar que había que mantenerlos a raya. Poco después, sin embargo, impelido por la necesidad que tenía de su fuerza militar, el califa pasó a ensalzarlos por su destreza en la monta y por su forma de vestir. Lo que esto nos revela es la relación

plantations in al-Andalus cultivated by slaves as in the Roman or American societies, slaves were primarily present in the domestic sphere. Beginning in the tenth/ fourth H. century, the number of slaves increased within the Umayyad court. These slaves—mainly from the Slavic world and known as *ṣaqāliba*—sometimes played a prominent role in the management of the caliphate, achieving immense influence and accumulating wealth.[20] This explains why some of them, after the dissolution of the caliphate, took power in some of the *taifa* kingdoms such as Badajoz and Almería. It is in their literary production that, for the first time, we see criticism of the Arab's sense of superiority over the rest of Muslims, as well as praise of non-Arabs.

In Madīnat al-Zahrā', we find the House of Ja'far, named for Ja'far al-Ṣiqlabī, a eunuch slave who enjoyed the trust of both 'Abd al-Raḥmān III and al-Ḥakam II, whom he served in different capacities. In an area not far from the caliph's residence archaeologists hypothetically place the caliph's harem, made up of his wives and a large number of slave-concubines. One of them, Ṣubḥ, of Basque origin, was the mother of Hishām II. The powerful chamberlain Muḥammad b. Abī 'Āmir served her at the initial stages of his career. The meteoric rise of this figure (better known by his nickname Almanzor) in control of the Umayyad state, whose influential position was inherited by his children, gave rise to internal tensions that ended with the disappearance of the caliphate, a time that will be remembered in Andalusi historiography as the period when the Andalusi community remained united despite its diversity and achieved great prosperity. In this historiography, there is also an inclination to include the local pre-Islamic past when writing the history of al-Andalus.[21]

1 Manzano Moreno 2013; Fierro 2020.
2 Fierro and Tolan 2013; Safran 2013.
3 Mazzoli-Guintard 2009.
4 Bulliet 1979.
5 Wasserstein 1997.
6 Wasserstein 2012 and 2015.
7 Ashtor 1974–84.
8 al-Bunnāhī 2005, 215.
9 Carriedo Tejedo 2015.
10 Sáenz-Badillos and Targarona Borrás 1988; Wasserstein 1997.
11 Aillet 2010.
12 Fierro 2024.
13 Coope 2017.

compleja, hecha de necesidad y rechazo al mismo tiempo, que los andalusíes tuvieron con los habitantes de la "otra orilla", expresión utilizada en las fuentes árabes para hacer referencia a los territorios del otro lado del Estrecho. Cercanía geográfica por un lado y, por otro, una "alteridad" que fue uno de los marcadores más importantes —junto con el enemigo cristiano— para construir la identidad andalusí.

Los esclavos en las sociedades islámicas procedían o bien de los cautivos hechos durante los conflictos bélicos, o bien de haber nacido de padres que lo fueran (el hecho de que un esclavo se convirtiese al islam no le hacía libre, era la manumisión por parte de su dueño lo que le daba la libertad). Los esclavos estaban presentes, sobre todo, en el ámbito doméstico, pues no hubo en al-Andalus grandes plantaciones cultivadas por esclavos como en el caso romano o americano. A partir del siglo X/IV H., aumenta su número en el ámbito de la corte omeya. Estos esclavos —procedentes sobre todo del mundo eslavo y conocidos como Ṣaqāliba— tuvieron a veces un destacado papel en la gestión del califato, alcanzaron gran influencia y acumularon riquezas[20]. Todo eso explica que algunos de ellos, tras la desintegración del califato, se hiciesen con el poder en algunos de los reinos de Taifas como el de Badajoz o Almería. Es entre ellos donde se documenta, por primera vez, una producción literaria para criticar el sentimiento de superioridad de los árabes sobre el resto de musulmanes y ensalzar a los no árabes.

En Madīnat al-Zahrā' se encuentra la así llamada Casa de Ja'far, por Ja'far al-Ṣiqlabī, un esclavo eunuco que gozó de la confianza tanto de 'Abd al-Raḥmān III como de al-Ḥakam II, a los que sirvió en distintas capacidades. También podemos situar en la zona de residencia del califa a su harén, formado por sus esposas y por un número elevado de esclavas-concubinas. Una de ellas, Ṣubḥ, de origen vasco, fue la madre de Hishām II, a cuyo servicio estuvo Muḥammad b. Abī 'Āmir. La meteórica elevación de este personaje (más conocido por su sobrenombre Almanzor) en el control del estado omeya, heredada por sus hijos, dio lugar a unas tensiones internas que terminaron con la desaparición del califato, época que será recordada en la historiografía andalusí como aquella en la que la comunidad andalusí se mantuvo unida pese a su diversidad y alcanzó una gran prosperidad. En esa historiografía se advierte además una tendencia integrar el pasado preislámico local a la hora de llevar a cabo la escritura de la historia de al-Andalus[21].

14 Gallego 2003; Vicente 2006.
15 Urvoy 1994; Monferrer 2019.
16 Christys 2002; Albarrán 2013.
17 Forcada 2000.
18 García Sanjuán 2020.
19 Rouighi 2010.
20 Meouak 2004.
21 Albarrán 2023, 27–34.

1 Manzano Moreno 2013; Fierro 2020.
2 Fierro y Tolan 2013; Safran 2013.
3 Mazzoli-Guintard 2009.
4 Bulliet 1979.
5 Wasserstein 1997.
6 Wasserstein 2012 y 2015.
7 Ashtor 1974-84.
8 al-Bunnāhī 2005, 215.
9 Carriedo Tejedo 2015.
10 Sáenz-Badillos y Targarona Borrás 1988; Wasserstein 1997.
11 Aillet 2010.
12 Fierro 2024.
13 Coope 2017.
14 Gallego 2003; Vicente 2006.
15 Urvoy 1994; Monferrer 2019.
16 Christys 2002; Albarrán 2013.
17 Forcada 2000.
18 García Sanjuán 2020.
19 Rouighi 2010.
20 Meouak 2004.
21 Albarrán 2023, 27-34.

4.

The Pre-Islamic Past as a Resource for Legitimizing the Umayyad Caliphate

El pasado preislámico como recurso de legitimación del Califato Omeya

Jorge Elices Ocón

The traditional description of Islam as an iconoclastic religion opposed to everything that came before it explains why classical antiquity has occupied a subordinate place in Islamic societies characterized by indifference to and the destruction of the past. This discussion has been revived recently following the demolition of the Buddhas of Bāmiyān in 2001, and again a few years ago with the destruction of historical treasures in Palmyra and Mosul. However, even these cases of destruction are not what they seem at first glance. Going beyond respect versus barbarity, the two categories that typically define how classical antiquity is treated in Islam, sources depict a complex and multifaceted process, not without its contradictions.[1]

The Arabic term *Jāhiliyya*, literally meaning the "age of ignorance," refers to the pre-Islamic past as a period characterized by paganism and idolatry. In theory, the spread of Islam would have made the appreciation and reception of the pre-Islamic past impossible. However, this past occupies a prominent place in medieval Arabic-Islamic historiography, as well as the origin and history of monotheism, which ultimately explains the triumph of Islam.[2] The pre-Islamic past also had an important impact on the formation of medieval Islamic societies, perceived as multicultural, dynamic communities. Far from being exogenous or lacking in value, classical antiquity was always (and in many cases continues to be) a recurring reference: it was reclaimed through translations into Arabic and reused in various contexts, both religious and secular, where columns, capitals, or even statues and inscriptions were used as building material, not immune to symbolic and ideological overtones.

The pre-Islamic past also constitutes the quintessential repository of instructional and moral references and lessons.[3] The ruins of classical antiquity are considered "wonders," vestiges or elements that arouse fascination and cannot be adequately explained with mere words. Furthermore, these vestiges of the past refer to God and His creation, order, and cosmos, and are a testimony to His greatness and divine judgment of people and nations.[4] Likewise, Arabic sources insist that a lesson can always be drawn from the past. The Qur'anic term *'Ibra* specifically alludes to a "lesson" that can be learned from having exposure to ruins and the questions and reactions they evoke about the passage of time, the ephemerality of material wealth, and the evolution of human history.[5] In this way, Islamic societies prized a specific or particular way of perceiving, receiving, and reframing the past that cannot be reduced to a mere continuation of previous processes

La descripción tradicional del Islam como una religión iconoclasta y opuesta a todo lo que la precede explica que la recepción de la Antigüedad en las sociedades islámicas haya sido considerada un escenario de estudio secundario, caracterizado por el desinterés y la destrucción del pasado. Este discurso ha sido retomado recientemente a raíz de la demolición de los Budas de Bāmiyān en 2001, y hace apenas unos años con la destrucción del patrimonio histórico en Palmira o Mosul. Sin embargo, incluso estos casos de destrucción no son lo que parecen a simple vista. Más allá del respeto o la barbarie, las dos categorías habituales con las que se define la recepción de la Antigüedad en el Islam, las fuentes permiten observar un proceso complejo y multifacético, no exento de contradicciones.[1]

El término árabe *Jāhiliyya*, literalmente, 'época de la ignorancia', designa al pasado preislámico como un periodo caracterizado por el desconocimiento del Islam, el paganismo y la idolatría, aspectos que imposibilitarían su valoración y recepción. Sin embargo, el pasado ocupa un lugar destacado en la historiografía arabo-islámica medieval como origen e historia del monoteísmo, lo que, en última instancia, permite explicar el triunfo del Islam.[2] El pasado preislámico tuvo, además, un peso destacado en la formación de las sociedades islámicas medievales, entendidas como comunidades multiculturales y dinámicas. Lejos de ser un elemento exógeno o carente de valor, la Antigüedad fue siempre (y sigue siendo en muchos casos) un referente recurrente: fue recuperada a partir de las traducciones al árabe y reutilizada en diversos contextos, religiosos o profanos, donde columnas, capiteles o incluso estatuas e inscripciones fueron empleadas como material constructivo, no exento de connotaciones simbólicas o ideológicas.

El pasado preislámico constituye también el repositorio por excelencia de referencias y lecciones didácticas o morales.[3] Las ruinas de la Antigüedad son consideradas "maravillas", vestigios o elementos que causan fascinación y no pueden explicarse de forma satisfactoria con simples palabras. Además, estos vestigios del pasado remiten a Dios y a su creación, orden o cosmos, y son testimonio de su grandeza y juicio divino sobre las personas y pueblos.[4] Igualmente, las fuentes árabes insisten en que siempre se puede extraer una lección del pasado. El término coránico *'Ibra* alude, justamente, a una "lección" que puede obtenerse al exponerse a las ruinas y a las preguntas y reacciones que éstas evocan acerca del paso del tiempo, lo efímero de las riquezas materiales y el devenir de la historia humana.[5] De este modo, las sociedades islámicas atesoraron una forma específica o particular de percibir,

or to a copy of phenomena documented in contemporary Christian societies.

The Iberian Peninsula is a unique setting in the perception of the pre-Islamic past. After the Islamic conquest of 711 CE, Hispania was home to the formation of a multicultural Islamic society. Al-Andalus was created on the border of the Islamic world in contact with other cultures; it also had a Latin and Visigothic tradition and a unique political history in which an ancient caliphal dynasty from the East, the Umayyads, controlled the region for several centuries and established its own caliphate (929–1031). In this unique context, the process of reclaiming and reinterpreting classical antiquity through the Umayyad ideology is exceptional because of its multifaceted character (since it included both written sources and material vestiges) and transcultural aspects (to the extent that the past is combined with or reinterpreted through other cultural references, either local or imported, Arabic-Islamic or otherwise), and due to its subsequent transcendence (dynasties after the Umayyads revisited the caliphs' model and reproduced their decorative forms and their historiographic discourse on the pre-Islamic past using its material vestiges and written sources originating from the Umayyad chronicle).[6]

FROM FORGOTTEN TO RECLAIMED: THE PAST IN THE PRESENT

The construction of the Umayyad mosque in Córdoba between 785 and 786 demonstrates and reaffirms these changes. To erect this building, a large collection of pieces (capitals, columns, cymatiums, and bases) from different time periods and origins were reused (FIG. 4-1).[7] However, this reuse of the past does not seem to be associated with reclaiming or reinterpreting the pre-Islamic past of Hispania, but rather reproduces or ties in with the reuse practices implemented by the Umayyads for the construction of the mosques in Damascus and Jerusalem, consequently deepening the Ummyyads' legitimacy, collective memory, and identity by reminding viewers of and connecting them with their ancestors in the East.[8]

A similar conclusion emerges from the first chronicle that was written in Arabic on the peninsula of which we have evidence. The *Book of History* (*Kitāb al-ta'rīkh*) written by ʿAbd al-Malik ibn Ḥabīb (d. 853) is a universal history that begins with the creation of the world and pre-Islamic history, mentions previous prophets, and highlights the work of the Prophet Muḥammad. Later, he alludes to the caliphs, the conquest of the peninsula, and the rulers of

recibir y reelaborar el pasado que no puede ser reducida a una mera continuidad de procesos anteriores o a una copia de fenómenos documentados en sociedades cristianas contemporáneas.

La península ibérica es un escenario singular en lo que se refiere a la recepción del pasado preislámico. Tras la conquista islámica del 711, Hispania albergó la formación de una sociedad islámica multicultural. Al-Andalus se gestó en la frontera del mundo islámico y en contacto con otras culturas, contando asimismo con una tradición latina y visigoda, y con una historia política única en la que una antigua dinastía califal proveniente de Oriente, los Omeyas, controló la región por varios siglos e instauró un califato propio (929-1031). En este contexto singular, el proceso de recuperación y reinterpretación de la Antigüedad por parte de la ideología omeya resulta excepcional por su carácter multifacético (pues abarcó por igual fuentes escritas y vestigios materiales) y transcultural (en la medida en que el pasado es combinado o reinterpretado a partir de otras referencias culturales, locales o importadas, arabo-islámicas o no), y por su trascendencia posterior (dinastías posteriores a los Omeyas revisitaron el proyecto de los califas y reprodujeron sus formas decorativas o su discurso historiográfico sobre el pasado preislámico a través de sus vestigios materiales y de fuentes escritas derivadas de la cronística omeya)[6].

DEL OLVIDO A LA RECUPERACIÓN: EL PASADO EN EL PRESENTE

La construcción de la mezquita de los Omeyas en Córdoba entre el 785 y el 786 evidencia y reafirma estos cambios. Para erigir este edificio, se reutilizó un amplio conjunto de piezas (capiteles, columnas, cimacios y basas) de distinta cronología y origen (FIG. 4-1).[7] Sin embargo, esta reutilización del pasado no parece estar asociada a una recuperación o reinterpretación del pasado preislámico de Hispania, sino que reproduce o conecta con las prácticas de reutilización puestas en marcha por los Omeyas en la construcción de las mezquitas de Damasco o Jerusalén, ahondando así en la legitimidad, la memoria y la identidad omeya a partir del recuerdo y la conexión con sus antecesores en Oriente.[8]

Una conclusión similar se desprende de la primera crónica escrita en árabe en la península de la que tenemos constancia. El *Libro de la Historia* (*Kitāb al-ta'rīkh*) escrito por ʿAbd al-Malik ibn Ḥabīb (m. 853) es una historia universal que comienza con la creación del mundo y la historia preislámica, menciona a los profetas anteriores y

al-Andalus. At no point does he mention Greece or Rome, since his political and religious references are from the eastern world and the Qur'anic tradition. He is interested in explaining the causes of the conquest and the foundations of Islamic and Umayyad rule of the peninsula.[9]

The situation was very different at the beginning of the tenth century. The proclamation of the Umayyad caliphate had a very notable political and religious impact, not only as a consecration of the Umayyad triumph against its internal enemies, but also as its own reaffirmation, reembodying the caliphs of Damascus with respect to Christians or Muslims, and the realization of its own plans for the Iberian Peninsula.[10] In a circular that ʿAbd al-Raḥmān III sent to his governors, he announced his plan: "that the people be a single nation, obedient, calm, submissive, and not sovereign, governed, and not governing."[11] To achieve these objectives, classical antiquity became for the first time a source of knowledge and authority. The Umayyad initiative deliberately sought to integrate and surpass what had been done before, creating its own discourse about the past that turned out to be truly original and ambitious. Two works demonstrate this significant change: the *Kitāb Hurūshiyūsh*, the Arabic translation of Paulus Orosius, and the *Ta'rīkh fī akhbār mulūk al-Andalus* (*History of the Kings of al-Andalus*) by Aḥmad al-Rāzī. Along with these two works, the collection of statues and sarcophagi reused in Madīnat al-Zahrā' corresponds to this same desire as an essential part of the political and religious legitimation of the Umayyad caliphs.

THE KITĀB HURŪSHIYŪSH: A UNIQUE TRANSLATION

In the year 417, Orosius wrote a work titled *Adversus paganos historiarum libri septem*, a universal history from a Christian point of view, which reaffirmed divine providence as the driving force of history and a buttress for a crumbling empire following the sacking of Rome a few years before in 410. The *Kitāb Hurūshiyūsh*, its Arabic translation, is an extraordinary work for several reasons. First, because the translation was the result of a collaboration between two people: a Christian, undoubtedly the judge of the Christian community of Córdoba, Ḥafṣ b. Albar al-Qūṭī, who translated the text from the original Latin, and a Muslim, Qāsim b. Aṣbag, an Umayyad *mawālī* and preceptor of ʿAbd al-Raḥmān III and his son al-Ḥakam II, who supervised the Arabic text of the translation, probably completed in the second quarter of the tenth century and according to sources, intended for

destaca la labor del Profeta Muḥammad. Posteriormente, alude a los califas, a la conquista de la península y a los gobernadores de al-Andalus. No menciona en ningún caso a Grecia ni a Roma, pues los referentes políticos y religiosos son aquellos que remiten al contexto oriental y a la tradición coránica. Su interés está en explicar las causas de la conquista y las bases del dominio islámico y omeya en la península.[9]

La situación era muy diferente a comienzos del siglo X. La proclamación del califato omeya tuvo una dimensión política y religiosa muy notable, no solo como consagración del triunfo omeya frente a sus enemigos internos, sino también como reafirmación propia, ya que recuperó la memoria de los califas de Damasco frente a cristianos o musulmanes, y como materialización de un proyecto propio para la península ibérica[10]. En una circular que ʿAbd al-Raḥmān III envió a sus gobernadores, señala cuál era su proyecto: "que la gente [de al-Andalus] fuera una sola nación, obediente, tranquila, sometida y no soberana, gobernada y no gobernante"[11]. Para conseguir estos objetivos, la Antigüedad se convirtió por primera vez en una fuente de conocimientos y autoridad. La iniciativa de los Omeyas buscó de manera deliberada integrar y superar lo que se había hecho hasta entonces creando un discurso propio sobre el pasado que resultó ser verdaderamente original y ambicioso. Dos obras evidencian este cambio tan significativo: el *Kitāb Hurūshiyūsh*, la traducción árabe de Orosio, y el *Ta'rīkh fī akhbār mulūk al-Andalus* (*Historia de los reyes de al-Andalus*) de Aḥmad al-Rāzī. Junto con estas dos obras, el conjunto de estatuas y sarcófagos reutilizados en Madīnat al-Zahrā' responde también a este mismo impulso, siendo una parte esencial de la legitimación política y religiosa de los califas omeyas.

EL KITĀB HURŪSHIYŪSH: UNA TRADUCCIÓN ÚNICA

Paulo Orosio escribió, en el año 417, una obra titulada *Adversus paganos historiarum libri septem*, donde relata la historia universal desde un punto de vista cristiano, reafirmándose en la Providencia Divina como motor de la historia y baluarte frente a un imperio que se resquebrajaba; pues unos años antes, en el 410, Roma había sido saqueada. El *Kitāb Hurūshiyūsh*, como se conoce su traducción en árabe, es una obra extraordinaria por diversos motivos. En primer lugar, porque la traducción fue el resultado de un trabajo colaborativo entre dos personajes: un cristiano, seguramente el juez de la comunidad cristiana cordobesa, Ḥafṣ b. Albar al-Qūṭī, quien tradujo el texto

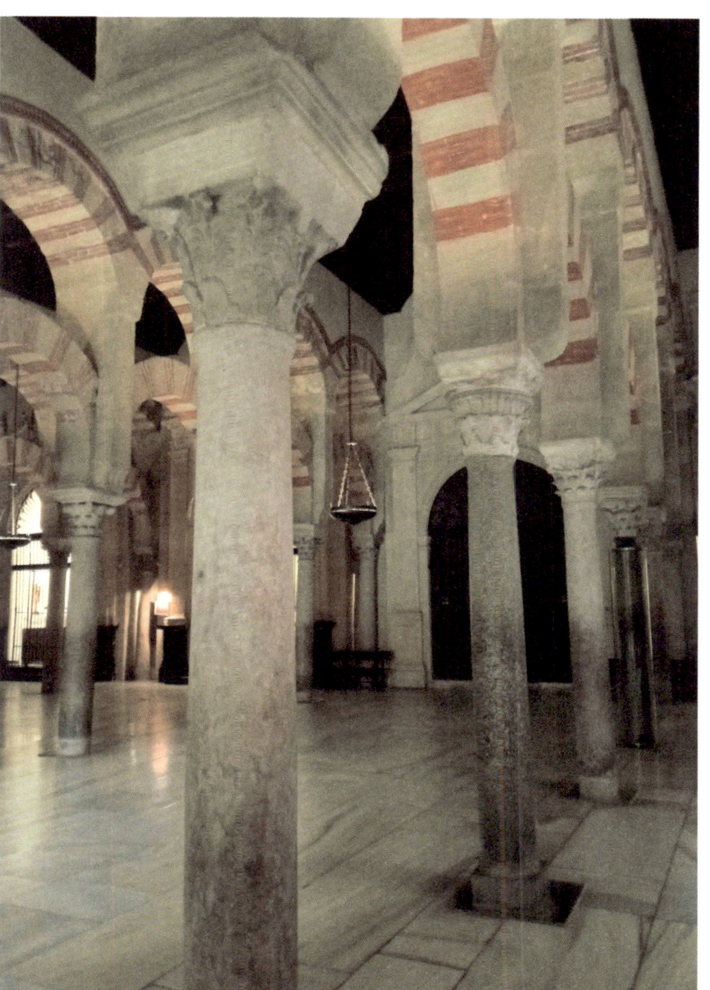

FIG. 4-1.
Great Mosque of Córdoba. Columns and capitals were reused. Image courtesy of the author. Mezquita de Córdoba. Las columnas y los capiteles se reutilizaron. Imagen cortesía del autor.

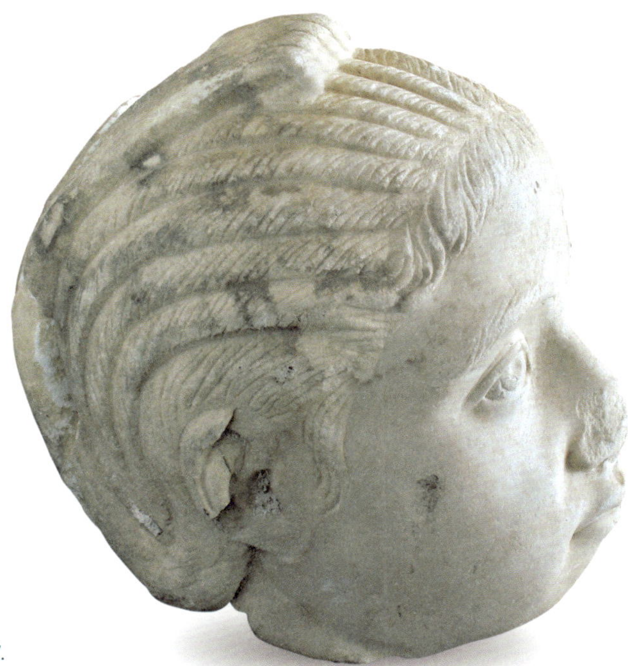

FIG. 4-2.
Fragments of a female portrait. Madīnat al-Zahrā'. MMaZ: 26928. Checklist no. 47. Fragmentos de un retrato femenino. Madīnat al-Zahrā'. MMaZ: 26928. N.º de verificación 47.

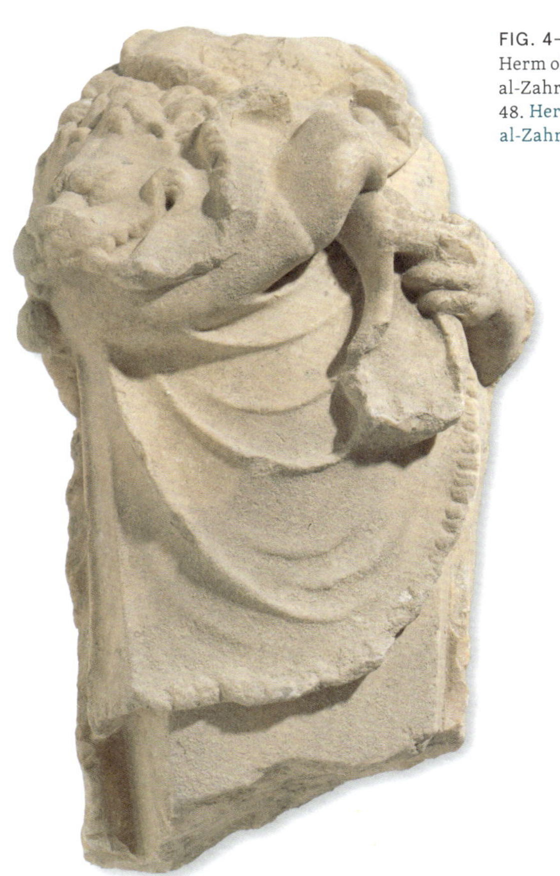

FIG. 4-3.
Herm of Hercules as a child. Madīnat al-Zahrā'. MMaZ: 27002. Checklist no. 48. Herma de Hércules niño. Madīnat al-Zahrā'. N.º de verificación 48.

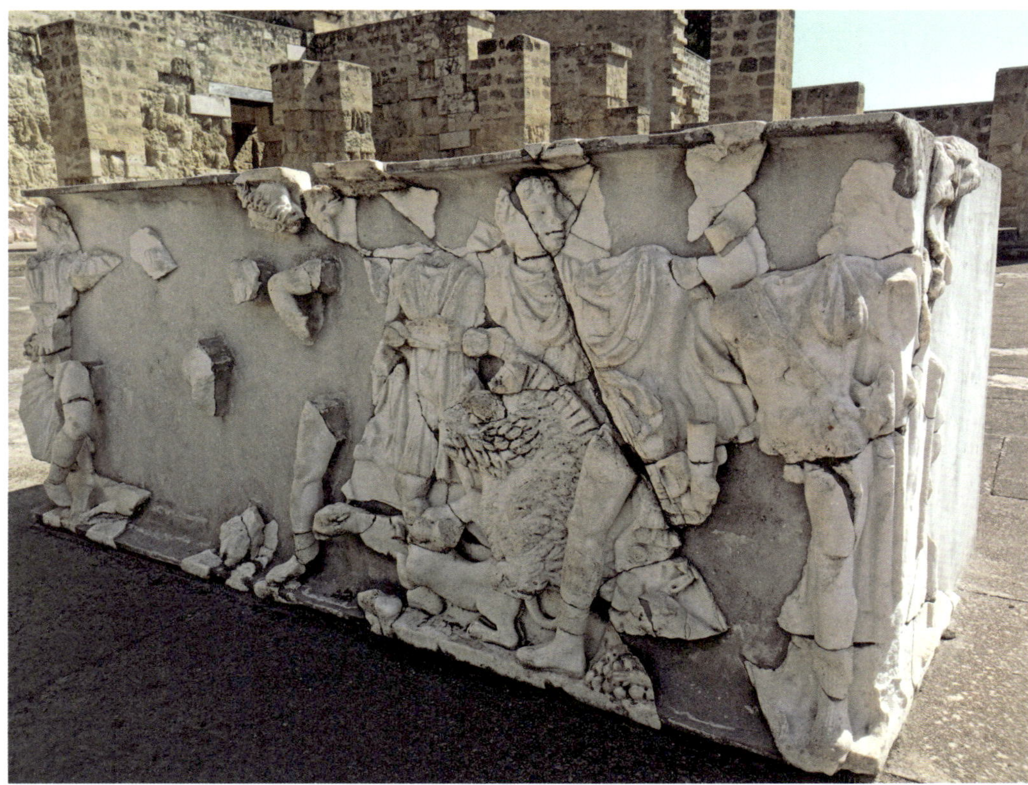

FIG. 4-4.
Roman sarcophagus reused as a water fountain in the Courtyard of the Pillars. Madīnat al-Zahrā'. Image © Conjunto Arqueológico de Madīnat al-Zahrā'. Sarcófago romano reutilizado como fuente de agua en el Patio de los Pilares. Madīnat al-Zahrā'. Imagen © Conjunto arqueológico de Madinat al-Zahra.

Prince al-Ḥakam.[12] Second, because the *Kitāb Hurūshiyūsh* is not just a translation, but an autonomous chronicle that consolidates additional sources to add to Orosius' work and continue the narrative until the conquest of the Iberian Peninsula.[13] Among the sources used, several late antiquity and Visigothic works stand out: the *Chronica Maiora* by Isidore of Seville and the Bible are the main references and, to a lesser extent, *Cosmografía* by Julius Honorius, *De Viris Illustribus* by St. Jerome and *Etymologies* and *Historia Gothorum* by Isidore of Seville. The list of works consulted and the scope of the narrative give a good idea of the magnitude of the project. Eastern authors such as al-Yaʿqūbī (d. 897), al-Ṭabarī (d. 923), and al-Masʿūdī (d. 956/957) include references to pre-Islamic history, but the real focus of interest is Byzantine and Sassanian history.[14] However, the *Kitāb Hurūshiyūsh*, with the providentialist view of history present in Orosius' work, offers a much more comprehensive account that specifically delves into classical antiquity and its legacy in al-Andalus. More than a simple diversion or fleeting interest, the Arabic translation of Orosius reveals a true desire to reclaim the past endorsed by the Umayyads intended for constructing a new legitimacy, identity, and collective memory in which the past made sense in the present.[15]

AḤMAD AL-RĀZĪ: A VISIONARY HISTORIAN

The work of Aḥmad al-Rāzī (d. 955) is somewhat later than the translation of Orosius, since the Cordoban historian used it as one of his sources. Descending from a family of historians of Iranian origin linked to the Umayyad court, Aḥmad al-Rāzī was a student of Qāsim b. Aṣbag. Although his work is nonextant and is known only through its extended documentary legacy (in Arabic, Latin, Portuguese, and Spanish), it is important within historiography for various reasons.[15] On the one hand, his work breaks with the historiography written previously in Hispania. It is not a *continuatio* like the chronicles written immediately after the conquest: the *Chronicle of 741* and the *Chronicle of 754*. As in Ibn Ḥabīb's history, Aḥmad al-Rāzī tells the story of history from creation to the present moment, but focuses on the Iberian Peninsula as its main subject. In contrast, it shares features with the *Albeldense Chronicle*, a Latin compilation written in the kingdom of Asturias in 883 that contains a geographical description of Iberia and a brief account of Roman, Visigothic, and Asturian history.[17] However, Aḥmad al-Rāzī's work is much more comprehensive and

desde el original latino, y un musulmán, Qāsim b. Aṣbag, cliente de los omeyas y preceptor de ʿAbd al-Raḥmān III y de su hijo al-Ḥakam II, quien supervisó el texto árabe de la traducción, completada probablemente en el segundo cuarto del siglo x y destinada, según indican las fuentes, al príncipe al-Ḥakam.[12] En segundo lugar, porque el *Kitāb Hurūshiyūsh* no es una mera traducción, sino una crónica autónoma que refunde fuentes adicionales para completar la obra de Orosio y continuar la narración hasta la conquista de la península ibérica[13]. Entre estas fuentes utilizadas destacan obras tardoantiguas y visigodas: la *Cronica Maiora* de Isidoro y la *Biblia* son las principales referencias y, en menor medida, la *Cosmografía* de Julio Honorio, el *De viris Illustribus* de San Jerónimo o las *Etimologías* y la *Historia Gothorum* de San Isidoro. La lista de obras consultadas y la extensión del relato dan buena cuenta de la magnitud del proyecto. Autores orientales como al-Yaʿqūbī (m. 897), al-Ṭabarī (m. 923) y al-Masʿūdī (m. 9567) incluyen referencias a la historia preislámica, pero el verdadero foco de interés es la historia bizantina y sasánida[14]. Sin embargo, el *Kitāb Hurūshiyūsh*, con la visión providencialista de la historia presente en la obra de Orosio, ofrece un relato mucho más completo que ahonda, justamente, en la Antigüedad y su legado en al-Andalus. Más allá de un mero entretenimiento o un interés puntual, la traducción de Orosio al árabe evidencia un verdadero proyecto de recuperación del pasado patrocinado por los Omeyas con vistas a construir una nueva legitimidad, identidad y memoria en la que el pasado cobraba sentido en el presente[15].

AḤMAD AL-RĀZĪ: UN HISTORIADOR VISIONARIO

La obra de Aḥmad al-Rāzī (m. 955) es algo posterior a la traducción de Orosio, dado que el historiador cordobés la utilizó como una de sus fuentes. Perteneciente a una familia de historiadores de origen iraní vinculados a la corte omeya, Aḥmad al-Rāzī tuvo como maestro a Qāsim b. Aṣbag. Aunque su obra no se conserva y solo se conoce a partir de una larga tradición textual (en árabe, latín, portugués y castellano), esta es importante dentro de la historiografía por diversos motivos[16]. Por un lado, su obra rompe con la historiografía escrita hasta el momento en Hispania. No se trata de una *continuatio* como sí lo eran las crónicas escritas inmediatamente después de la conquista: la *Crónica del 741* y la *Crónica del 754*. Al igual que la historia de Ibn Ḥabīb, Aḥmad al-Rāzī narra la historia desde la creación hasta el momento presente, pero se centra en la

ambitious. Its tripartite framework (description of the peninsula, pre-Islamic history, and history of al-Andalus) is found only in works written much later: the *Historiae Rebus Hispaniae* by Archbishop Jiménez de Rada and the *History of Spain* by Alfonso X. In addition, the work of the Cordoban historian combines rather diverse documentary traditions and sources, including Qurʾanic and Eastern traditions, as well as local Latin sources, for example, a text written by Andalusi Christians that was also used by the *Albeldense Chronicle* and other complementary sources such as the chronicles of St. Jerome and Isidore of Seville. Furthermore, Aḥmad al-Rāzī incorporated references from the ruins visible in al-Andalus: he mentions the theater of Sagunto, a Latin inscription discovered in Mérida, and milestones with inscriptions referring to Julius Caesar.[18] The result is quite significant: the peninsula is the center of historical discourse in which different collective memories and identities converge, with the intention of highlighting the scope and interests of the Umayyad plan for al-Andalus.

MADĪNAT AL-ZAHRĀʾ: MEMORY IN STONE

The collection of antiquities reused at Madīnat al-Zahrāʾ is one of the most fascinating aspects of the radiant capital of the Umayyad caliphs. It is an important collection of Roman sarcophagi and sculptures; fragments of a female portrait (FIG. 4-2) and a herm representing Hercules as a child are among the highlights (FIG. 4-3).

This collection of antiquities is not without challenges, since it is only partially preserved and many of the recovered fragments lack an archaeological context. Only in a few cases has it been possible to reassemble the fragments and reconstruct the original sculptures and sarcophagi. The meticulous work carried out has revealed that most of the sarcophagi were reused as water basins.[19] In addition, they have openings in their bases and sides that served as water entry or drainage points.[20] The position of these holes has made it possible to identify the exact location of several sarcophagi. A notable example is the sarcophagus with the scene of Meleager and the Calydonian boar hunt (FIG. 4-4), which was produced in the third or early fourth century. It was reused as a water fountain and was located in the center of the Patio of Pillars, where it has remained following its restoration.[21]

Researchers have attempted to explain how and why works from the *Jāhiliyya* came to be considered acceptable for reuse and display in the palace of an Islamic ruler. The function and significance of these pieces must

península ibérica como su objeto de atención. En cambio, comparte rasgos con la *Crónica Albeldense*, una crónica latina miscelánea escrita en el reino de Asturias en el 883 que contiene una descripción geográfica de Iberia y un breve relato de la historia romana, visigoda y astur.[17] Sin embargo, la obra de Aḥmad al-Rāzī es mucho más completa y ambiciosa. Su esquema tripartito (descripción de la península, historia preislámica e historia de al-Andalus) solo se encuentra en obras escritas con mucha posterioridad: la *Historiae Rebus Hispaniae* del arzobispo Jiménez de Rada y la *Estoria de España* de Alfonso X. Por otro lado, la obra del historiador cordobés aúna fuentes y tradiciones textuales muy diversas entre las que destacan tradiciones coránicas y orientales, así como fuentes latinas locales, entre ellas, un texto escrito por los cristianos andalusíes que fue utilizado también por la *Crónica Albeldense* y otras fuentes complementarias como las crónicas de Jerónimo e Isidoro de Sevilla. Además, Aḥmad al-Rāzī incorporó referencias provenientes de las ruinas visibles en al-Andalus: menciona el teatro de Sagunto, una inscripción latina descubierta en Mérida y miliarios con inscripciones relativas a Julio César[18]. El resultado es muy significativo: la península es el centro del discurso histórico en el que convergen diferentes memorias e identidades, con la intención de subrayar el alcance y los intereses del proyecto omeya en al-Andalus.

MADĪNAT AL-ZAHRĀʾ: LA MEMORIA EN PIEDRA

La colección de antigüedades reutilizadas en Madīnat al-Zahrāʾ es uno de los aspectos más fascinantes de la radiante capital de los califas omeyas. Se trata de un importante conjunto de sarcófagos romanos y esculturas entre las que destacan los fragmentos de un retrato femenino (FIG. 4-2) y un *herma* que representa a Hércules niño (FIG. 4-3).

Este conjunto de antigüedades no está exento de problemas, ya que se encuentra conservado parcialmente, y muchos de los fragmentos recuperados carecen de un contexto arqueológico. Sólo en unos pocos casos ha sido posible reunir los fragmentos y reconstruir las esculturas y sarcófagos originales. El meticuloso trabajo llevado a cabo reveló que la mayoría de los sarcófagos se reutilizaron como pilas de agua[19]. Estos presentan, además, aberturas en sus bases y laterales que sirvieron como puntos de entrada de agua o desagüe[20]. La posición de estos agujeros ha permitido identificar la ubicación exacta de varios sarcófagos. Un ejemplo notable es el sarcófago que contiene la escena de Meleagro y la caza del jabalí de Calidón

be analyzed, taking into account the context of the city and the Umayyad caliphate. Their location was carefully selected. The figured sarcophagi were installed in prominent places in the palace, in patios that stand out due to their location or their architectural quality, which were used for administrative tasks or reserved for meetings, public ceremonies, and official receptions for embassies.[22] Literary sources mention "pillars and wonderful statues of human figures that were beyond imagination."[23] Considered "wonders," the antiquities of Madīnat al-Zahrā᾽ defied imagination. Sources insist that "there was no one, absolutely no one, who entered the Alcázar [palace of Madīnat al-Zahrā᾽], not even those from the farthest countries or those of other faiths, whether king, emissary, or merchant," who was not "dazzled and amazed" and "could not categorically conclude that they had never seen anything like it, had never even heard of such a thing, nor had it ever even occurred to them."[24]

The original location of the remainder of the sculptural fragments documented so far is unknown, but everything seems to indicate that the herm of Hercules and other sculptures also occupied a prominent place. Sources contemporary to the time of the city's greatest splendor, specifically chronicles and laudatory poems written under the patronage of the Umayyads, allude to Hercules, Alexander the Great, and Solomon, and undoubtedly the stories and panegyrics would resonate with the ancient images reused in Madīnat al-Zahrā᾽.[25] Fragments of a female portrait (FIG. 4-2) from the esplanade bordering the portico, the ceremonial entrance door to the heart of the palace, could be linked to corroborating information in Arabic sources that also suggest a symbolic and talismanic reinterpretation of the statues.[26] A tenth-century source reports that the southern door of Madīnat al-Zahrā᾽ was called *Bāb al-Ṣūra* (the Statue Door) or *Bāb al-Madīna* (the City Door).[27] In Córdoba there was a Statue Door as well, also identified as the Bridge Door, the main one for the city.[28] The similarity between the two cities, far from being a coincidence, suggests the existence of an architectural and iconographic model in which the presence of a statue was a very prominent symbolic component.[29] The information about the statue of Córdoba also states that court astrologers associated the statue with Virgo and considered her the lady and protector of the city.[30] The presence of astrologers in Madīnat al-Zahrā᾽ is confirmed by the sundials that have been discovered and that are part of the exhibition. Astrologers may have re-designated the sculptures in Madīnat al-Zahrā᾽, since other information indicates that a female statue still

(FIG. 4-4), que se fabricó en el siglo III o a principios del IV. Se reutilizó como fuente de agua y estaba ubicado en el centro del Patio de los Pilares, donde ha quedado instalado tras su restauración[21].

Los investigadores han intentado explicar cómo y por qué obras propias de la *Jāhiliyya* llegaron a considerarse aceptables para su reutilización y exhibición en el palacio de un gobernante islámico. La función y significado de estas piezas debe analizarse atendiendo al contexto propio de la ciudad y del califato omeya. Su localización fue premeditada. Los sarcófagos figurados se instalaron en lugares preeminentes del palacio, en patios que destacan por su emplazamiento o por su calidad arquitectónica, los cuales se utilizaban para tareas administrativas o se reservaban para reuniones, ceremonias públicas y recepciones oficiales de embajadas[22]. Las fuentes literarias mencionan las "pilas y las maravillosas estatuas de figuras humanas que ni siquiera la imaginación podría explicar".[23] Consideradas como "maravillas", las antigüedades de Madīnat al-Zahrā᾽ desafiaban la imaginación. Las fuentes insisten en que "no hubo nadie, absolutamente nadie, que entrara en el Alcázar [de Madīnat al-Zahrā᾽], ni siquiera de los países más lejanos y de confesiones diversas, ya fuera rey, emisario o comerciante", que no se sintiera abrumado por el "deslumbramiento y el asombro" y "que no pudiera concluir categóricamente que nunca había visto nada igual, ni siquiera había oído hablar de tal cosa, ni se le había ocurrido jamás".[24]

Se desconoce la ubicación original del resto de los fragmentos de escultura documentados hasta el momento, pero todo parece indicar que el *herma* de Hércules y otras esculturas también ocuparon un lugar preeminente. Fuentes coetáneas a la época de máximo esplendor de la ciudad, en concreto, crónicas y poemas laudatorios escritos bajo el patronazgo de los omeyas, aluden a Hércules, Alejandro Magno y Salomón, y seguramente, los relatos y panegíricos resonarían con las imágenes antiguas reutilizadas en Madīnat al-Zahrā᾽[25]. Los fragmentos de un retrato femenino (FIG. 4-2), procedentes de la explanada frontera al Pórtico, la puerta ceremonial de ingreso al núcleo del palacio, podrían estar relacionados con varias noticias atestiguadas en las fuentes árabes que sugieren también una reinterpretación simbólica y talismánica de las estatuas[26]. Una fuente del siglo X informa que la puerta sur de Madīnat al-Zahrā᾽ se denominaba *Bāb al-Ṣūra* (la Puerta de la Estatua) o *Bāb al-Madīna* (la Puerta de la Ciudad)[27]. En Córdoba existía también una Puerta de la Estatua, identificada también como la Puerta del Puente, la principal de la ciudad.[28] La semejanza entre ambas

located above a door in Almohad times was a talisman representing Venus (*Zuhara*)[31].

The origin of these antiquities, real or invented, would also be a factor considered in their reuse. The figured sarcophagi were probably recovered from the western Roman necropolis of Córdoba, where sarcophagi very similar to those reused in the palatial city have appeared.[32] It is possible that other pieces came from other Roman cities on the Iberian Peninsula such as Itálica, Mérida, or Tarragona.[33] In this regard, we should note that literary accounts emphasize that the palace of Madīnat al-Zahrā' was decorated with columns and colored marbles from a wide range of places, such as the Frankish Kingdom, Rome, Carthage, Sfax (Tunisia), and Constantinople.[34] However, the analyses carried out on the materials recovered from the palace illustrate a very different reality: the marble or limestone used for construction came from peninsular quarries not far from Córdoba.[35] By emphasizing the foreign origin of the materials used in Madīnat al-Zahrā', the sources sought to aggrandize the Umayyad caliphate, perhaps evidencing the intricate political, cultural, and economic facets of the power wielded by the caliphs during the tenth century.

The significance of the collection of antiquities at Madīnat al-Zahrā' lies in the initiative driven by the Umayyads, who deliberately sought to integrate and surpass the past, and create a setting that would resonate with cultural and religious traditions that were both native and foreign to the Islamic and Andalusian world. The reuse of sarcophagi and statues in Madīnat al-Zahrā' must be linked to a process of reclaiming and rewriting the past, also seen in the *Kitāb Hurūshiyūsh* and the *Ta'rīkh fī akhbār mulūk al-Andalus* (*History of the Kings of al-Andalus*) by Aḥmad al-Rāzī. Thus, the references that include these works honoring Hercules, Alexander the Great, Viriatus, Julius Caesar, Octavius Augustus, Hadrian, or Constantine, along with those characters typical of the Qur'anic tradition and Islamic history itself, would create a temporal and historical framework that the astrologers, poets, and chroniclers of the Umayyad court could use to identify the characters represented in the sarcophagi and statues of Madīnat al-Zahrā', and to construct a discourse of legitimation, identity, and collective memory that allowed them to manifest and praise "the splendor of the monarchy (*bahjat al-mulk*) and the majesty of power (*fakhāmat al-sulṭān*)" of the Umayyad caliphs.[36] Beyond a simple decorative element that would inspire fear, curiosity, or admiration, the pre-Islamic past was a narrative and instructional resource, fully functional

ciudades, lejos de ser una coincidencia, sugiere la existencia de un modelo arquitectónico e iconográfico en el que la presencia de una estatua era un elemento simbólico muy destacado.[29] La noticia referente a la estatua de Córdoba afirma también que los astrólogos de la corte vinculaban la estatua con Virgo y la consideraban la señora y protectora de la ciudad.[30] La presencia de astrólogos en Madīnat al-Zahrā' está documentada gracias a los relojes solares que se han descubierto y que forman parte de las piezas expuestas. Es posible que los astrólogos reidentificaran las esculturas en Madīnat al-Zahrā', pues otra noticia indica que una estatua femenina situada sobre una puerta todavía en época almohade era un talismán que representaba a Venus (*Zuhara*)[31].

El origen de estas antigüedades, real o inventado, también sería un factor considerado en su reutilización. Los sarcófagos figurados fueron recuperados probablemente de las necrópolis romanas occidentales de Córdoba, donde han aparecido sarcófagos muy similares a los reutilizados en la ciudad palatina.[32] Es posible que otras piezas procedieran de otras ciudades romanas de la península ibérica como Itálica, Mérida o Tarragona.[33] A este respecto, cabe señalar que los relatos literarios subrayan que el palacio de Madīnat al-Zahrā' estaba adornado con columnas y mármoles de colores procedentes de lugares muy diversos, como el Reino Franco, Roma, Cartago, Sfax (Túnez) y Constantinopla.[34] Sin embargo, los análisis efectuados en los materiales recuperados en el palacio muestran una realidad muy distinta: el mármol o la caliza empleados en la construcción provienen de canteras peninsulares no muy distantes de Córdoba.[35] Al enfatizar el origen foráneo de los materiales empleados en Madīnat al-Zahrā', las fuentes buscaban exaltar el califato omeya, evidenciando quizás las intrincadas dimensiones políticas, culturales y económicas del poder ejercido por los califas durante el siglo X.

Lo significativo, pues, del conjunto de antigüedades de Madīnat al-Zahrā' es la iniciativa impulsada por los Omeyas, que buscaron de manera deliberada integrar y superar el pasado, y crear una escenografía que resonaría con tradiciones culturales y religiosas propias y ajenas al mundo islámico y andalusí. La reutilización de sarcófagos y estatuas en Madīnat al-Zahrā' debe vincularse con un proceso de recuperación y reescritura del pasado, atestiguado también en el *Kitāb Hurūshiyūsh* y en el *Ta'rīkh fī akhbār mulūk al-Andalus* (*Historia de los reyes de al-Andalus*), de Aḥmad al-Rāzī. Así, las menciones que recogen estas obras a Hércules, Alejandro Magno, Viriato, Julio César, Octavio Augusto, Adriano o Constantino, junto con aquellos

and consistent with the Umayyad plan to demonstrate the reach and scope of the power of the Umayyad caliphs.

1 Elices 2020a.
2 Di Branco 2009, 24.
3 Mottahedeh 1994, 23.
4 Berlekamp 2011, 24.
5 Mulder 2022, 7-18.
6 Elices 2021, 364-99.
7 Peña 2010.
8 Elices 2021, 78-80.
9 Ibn Ḥabīb 1991.
10 Manzano 2006, 363-469.
11 Ibn Ḥayyān 1979, 142; Ibn Ḥayyān 1981, 169.
12 Penelas 2001, Introduction, 33.
13 Penelas 2001, Introduction, 47-66.
14 Di Branco 2009, 112-43.
15 Elices 2021, 300-306.
16 Catalán 1975.
17 Gil, Moralejo and Ruiz de la Peña 1986, 153-88 and 223-63.
18 Elices 2021, 306-21.
19 Beltrán 1988-90, 110.
20 Vallejo 2010, 237.
21 Vallejo 2010, 237.
22 Vallejo 2010, 240.
23 Al-Maqqarī 1968, I: 566.
24 Al-Maqqarī 1968, I: 367, 392-93 and 566.
25 Ibn Ḥayyān 1979, 62; Al-Maqqarī 1968, III: 189.
26 Acién 1995, 189-90; Vallejo 2010, 262.
27 Ibn Ḥayyān 1965, 49 and 120, trad. in Ibn Ḥayyān 1967, 68 and 153.
28 Ibn ʿIḏārī 1948-51, III:14.
29 Elices 2022, 123.
30 Ibn ʿIḏārī 1948-51, III:14.
31 Ibn ʿIḏārī 1953, 158-59; Elices 2022, 131-32.
32 Beltrán 1993, 163; Beltrán 1999, 112 and 153; Vallejo 2010, 116.
33 Vallejo 2010, 116; Calvo 2014, 9; Elices 2021, 355.
34 Ibn ʿIḏārī 1948-51, II: 246-7; al-Maqqarī 1968, I: 526-27 and 568.
35 Vallejo 2010, 116 and 360.
36 Al-Maqqarī 1968, I: 367 and 392-93.

personajes propios de la tradición coránica y de la propia historia islámica, configurarían un marco temporal e histórico al que los astrólogos, poetas y cronistas de la corte omeya podrían recurrir para identificar los personajes representados en los sarcófagos y estatuas de Madīnat al-Zahrāʾ, y construir un discurso de legitimación, identidad y memoria que permitía manifestar y ensalzar "el esplendor de la monarquía (*bahjat al-mulk*) y la majestuosidad del poder (*fakhāmat al-sulṭān*)" de los califas omeyas.[36] Más allá de un simple elemento decorativo que inspiraría miedo, curiosidad o admiración, el pasado preislámico era un recurso narrativo y didáctico, plenamente funcional y en consonancia con el proyecto omeya, que evidenciaba el rango y alcance del poder de los califas omeyas.

1 Elices 2020a.
2 Di Branco 2009, 24.
3 Mottahedeh 1994, 23.
4 Berlekamp 2011, 24.
5 Mulder 2022, 7-18.
6 Elices 2021, 364-99.
7 Peña 2010.
8 Elices 2021, 78-80.
9 Ibn Ḥabīb 1991.
10 Manzano 2006, 363-469.
11 Ibn Ḥayyān 1979, 142; Ibn Ḥayyān 1981, 169.
12 Penelas 2001, Introducción, 33.
13 Penelas 2001, Introducción, 47-66.
14 Di Branco 2009, 112-43.
15 Elices 2021, 300-306.
16 Catalán 1975.
17 Gil, Moralejo y Ruiz de la Peña 1986, 153-88 y 223-63.
18 Elices 2021, 306-21.
19 Beltrán 1988-90, 110.
20 Vallejo 2010, 237.
21 Vallejo 2010, 237.
22 Vallejo 2010, 240.
23 Al-Maqqarī 1968, I: 566.
24 Al-Maqqarī 1968, I: 367, 392-93 y 566.
25 Ibn Ḥayyān 1979, 62; Al-Maqqarī 1968, III: 189.
26 Acién 1995, 189-90; Vallejo 2010, 262.
27 Ibn Ḥayyān 1965, 49 y 120, trad. en Ibn Ḥayyān 1967, 68 y 153.
28 Ibn ʿIḏārī 1948-51, III:14.
29 Elices 2022, 123.
30 Ibn ʿIḏārī 1948-51, III:14.
31 Ibn ʿIḏārī 1953, 158-59; Elices 2022, 131-32.
32 Beltrán 1993, 163; Beltrán 1999, 112 y 153; Vallejo 2010, 116.
33 Vallejo 2010, 116; Calvo 2014, 9; Elices 2021, 355.
34 Ibn ʿIḏārī 1948-51, II: 246-7; al-Maqqarī 1968, I: 526-27 y 568.
35 Vallejo 2010, 116 y 360.
36 Al-Maqqarī 1968, I: 367 y 392-93.

5.

Poetry, Translations, and the al-Ḥakam Library

Poesía, traducciones y biblioteca de al-Ḥakam

Teresa Garulo
Universidad Complutense de Madrid

Since the very beginnings of Arabic poetry in the fifth century CE—or at least since the time when orally preserved poems were first collected, and finally put down in writing, as well as analyzed and commented upon—it was evident that poetry had a function beyond the mere artistic pleasure or the need for self-expression. "Poetry is the source of the knowledge of the Arabs, the book of their wisdom, the record of their stories," declared Ibn Qutayba (d. 889/276 Hijri),[1] remembering its origins in a primarily oral society where poems played a significant role in preserving its values and traditions through their reenactment in every performance by the poet. During Ibn Qutayba's lifetime, Arab society had made the long transition from a primarily oral society to one that was able to make full use of the new technology of writing in order to contend with the rise of the Arab empire using the only tools provided by the agonistic lifestyle of pre-Islamic oral society. The genres of this orally composed poetry continued to hold their ritual functions within the context of civil wars—Muḥammad's succession and the uncertain legitimacy of the Umayyad caliphate—and conquest campaigns, when self-praise, praise of others, and satire were greatly needed. Those three subgenres are effectively the most common topics of oral poetry, and in the Arabic context they may appear as short poems, or within a more complicated poetic frame as the polythematic ode (*qaṣīda*), the embodiment of the highest artistic achievement before Islam. One of the last developments of this complex structure of poetic styles, namely the panegyric, or "praise," poem, was destined for long-lasting success from its inception in the Umayyad period (661–750/41–132 H.) when it became the vehicle for the expression of the ideology of Arab-Islamic rule.[2] As such it was adopted by all the following Islamic dynasties, and by other peoples in contact with them and cultivated until the twentieth century.[3]

In al-Andalus, the panegyric poem arrived with the first Umayyad emir, ʿAbd al-Raḥmān I (r. 756–88), an accomplished poet himself and interested in the widespread diffusion of the poems praising his family. During the rules of his successors, at least since al-Ḥakam I (r. 796–822), and ʿAbd al-Raḥmān II (r. 822–52), an office of court poets seems to have been established. These poets were indeed fundamental in transmitting the Umayyad claims to legitimacy, and this explains the place that Umayyad chroniclers accord to poets and panegyric and political poetry in their works, as well as to the occasions in which these poems were recited.

Desde las primeras manifestaciones de la poesía árabe en el siglo V e. c. —o al menos desde que los poemas preservados oralmente comenzaron a recopilarse y, luego, a ponerse por escrito, analizarse y comentarse (siglos VIII-X/II-IV H.)— resultó evidente que la función de la poesía iba más allá del mero placer artístico o la necesidad de autoexpresión. "La poesía es la fuente del conocimiento de los árabes, el libro de su sabiduría, el registro de sus historias", señalaba Ibn Qutayba (m. 889/276 H.)[1] al recordar sus orígenes en una sociedad de oralidad primaria, en la que los poemas tenían una relevante función en la preservación de sus valores y tradiciones, una función activada cada vez que el poeta recitaba su poema. Cuando Ibn Qutayba escribía estas palabras, la árabe ya no era una sociedad oral; en su larga transición a una sociedad capaz de hacer pleno uso de la nueva tecnología de la escritura, tuvo que enfrentarse al ascenso del imperio árabe con las únicas herramientas que proporcionaba el agonístico modo de vida de la sociedad oral preislámica. Los géneros de esa poesía compuesta oralmente continuaron manteniendo sus funciones rituales en un contexto de guerras civiles —la sucesión de Mahoma; la dudosa legitimidad del califato omeya— o campañas de conquista, cuando el autoelogio, el elogio de sus dirigentes y la sátira eran extremadamente necesarios: de hecho, éstos son efectivamente los géneros más comunes de la poesía oral. En la poesía árabe, estos temas pueden aparecer en forma de poemas breves, o dentro de un marco poético más complejo, la oda politemática (*qaṣī-da*), encarnación del mayor logro artístico antes del islam. Uno de los últimos desarrollos de esta compleja estructura poética, en concreto, el panegírico o poema "de elogio", estuvo destinado a tener un éxito muy duradero, desde la época del periodo omeya (661-750/41-132 H.), cuando se convirtió en el medio de expresar la ideología arabo-islámica del poder.[2] Como tal, fue adoptada por todas las dinastías islámicas que siguieron y por otros pueblos en contacto con ellas, y cultivada hasta el siglo XX.[3]

En al-Andalus, el poema panegírico llegó con el primer emir omeya, ʿAbd al-Raḥmān I (r. 756-88): él mismo era un buen poeta a quien le interesaba que los poemas de alabanza a su familia tuvieran una amplia difusión. Durante los gobiernos de sus sucesores, al menos desde al-Ḥakam I (r. 796-822) y ʿAbd al-Raḥmān II (r. 822-52), parece ya consolidado el oficio de poeta de la corte. Estos poetas fueron fundamentales para dar voz a las pretensiones de legitimidad de los omeyas, y eso explica el lugar que los cronistas dedican a los poetas y

The Cordoban historian Ibn Ḥayyān (d. 1076/469 H.), intermingles the names of many poets and quotes from their poems in his narrative of the political and military events of the Umayyad dynasty in al-Andalus, as found in the preserved volumes of his historical work, *al-Muqtabis*. His work thus provides researchers with invaluable information concerning Andalusian poets of the ninth and tenth centuries who would otherwise be nearly forgotten and whose poems would be lost. Ibn Ḥayyān's *al-Muqtabis* will be the Ariadne's thread in this essay.

His work shows that the number of poets increased in the Umayyad court with the passing of time: only four poets from al-Ḥakam I's court are mentioned in the *Muqtabis 2*: ʿAbbās b. Nāṣiḥ, ʿAbbās b. Firnās, Yaḥyā b. Ḥakam al-Ghazāl, and Ibrāhīm b. Sulaymān al-Shāmī; while, in the court of his son and successor, ʿAbd al-Raḥmān II, Ibn Ḥayyān not only quotes six court poets, but also includes poems by some of his companions—including the elegant poet ʿUbayd Allāh b. Qarlumān b. Badr al-Kalbī[4]—and by his astrologers,[5] some of whom were also poets, such as Ibn Shamir, Ibn Firnās, and the foul-mouthed Marwān b. Ghazwān, whose sexual orientation led him to write homoerotic poems about the young prince Muḥammad, successor of ʿAbd al-Raḥmān II, and contributed in part to his imprisonment. All of these poets contributed to the literary life of Córdoba, at a time that is considered one of the most intense periods of the eastern influence in al-Andalus. This period is also noted for competition between poets and newcomers, including the singer Ziryāb (d. 838/238 H., Córdoba) whose arrival to the Cordoban court aroused a vigorous contestation among some of the court poets.[6]

During the emirate of ʿAbd Allāh (r. 888–912/275–300 H.), Ibn Ḥayyān mentions nearly thirty poets.[7] This number is very significant, because during those years there were widespread revolts against the Cordoban emir, and as in later periods of political weakness in al-Andalus—such as the rulership of al-Manṣūr b. Abī ʿĀmir or the *taifa* kingdoms—poetry provided legitimacy to the current ruler. This could explain why there were so many poets at ʿAbd Allāh's court during his reign. Poems were also composed by the entourage of some of the political rebels. The poet as spokesman of his tribal or familial group remained an honored personage, and even emirs, governors, and other members of ruling families bragged about poets' eloquent diatribes against their enemies.[8] Again, historians such as Ibn Ḥayyān who quoted these poems alongside their narratives of

a la poesía en sus obras, en especial a los panegíricos y a los poemas políticos, así como a las ocasiones en que eran recitados.

El historiador cordobés Ibn Ḥayyān (m. 1076), en los volúmenes conservados de su obra histórica *al-Muqtabis*, menciona a muchos poetas y poemas a lo largo del relato de los acontecimientos políticos y militares de la dinastía omeya en al-Andalus. Esta preciosa información proporciona a los investigadores una considerable cantidad de datos sobre poetas de los siglos IX y X, hoy en día casi olvidados y cuyos poemas se han perdido. A partir de aquí, esta obra será el hilo conductor de este trabajo.

La obra de Ibn Ḥayyān muestra que el número de poetas de la corte omeya va aumentando con el paso del tiempo. En el *Muqtabis 2* solo se mencionan cuatro poetas de la corte de al-Ḥakam I (r. 796-822/180-206 H.): ʿAbbās b. Nāṣiḥ, ʿAbbās b. Firnās, Yaḥyā b. Ḥakam al-Ghazāl e Ibrāhīm b. Sulaymān al-Shāmī; mientras que, en la corte de su hijo y sucesor, ʿAbd al-Raḥmān II (r. 822-52/206-38 H.), Ibn Ḥayyān no solo cita los que considera los poetas de la corte, sino que también incluye poemas de algunos de sus contertulios —entre ellos, el elegante poeta ʿUbayd Allāh b. Qarlumān b. Badr al-Kalbī[4]— y de sus astrólogos,[5] algunos de los cuales eran también poetas, como Ibn Shamir, Ibn Firnās y el deslenguado Marwān b. Ghazwān, cuya orientación sexual le llevó a escribir poemas homoeróticos acerca del joven príncipe Muḥammad, el hijo y sucesor de ʿAbd al-Raḥmān II, que fueron una de las razones que lo llevaron a la cárcel. Todos estos poetas contribuyen a la vida literaria de Córdoba en una época que se considera uno de los periodos más intensos de la influencia oriental en al-Andalus. Este periodo también destaca por el enfrentamiento entre poetas andalusíes y recién llegados, entre ellos, el cantante Ziryāb (m. 852/238 H., Córdoba), cuya llegada a la corte cordobesa suscitó una fuerte oposición por parte de algunos de los poetas cortesanos.[6]

Durante el emirato de ʿAbd Allāh (r. 888-912/275-300 H.), Ibn Ḥayyān menciona casi treinta poetas.[7] Esta cifra refleja de forma muy elocuente el papel político de la poesía: durante esos años se produjeron revueltas generalizadas contra el emir cordobés, y al igual que en periodos posteriores de debilidad política en al-Andalus —por ejemplo, durante el gobierno de al-Manṣūr b. Abī ʿĀmir (Almanzor) o en los reinos de *taifas*— la legitimidad proporcionada por la poesía era muy apreciada. Esto permite explicar que hubiera tantos poetas en la corte de ʿAbd Allāh durante su reinado. También se componían

political events or battles clearly show the political role of Arabic poetry.

The list of the poets at the court of ʿAbd al-Raḥmān III (r. 912–61/300–50 H.), provided by Ibn Ḥayyān for the first thirty years of his reign,[9] is not very long. He only mentions the most remarkable, in his view: six poets from al-Andalus, one who came from Iraq, and another from North Africa. Their importance is unequal, at least regarding their works and the poems preserved in Arab sources.

Among these court poets, the most distinguished was Ibn ʿAbd Rabbih (Abū ʿUmar Aḥmad b. Muḥammad; 860–940/246–328 H.).[10] He began his career as a young court poet during the reign of Muḥammad (852–86/238–73 H.), and continued to write poems for subsequent rulers, but it was during the reign of ʿAbd al-Raḥmān III that he wrote his best poems—according to Ibn Ḥayyān. Interestingly, during the reign of ʿAbd Allāh, Ibn ʿAbd Rabbih also attended the court of the rebel Ibrāhīm b. Ḥajjāj of Seville, a great protector of poets and poetry. However, this apparent evidence of disloyalty does not seem to have affected his later career, as he continued writing his praise poems to the emir ʿAbd Allāh.

Ibn Ḥayyān's *Muqtabis* 5 quotes some eighteen panegyrics by Ibn ʿAbd Rabbih, although in most cases he includes only a few lines from each of these long texts.[11] These poems aim to celebrate ʿAbd al-Raḥmān III's campaigns, his victories over his enemies—in the first years of his reign, against the many rebels threatening Umayyad power—the arrival of delegations or embassies of former enemies or potential allies, or the recovery from illness. Other court poets would elaborate on these topics. Ibn ʿAbd Rabbih's *dīwān* (collection of poems) is lost, but many of his works appear in historical sources or in anthologies, and above all in his important work, *Al-ʿIqd*, which includes some 300 *qaṣīda-s* and lyric fragments edited by him.[12]

However, Ibn ʿAbd Rabbih owes his fame to a prose work: *Al-ʿIqd al-farīd* (The Unique Necklace),[13] an encyclopedia aiming to provide all the knowledge required for an educated person, in which the author loosely followed the most renowned Eastern authors, especially Ibn Qutayba (d. 889/276 H). This is the first literary prose work written in al-Andalus, and its originality lies in its highly programmatic introduction[14] and in the arrangement of its materials,[15] which is taken from the Arab-Eastern tradition of *adab*, and includes traditions of Persian, Indian, and Greek origins. Although each of its twenty five chapters is named after a gemstone, which is repeated in reverse

poemas en el entorno de algunos de los rebeldes antiomeyas. Como portavoz de su grupo tribal o familiar, el poeta era considerado una figura respetable, e incluso emires, gobernadores y otros miembros de las familias gobernantes se vanagloriaban de su elocuencia contra sus enemigos.[8] Y, de nuevo, los cronistas, como Ibn Ḥayyān, al citar sus poemas junto con los acontecimientos políticos o batallas, muestran con claridad el papel político de la poesía árabe.

La lista de poetas de la corte de ʿAbd al-Raḥmān III (r. 912-61/300-50 H.) durante los primeros treinta años de su reinado que ofrece Ibn Ḥayyān[9] es bastante breve. Solo menciona a quienes considera los más destacados: seis poetas de al-Andalus, uno procedente de Irak y otro del Norte de África. Su importancia es muy desigual, al menos en lo que se refiere a sus obras y a los poemas que se conservan en las fuentes árabes.

Entre estos poetas cortesanos, el más sobresaliente es el cordobés Ibn ʿAbd Rabbih (Abū ʿUmar Aḥmad b. Muḥammad; 860-940/246-328 H.).[10] Comenzó su carrera como poeta de la corte durante el reinado de Muḥammad I (852-86/238-73 H). Luego continuó escribiendo poemas para sus sucesores, pero —según Ibn Ḥayyān— fue en tiempos de ʿAbd al-Raḥmān III cuando escribió sus mejores poemas. Curiosamente, durante el reinado de ʿAbd Allāh, Ibn ʿAbd Rabbih también estuvo en la corte del rebelde Ibrāhīm b. Ḥajjāj (*Ḥaŷŷāŷ*) de Sevilla, un gran protector de la poesía y los poetas. Sin embargo, esta posible deslealtad no parece haber afectado su carrera posterior, ya que siguió escribiendo panegíricos alabando al emir ʿAbd Allāh.

En el *Muqtabis* 5, Ibn Ḥayyān cita unos dieciocho panegíricos de Ibn ʿAbd Rabbih, aunque, en la mayoría de los casos, solo incluye unos pocos versos de cada uno, pues eran demasiado largos.[11] Son poemas dedicados a celebrar las campañas de ʿAbd al-Raḥmān III, las victorias sobre sus enemigos —en los primeros años de su reinado, contra los numerosos rebeldes que amenazaban el poder omeya—, la llegada de delegaciones o embajadas de antiguos enemigos o posibles aliados, o la recuperación de una enfermedad. Son los temas que repiten los demás poetas cortesanos. El *dīwān* de Ibn ʿAbd Rabbih se ha perdido, pero, como muchos de sus poemas aparecen en fuentes históricas o en antologías, y sobre todo en su magna obra *Al-ʿIqd*, las ediciones modernas de sus poemas contienen alrededor de unas 300 casidas y fragmentos líricos del poeta.[12]

Ibn ʿAbd Rabbih debe su fama, sin embargo, a una obra en prosa: *Al-ʿIqd al-farīd* (El Collar Único),[13] una

order from chapter thirteen, thus suggesting a necklace with a central pearl, the contents follow a thematic hierarchy: from the most significant—rulers and power (chapter 1) and war (chapter 2)—to the most trivial—jokes and witticisms (chapter 25). Most of *Al-ʿIqd* is devoted to Arab eloquence, in all its manifestations, from forms of addressing kings to proverbs and ascetic speeches and poems as a means to learn eloquence. Chapter 19 is the oldest treatise on Arab metrics as al-Khalīl b. Aḥmad's (b. 791/175 H.) earlier treatise is lost. Chapters about the battle days of the Arabs (chapter 17)[16] or music (chapter 20),[17] are also among the oldest preserved Arabic works on both subjects. In chapter 15, on caliphs and their histories and battles, Ibn ʿAbd Rabbih includes his long *urjūza*—a poem composed in the *rajaz* meter (445 lines)—narrating the campaigns of ʿAbd al-Raḥmān III against his enemies, from 912 to 934 (300–322 H.).[18]

Another court poet of ʿAbd al-Raḥmān III was Abū ʿUthmān ʿUbayd Allāh b. Yaḥyā b. Idrīs, (d. 963/352 H.).[19] He belonged to an Arab family with loose familial connections to the Umayyads, and whose members were governors and viziers under different emirs. He had a similar career: he was appointed *ṣāḥib al-shurṭa al-wusṭā* (chief of policy, of second rank) in 940/329 H., and he is referred to as vizier in contemporaneous documents. The first preserved poem by ʿUbayd Allāh is a panegyric, composed in 909/297 H., congratulating the emir ʿAbd Allāh on his victory over Saʿīd b. Walīd b. Mustanna, one of the many rebels during his reign,[20] but the poet's role was more conspicuous during ʿAbd al-Raḥmān III's caliphate. In his *Muqtabis 5*, Ibn Ḥayyān collected nineteen fragments of ʿUbayd Allāh's poems that were too long for quoting them complete.[21] Almost all are excerpted from praise poems for the caliph delivered before his campaigns, in military parades, or after his victorious return to Córdoba, as well as at receptions of embassies or public executions of defeated enemies.[22] The only mention—but a significant one—of the new city of Madīnat al-Zahrāʾ in the preserved poems by ʿUbayd Allāh is a short fragment of five lines, in which he celebrates the caliph's recovery from a phlebotomy performed in Madīnat al-Zahrāʾ at an uncertain date.[23] During the caliphates of ʿAbd al-Raḥmān III and the first years of al-Ḥakam II's, ʿUbayd Allāh b. Idrīs probably composed poems to celebrate the caliph on the annual Islamic feasts, but ibn Ḥayyān quoted just one line of a poem that ʿUbayd Allāh recited in 921/309 H., during ʿĪd al-Aḍḥā (Feast of Sacrifice), when the crown prince was still a little child.[24]

enciclopedia destinada a ofrecer todos los conocimientos requeridos en una persona culta, en la que seguía, en términos generales, a los autores orientales más famosos, especialmente, a Ibn Qutayba (m. 889/276 H.). Se trata de la primera obra literaria en prosa escrita en al-Andalus, y su originalidad reside en su introducción, una inteligente declaración de principios,[14] y en la disposición de sus materiales[15], procedentes de la tradición árabe oriental del *adab*, que incluía también elementos de origen persa, indio y griego. Aunque cada uno de sus veinticinco capítulos lleva el nombre de una piedra preciosa, que se repite en orden inverso a partir del capítulo trece, sugiriendo así un collar con una perla central, el contenido se estructura siguiendo una jerarquía temática: desde los más relevantes —gobernantes y poder (capítulo 1), y guerra (capítulo 2), hasta los más frívolos, chistes y ocurrencias (capítulo 25). La mayor parte de *Al-ʿIqd* se dedica a la elocuencia árabe en todas sus manifestaciones, desde maneras de dirigirse a los reyes hasta proverbios y discursos ascéticos, o poemas como medio para aprender elocuencia y poesía. El capítulo 19 es el tratado más antiguo sobre la métrica árabe, ya que el tratado anterior de al-Khalīl b. Aḥmad (m. 791/175 H.), fundador de esta disciplina, se ha perdido. Los capítulos sobre los relatos de las batallas de los árabes (capítulo 17)[16] o sobre música (capítulo 20),[17] también se cuentan entre las obras árabes más antiguas sobre estos temas que sobreviven en la actualidad. En el capítulo 15, que trata sobre los califas, sus historias y batallas, Ibn ʿAbd Rabbihi incluye su extensa urjūza (*urŷūza*)—un poema compuesto en metro *rajaz* (445 versos)—, en el que narra las campañas de ʿAbd al-Raḥmān III contra sus enemigos desde 912 hasta 934 (300-322 H.).[18]

Otro poeta de la corte de ʿAbd al-Raḥmān III es Abū ʿUthmān ʿUbayd Allāh b. Yaḥyā b. Idrīs, (m. 963/352 H.).[19] Pertenecía a una familia árabe con vínculos lejanos con los omeyas, y cuyos miembros fueron gobernadores y visires a las órdenes de diferentes emires. Tuvo una carrera similar: fue nombrado *ṣāḥib al-shurṭa al-wusṭā* (jefe de policía, de segundo rango) en 940/329 H., y también se le llama visir. El primer poema conservado de ʿUbayd Allāh b. Yaḥyā b. Idrīs es un panegírico, compuesto en 909/297 H., en el que felicita al emir ʿAbd Allāh por su victoria sobre Saʿīd b. Walīd b. Mustanna, uno de tantos rebeldes durante su reinado,[20] pero el papel del poeta fue más notorio durante el califato de ʿAbd al-Raḥmān III. En su *Muqtabis 5*, Ibn Ḥayyān recoge diecinueve poemas, o más bien fragmentos de sus poemas, demasiado largos

One of the most eminent personalities during al-Ḥakam II's reign was Jaʿfar b. ʿUthmān al-Muṣḥafī (d. 983/372 H.),[25] a poet and the caliph's vizier and *ḥājib*. (chamberlain). Al-Muṣḥafī had an active and intense political life during the caliphate of ʿAbd al-Raḥmān III as he was appointed secretary of the heir apparent. From this time onward, al-Muṣḥafī enjoyed the confidence and friendship of al-Ḥakam II. He was alone in the caliph's company when al-Ḥakam II was informed of his son Hishām's birth, at which time the poet improvised some verses of congratulation.[26] Al-Muṣḥafī was also the first of the courtiers received in audience by al-Ḥakam II after his recovery from illness in January 975/364 H.[27] In *Muqtabis* 5, Ibn Ḥayyān quoted lines from five of his poems praising Abd al-Raḥmān III, mostly for the caliph's military campaigns against Osma and Zaragoza in 934/322 H. and 935/323 H.[28] Portions of al-Muṣḥafī's elegy mourning ʿAbd al-Raḥmān III in 961/350 H. is collected in works by Ibn al-Abbār and Ibn ʿIdhārī.[29] However political jealousy and al-Muṣḥafī's personal ambition would eventually lead to his downfall at the hands of his rival Muhammad b. Abī ʿĀmir, later known as al-Manṣūr.[30]

Other Umayyad poets of the caliphal period are considered less important based on their preserved poems. However, two are particularly interesting because they were immigrants who came to al-Andalus during these years: Ṭāhir b. Muḥammad, known as al-Muhannad al-Baghdādī (936–1009/325–90 H.),[31] and Muḥammad b. Ḥusayn al-Ṭubnī al-Ifrīqī (912–1004/300–94 H.).[32] Both poets arrived to Córdoba after 942—al-Muhannad in 951/340 H. Although their early poems are lost, both were present at the receptions in Madīnat al-Zahrāʾ celebrating of the annual religious feasts, described in *Muqtabis 7*: Ṭāhir b. Muḥammad al-Baghdādī, alias al-Muhannad, during *ʿĪd al-Fiṭr* of the years 971, 973, and 974 (360, 362, and 363 H.)[33] and al-Ṭubnī during *ʿĪd al-Fiṭr* in 972 and *ʿĪd al-Aḍḥā* in 971 and 972 (361 and 362 H.).[34] They both lived through to the reign of al-Manṣūr b. Abī ʿĀmir (978–1002), and appeared among the poets accompanying the *ḥājib* in the caliph's campaign against Barcelona in 985/375 H.[35]

Among the poets working at the court of caliph al-Ḥakam II who are mentioned by Ibn Ḥayyān, the most conspicuous is Ibn Shukhayṣ (d. before 1009/400 H.): eight of his poems, most of them very long, were recited at solemn receptions and commemorations of Islamic festivities that were held in the main reception hall of the palace in Madīnat al-Zahrāʾ.[36] Along with al-Ṭubnī and

para citarlos completos.[21] Casi todos están tomados de poemas en elogio del califa recitados antes de sus campañas, en las paradas militares previas, o tras su regreso victorioso a Córdoba, así como en recepciones de embajadas o ejecuciones públicas de enemigos vencidos.[22] La única, aunque interesante, alusión a la nueva ciudad de Madīnat al-Zahrāʾ, a propósito de los poemas conservados de ʿUbayd Allāh b. Idrīs, es un breve fragmento de cinco versos, compuesto en fecha incierta, en el que celebra la recuperación del califa tras una sangría, que el historiador introduce diciendo que fue la primera flebotomía que se realizó en Madīnat al-Zahrāʾ.[23] Como poeta cortesano, durante los califatos de ʿAbd al-Raḥmān III y los primeros años de al-Ḥakam II, ʿUbayd Allāh b. Idrīs también debió de componer poemas para celebrar al califa en las fiestas islámicas anuales, pero Ibn Ḥayyān sólo menciona un verso de un poema que ʿUbayd Allāh recitó en 921/309 H., durante el ʿĪd al-Aḍḥā (Fiesta del Sacrificio), cuando el príncipe heredero era aún un niño pequeño.[24]

Una de las personalidades más ilustres durante el reinado de al-Ḥakam II fue Jaʿfar b. ʿUthmān al-Muṣḥafī (m. 983/372 H.),[25] visir y *ḥājib* (chambelán) del califa y también un buen poeta. Al-Muṣḥafī tuvo una vida política activa e intensa desde la época del califato de ʿAbd al-Raḥmān III, cuando fue nombrado secretario del príncipe heredero. A partir de este momento, al-Muṣḥafī gozó de la confianza y la amistad de al-Ḥakam II. Se encontraba solo en compañía de este califa cuando a al-Ḥakam II le informaron que su hijo Hishām había nacido, momento en el que el poeta improvisa unos versos para felicitarlo.[26] Al-Muṣḥafī también fue el primero de los cortesanos recibidos en audiencia por al-Ḥakam II tras recuperarse de su enfermedad en enero de 975/364 H.[27] Aunque es una figura omnipresente en Muqtabis 7, no aparecen versos suyos en esta obra. Ibn Ḥayyān solo recoge versos suyos en *Muqtabis* 5, donde cita algunas líneas de cinco de los poemas en los que alababa a Abd al-Raḥmān III, con motivo de las campañas militares del califa contra Osma y Zaragoza en 934/322 H. y 935/323 H.[28] Algunas obras de Ibn al-Abbār e Ibn ʿIdhārī recogen partes de la elegía que al-Muṣḥafī compuso a la muerte de ʿAbd al-Raḥmān III, en 961/350 H.[29] Al principio del califato de Hishām II, los celos políticos y la ambición personal de Muḥammad b. Abī ʿĀmir al-Manṣūr provocaron la caída de al-Muṣḥafī tras varios años de prisión y torturas.[30]

Otros poetas omeyas del periodo califal parecen menos importantes por la escasez de los poemas que se conservan. Dos de ellos despiertan el interés por ser

al-Muhannad, Ibn Shukhayṣ is mentioned among those who accompanied al-Manṣūr in the campaign against Barcelona in 985/375 H. One of the twelve poems of Ibn Shukhayṣ included in Ibn al-Kattānī's *Kitāb al-tashbīhāt*,[38] is a description of Madīnat al-Zahrā', probably a fragment of a praise poem dedicated to ʿAbd al-Raḥmān III or al-Ḥakam II. The poem's most relevant lines read:

> These are the palaces of the Commander of the
> Faithful,
> that, although they are the last built in the World,
> belittled the Earlier ones,
> in the same way that the sun is greater in power
> than all the stars,
> although the Saturn's orbit is higher.
> The palace of al-Zahrā' shines showing the
> influence
> of a ruler unique in his power: nobody is like him
> and nobody can be a model for him;
> indeed, its perfection frustrates any endeavor to
> describe it,
> so they are alike word or silence, conciseness or
> loquacity;
> its superiority over all the buildings on the earth
> is like the precedence of its builder's dynasty over
> any other power.
> The bows of its arcades can be compared with the
> crescent moon,
> save that they don't have the blemish of the setting. . .

Ibn al-Kattānī[38] introduced another poem, composed by Yaḥyā ibn Hudhayl al-Tamīmī (917–99/305–89 H.), as a description of al-Zahrā'.[39] The five-line fragment imagines the arcades, pillars, palm trees in the wind, and fruits of the palatial complex as birds, maidens, intoxicated fellows, and lovers. Ibn Hudhayl was highly praised for his images and comparisons; indeed, he is the poet most frequently quoted in Ibn al-Kattānī's anthology of similes, most of them selected from his longest panegyric poems. In Ibn Ḥayyān's *Muqtabis 7*, only one poem by Ibn Hudhayl is quoted,[40] describing the general joy for al-Ḥakam II's recovery after an illness forced him to return to the palace of Córdoba at the end of 975/364 H., where he died a year and a half later. Ibn Hudhayl's contribution in this genre is not unique: the caliph's health and illness elicited many poems, but most of them were composed by some of the civil servants of the court. Al-Andalus was a society where poetry played an important political role, and

forasteros que emigraron a al-Andalus durante estos años: Ṭāhir b. Muḥammad, conocido por al-Muhannad al-Baghdādī (936–1009/325–90 H.),[31] y Muḥammad b. Ḥusayn al-Ṭubnī al-Ifrīqī (912-1004/300-94 H.).[32] Ambos llegaron a Córdoba después del año 942/332 H. (al-Muhannad, en 951/340 H.). Aunque sus primeros poemas se han perdido, ambos recitan sus poemas durante las celebraciones de las fiestas religiosas anuales en Madīnat al-Zahrā' descritas en el *Muqtabis 7*: Ṭāhir b. Muḥammad al-Baghdādī, en las del *ʿĪd al-Fiṭr* de los años 971, 973 y 974 (360, 362 y 363 H.),[33] y al-Ṭubnī en las del *ʿĪd al-Fiṭr* en 972 y el *ʿĪd al-Aḍḥā* en 971 y 972 (361 y 362 H.).[34] Ambos vivieron muchos años y alcanzaron el gobierno de al-Manṣūr b. Abī ʿĀmir (r. 978-1002); se les menciona entre los poetas que acompañan al *ḥāŷib* en su campaña contra Barcelona en 985/375 H.[35]

Entre los poetas de la corte del califa al-Ḥakam II que menciona Ibn Ḥayyān, el más sobresaliente es Ibn Shukhayṣ (*Šujayṣ*) (m. antes de 1009/400 H.): ocho de sus poemas, la mayoría de gran extensión, se recitaron en las audiencias solemnes y conmemoraciones de festividades islámicas que se celebraban en el salón de recepciones del palacio de Madīnat al-Zahrā'.[36] Ibn Shukhayṣ es un poeta algo menos serio de lo que estos panegíricos podrían sugerir, pero quizá esta evolución hacia lo burlesco es un desarrollo tardío en su carrera, ya bajo el gobierno de al-Manṣūr b. Abī ʿĀmir. Junto con al-Ṭubnī y al-Muhannad, se menciona a Ibn Shukhayṣ entre quienes acompañaron a al-Manṣūr en la campaña contra Barcelona en 985/375 H. Uno de los doce poemas de Ibn Shukhayṣ incluidos en el *Kitāb al-tashbīhāt* de Ibn al-Kattānī [37] es una descripción de Madīnat al-Zahrā', probablemente, fragmento de un panegírico que alababa a ʿAbd al-Raḥmān III o al-Ḥakam II, cuyos versos más relevantes dicen:

> Estos son los palacios del Príncipe de los Creyentes,
> que, aunque son los últimos construidos en el
> mundo,
> empequeñecen a los más antiguos,
> igual que el sol tiene más poder que todas las
> estrellas,
> aunque sea más alta la órbita de Saturno.
> El palacio de al-Zahrā' brilla mostrando la huella
> de un gobernante
> único en su poder: ningún otro se le parece
> y nadie puede servirle de modelo.
> Su perfección frustra cualquier intento de
> describirla,

where mastery of the Arabic language was an essential prerequisite for those who wished to rise to the highest positions in the management of public affairs. Thus, it is easy to understand that the men at the service of the state, even the rulers, could be good poets, or that poets could also be viziers or rulers.[41] This was a remarkable aspect in al-Andalus's (literary) history over the centuries.

TRANSLATIONS: AL-ḤAKAM II'S LIBRARY

Al-Ḥakam II's reign was the culmination of a long period of assimilation in al-Andalus of the literary, technical, and scientific innovations first produced in the East. While the Islamic sciences (jurisprudence, *ḥadīth* [traditions], etc.), grammar, poetry, and *adab* required only expertise in Arabic, the sciences of the ancients (*ʿulūm / taʿālīm al-awāʾil*)[42]—those inherited from foreign cultures such as India, Persia, and Greece—exact and natural sciences, mechanical engineering, medicine, and philosophy, all required knowledge of other languages to enable translations into Arabic. The history of translation from Iranian to Arabic, and from Greek to Syriac to Arabic, is well known.[43] From the eighth century, the translation of scientific texts had been an enterprise supported by caliphs, minor rulers, and sometimes enlightened private individuals who were moved by a universal curiosity to learn from other peoples and civilizations. The *Bayt al-Ḥikma*, supposedly established in Baghdad by the ʿAbbāsid caliph al-Maʾmūn (r. 813–33/198–218 H.),[44] is a cogent image of this intellectual movement.

In al-Andalus, the Umayyad rulers, in their desire to match their ʿAbbāsid enemies, even in intellectual fields, soon encouraged travel to the East in search of knowledge, so that, since ʿAbd al-Raḥmān II, these eastern sojourns became valuable assets frequently highlighted in the scholars' biographies;[45] due to those journeys, information about books and their transmission became more and more frequent, along with references to libraries and bibliophiles.[46] Some translations into Arabic were also made in al-Andalus during the tenth century. The case of *De Materia Medica* by the Greek physician Dioscorides (d. 90 CE) is an excellent example of how this translation movement operated.[47] The five-volume work of classical pharmacopeia was translated in Baghdad during the caliphate of al-Mutawakkil (r. 847–61/232–47 H.), and revised by Ḥunayn b. Isḥāq (d. 873/260 H.). A Greek manuscript of *De Materia Medica* was sent to the caliph ʿAbd al-Raḥmān III with a Byzantine embassy from

de tal forma que hablar o guardar silencio,
ser conciso o ser locuaz, son equivalentes.
Es superior a todos los edificios de la tierra
como lo es la dinastía de su constructor
sobre cualquier otro poder.
La curva de sus arcos se parece a la luna creciente,
salvo que ellos no sufren sus fases menguantes.

Ibn al-Kattānī[38] incluye otro poema con una descripción de al-Zahrāʾ compuesto por Yaḥyā ibn Hudhayl al-Tamīmī (917-99/305-89 H).[39] Es un fragmento de solo cinco líneas en el que arcadas, pilares, palmeras al viento y frutos son representados como pájaros, doncellas, contertulios ebrios y amantes. Ibn Hudhayl fue muy elogiado por sus imágenes y comparaciones; de hecho, es el poeta más citado en la antología de símiles de Ibn al-Kattānī, con ciento doce poemas, la mayoría, fragmentos de panegíricos más largos. En el *Muqtabis* 7 de Ibn Ḥayyān, solo se cita un poema de Ibn Hudhayl,[40] que describe la alegría general por la recuperación de al-Ḥakam II tras la enfermedad que finalmente le obligó a regresar al palacio de Córdoba a finales de mayo de 975/364 H., donde murió un año y medio después. El suyo no fue el único poema de este género en las páginas finales del *Muqtabis* 7: la salud y la enfermedad del califa suscitaron muchos poemas, pero la mayoría fueron compuestos por algunos de los funcionarios de la corte. En una sociedad, en la que la poesía tenía una función política tan importante, y en la que el dominio de la lengua árabe era un requisito indispensable para ascender a los puestos más altos en la gestión de los asuntos públicos, es fácil comprender que los hombres al servicio del Estado, incluso los gobernantes, pudieran ser buenos poetas, o que los poetas también pudieran ser visires o gobernantes.[41] Esta es una característica de la historia (literaria) de al-Andalus a lo largo de los siglos.

TRADUCCIONES. LA BIBLIOTECA DE AL-ḤAKAM II

El reinado de Al-Ḥakam II representa en al-Andalus la culminación de un largo periodo de asimilación de las innovaciones literarias, técnicas y científicas producidas en Oriente. Pero, mientras que las ciencias islámicas (jurisprudencia, *ḥadīth* [tradiciones], etc.), la gramática, la poesía y el *adab* solo requerían conocimientos de árabe, las ciencias de los Antiguos (*ʿulūm / taʿālīm al-awāʾil*)[42] —es decir, las heredadas de culturas extranjeras, como la India, Persia o Grecia—, las ciencias exactas y naturales, la

Constantinople and a revision of the Arab version was deemed necessary in order to explain parts of the botanical terminology that had not been previously translated. The physician Ibn Juljul (b. Córdoba 943/332 H., d. after 994/384 H.),[48] who in 982/372 H. wrote a *Tafsīr asmā' al-adwiya al-mufrada min kitāb Dioskorides*, an explanation of the names found in the book, was probably a member of the team charged with the task, led by the Jewish physician Ḥasdāy ibn Shaprūṭ and Nicola, a monk sent by the Byzantine emperor to collaborate on the translation. From then on, their interest, linguistic as well as scientific, made it customary in the Andalusian treatises of pharmacology and botany to identify the plants by their names in Greek, Latin, classic and Andalusi Arabic, vernacular Romance (Mozarabic), and Berber.

Other evidence of the intellectual curiosity of the Cordoban elites during the apogee of the Umayyad caliphate included the translation from Latin into Arabic of *Historiae adversus paganos* of Orosius—the *Kitāb Hurūshiyūsh*, made in al-Andalus, some years before 948/337 H., by Ḥafṣ b. Albar[49] and revised by Qāsim b. Aṣbag.[50] Ḥafṣ b. Albar was the author of an Arabic translation of the Psalter, composed in the *rajaz* meter, written at the end of the ninth century, the first extant work of the Christian Arabs of al-Andalus.

The patronage of sciences, in general, by the Umayyad rulers, and the missions they underwrote in search of books promoted by them, allowed the creation of libraries in Córdoba, designed primarily for the use of their sponsors.[51] Naturally, the most important and best equipped was the palace library, which is already mentioned in the reign of emir Muḥammad.[52] Under al-Ḥakam II, this royal library[53] became an eloquent image of the cultural achievements of al-Andalus in the face of its political contenders for legitimacy, above all the ʿAbbāsids in the East, and the Fāṭimids in North Africa. As a center of cultural activities through which new works, whether local or foreign in origin, could be made available, generous provisions were made for copyists, people to check the accuracy of copies, and binders. It was not a private library—like that of Ibn Fuṭays—but a great state institution that served the Umayyads's political purposes, among them "to distance themselves from Baghdad and to compete with it as the centre of their own world."[54]

Al-Ḥakam II was effectively a scholar, as depicted by Ibn al-Abbār (d. 1260/658 H.),[55] and, during the years of the long caliphate of his father, ʿAbd al-Raḥmān III, he

ingeniería mecánica, la medicina y la filosofía, requerían el conocimiento de otras lenguas para poder traducirlas al árabe. La historia de la traducción del persa al árabe y del griego al siríaco y al árabe es bien conocida.[43] Desde el siglo VIII, la traducción había sido una empresa que recibía el apoyo de califas, gobernantes locales, y, a veces, particulares ilustrados, movidos por una curiosidad universal de aprender de otros pueblos y civilizaciones. El *Bayt al-Ḥikma* (Casa de la sabiduría)—supuestamente establecido en Baghdad por el califa ʿabbāsí al-Ma'mūn (r. 813-833/198-218 H.)—[44] es una atractiva imagen de este movimiento intelectual.

En su deseo por igualarse con sus enemigos ʿabbāsíes, incluso en el campo intelectual, los gobernantes omeyas de al-Andalus pronto fomentaron los viajes a Oriente en busca del conocimiento, de modo que, desde la época ʿAbd al-Rahman II, estas visitas a los centros del saber se convirtieron en un mérito, frecuentemente destacado en las biografías de los ulemas.[45] Con ellos, la información sobre libros y su transmisión fue cada vez más frecuente, igual que las referencias a bibliotecas y bibliófilos.[46] En el caso de las traducciones al árabe, algunas de ellas se hicieron en al-Andalus durante el siglo X. El caso de *De Materia Medica* del médico griego Discórides (m. 90 e. c.) es un excelente ejemplo de cómo funcionaba el movimiento de la traducción.[47] Esta obra de farmacopea clásica, en cinco volúmenes, había sido traducida, y revisada por Ḥunayn b. Isḥāq (m. 873/260 H.), en Bagdad durante el califato de al-Mutawakkil (r. 847-861/232-247 H.). En 948, un manuscrito griego de *De Materia Medica* le fue enviado al califa ʿAbd al-Raḥmān III desde Constantinopla, sugiriendo la necesidad de una nueva revisión de la versión árabe con objeto de explicar parte de la terminología botánica que no había sido traducida por el primer traductor. El médico Ibn Juljul (Ŷulŷul) (n. Córdoba 943/332 H., m. después de 994/384 H.),[48] que escribió en 982/372 H. un *Tafsīr asmā' al-adwiya al-mufrada min kitāb Dioskorides*, una explicación de la terminología botánica en el libro, fue probablemente un miembro del equipo encargado de la tarea, que estuvo liderado por el médico judío Ḥasdāy ibn Shaprut y Nicola, un monje enviado por el emperador bizantino para colaborar en la traducción. A partir de entonces, su interés, tanto lingüístico como científico, hizo que, en los tratados andalusíes de farmacología y botánica, fuera habitual identificar las plantas por sus nombres en griego, latín, árabe clásico y andalusí, romance (mozárabe) y bereber.

Otra prueba de la curiosidad intelectual de las élites cordobesas durante los años de apogeo del califato omeya

had enough occasions to indulge himself in his favorite pursuit. This was perhaps encouraged by al-Raḥmān III himself. According to Arab authors the caliphal library contained 400,000 books (*mujallad*),[56] a number so enormous that it has been questioned by scholars including Wasserstein. The library's catalog was also very large: the eunuch in charge of the library, Talīd, told Ibn Ḥazm that it consisted of forty-four booklets of twenty pages each, although these included only the titles of the *dawāwīn* collected there.[57]

Al-Ḥakam II was an eager purchaser of books, ready to spend generous amounts of money for them: in one instance he paid 1,000 dinars of gold for the first copy of the *Kitāb al-Aghānī* by Abū l-Faraj al-Iṣbahānī (897–967/284–356 H.). The caliph also commissioned authors to write his personal interests, and, as an attentive reader, he frequently wrote comments on the manuscripts he read.[58] His interests were vast: from linguistics to poetry,[59] to history and legal treatises, to *ḥadīth*, and the sciences of the ancients. Books on these topics were all included in the library's collection, along with the translations noted above, as well as a translation into Arabic of a summary of the Talmud.[60]

Al-Ḥakam II's library did not outlive the first years of the civil war, when the books were removed from the palace and sold by one of the clients of al-Manṣūr b. Abī ʿĀmir; when the Berbers besieged and sacked Córdoba, they also plundered the library.[62] Previously, Ibn Abī ʿĀmir had purged from it the books on philosophy and non-Islamic sciences in order to ensure the support of the Mālikī *fuqaha* for his rule.

1 Ibn Qutayba 1925, 2: 185.
2 Stetkevych 1997/ 2002.
3 See Sperl and Shackle 1996, with examples from Arabic, Persian, Turkish, Kurdish, Pashto, Urdu, Panjabi, Sindhi, Malay, Indonesian, Swahili, Fulfulde, Hausa, and Hebrew.
4 Ibn Ḥayyān, *Muqtabis* 2, fols. 154v-158r.
5 Ibn Ḥayyān, *Muqtabis* 2. 168v-173r.
6 Ziryāb greatly influenced not only the music of al-Andalus, but also fashion, cooking, and table manners practiced in the Cordoban court. See Ziryāb's biography in Ibn Ḥayyān *Muqtabis* 2, fols. 147v–154v. See commentary on Ziryāb's role in al-Andalus, after Ibn Ḥayyān's *Muqtabis* 2-1, in Reynolds 2008, 155–168, who edited and translated this passage.
7 Ibn Ḥayyān 1937, 41–50.
8 See for instance Ibn al-Abbār 1963 on rulers who wrote poetry.
9 Ibn Ḥayyān, *Muqtabis* 5, fols. 25–31.

fue la traducción del latín al árabe de *Historiae adversus paganos*, de Orosius, el llamado *Kitāb Hurūshiyūsh*, realizada en al-Andalus, algunos años antes de 948/337 H., por Ḥafṣ b. Albar[49], y revisada por Qāsim b. Aṣbag.[50] Ḥafṣ b. Albar fue también el autor de una traducción al árabe del Salterio, compuesta en metro *rajaz*, escrita a finales del siglo IX, la primera obra conservada de los cristianos de al-Andalus.

El mecenazgo de las ciencias, en general, por parte de los gobernantes omeyas y las misiones enviadas en busca de libros promovidas por ellos permitieron la creación de bibliotecas en Córdoba, destinadas principalmente al uso de sus patrocinadores.[51] Naturalmente, la más importante y mejor equipada era la biblioteca de palacio, que ya se menciona en el reinado del emir Muḥammad I.[52] Bajo el califa al-Ḥakam II, esta biblioteca real[53] se convirtió en una imagen elocuente de los logros culturales de al-Andalus frente a sus contendientes políticos por la legitimidad; sobre todo, ante los ʿabbāsíes en Oriente y los fatimíes del Norte de África. Como centro de actividades culturales, a través del cual se podían difundir nuevas obras, ya fueran de origen local o extranjero, se proveían generosamente las necesidades de la biblioteca en cuanto a copistas y personas encargadas de comprobar la exactitud de las copias, así como encuadernadores. No se trataba de una biblioteca privada —como, por ejemplo, la de Ibn Futays—, sino de una gran institución estatal que servía a los fines políticos de los omeyas, entre ellos, "distanciarse de Bagdad y competir con ella como centro de su propio mundo".[54]

Al-Ḥakam II era, efectivamente, un erudito, tal y como lo describe Ibn al-Abbār (m. 1260/658 H.),[55] y, durante los años del largo califato de su padre tuvo suficientes ocasiones para entregarse a su ocupación favorita, tal vez alentado por el propio Abd al-Rahman III. Según los autores árabes, la biblioteca califal contenía 400 000 libros (*mujallad*),[56] una cantidad tan grande que ha sido cuestionada por autores como D. Wasserstein. Efectivamente, el catálogo de la biblioteca era muy extenso. Ibn Ḥazm, según la información transmitida por Talīd, el encargado de la biblioteca, afirma que constaba de cuarenta y cuatro cuadernillos de veinte páginas cada uno, aunque estos solo incluían los títulos de los *dawāwīn* allí reunidos.[57]

Al-Ḥakam II era un insaciable comprador de libros, dispuesto a gastar grandes sumas por obras recientemente aparecidas: por ejemplo, pagó 1000 dinares de oro por el primer ejemplar del *Kitāb al-Aghānī* de Abū

10 Hamori 2017, 121–123; Arié 1995, 1: 65–72.
11 The only exceptions are *Muqtabis* 5, fols. 85–86 (conquest of Niebla), with a poem of twenty-one lines; and *Muqtabis* 5, fol. 36 (campaign of Monteleón), and *Muqtabis* 5, fol. 90 (conquest of Carmona), in the latter two poems Ībn Ḥayyān quoted ten lines of each. The poem in *Muqtabis* 5, fol. 38 (basīṭ, rhyme -*ājā*), with only two lines, has seventeen in *Una crónica anónima de ʿAbd al-Raḥmān III al-Nāṣir* 1950, 39/102, which is the version collected in Ibn ʿAbd Rabbih's *Dīwān* (al-Dāya, 1987, 48–50 [no. 42]).
12 Other editions of Ibn ʿAbd Rabbih's poems: Ben Tāwīt, 1978; al-Tunjī 1993.
13 English translation since 2006: Ibn ʿAbd Rabbih (2006) Reading: Garnet.
14 For an interesting reflection on the derogatory remark of al-Ṣāḥib ibn ʿAbbād, when he received the *ʿIqd*, see Wasserstein 1990–91, 102a.
15 For extensive comments on both issues, see Toral-Niehoff 2015. On Ibn ʿAbd Rabbih's originality, see Hamori 2017.
16 See the Spanish translation in Ramírez del Río 2002.
17 Selections from this chapter appear in Farmer 1997.
18 Monroe 1971; 1974, 74–129.
19 Lirola Delgado 2004.
20 Ibn Ḥayyān 1937, 165–166.
21 For other poems or fragments of ʿUbayd Allāh see al-Ḥumaydī 1966, 269 (no. 582) (one fragment); and Ibn al-Kattānī 1966 (thirteen fragments).
22 See Ibn Ḥayyān 1979, *index*.
23 Ibn Ḥayyān, *Muqtabis* 5, fol. 28.
24 For descriptions of the Feast of Sacrifice in 974 see Ibn Ḥayyān 1965, 184; 2006, 142–143; 1967, 223.
25 Martín Castellanos 2009, 576-589 (n.1569).
26 Ibn al-Abbār 1985, 1: 264-265; Ibn ʿIdhārī 2013, 2: 222.
27 Ibn Ḥayyān 1965, 54–56; 2006, 37–39; 1967, 72–74.
28 Ibn Ḥayyān, *Muqtabis* 5, fols. 30–31.
29 Found in Ibn al-Abbār 1985, 1: 264—a biography of al-Muṣḥafī (no. 100); also, Ibn ʿIdhārī 2013, 2: 216.
30 On al-Muṣḥafī's trial under Muḥammad b. Abī ʿĀmir, see Bariani 2003, chapter 7.
31 Ibn al-Faraḍī 1989, 361 (no. 620). For his poetic exchange with poetess Maryam bint Abī Yaʿqūb, see Garulo 1986, 101–103.
32 Navarro i Ortiz 2012, 480 (no. 1784).
33 Ibn Ḥayyān 1965, 31, 120–121, 156–158; 2006, 20–21, 91–92, 119–120; 1967, 53, 153–154, 198–199. See the comment, translation, and edition of the last poem in Stetkevych 2002, 241–256.
34 Ibn Ḥayyān, 1965, 82–84, 60, 94–95; 2006, 59–62, 42, 70; 1967, 106–107, 82, 118–119, respectively.
35 Ibn al-Jaṭīb 1975, 2: 106–107.
36 Al-Ḥumaydī 1966, 91 (no. 144); and Garulo 2023. The panegyric odes by Ibn Shukhayṣ suggest that his themes were

l-Faraj al-Iṣbahānī (897-967/284-356 H.). También protegía a algunos autores que escribían, a veces a petición suya, sobre temas de su interés personal y, como atento lector, solía escribir sus comentarios en los manuscritos que leía.[58] Sus intereses eran amplios: desde lingüística y poesía,[59] hasta historia, tratados jurídicos, *ḥadīth* y ciencias de los Antiguos. Todos ellos formaban parte de los fondos de la biblioteca, al igual que las traducciones mencionadas anteriormente, además de una traducción al árabe de un resumen del Talmud.[60]

La biblioteca de al-Ḥakam II no sobrevivió a los primeros años de la guerra civil, cuando uno de los clientes de al-Manṣūr b. Abī ʿĀmir se llevó los libros y los vendió. Cuando los bereberes asediaron y saquearon Córdoba, también expoliaron la biblioteca.[61] Ya antes, Ibn Abī ʿĀmir había hecho quemar los libros de filosofía y ciencias no islámicas que contenía para asegurarse el apoyo de los alfaquíes mālikíes a su gobierno.

1 Ibn Qutayba 1925, 2: 185.
2 Stetkevych 1997 y 2002.
3 Sperl y Shackle 1996, con poemas en árabe, persa, turco, kurdo, pastún, urdu, punyabi, sindi, malayo, indonesio, suajili, fula, hausa y hebreo.
4 Ibn Ḥayyān, *Muqtabis* 2, fol. 154v-158r.
5 Ibn Ḥayyān, *Muqtabis* 2. 168v-173r.
6 Ziryāb no solo tuvo una gran influencia en la música de al-Andalus, sino también en la moda, la cocina y los modales en la mesa de la corte cordobesa. Véase la biografía de Ziryāb en Ibn Ḥayyān *Muqtabis* 2, fol. 147v–154v; un nuevo comentario sobre el papel de Ziryāb en al-Andalus, según el *Muqtabis* 2-1, en Reynolds 2008, 155-168, que edita y traduce el pasaje.
7 Ibn Ḥayyān 1937, 41-50.
8 Véase, por ejemplo, Ibn al-Abbār 1963, una obra acerca de gobernantes que escribieron poesía.
9 Ibn Ḥayyān, *Muqtabis* 5, fol. 25-31.
10 Hamori 2017, 121-123; Arié 1995, 1: 65-72.
11 Las únicas excepciones son *Muqtabis* 5, fol. 85-86 (conquista de Niebla), con un poema de veintiún versos; junto con *Muqtabis* 5, fol. 36 (campaña de Monteleón), y *Muqtabis* 5, fol. 90 (conquista de Carmona), poemas de los que Ībn Ḥayyān cita diez versos de cada uno. El poema que aparece con solo dos versos en *Muqtabis* 5, fol. 38 (*basīṭ*, rima -āŷā), tiene diecisiete en *Una crónica anónima de ʿAbd al-Raḥmān III al-Nāṣir* 1950, 39/102, que es la misma versión que se recoge en *Dīwān* (al-Dāya, 1987, 48-50 [n.o 42]) de Ibn ʿAbd Rabbih.
12 Otras ediciones de los poemas de Ibn ʿAbd Rabbihi: Ben Tāwīt, 1978; al-Tunŷī 1993.
13 Traducción inglesa desde 2006: Ibn ʿAbd Rabbihi (2006)

less serious than those of his contemporaries, but perhaps his turn to burlesque was a late-career development under the rule of al-Manṣūr.

37 Ibn al-Kattānī 1966, no. 123 (fifteen lines), in chapter 10, on similes evoked by palaces, gardens, pools, and trees.
38 Ibn al-Kattānī 1966, no. 125.
39 Garulo 2004, 480–482 (n. 622).
40 Ibn Ḥayyān 1965, 205–206; 2006, 160–161; 1967, 245–246.
41 See, for instance, Ávila and Fierro 2024, 210–244.
42 I took this expression from Samsó 2011.
43 Vernet 1978, especially chapters 2 ("Aspectos de la herencia de la antigüedad en el mundo árabe"), and 3 ("La técnica de las traducciones"); also Vernet, 1999.
44 For the traditional approach, see Sourdel, D., "Bayt al-Ḥikma" in EI2 1954–2004, 114; and Gutas, D. and K. van Bladel, "Bayt al-Ḥikma EI3 2007, 133–137 for their demystifying one.
45 See Makki, Mahmud ʿAli, "Ensayo sobre las aportaciones orientales en la España musulmana", *Revista del Instituto Egipcio de Estudios Islámicos en Madrid*, 11-12 (1963-1964), 7-140.
46 See Ribera y Tarragó 2008, 113–150, whose accurate information, taken from biographies by Andalusi ulamas, is still relevant.
47 A very comprehensive analyse, in Samsó 2011, *Las ciencias de los antiguos*, § 2.6.1.
48 Dietrich, A., "Ibn Djuldhul", EI2, 3: 755.
49 Monferrer Sala, J. P., "Ibn Albar al-Qūṭī", *Biblioteca de Al-Andalus*, 2 (Almería 2009): 87-89.
50 See Penalas 2001 for a discussion of problems regarding the date and the authors of the translation. She also offered a broad description of the book's contents and its additions and omisions with respect to Orosius's work (chaps. 4 and 5) and its influence on later Arab historians (chap. 6).
51 Ribera y Tarragó 2008: 125–126, mentioned the library of Abū l-Muṭarrif ʿAbd al-Raḥmān Ibn Fuṭays, (d. 1012/402 H.), at the beginning of the civil war (*fitna*), that brought his heirs 40,000 dinars, when they sold it some years later. See also Ibn Bashkuwāl 1989, 466–470, (esp. 468). no. 689.
52 Ribera y Tarragó 2008, 122.
53 I loosely follow Wasserstein 1990–91.
54 Wasserstein 1990–91, 102a.
55 For a comprehensive description of al-Ḥakam's activities as a learned man, booklover, and patron of those who could provide him with books, see Ávila and Fierro 2024, 215–224, who largely used Ibn al-Abbār's biography of the caliph, in his *Takmila*, as well as in his *Al-Hulla al-siyarā'*.
56 Al-Maqqarī 1968, 1: 395, loosely quoting Ibn al-Abbār.
57 Al-Maqqarī 1968, 1: 394.
58 Ribera y Tarragó 2008, Wasserstein 1990–91 and Ávila and Fierro 2024 offered significant data on all these matters, taken from the Arabic (mostly Andalusi) biographical dictionaries.

Reading: Garnet.

14 Una reflexión interesante sobre el comentario despectivo de al-Ṣāḥib Ibn ʿAbbād al recibir el ʿIqd, en Wasserstein 1990-91, 102a.
15 Toral-Niehoff 2015 comenta ampliamente ambos temas. Sobre la originalidad de Ibn ʿAbd Rabbih, véase Hamori 2017.
16 Traducción al español en Ramírez del Río 2002.
17 Farmer 1997, con selecciones de este capítulo.
18 Monroe 1971; 1974, 74-129.
19 Lirola Delgado 2004.
20 Ibn Ḥayyān 1937, 165-166.
21 Otros poemas o fragmentos deʿUbayd Allāh, en al-Ḥumaydī 1966, 269 (n.o 582) (un fragmento); e Ibn al-Kattānī 1966 (trece fragmentos).
22 Ibn Ḥayyān 1979 y 1981, índice.
23 Ibn Ḥayyān, *Muqtabis* 5, fol. 28.
24 La Fiesta del Sacrificio en 974, en Ibn Ḥayyān 1965, 184; 2006, 142-143; 1967, 223.
25 Martín Castellanos 2009, 576-589 (n. 1569).
26 Ibn al-Abbār 1985, 1: 264-265; Ibn ʿIḏārī 2013, 2: 222.
27 Ibn Ḥayyān 1965, 54-56; 2006, 37-39; 1967, 72-74.
28 Ibn Ḥayyān, 5, fol. 30-31.
29 Ibn al-Abbār 1985, 1: 264 —biografía de al-Muṣḥafī (n.º 100)—; también, Ibn ʿIḏārī 2013, 2: 216.
30 Sobre la persecución contra al-Muṣḥafī por parte de Muḥammad b. Abī ʿĀmir, véase Bariani 2003, capítulo 7.
31 Ibn al-Faraḍī 1989, 361 (n.º 620). Su intercambio poético con la poetisa Maryam bint Abī Yaʿqūb, en Garulo 1986, 101-103.
32 Navarro i Ortiz 2012, 480 (n.º 1784).
33 Ibn Ḥayyān 1965, 31, 120-121, 156-158; 2006, 20-21, 91-92, 119-120; 1967, 53, 153-154, 198-199. Véase el comentario, la traducción y la edición del último poema en Stetkevych 2002, 241-256.
34 Ibn Ḥayyān, 1965, 82-84, 60, 94-95; 2006, 59-62, 42, 70; 1967, 106-107, 82, 118-119, respectivamente.
35 Ibn al-Jaṭīb 1975, 2: 106-107.
36 Al-Ḥumaydī 1966, 91 (n.º 144); y Garulo 2023.
37 Ibn al-Kattānī 1966, n.º 123 (quince versos), en el capítulo 10, sobre símiles acerca de palacios, jardines, estanques y árboles.
38 Ibn al- Kattānī 1966, n.º 125.
39 Garulo 2004, 480-482 (n.º 622).
40 Ibn Ḥayyān 1965, 205-206; 2006, 160-161; 1967, 245-246.
41 Véase, por ejemplo, Ávila y Fierro 2024, 210-244.
42 Tomo esta expresión de Samsó 2011.
43 Vernet 1978, en especial, los capítulos 2 ("Aspectos de la herencia de la antigüedad en el mundo árabe") y 3 ("La técnica de las traducciones"); también Vernet 1999.
44 Sourdel, D., "Bayt al-Ḥikma" en EI2 1954-2004, 114, con el tratamiento tradicional; y Gutas, D. y K. van Bladel, 'Bayt al-Ḥikma EI3 2007, 133-137, con una perspectiva desmitificadora.
45 Ver Makki, Mahmud ʿAli, "Ensayo sobre las aportaciones

59 For instance, Ibn ʿAbd Rabbih's poems were collected to be sent to al-Ḥakam. See Yāqūt 1993, 1:464, in his biography of Ibnʿ Abd Rabbihi (no. 159); his source was al-Ḥumaydī.

60 Wasserstein 1990–91, 99b.

61 Al-Maqqarī 1968, 386, summarizing Ibn Khaldūn's text.

orientales en la España musulmana", *Revista del Instituto Egipcio de Estudios Islámicos en Madrid*, 11-12 (1963-1964), 7-140.

46 Ver Ribera y Tarragó 2008, 113-150, cuyos rigurosos datos, obtenidos de las biografías de los ulemas andalusíes, siguen siendo relevantes.

47 Un análisis muy completo, en Samsó 2011, *Las ciencias de los antiguos*, § 2.6.1.

48 Dietrich, A., "Ibn Djuldjul", *EI2*, 3: 755.

49 Monferrer Sala, J. P., "Ibn Albar al-Qūṭī", *Biblioteca de Al-Andalus*, 2 (Almería 2009): 87-89.

50 Véase Penelas 2001, sobre los problemas relativos a la fecha y a los autores de la traducción. También ofrece una amplia descripción del contenido del libro y de sus ampliaciones y omisiones con respecto a la obra de Orosio (caps. 4 y 5) y su influencia en los historiadores árabes posteriores (cap. 6).

51 Ribera y Tarragó 2008: 125-126, menciona la biblioteca de Abū l-Muṭarrif ʿAbd al-Raḥmān Ibn Fuṭays (muerto a comienzos de la *fitna* o guerra civil en 1012/402 H.), que les reportó a sus herederos 40 000 dinares, cuando la vendieron unos años después. Véase también Ibn Bashkuwāl 1989, 466-470, (esp. 468). n.° 689.

52 Ribera y Tarragó 2008, 122.

53 Sigo básicamente a Wasserstein 1990-91.

54 Wasserstein 1990-91, 102a.

55 Para una comprensión completa de las actividades de al-Ḥakam II como erudito, amante de los libros y mecenas de quienes pudieran ofrecerle libros, véase Ávila y Fierro 2024, 215-224, que usan ampliamente la biografía del califa que traza Ibn al-Abbār, en su *Takmila*, además de en su *Al-Hulla al-siyarā*'.

56 Al-Maqqarī 1968, 1: 395, citando libremente a Ibn al-Abbār.

57 Al-Maqqarī 1968, 1: 394.

58 Ribera y Tarragó 2008, Wasserstein 1990-91, y Ávila y Fierro 2024 ofrecen datos importantes sobre todos estos temas obtenidos a partir de los diccionarios biográficos árabes (en su mayoría, andalusíes).

59 Por ejemplo, se compilaron los poemas de Ibn ʿAbd Rabbih para enviarselos a al-Ḥakam; véase Yāqūt 1993, 1:464, en su biografía de Ibnʿ Abd Rabbihi (n.o 159), que usa como fuente a al-Ḥumaydī.

60 Wasserstein 1990-91, 99b.

61 Al-Maqqarī 1968, 386, que resume el texto de Ibn Khaldūn.

6.

Madīnat al-Zahrāʾ as a Center of Cultural Knowledge

Madīnat al-Zahrāʾ como centro de conocimiento cultural

Miquel Forcada
University of Barcelona

THE CULTURAL PROJECT OF THE UMAYYADS AND MADĪNAT AL-ZAHRĀʾ

Madīnat al-Zahrāʾ was built to house the caliph, the state, and everything that mattered to them. In this setting, culture and knowledge were essential for the efficient management of the state's affairs and for promoting a favorable image. As the embodiment of the empire, the caliph had to master (at least ideally) a wide range of disciplines. Since he was a spiritual leader, the caliph had a particular responsibility to understand and foster the teaching of religion and the various disciplines that dealt with it (canon law, prophetic tradition, Qurʾanic readings, and so on). Linguistic disciplines were also important because a society centered around the Qurʾan needed to know its exact meaning. Literary mastery of Arabic, in both prose and verse, was crucial to a caliph who employed the written word not only for issuing orders and recording data, but also for the training and indoctrination of his servants. More effective than prose in conveying messages, poetry was a useful means of propaganda for the ruling class. From the beginning of the ninth century, the Umayyads of al-Andalus added to this corpus of knowledge and skills the *ʿulūm al-awāʾil* (sciences of the ancients). This expression alludes to the scientific-philosophical disciplines of Greek origin, ranging from arithmetic and astronomy to logic, physics, and metaphysics. The Umayyad emirs al-Ḥakam I (r. 796–822 /180–206 Hijri) and ʿAbd al-Raḥmān II (r. 822–52/206–38 H.) sought to imitate ʿAbbāsid Baghdad, the most advanced society and the most effective administration in the Islamic world. As is well known, astrology, astronomy, mathematics, medicine, philosophy, and rational theology played an important role in ʿAbbāsid culture since the late eighth century, particularly during the caliphate of al-Maʾmūn (r. 811–33). One of the main reasons for consolidating these disciplines was to strengthen the authority of the caliph, particularly with respect to the religious scholars of the nascent legal schools of Sunni Islam, who, with popular support, disputed the caliph's authority over religious discourse.[1] Al-Maʾmūn tried to replace them with rationalist theologians of the Muʿtazilī school because he could control them more effectively than the religious scholars attached to the legal schools.[2] It is possible that the Umayyads pursued the same objectives as the ʿAbbāsids. What is beyond doubt is that the Umayyads had the same faith in astrology as the ʿAbbāsids, even if the Andalusian religious scholars, who mostly ascribed to the Mālikī

EL PROYECTO CULTURAL DE LOS OMEYAS Y MADĪNAT AL-ZAHRĀʾ

Madīnat al-Zahrāʾ fue construida para albergar al califa, el estado y todo cuanto importaba a ambos. En este contexto, la cultura y el saber eran esenciales para, por una parte, organizar y gestionar los asuntos del gobierno y, por otra, proyectar una imagen favorable del estado. Idealmente, y dada su condición de encarnación del estado, el califa tenía que dominar un amplio abanico de saberes. Dado que era un líder espiritual, la religión y las disciplinas que tenían que ver con ella (derecho canónico, tradición profética, lecturas coránicas, etc.) eran las principales materias que los califas debían conocer y promocionar. Las disciplinas lingüísticas venían a continuación porque una sociedad centrada en el Corán necesitaba saber su sentido exacto. El dominio literario de la lengua árabe, tanto en prosa como en verso, era muy importante en un estado que utilizaba la palabra escrita no sólo para emitir órdenes y registrar datos, sino para educar y adoctrinar a sus servidores. Más efectiva para transmitir mensajes que la prosa, la poesía era un eficaz medio de propaganda al servicio de los gobernantes. Desde principios del siglo IX, los Omeyas andalusíes añadieron a este corpus de conocimientos las "*ʿulūm al-awāʾil*" o "ciencias de los antiguos". Esta expresión alude a las disciplinas científicas y filosóficas de origen griego que abarcan desde la aritmética a la metafísica e incluyen la astronomía, la lógica y la física, entre otras. Los emires omeyas al-Ḥakam I y ʿAbd al-Raḥmān II (r. 822-52) querían imitar al Bagdad abasida porque era la sociedad más avanzada y la administración más eficaz del islam. Como es bien sabido, desde finales del siglo VIII la astrología, la astronomía, las matemáticas, la medicina y la teología racional ocupaban un lugar central en la cultura abasí, particularmente durante el califato de al-Maʾmūn (811-833). Una de las principales razones del califa para apoyar estas disciplinas fue el refuerzo de la autoridad del califa, especialmente frente a los ulemas de las nacientes escuelas legales del islam sunita.[1] Al-Maʾmūn intentó reemplazarlos con teólogos racionalistas de la Escuela Muʿtazilī porque los podía controlar mejor que a los ulemas relacionados con las escuelas legales.[2] Es muy posible que los Omeyas hubieran perseguido los mismos objetivos que los Abasíes. Lo que es indudable es que los Omeyas tenían la misma fe en la astrología que los Abasíes, a pesar de que los ulemas andalusíes, mayoritariamente adscritos a la escuela Mālikí se oponían a la astrología,

school, were against astrology, philosophical disciplines, and rationalist theology. The emir ʿAbd al-Raḥmān II imitated many aspects of al-Maʾmūn.[3]

The Umayyads surrounded themselves with dozens of poets, teachers, and experts in many fields (including religion, language, medicine, astronomy, astrology, and surveying). Perhaps the most important among them during the first half of the ninth century were the poets and the astrologers, whose activity was institutionalized through an organized service, or *dīwān*. From the last third of the ninth century to the beginning of the tenth, al-Andalus underwent a profound crisis. The emirs could not afford to pay the poets, who moved to Seville in search of better wages.[4] Scientific practice also fell into decline and the court astrologers left the palace. The Umayyad emirs Muḥammad (r. 852–86/238–73 H.) and ʿAbd Allāh (r. 888–912/275–300 H.) instead chose to heed the advice of religious scholars, whose support they needed due to the political situation. The political and economic setting improved significantly when the young ʿAbd al-Raḥmān III (r. 912–61/300–350 H.) ascended to the throne and was able to restore state authority. His self-proclamation as caliph in 929 and the building of the city-palace of Madīnat al-Zahrāʾ (begun in 936) marked the beginning of a new era for the Umayyads, and the consolidation and expansion of the state.

In this period, the Umayyads fought on many fronts, one of which was culture. The patronage of knowledge not only provided the state with more efficient servants (including the caliph), but also projected to its rivals (ʿAbbāsids, Aghlabids, Fāṭimids, and Christian kingdoms) the economic strength of the renewed Umayyad state. In addition, the image of a learned ruler surrounded by scholars was an effective means of showing his power. It is interesting to note that all the Muslim rivals of the Umayyads showed the same interest in promoting high culture. The symbolic image of an illustrious ruler was particularly relevant vis-à-vis the Fāṭimids, who replaced the Aghlabids from what is now Tunisia in 909. The Fāṭimid caliphs were Shīʿite imams who, as direct descendants of the Prophet, his cousin ʿAlī, and Fāṭima Zahra (the favorite daughter of the Prophet), were considered to be infallible and omniscient. The Umayyads, to whom this presumption did not apply, could only rival the Fāṭimids if they showed a strong commitment to human knowledge. The cultural policy of the Umayyad caliphate was led by al-Ḥakam II (r. 961–76/350–66 H.) from approximately the 940s onward, beginning at a time when he still was heir to the throne.[5]

las disciplinas filosóficas y la teología racionalista. El emir ʿAbd al-Raḥmān II imitó a al-Maʾmūn en muchas cuestiones.[3]

Literalmente docenas de poetas, profesores y expertos en muchas áreas (entre ellas, religión, lengua, astronomía, astrología y agrimensura) rodeaban a los omeyas. Posiblemente los más importantes de todos ellos durante la primera mitad del siglo IX fueron los poetas y los astrólogos, cuya actividad se institucionalizó en un *dīwān*, es decir, un servicio organizado. Desde el último tercio del siglo IX hasta el principio del X, al-Andalus atravesó una profunda crisis. Los emires no podían pagar a los poetas, que se trasladaban a Sevilla en busca de mejores recompensas.[4] La práctica científica también vivió tiempos difíciles y los astrólogos se marcharon del palacio. Los emires Muḥmmad y ʿAbd Allāh mejor siguieron los consejos de los ulemas, cuyo apoyo político necesitaban debido a la situación política. El contexto político y económico mejoró significativamente cuando el joven ʿAbd al-Raḥmān III (r. 912-961) accedió al trono y pudo restaurar la autoridad del estado. Su autoproclamación como califa y la construcción de Madīnat al-Zahrāʾ (empezada en 936) significaron el principio de una nueva era para los Omeyas, que estuvo caracterizada por la consolidación y la expansión del estado.

En esta fase, los Omeyas lucharon en muchos frentes y uno de ellos fue la cultura. Patrocinar el saber no sólo proporcionaba al estado funcionarios más eficaces (y podemos incluir aquí al califa), sino que además proyectaba hacia los rivales (abasíes, aglabíes, fatimíes y los reinos cristianos) la potencia económica del renovado estado omeya. Además, la imagen de un gobernante ilustrado rodeado de sabios era una manera efectiva de mostrar la aptitud de este gobernante para ejercer su soberanía, y es importante tener en cuenta a este respecto que todas las dinastías musulmanas rivales de los Omeyas mostraron el mismo interés que estos en promocionar la alta cultura. La imagen simbólica de un califa ilustrado era especialmente importante frente a los fatimíes, que habían reemplazado a los Aglabíes en el gobierno de la actual Tunicia en 909. El califa fatimí era un imam chiita que, dada su condición de descendiente directo del Profeta, su primo ʿAlī y Fāṭima (la hija favorita de Muḥammad), era considerado como un hombre infalible y omnisciente. Los Omeyas, a los que dicha presunción no podía aplicarse, sólo podía rivalizar con los Fatimíes si mostraban un profundo compromiso con el conocimiento humano. La política cultural de los Omeyas fue dirigida

He imitated the most enlightened rulers in history, particularly the ʿAbbāsids, as well as his predecessor ʿAbd al-Raḥmān II: importing books, attracting talented men from abroad, sponsoring scholars. He was by no means the only intellectual figure of his time. The living standards of Cordoban society had improved and a new generation of scholars had appeared who could learn and improve their skills independently, particularly in the field of medicine.[6] Al-Ḥakam, with the support of his father, can be viewed as a catalyst, mobilizing the intellectual capacities of his society and raising the al-Andalus civilization to heights never before attained, and Madīnat al-Zahrāʾ was at the center of this intense intellectual activity.[7]

EDUCATION

Education is the cornerstone of a cultured society, and the Umayyads showed great concern to nurture it.[8] ʿAbd al-Raḥmān III took special care in educating his sons, for whom he appointed preceptors who taught literary and religious matters. His sons were the most educated generation of Umayyad princes since the beginning of the dynasty.[9] The stories of Madīnat al-Zahrāʾ are a good illustration of the extent of this interest in education. The future caliph Hishām II (r. 976–1009 and 1010–13) had not yet turned seven years old when his father, al-Ḥakam II, modified the Dār al-Mulk of Madīnat al-Zahrāʾ, the former residence of ʿAbd al-Raḥmān III, so that his heir could learn religion and law there.[10] He chose the prominent scholar Aḥmad ibn Yūsuf al-Qasṭalī as a teacher and offered good conditions and pay. Hishām was accompanied by other children, possibly sons of the caliph's staff. The caliph attended the first lesson happy and proud. Due to his concern for education, the caliph created a pious endowment in order to fund teachers for poor children.[11] Higher education was organized around a private teacher-student relationship. There were no special facilities for teaching, and courses could be presented in small spaces such as a room at home or in open areas like the courtyard of a mosque. The Great Mosque of Madīnat al-Zahrāʾ was a center of teaching, according to a story about Abū ʿAlī al-Qālī (893 or 901–67) told by the writer Hārūn ibn Mūsā.[12] Abū ʿAlī al-Qālī was brought from Baghdad to Córdoba by al-Ḥakam II to become a leading scholar in the study of language and literature.[13] He lectured in the mosque to an audience that included learned men such as Hārūn ibn Mūsā and, quite possibly, the caliph himself. His lessons were collected in a work titled *Kitāb al-Amālī* (Book of

por el al-Ḥakam II (r. 961-76) desde, aproximadamente, los años 40 del siglo X, cuando todavía era un heredero al trono.[5] Imitó a los gobernantes más ilustrados de la historia, y especialmente a los Abasíes, y también imitó a su predecesor ʿAbd al-Raḥmān II. Importó libros, atrajo hombres de talento de más allá de sus fronteras y patrocinó a muchos sabios. No fue la única figura intelectual de su tiempo. El nivel de vida de la sociedad cordobesa había aumentado, y apareció una nueva generación de autores que pudo aprender y perfeccionar sus talentos gracias a su propia iniciativa, especialmente en el campo de la medicina.[6] Al-Ḥakam, con la complicidad de su padre, fue una especie de catalizador que movilizó el potencial de la sociedad y llevó a al-Andalus a una cima de civilización jamás lograda ante, que incluyó a las comunidades judías y cristianas. Madīnat al-Zahrāʾ se hallaba en el centro de esta intensa actividad intelectual.[7]

LA EDUCACIÓN

La educación es el pilar fundamental de una sociedad culta, y los Omeyas mostraron una gran preocupación por ella.[8] ʿAbd al-Raḥmān III prestó una especial atención a la educación de sus hijos varones, para los que nombró preceptores que les enseñaban materias religiosas y literarias. Sus hijos constituyeron la generación de príncipes omeyas mejor educada desde el principio de la dinastía.[9] Las anécdotas de Madīnat al-Zahrāʾ ilustran muy bien el alcance de este interés por la educación. El futuro califa Hishām II (r. 976-1009 y 1010-13) no tenía aún siete años cuando su padre al-Ḥakam II modificó el Dār al-Mulk de Madīnat al-Zahrāʾ, la antigua residencia de ʿAbd al-Raḥmān III, para que su heredero pudiera aprender religión y derecho allí.[10] Escogió como maestro al eminente ulema, Aḥmad ibn Yūsuf al-Qasṭalī, a quien le ofreció excelentes condiciones de trabajo y sueldo. Hishām estuvo acompañado por otros niños, posiblemente hijos de los cortesanos. El califa asistió, feliz y orgulloso, a la primera lección. Debido a su preocupación por la educación, al-Ḥakam instituyó una Fundación pía para financiar maestros para los niños pobres.[11] La educación superior se organizaba alrededor de una relación privada entre maestro y discípulo. No había instalaciones especiales para la educación y los cursos podían ser impartidos en pequeños espacios como una habitación doméstica o en áreas abiertas como los patios de las mezquitas. La mezquita mayor de Madīnat al-Zahrāʾ fue un centro de educación, según una historia explicada por el literato Hārūn b. Mūsā sobre

Dictations), also known as *Kitāb al-Nawādir* (Book about the Oddities of Language), that was widely disseminated among the Andalusians. The anecdote is more important than it may appear because it shows how the dynasty contributed to both the training of the elites and the creation of new works. The sciences of the ancients were taught, even though the sources refer mainly to education in religious and literary matters, and information about scientific training is very scarce and confined to private spheres. Al-Ḥākam II sent one of his female slaves to the *amīn* (administrator) Abū l-Qāsim Sulaymān al-Rusāfī al-Qassām to be taught "*ta'dīl* (astronomy), the use of the astrolabe, and related matters."[14] The slave is described as an intelligent and literate woman of the palace (seemingly the royal palace of Córdoba). After three years of training, she was so proficient in astronomy that the caliph employed her as an astronomer or astrologer "in his house," probably at Madīnat al-Zahrā'. We will revisit this anecdote below.

LIBRARIES

Another pillar of a learned society is its libraries. There were many libraries in Córdoba, all of them private and created by scholars or wealthy men who sought to acquire social prestige. The Umayyads were active collectors of books from the early ninth century onward. Even though 'Abd al-Raḥmān III does not seem to have been interested in them, his two sons, 'Abd Allāh and al-Ḥakam, competed against one another in acquiring books and accumulating erudition.[15] 'Abd Allāh was executed by his father because he rebelled against him, and al-Ḥakam seized his brother's library, acquiring a vast collection whose fame remains intact in modern times.[16] It did not contain 400,000 books, as some have claimed. However, Ibn Ḥazm, who quotes a seemingly reliable source, says that the index of the titles consisted of forty-four volumes of fifty-five pages each, and that this index listed only the title of the *dawāwīn*.[17] Since *dawāwīn*, the plural of *dīwān*, may refer in this context to a collection of poetry or a collection of notes on any subject, the total number of books may indeed have been immense. Ibn Ḥazm goes on to say that the library was located in the royal palace of Córdoba, but it is almost certainly true that part of the collection was held in Madīnat al-Zahrā'. As well as being an important source of propaganda for the dynasty, the library was an active and well-staffed place of work, employing agents who bought books from every possible source, copyists

Abū 'Alī al-Qālī (893 o 901–67).[12] Este último era un sabio de Bagdad atraído a Córdoba por al-Ḥakam II para que se convirtiera en un maestro de referencia en el estudio de la lengua y la literatura.[13] Enseñaba en la mezquita a una audiencia en la que figuraba gente experta como Hārūn b. Mūsā y (muy posiblemente el califa. Sus lecciones fueron recogidas en una obra titulada *Kitāb al-Amālī* ("libro de los dictados"), también conocida como *Kitāb al-Nawādir* ("libro sobre las rarezas del lenguaje"), que fue ampliamente difundido entre los andalusíes. La anécdota es más importante de lo que parece porque muestra cómo contribuyó la dinastía a la educación de las elites y a la creación de nuevas obras. Las ciencias de los antiguos se enseñaban, aunque las fuentes se refieren generalmente a la educación en disciplinas religiosas y literarias, y la información sobre la formación científica es escasa y siempre referida a los espacios privados. Al-Ḥākam II envió a una de sus esclavas al *amīn* (administrador), Abū-l Qāsim Sulaymān al-Rusāfī al-Qassām, para que le enseñara "astronomía (*ta'dīl*), el uso del astrolabio y materias afines".[14] La esclava es descrita como una mujer inteligente y letrada de palacio (seguramente el alcázar real de Córdoba). A los tres años, era tan experta en astronomía que el califa le dio empleo como astrónoma o astróloga "en su casa", probablemente Madīnat al-Zahrā'. Volveremos sobre esta anécdota más adelante.

LAS BIBLIOTECAS

Otro de los pilares de una sociedad culta son las bibliotecas. Había muchas en Córdoba, todas privadas, creadas por sabios o por gente de posibles que quería adquirir prestigio social. Los Omeyas fueron activos compradores de libros desde el principio del siglo IX. A pesar de que 'Abd al-Raḥmān III no parece haberse especialmente interesado en ellos, sus hijos 'Abd Allāh y al-Ḥakam, competían mutuamente adquiriendo libros y acumulando erudición.[15] 'Abd Allāh fue ejecutado por su padre porque se rebeló contra él, y al-Ḥakam se apoderó de biblioteca de su hermano. Acumuló así una amplia biblioteca cuya fama ha llegado a nuestros días.[16] No contenía 400 000 libros, como se dice a veces. Sin embargo, Ibn Ḥazm, citando a una fuente presumiblemente fiable, dice que el índice de sus títulos consistía en cuarenta y cuatro volúmenes de cincuenta y cinco páginas cada uno, y que este índice sólo abarcaba el título de los *dawāwīn*. [17] Dado que dawāwīn, plural de *dīwān*, puede significar en este contexto una colección de poesía o una colección de notas sobre cualquier

who reproduced the manuscripts (among them was a woman named Lubnā,[18] a notable calligrapher who also knew arithmetic, grammar, and literature), and librarians who were also prominent experts in a wide range of matters, such as Abū ʿAbdallāh al-Rabāḥī (d. 969/358 H.).[19] These librarians "compared books," by which we may understand that they not only compared different manuscripts of the same work, but also compared particular books to other works in order to perform scholarly research. Al-Ḥakam II himself annotated his books and commissioned poets and scholars to write new books for him, sparing no expense.

MEDICINE

The caliph's health was a state affair.[20] It was so important to the courtiers that the first bloodletting performed on ʿAbd al-Raḥmān III in Madīnat al-Zahrāʾ was recorded by the chroniclers and the success of the operation celebrated in a poem written by one of the foremost court-poets of the age.[21] Medicine, the most popular of the sciences of the ancients, was part of the general culture of the elites and religious scholars accepted it without qualms.[22] ʿAbd al-Raḥmān III actively promoted it. It is from his reign that there is evidence of the existence of an organized *dīwān* at the court. Moreover, most of these physicians became courtiers who held positions of responsibility as secretaries, ministers, ambassadors, architects, and so on. ʿAbd al-Raḥmān III used medicine as an important asset of his diplomatic strategy and sent his physicians and his medicines to other courts where their services were needed.[23] The most relevant outcome of this "medical diplomacy" was a Greek manuscript of Dioscorides' *Materia Medica*, the most important treatise in antiquity about simple medicines, which arrived in Córdoba around the middle of the tenth century.[24] This manuscript was gifted to the caliph from the Byzantine emperor Constantine VII. It was an important present, possibly suggested by the court physicians, because the Andalusians knew only of the translation done in Baghdad some decades before by Isṭīfān ibn Bāṣil, which was by no means perfect. Since no one in Córdoba could read Greek, the emperor also sent a Christian monk named Nicholas. The Andalusian physicians, most particularly Ḥasdāy ibn Shaprūṭ, an important courtier whom the caliph appointed as leader of the Jewish community, worked with Nicholas to revise Ibn Bāṣil's translation. This activity saw pharmacology flourish during the Umayyad caliphate and

tema, el número total de libros debía ser inmenso. Ibn Ḥazm prosigue diciendo que la biblioteca estaba en el alcázar real de Córdoba, pero es casi seguro que una parte de esta se conservaba en Madīnat al-Zahrāʾ. Además de ser un destacado elemento de propaganda para la dinastía, la biblioteca era un centro de trabajo activo y bien dotado de personal, entre el que había agentes que compraban libros en todas partes, copistas que reproducían los manuscritos (entre ellos una mujer llamada Lubnā,[18] una apreciada calígrafa que también sabía gramática, literatura y aritmética), y bibliotecarios que eran, además, importantes expertos en distintas materias como Abū ʿAbdallāh al-Rabāḥī (m. 969). [19] Estos bibliotecarios "comparaban libros" y esto puede entenderse en el sentido de que no sólo comparaban distintos manuscritos de una obra, sino que también comparaban unas obras con otras para realizar algún trabajo de investigación académica. El propio al-Ḥakam II anotaba sus libros y ordenaba a poetas y sabios que escribieran nuevos libros para él sin reparar en gastos.

LA MEDICINA

La salud del califa era un asunto de estado. [20] Era tan importante para los cortesanos que la primera sangría practicada a ʿAbd al-Raḥmān III en Madīnat al-Zahrāʾ fue registrada por los cronistas y el éxito de la operación celebrado en un poema escrito por uno de los más destacados poetas áulicos de la época.[21] La medicina, que era la más popular de las ciencias de los antiguos, formaba parte de la cultura general de las elites y los ulemas la aceptaban sin problemas. [22] ʿAbd al-Raḥmān III la promovió activamente. En su época tenemos pruebas de la existencia de un *dīwān* (servicio) organizado en la corte. Además, muchos de estos médicos se convirtieron en cortesanos que desempeñaron cargos de responsabilidad en calidad de secretarios, ministros, embajadores, arquitectos etc. ʿAbd al-Raḥmān III utilizó la medicina como una importante baza diplomática y envió sus médicos y sus medicinas a otras cortes que los necesitaban.[23] El resultado más importante de esta "diplomacia médica" para al-Andalus fue un manuscrito en griego de la *Materia Medica* de Dioscórides, el tratado más importante sobre medicamentos simples de la Antigüedad, que llegó a Córdoba a mediados del siglo X.[24] Este manuscrito era un regalo del emperador Constantino VII al califa. Era un presente importante, posiblemente sugerido por los médicos de palacio, porque los andalusíes solo conocían la traducción realizada en Bagdad unas décadas

FIG. 6-1.
Hamid ibn al-Khidr al-Khujand. Planispheric astrolabe. 984–85/374 H. Cast and engraved brass with black compound. Photo by Marc Pelletreau © Museum of Islamic Art, Doha. Hamid ibn al-Khidr al-Khujand. Astrolabio planisférico. 984-85/374 H. Latón fundido y grabado con compuesto negro. Foto: Marc Pelletreau © Museo de Arte Islámico, Doha.

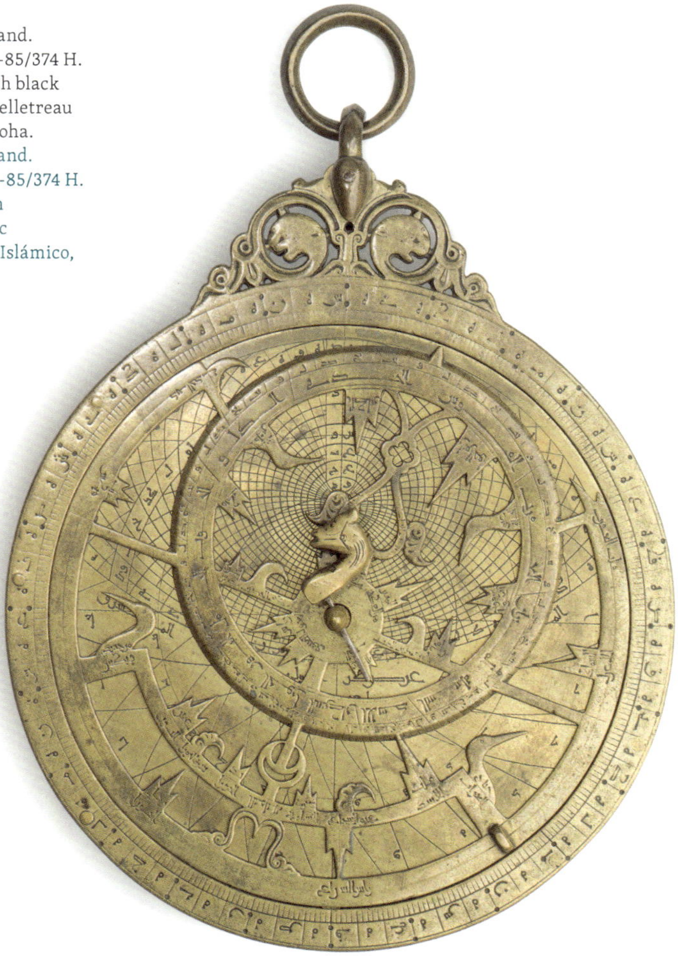

FIG. 6-2.
Sundial. 10th century. Marble. MAEC: CE030135. Checklist no. 150. Reloj de sol. Siglo X. Mármol. MMaZ: CE030135. N.º de verificación 150.

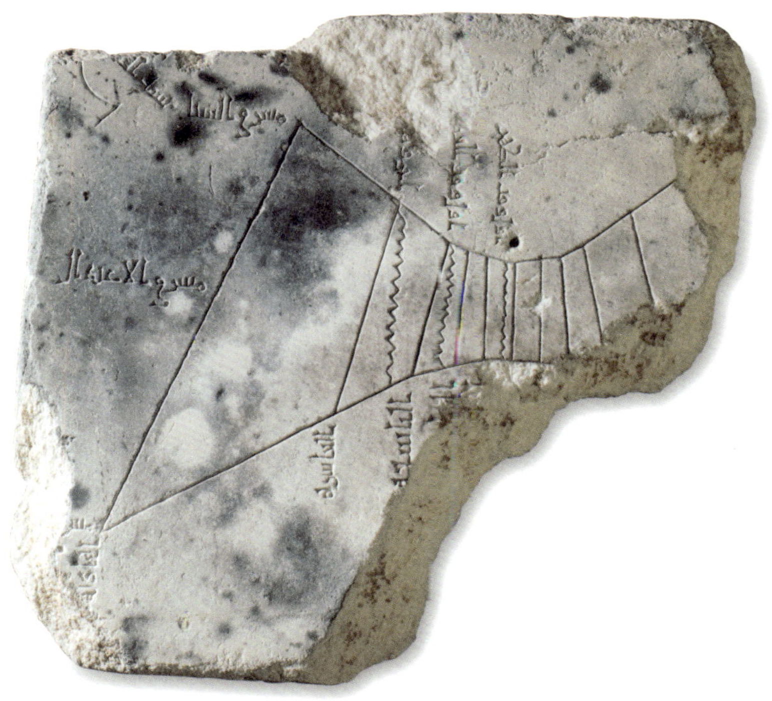

laid the foundation for a long-lasting tradition in this field in al-Andalus.[25] By the early ninth century, the Umayyads had a private pharmacy and al-Ḥakam II decreed that people from Madīnat al-Zahrā' were entitled to receive the medicines it produced.[26] Most of these remedies were possibly made from plants grown in the palace gardens.

Since most of the court physicians were also "physician-philosophers"—doctors with a vast knowledge of many other scientific disciplines—they also fueled more general scientific and philosophical activity (in mathematics, astronomy, and logic) and contributed many original works to the medical literature.[27] The best example of this multifaceted activity and of the interest in its dissemination is the almanac known as the "Calendar of Córdoba," written by ʿArīb ibn Saʿīd (d. 980), a physician and historian who also served as a secretary and governor of the Umayyads.[28] The work, seemingly written for al-Ḥakam II (and, by extension, the members of his court), takes the form of a treatise on Arabic folk astronomy but is in fact a calendar that summarizes many matters of a scientific nature: folk astronomy, mathematical astronomy, medicine, zoology, and botany. It also covers aspects of agriculture, a nascent discipline that would become very important by the eleventh century.

MATHEMATICS, ASTRONOMY, ASTROLOGY, AND THE CONTRADICTIONS OF THE RATIONAL SCIENCES

The mathematical disciplines flourished in the Umayyad caliphate. Many well-known authors and works dealt with practical subjects such as the division of inheritance (a legal discipline that combines arithmetic and religious law) and mathematics applied to economic activity.[29] Astronomy was possibly the most prestigious of the mathematical sciences, and it flourished during the second half of the tenth century under the aegis of the Umayyads.[30] The anecdote of the slave who was taught the use of the astrolabe is merely a symbol of the fact that, during this period, the crafting of astrolabes and other astronomical instruments increased substantially. People from outside al-Andalus either acquired such instruments or imitated them, as illustrated by the three extant astrolabes from this time (FIG. 6-1, also FIGS. 16-1 THROUGH 16-3).[31] Maslama al-Madjrīṭī (d. ca. 1007) established himself as an astronomer and mathematician of note.[32] He taught a vast number of disciples who excelled in many fields of mathematical astronomy, astrology, and mathematics

antes por Isṭīfān ibn Bāṣil, que no era perfecta. Como en Córdoba no había nadie que pudiera leer griego, el emperador envió a un monje cristiano llamado Nicolás. Los médicos andalusíes, y muy particularmente Ḥasdāy ibn Shaprūṭ, un importante cortesano a quien el califa nombró líder de la comunidad judía, colaboraron con Nicolás en la revisión de la traducción de Ibn Bāṣil. Esta actividad hizo florecer la farmacología durante el califato omeya y sentó las bases de una larga tradición en este campo en al-Andalus.[25] Desde principios del siglo IX, los omeyas disponían de una farmacia privada y al-Ḥakam II concedió que los habitantes de Madīnat al-Zahrā' pudieran beneficiarse de las medicinas de esta farmacia.[26] Muchos de estos remedios fueron posiblemente elaborados con las plantas que se cultivaban en los jardines de palacio.

Dado que la mayoría de los médicos de la corte eran también "médicos-filósofos" —médicos con un vasto conocimiento de muchas otras disciplinas científicas—. también impulsaron la actividad científica y filosófica general (en particular, matemáticas, astronomía y lógica) y contribuyeron con muchas obras originales a la literatura médica. [27] El mejor ejemplo de esta polifacética actividad y del interés por difundirla es el almanaque conocido como "Calendario de Córdoba", escrito por ʿArīb ibn Saʿīd (m. 980), quien fue médico e historiador y, además, secretario y gobernador de los omeyas.[28] La obra, aparentemente escrita para al-Ḥakam II (y esto incluye también a los cortesanos que lo rodeaban), toma la forma de un tratado de astronomía popular árabe pero es un calendario que resume muchas cuestiones de tipo científico: astronomía popular, astronomía matemática, medicina, zoología, botánica; también incluye la agricultura, una disciplina incipiente que adquirirá gran importancia en el siglo XI.

MATEMÁTICAS, ASTRONOMÍA, ASTROLOGÍA Y LAS CONTRADICCIONES DE LAS CIENCIAS RACIONALES

Las disciplinas matemáticas florecieron en el califato omeya. La mayoría de los autores y obras más conocidos trataron temas prácticos como la división de la herencia (una disciplina jurídica que combina la aritmética y el derecho religioso) y las matemáticas aplicadas a la actividad económica.[29] La astronomía fue posiblemente la más prestigiosa de las ciencias matemáticas y floreció durante la segunda mitad del siglo X bajo la égida de los omeyas.[30] La anécdota de la esclava a la que le enseñaron el uso

from the late tenth century onward. Besides the story of the slave of al-Ḥakam II, Madīnat al-Zahrā᾽ preserves two examples of the importance of astronomy in the Umayyad court: the first is the three fragmentary sundials (FIGS. 6-2 THROUGH 6-4) found in the "court of the sundials";[33] the second is the mosques of the city-palace, which are precisely oriented toward Mecca.[34] Both reflect the interrelation between mathematical astronomy and religion as mosques were oriented by an astronomer well versed in trigonometry, and the sundials had special marks for prayers determined by the shadow cast by the sun: *zawāl* (midday) and *ʿaṣr* (afternoon). Mathematical astronomy also served other purposes, including casting precise horoscopes, and the flourishing of astronomy owed a great deal to the return of astrology to the court. Astrology had all but disappeared from the court during the second half of the ninth century, as we have seen. No source connects ʿAbd al-Raḥmān III with the practice of astrology, but it is not impossible that he consulted an astrologer in private. The best indication of this is precisely the fact that the mosques of Madīnat al-Zahrā᾽ were oriented by an astronomer, because it was common at that time for astronomers also to practice astrology. With the accession to the throne of al-Ḥakam, the figure of the court astrologer reappears in the sources. The man in question is Aḥmad ibn Fāris, an astrologer who came from Basra or Egypt during the 970s and worked for the court until at least the end of the tenth century.[35] Al-Ḥakam brought astrology back into the court's activities,[36] and most courtiers displayed an interest in both astrology and mathematical astronomy.

Other disciplines that religious scholars condemned were also practiced in the safety of the court. Maslama ibn Qāsim (d. 964) wrote a treatise on alchemy (*Rutbat al-ḥakīm*) and a treatise about magic understood as a quasi-scientific discipline (*Ghāyat al-ḥakīm*).[37] He was a religious scholar considered by some of his colleagues to be a feeble-minded man. Nevertheless, he was appointed by ʿAbd al-Raḥmān III as the teacher of his son ʿAbd Allāh. It is probable that both the caliph and the princes were aware that he knew magic and alchemy, so it is reasonable to assume that esoteric sciences were also part of the Umayyad cultural project. [38]

It is possible that the Umayyads sought to promote some kind of esoteric thinking in order to counter the image of the Fāṭimid ruler as a supernatural and all-knowing person. It has been suggested that Madīnat al-Zahrā᾽ housed statues of Greek sages placed in rooms devoted to the study of ancient sciences (FIG. 4-3),

del astrolabio no es más que un símbolo de que, en esta época, la elaboración de astrolabios y otros instrumentos astronómicos aumentó sustancialmente. Los habitantes de fuera de al-Andalus adquirieron estos instrumentos o los imitaron, como lo ilustran los tres astrolabios conservados de esta época que han llegado a nuestro tiempo (FIG. 6.1 Y FIGS. 16-1 THROUGH 16-3).[31] Maslama al-Majrīṭī (m. ca. 1007) se estableció como un astrónomo y matemático de gran notoriedad. [32] Enseñó a un gran número de discípulos que se destacaron en muchos campos de la astronomía matemática, la astrología y las matemáticas desde finales del siglo X en adelante. Además de la historia de la esclava de al-Ḥakam II, Madīnat al-Zahrā᾽ conserva dos ejemplos de la importancia de la astronomía en la corte: el primero son los tres relojes de sol fragmentarios (FIGS. 6-2 A 6-4) encontrados en el "patio de los relojes"; [33] el segundo son las mezquitas de la ciudad-palacio, que están orientadas hacia La Meca.[34] Ambos reflejan la interrelación entre astronomía matemática y religión, porque las mezquitas estaban orientadas por un astrónomo versado en trigonometría y los relojes de sol presentan marcas especiales para las oraciones determinadas por la sombra proyectada por el sol: *zawāl* (mediodía) y *ʿaṣr* (tarde). La astronomía matemática también sirvió para otros propósitos como elaborar horóscopos precisos, y el florecimiento de la astronomía se debió en gran medida al regreso de la astrología a la corte. Como hemos visto, la astrología prácticamente había desaparecido de la corte durante la segunda mitad del siglo IX. Ninguna fuente conecta a ʿAbd al-Raḥmān III con la práctica de la astrología, pero es posible que, en privado, consultara a un astrólogo. La mejor indicación de esto es precisamente el hecho de que las mezquitas de Madīnat al-Zahrā᾽ estaban orientadas por un astrónomo, porque era común en aquella época que los astrónomos también fueran astrólogos. Con el ascenso al trono de al-Ḥakam, la figura del astrólogo de la corte reaparece en las fuentes. El hombre en cuestión es Aḥmad ibn Fāris, un astrólogo que vino de Basora o Egipto durante la década de 970 del siglo X y trabajó para la corte hasta, por lo menos, finales de siglo X.[35] Al-Ḥakam devolvió la astrología a las actividades de la corte,[36] y la mayoría de los cortesanos mostraron interés tanto por la astrología como por la astronomía matemática.

Otras disciplinas que los ulemas condenaban también se practicaban en el seno discreto de la de la corte. Maslama ibn Qāsim (m. 964) escribió un tratado sobre alquimia (*Rutbat al-ḥakīm*) y un tratado sobre magia entendida como una disciplina cuasi científica (*Ghāyat

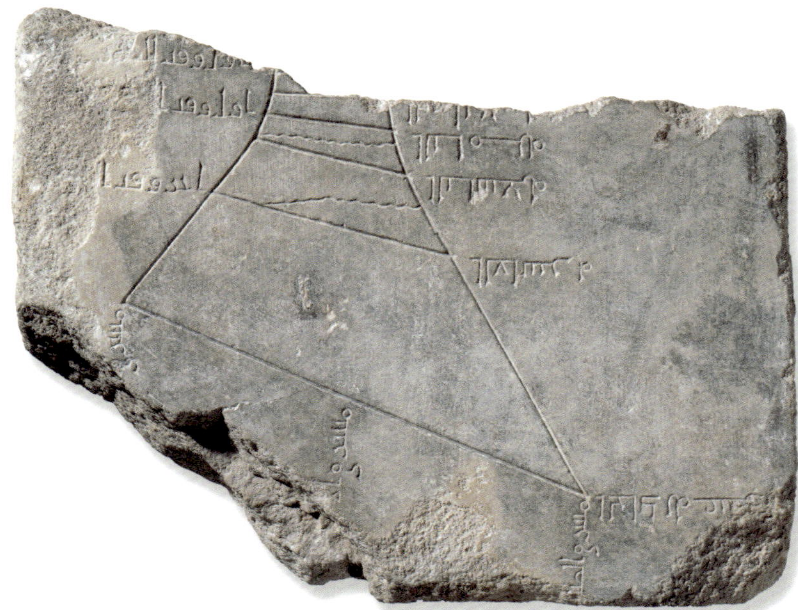

FIG. 6-3.
Sundial. 10th century. Grayish white marble. MAEC: CE030136. Checklist no. 151. Reloj de sol. 900-1000. Mármol blanco grisáceo. Museo Arqueológico y Etnológico de Córdoba: CE030136. N.º de verificación 151.

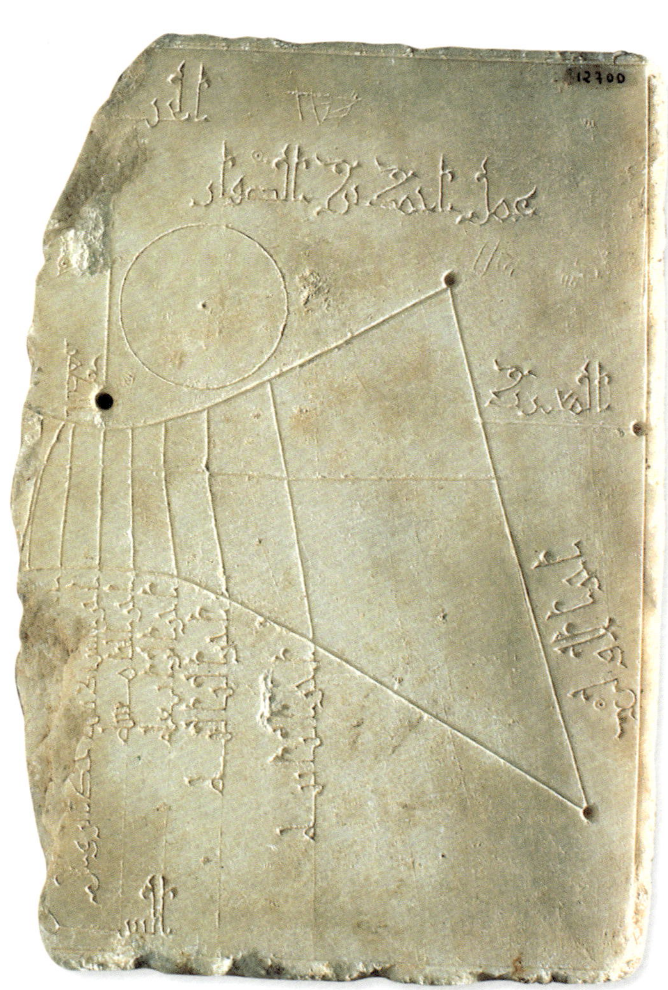

FIG. 6-4.
Sundial. 10th century. White marble. MAEC: CE012700. Checklist no. 149. Reloj de sol. Siglo X e. c. Mármol blanco. Museo Arqueológico y Etnológico de Córdoba: CE012700. N.º de verificación 149.

adornments that evoke the esoteric messages of *Ghāyat al-hakīm*, and that the palace was planned according to the theory of an ideal city by the philosopher al-Fārābī, borrowed from Plato's *Republic*.[39] Even though the evidence is not conclusive, it makes sense that the Umayyads would have aimed to consolidate their strength through the symbolic power of knowledge. It seems that ʿAbd al-Raḥmān III tried to reinforce his rule in two ways.[40] On the one hand, in order to please the religious scholars, he declared Malikism the official school of jurisprudence of al-Andalus, forbidding the public presence of astrology in the court and persecuting the most conspicuous religious dissidents, the followers of Ibn Masarra. On the other hand, he had allowed Ibn Masarra and his circle to develop his esoteric religious ideas connected to Neoplatonic philosophy for decades,[41] and had tolerated, if not fostered, the practice of unorthodox disciplines at home, as we have seen. Thus, Madīnat al-Zahrāʾ seems to have been the testing ground for a new attitude toward the sciences of the ancients. Even though some discretion was needed due to the reticence of the religious sectors, the attitude toward dissident religiosity (particularly Muʿtazilism) and the ancient sciences seem to have been tolerated, and these disciplines spread into the upper strata of society and even beyond. Enslaved female singers were taught medicine, logic, astronomy, astrology, and other sciences of the ancients in order to please their male audiences.[42]

As discussed above, al-Ḥakam brought to light what was happening behind the scenes. One of the first measures he adopted as caliph in 961 was to expand the Great Mosque of Córdoba. In particular, he wished to reposition the mosque to face in the direction determined by his astronomers.[43] Religious scholars and the people of Córdoba rejected the change, arguing that to change the orientation established by the forefathers would be tantamount to an act of heresy. The caliph's plans were clearly perceived as an attempt to impose reason over religious tradition. This may indeed have been the case, but it is also possible that the caliph wished to illustrate the compatibility between science and religion.[44] The mosque retained its original orientation, but the caliph did not relinquish his interest in the sciences of the ancients. His astrologer, Aḥmad ibn Fāris, not only cast horoscopes for the caliph and al-Manṣūr, but also participated in missions to determine the visibility of the star Canopus (Suhayl), whose rising point determined the direction of the mosques,[45] and this procedure for orienting mosques was widely accepted by religious scholars.

al-ḥakīm).[37] Era un ulema considerado por algunos de sus colegas como un débil mental. Sin embargo, fue designado por ʿAbd al-Raḥmān III como maestro de su hijo ʿAbd Allāh. Es probable que tanto el califa como los príncipes conocieran su faceta de mago y alquimista, por lo que es razonable suponer que las ciencias esotéricas también formaban parte del proyecto cultural omeya.[38]

Es posible que los omeyas intentaran promover algún tipo de pensamiento esotérico para contrarrestar la imagen del gobernante fatimí como una persona sobrenatural y omnisciente. Se ha sugerido que Madīnat al-Zahrāʾ alberga estatuas de sabios griegos que pudieron haber pertenecido a salas dedicadas al estudio de las ciencias de los antiguos (FIG. 4-3), decoraciones que evocan los mensajes esotéricos de *Ghāyat al-Ḥakīm*, y que el palacio había sido planeado según las ideas del filósofo al-Fārābī sobre la ciudad ideal, tomadas de la *República* de Platón.[39] Aunque la evidencia no es concluyente, tiene sentido que los omeyas hubieran pretendido consolidar su fuerza a través del poder simbólico del conocimiento. Parece que ʿAbd al-Raḥmān III intentó reforzar su gobierno de dos maneras.[40] Por un lado, para complacer a los eruditos religiosos, declaró al malikismo escuela oficial de jurisprudencia de al-Andalus, prohibiendo la presencia pública de la astrología en la corte y persiguiendo a los disidentes religiosos más conspicuos, los seguidores de Ibn Masarra. Por otro lado, durante décadas había permitido a Ibn Masarra y su círculo desarrollar sus ideas religiosas esotéricas relacionadas con la filosofía neoplatónica,[41] y había tolerado, si no fomentado, la práctica de disciplinas heterodoxas en casa, como hemos visto. Así, Madīnat al-Zahrāʾ parece haber sido el campo de prueba de una nueva actitud hacia las ciencias de los antiguos. Aunque fuera necesaria cierta discreción debido a las reticencias de los sectores religiosos, la actitud hacia la religiosidad disidente (particularmente el mutazilismo) y las ciencias de los antiguos parece haber sido más tolerante y estas disciplinas se extendieron a los estratos más altos de la sociedad e incluso más allá. A las esclavas cantoras se les enseñó medicina, lógica, astronomía, astrología y otras ciencias de los antiguos para poder complacer a su audiencia masculina.[42]

Como se ha dicho antes, al-Ḥakam hizo aflorar lo que estaba sucediendo tras el telón del escenario. Una de las primeras medidas que adoptó como califa en el año 961 fue ampliar la gran mezquita de Córdoba. Uno de los propósitos de esta reforma fue la orientación de la

THE DEATH AND RESURRECTION OF MADĪNAT AL-ZAHRĀʾ

After the death of al-Ḥakam II in 976, his son Hishām II became a political puppet in the hands of court intriguers, and al-Manṣūr b. Abī ʿĀmir (Almanzor) subsequently seized power. In order to legitimize his de facto rule, he sought the support of the religious scholars. One of the measures he took to achieve this was to remove the books on astrology and philosophy from the library of al-Ḥakam II. He also persecuted a number of experts in philosophical disciplines. However, these actions were short-lived since Almanzor himself believed in astrology and maintained this belief even as he burned books about the discipline. His palace housed a circle of writers, doctors, and scholars because, as Almanzor knew better than anyone, high culture was a fundamental feature of the state. The practice of science and philosophy was not interrupted. The crisis of the Almanzor dynasty led to turbulent times. After it was sacked in 1010, Madīnat al-Zahrāʾ was gradually abandoned, quickly becoming a ghost city. In 1013, Córdoba was besieged and assaulted by the troops of al-Mustaʿīn, the pretendant to the caliphate, and many scholars were killed. Most intellectuals chose to abandon the city. In this period, the books from the palace of Córdoba—what remained of the caliph's library—were sold and the knowledge they contained enriched other areas of al-Andalus.[46] What did not perish with the Umayyad dynasty was its cultural and scientific legacy. The spirit of the wise caliphs, and the works of the dozens of Cordobans it had inspired, were transferred to the courts that took over the political heritage of the Umayyads. These new kings understood that the rich and complex culture established by their predecessors would be as vital to them as their armies.

1 Hinds 1993; Nawas 2015.
2 Gutas 1998, 75–83.
3 Forcada, 2004–5; 2017.
4 Ibn Ḥayyān 1937, 12.
5 Ṣāʿid al-Andalusī 1997, 240–41; trans. Ṣāʿid al-Andalusī 1996, 92–94. See also al-Maqqarī 1968, 1:221.
6 Ibn Juljul 1955, 97.
7 On the cultural life under al-Ḥakam II, see Martínez Antuña 1929; Ávila and Fierro 2024; and Forcada 2025.
8 For an introduction to this subject, see Vernet 1992.
9 Ibn Ḥayyān 1979; 15–16; trans. Ibn Ḥayyān 1981, 21.
10 Ibn Ḥayyān 1965, 76–77; trans. Ibn Ḥayyān 1967, 99–100.

mezquita según la dirección correcta determinada por los astrónomos.[43] Los ulemas y el pueblo cordobés rechazaron el cambio, argumentando que modificar el rumbo marcado por los antepasados sería una especie de herejía. La intención del califa se percibió claramente como un intento de imponer la razón a la tradición religiosa. Quizás lo fue, pero también podría haber sido un intento de mostrar la compatibilidad entre ciencia y religión.[44] La mezquita de Córdoba mantuvo su orientación tradicional, pero el califa también mantuvo su afición por las ciencias de los antiguos. Su astrólogo Aḥmad ibn Fāris no sólo elaboró horóscopos para el califa y al-Manṣūr, sino que también participó en misiones para determinar la visibilidad de Canopo (Suhayl),[45] porque su orto determinaba la dirección de las mezquitas y este procedimiento de orientación era bien aceptado por los ulemas.

MUERTE Y RESURRECCIÓN DE MADĪNAT AL-ZAHRĀʾ

Después de la muerte de al-Ḥakam II en 976, su hijo Hishām II se convirtió en un títere político en manos de los intrigantes de la corte. Al-Manṣūr ibn Abī ʿĀmir (Almanzor) tomó el poder. Para legitimar su gobierno de facto buscó el apoyo de los ulemas, y una de las medidas que tomó para lograrlo fue retirar los libros de astrología y filosofía de la biblioteca de al-Ḥakam II. También persiguió a varios expertos en disciplinas filosóficas. Sin embargo, estas acciones duraron poco, ya que el propio Almanzor creía en la astrología y mantuvo esta creencia incluso mientras destruía libros sobre la disciplina. Su palacio albergaba a un círculo de escritores, médicos y eruditos porque, como Almanzor sabía mejor que nadie, la alta cultura era parte fundamental de la estructura del estado. La práctica de la ciencia y la filosofía no fue interrumpida. La crisis de la dinastía Almanzor provocó tiempos convulsos. Después de su saqueo en 1010, Madīnat al-Zahrāʾ fue abandonada gradualmente y rápidamente se convirtió en una ciudad fantasma. En 1013, Córdoba fue sitiada y asaltada y muchos sabios fueron asesinados por las tropas del pretendiente al califato al-Mustaʿīn. Muchos sabios optaron por abandonar la ciudad. En este periodo los libros del palacio de Córdoba (lo que quedaba de la biblioteca del califa) se vendieron y el conocimiento que contenían enriqueció otras zonas de al-Andalus.[46] Lo que no pereció con la dinastía omeya fue su legado cultural y científico. El espíritu de los califas sabios y las obras de las decenas de cordobeses que habían inspirado fueron

11 Ibn Ḥayyān 1965, 207; trans. Ibn Ḥayyān 1967, 247.
12 Ibn Bashkuwāl 1989, 3:942.
13 Peña 2012.
14 Ibn ʿAbd al-Mālik al-Marrākushī 2012, 427; Ávila, 1989, 180. *Taʿdīl* means mathematical calculation for astronomical or astrological purposes.
15 Ibn al-Abbār 1985, 1:206.
16 On this library, see Wasserstein 1990–91; Balty-Guesdon 1992, 171–75; Sánchez-Moliní 1992, 87–89; and Calvo Capilla 2012, 155–56.
17 Ibn Ḥazm 1982, 1:100.
18 Ávila 1989, 166.
19 Forcada 2025. Al-Rabāḥī knew theology, language, logic, medicine, and astronomy and taught a good number of Cordobans.
20 On the medical activity of the period, see Balty-Guesdon 1992, 165–71; and Samsó 2011, 110–123, 473–77.
21 Ibn Ḥayyān 1979, 44–45; trans. Ibn Ḥayyān 1981, 46.
22 Forcada 2022, 141–43. The court physician Saʿīd ibn ʿAbd Rabbihi (d. 953–54 or 966–67) wrote for ʿAbd al-Raḥmān III a didactic poem about medicine (*Urjūza fī l-ṭibb*) that summarized in 416 verses a good part of the medical knowledge; see Kuhne Bravant 1980. For more on medicine, see the contribution by Gerrit Bos and Fabian Käs in this volume.
23 Ibn Ḥayyān 1979, 461; trans. Ibn Ḥayyān 1981, 347.
24 Ibn Abī Uṣaybiʿa 2020b, 13.36–40.
25 Aguirre de Cárcer 1999.
26 Álvarez de Morales 1991.
27 On the primary and secondary bibliography of the physicians who flourished during the epoch of Madīnat al-Zahrāʾ, see Maribel Fierro 2019, nos. 7–45. Al-Zahrāwī should possibly be excluded from this list (see the contribution by Bos and Käs in this volume).
28 Pellat 1961. For other versions of the work, see Navarro 1990 and Alkuwaifi 2022; see also Forcada 2000b.
29 On mathematical activity, see Balty-Guesdon 1992, 191–95; and Samsó 2011, 82–83, 466–67.
30 Samsó 2011, 49–109; Samsó 2020, *passim*.
31 1) The astrolabe by Khalaf ibn Muʿāḏ, preserved in the drawings of a Latin manuscript (BNF Ms Lat. 7412); 2) the astrolabe in the British Museum, OA+371, to which Latin inscriptions were added; 3) the "astrolabe Destombes," in the Institut du Monde Arabe (Paris), which is a copy of an Andalusi instrument made in Catalonia. See Hernández 2018, 27–42, 271–78; King 2011; Samsó, 2020, 373–99.
32 Casulleras 2007; Samsó 2011, 80–110; Samsó 2020, *passim*.
33 Labarta and Barceló 1988, 243–46; Samsó 2020, 110–11; King 1992.
34 Samsó 2020, 140–41.
35 Forcada 2000a, 2004–12.
36 Vernet 1993, 180.

trasladados a las cortes que se hicieron cargo de la herencia política de los Omeyas. Los nuevos reyes entendieron que la rica y compleja cultura de sus predecesores sería tan vital para ellos como sus ejércitos.

1 Hinds 1993; Nawas 2015.
2 Gutas 1998, 75-83.
3 Forcada, 2005-5 y 2017.
4 Ibn Ḥayyān 1937, 12
5 Ṣāʿid al-Andalusī 1985, 240-242; trad. Ṣāʿid al-Andalusī 1996, 92-95; véase además al-Maqqarī, 1968, 1: 221.
6 Ibn Juljul 1955, 97.
7 Sobre la vida cultural bajo al-Ḥakam II, véase Martínez Antuña 1929, Ávila y Fierro 2024 y Forcada 2025.
8 Para una introducción a este tema, véase Vernet 1992.
9 Ibn Ḥayyān 1979; 15-16; trad. Ibn Ḥayyān 1981, 21.
10 Ibn Ḥayyān 1965, 76-77; trad. Ibn Ḥayyān 1967, 99-100.
11 Ibn Ḥayyān 1965, 207; trad. Ibn Ḥayyān 1967, 247.
12 Ibn Bashkuwāl 1989, 3: 942.
13 Peña 2012.
14 Ibn ʿAbd al-Mālik al-Marrākushī 2012, 427; Ávila 1989, 180. *Taʿdīl* alude a los cálculos matemáticos con finalidades astronómicas o astrológicas
15 Ibn al-Abbār 1985, 1: 206.
16 Sobre esta biblioteca, véase Wasserstein 1990-1, Balty-Guesdon 1992, 171-175, Sánchez-Moliní 1992, 87-89 y Calvo Capilla 2012, 155-156.
17 Ibn Ḥazm 1982, 1: 100.
18 Ávila 1989, 166.
19 Forcada 2025. Al-Rabāḥī sabía teología, lengua, lógica, medicina y astronomía, y fue maestro de un gran número de cordobeses.
20 Sobre la actividad médica del periodo, véase Balty-Guesdon 1992, 165-171 y Samsó 2011, 110-123 y 473-477.
21 Ibn Ḥayyān 1979; 44-45; trad. Ibn Ḥayyān 1981, 46.
22 Forcada 2022, 141-143. El médico de corte Saʿīd ibn ʿAbd Rabbihi (m. 953-4 o 966-7) escribió para ʿAbd al-Raḥmān III un poema didáctico sobre medicina (*Urjūza fī l-ṭibb*), que resumía en 416 versos buena parte del conocimiento médico; véase Kuhne Bravant 1980. Para más información sobre la medicina, véase la contribución de Gerrit Bos and Fabian Käs en este volumen
23 Ibn Ḥayyān 1979, 461; trad. Ibn Ḥayyān 1981, 347.
24 Ibn Abī Uṣaybiʿa 2020b, 13.36-13.40.
25 Aguirre de Cárcer 1999.
26 Álvarez de Morales 1991.
27 Sobre la bibliografía primaria y secundaria de los médicos que florecieron durante la época de Madīnat al-Zahrāʾ, véase Fierro 2019, desde el autor num. 7 al autor num. 45. Al-Zahrāwī debería ser posiblemente excluido de esta lista (véase la contribución de Gerrit Bos a este volumen.

37 Fierro 1996.
38 Fierro 2013, 63.
39 Acién 1996; Vallejo Triano 2010; Calvo Capilla 2014.
40 On the religious politics of the period and its relation to unorthodoxy, see Fierro 2005, 125–31; 2004–12; and 2013.
41 On Ibn Masarra and the philosophical and theological activity of the period, see Stroumsa 2018, esp. 34–120. For new insights into Ibn Masarra, see Bellver 2020.
42 Marín 2000, 640–43.
43 Samsó 2020, 141–43; Rius 2000, 174. On the general problematic posed by the orientation of this mosque, see King 2018–19.
44 Forcada 2025
45 Forcada 1993, 82–86.
46 Ṣāʿid al-Andalusī 1997, 242; trans Ṣāʿid al-Andalusī 1996, 94.

28 Pellat 1961. Para otras versiones de la obra, véase Navarro 1990 y Alkuwaifi 2022; véase además Forcada 2000a.
29 Sobre la actividad matemática en este periodo, véase Balty-Guesdon 1992, 191-195 y Samsó 2011, 82-83 y 466-467.
30 Samsó 2011, 49-109 y Samsó 2020 *passim*.
31 1) El astrolabio de Khalaf ibn al-Muʿāḏ, preservado en las ilustraciones de un manuscrito latino, (BNF Ms Lat. 7412); 2) El astrolabio British Museum OA+371, al que se le añadieron inscripciones latinas. 3) El "astrolabio Destombes, conservado en el Institut du Monde Arabe (París), que es copia de un instrumento andalusí, probablemente realizada en Cataluña. Véase Hernández 2018, 27-42 y 271-278, King 2011 y Samsó, 2020, 373-399.
32 Casulleras 2007; Samsó 2011, 80-110; Samsó 2020, *passim*.
33 Labarta y Barceló 1988, 243-246; Samsó 2020, 110-111; King 1992.
34 Samsó 2020, 140-141.
35 Forcada 2000a y 2004-12.
36 Vernet 1993, 180.
37 Fierro 1996.
38 Fierro 2013, 63.
39 Acién 1996; Vallejo Triano 2010; Calvo Capilla 2014.
40 Sobre la política religiosa del periodo y su relación con la heterodoxia, véase Fierro 2005, 125-131, Fierro 2012 y Fierro 2013
41 Sobre Ibn Masarra y la actividad filosófica y teológica de la época, véase Stroumsa 2018, esp. 34-120.
42 Marín 2000, 640-643.
43 Samsó 2020, 141-143; Rius 2000, 174. Sobre la problemática que plantea la orientación de esta mezquita, véase King 2018-19.
44 Forcada 2025.
45 Forcada 1993, 82-86.
46 Ṣāʿid al-Andalusī 1997, 242; trad. Ṣāʿid al-Andalusī 1996, 94.

7.

The Use and Significance of the Ornamental Programs at Madīnat al-Zahrāʾ

Uso y significado de los programas ornamentales de Madīnat al-Zahrāʾ

Antonio Vallejo Triano and Eduardo Manzano Moreno

Architecture was, along with currency, one of the most visible instruments of political propaganda for the Umayyad state. Due to its visibility, permanence over time, monumentality, aesthetic, and functional and symbolic values, architecture was—much more than any other sumptuary production—the fundamental instrument for transmitting political messages.

All the material productions of the caliphate display great coherence and a clear unity in terms of design, execution, and decorative elements. This is especially visible in architectural decoration. Beginning with the antecedents from the emirate period that can be seen in the Great Mosque of Córdoba (FIG. 7-1), the caliphate developed its own ornamental language at Madīnat al-Zahrā' that exhibits two fundamental characteristics.

The first is that the decoration was concentrated around the architectural or ornamental horseshoe arch, which served as a threshold to the buildings. On the one hand, its constituent elements were emphasized, such as the radial arrangement of its voussoirs, in which decorated and smooth pieces alternate, with the permanent presence of the red ocher color in the latter. On the other hand, its framing elements multiplied with the development of concentric moldings of various types and sizes and, above all, with the introduction of a large *alfiz*, a type of molding in the shape of an inverted U as a main framing element of the arch. In addition, the development of column supports was dominated by capitals and bases, which also became privileged elements of this decoration.

The doors of the large official buildings that identified the Umayyad power are the main examples of this extraordinary decoration. On the city walls, in religious buildings such as the Friday mosques in Córdoba and Madīnat al-Zahrā', and in the military fortifications built on the periphery of al-Andalus against its political enemies, the decoration was concentrated on the exterior doors.[1] However, in the civic structures of Madīnat al-Zahrā', the decoration occupied the interior portals of its most emblematic residential buildings and extended to all surfaces, exterior and interior, in the large halls of political representation.

The second fundamental characteristic of these decorative elements is that they were carved on a stone cladding—not plaster—a few centimeters thick that was superimposed on the ashlar of the architectural structure, to which it was joined with mortar, as if it were an outer layer of skin.[2] This means that such decoration was inevitably carved in situ, unlike other elements of architectural

La arquitectura fue, junto con la moneda, uno de los instrumentos más visibles de propaganda política del Estado omeya. Por su visibilidad, su permanencia en el tiempo, su monumentalidad y sus valores estéticos, funcionales y simbólicos, la arquitectura fue, mucho más que cualquier otra de las llamadas producciones suntuarias, el instrumento fundamental de transmisión de mensajes políticos.

Todas las producciones materiales del califato muestran una gran coherencia y una clara unidad decorativa, de diseño y de ejecución. Ello resulta especialmente perceptible en la decoración arquitectónica. Partiendo de los precedentes de época emiral presentes en la mezquita de Córdoba (FIG. 7-1), el califato desarrolló en Madīnat al-Zahrā' un lenguaje ornamental propio que muestra dos características fundamentales.

La primera es que la decoración se concentró en torno al arco de herradura, constructivo u ornamental, que cobijaba los vanos de los edificios. Por una parte, se enfatizaron sus elementos constitutivos, como la disposición radial de sus dovelas, en las que se alternan las piezas decoradas y las lisas, con la presencia permanente del color almagra en estas últimas. Por otra, se multiplicaron sus elementos de enmarque con el desarrollo de cenefas concéntricas de diverso tipo y tamaño y, sobre todo, con la introducción de un alfiz de grandes dimensiones en forma de U invertida como un elemento principal de recuadro del arco. A ello hay que unir el desarrollo de soportes columnarios dominados por capiteles y basas, que se convirtieron también en elementos privilegiados de esta decoración.

Las puertas de las grandes construcciones oficiales que identificaban el poder omeya fueron el principal destinatario de esta extraordinaria decoración. En las murallas urbanas, en los edificios religiosos como las mezquitas aljamas de Córdoba y de Madīnat al-Zahrā', y en las fortificaciones militares edificadas en las fronteras de al-Andalus, frente a sus enemigos políticos, la decoración se concentró en las puertas exteriores.[1] En cambio, en las edificaciones civiles de Madīnat al-Zahrā', la decoración ocupó las portadas interiores de sus edificios residenciales más emblemáticos y se extendió por todas las superficies, exteriores e interiores, en los grandes salones de representación política.

La segunda característica fundamental de estos programas decorativos es que se labraron sobre un aplacado de piedra —no de yeso— de unos centímetros de grosor que se superpuso a la sillería de la estructura arquitectónica, a la que quedó unida con mortero, como si

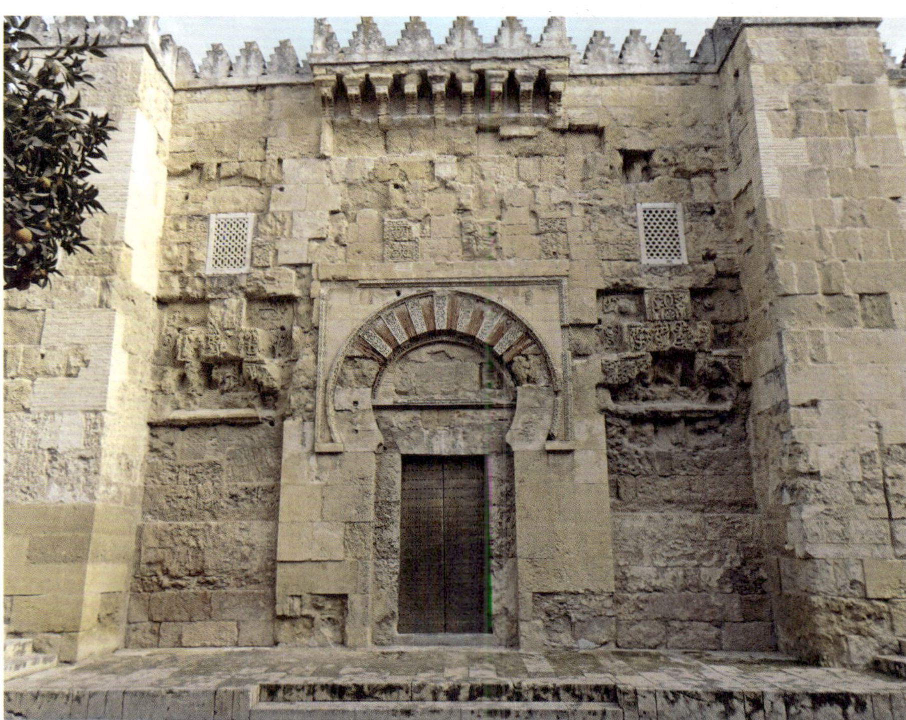

FIG. 7-1.
Gate of the Viziers, the Great Mosque of Córdoba (*Bāb al-wuzarā'*). 8–9th centuries. Image courtesy Antonio Vallejo. Puerta de los visires de la mezquita de córdoba (*Bāb al-wuzarā'*). ss. VIII-IX. Foto © Antonio Vallejo.

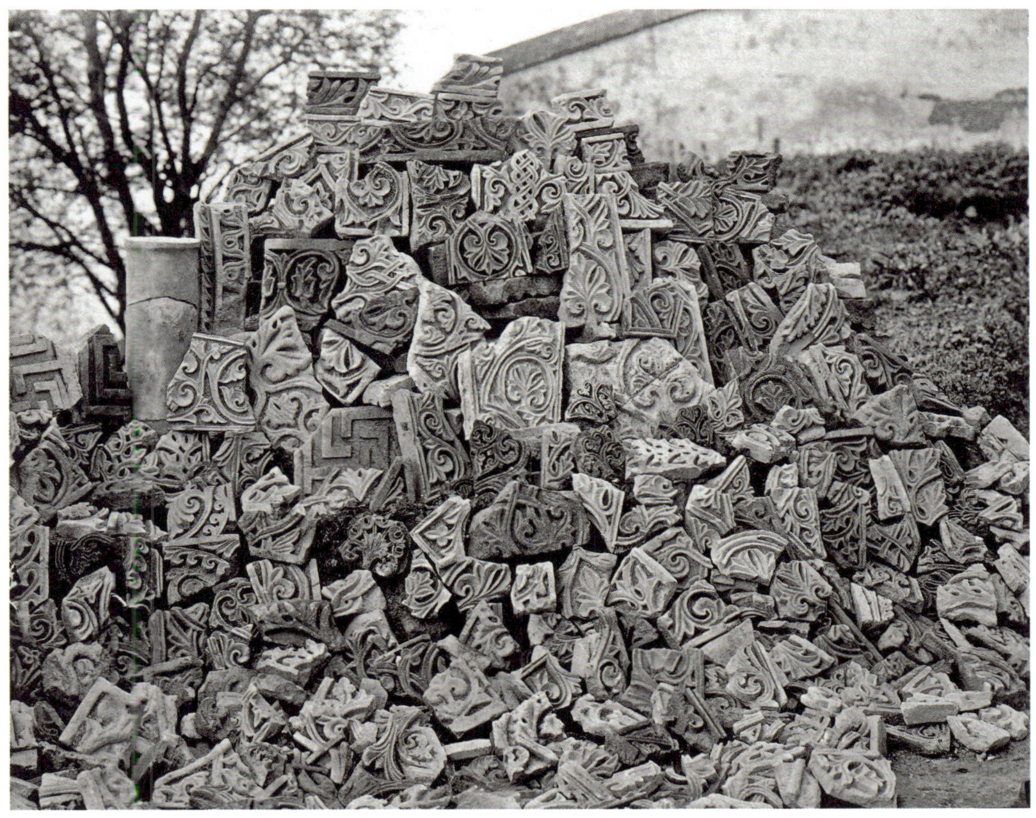

FIG. 7-2.
Ataurique (decorative fragments) with vegetal decoration excavated in 1911. © Museo Arqueológico de Córdoba. Ataurique de tema vegetal aparecido en las excavaciones de 1911. Foto © Museo Arqueológico de Córdoba.

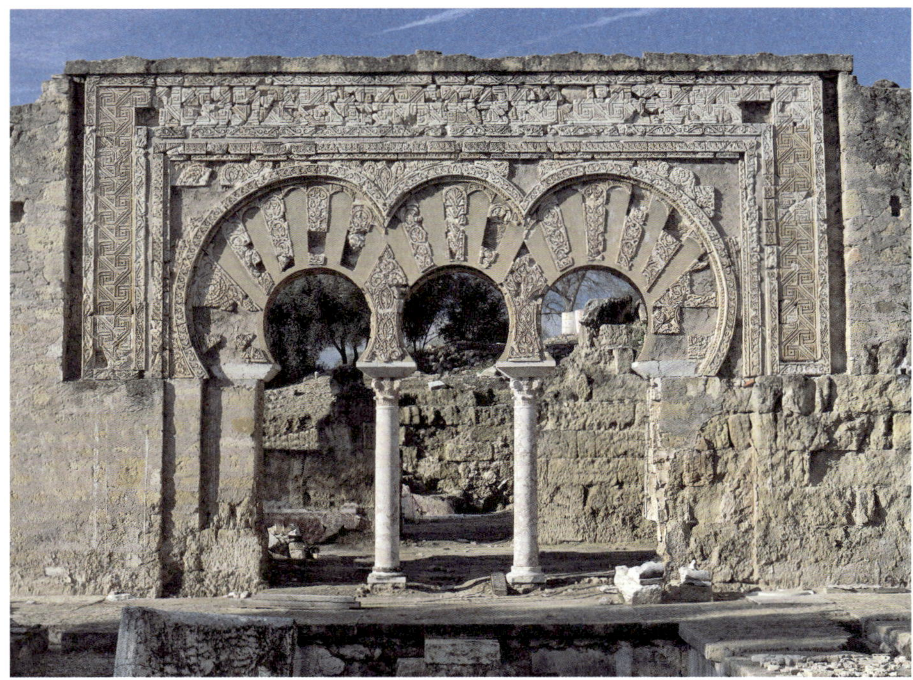

FIG. 7-3.
Western doorway of the residence of the caliph al-Ḥakam II (House of the Pool). Photo by M. Pijuán © Conjunto Arqueológico Madīnat al-Zahrāʾ.
Portada oeste de la vivienda del califa al-Ḥakam II. Foto de M. Pijuán © Conjunto Arqueológico Madīnat al-Zahrāʾ.

FIG. 7-4.
Doorway from the House of Jaʿfar. Photo by M. Pijuán © Conjunto Arqueológico Madīnat al-Zahrāʾ.
Portada de la casa del *ḥājib* Jaʿfar. Foto de M. Pijuán © Conjunto Arqueológico Madīnat al-Zahrāʾ.

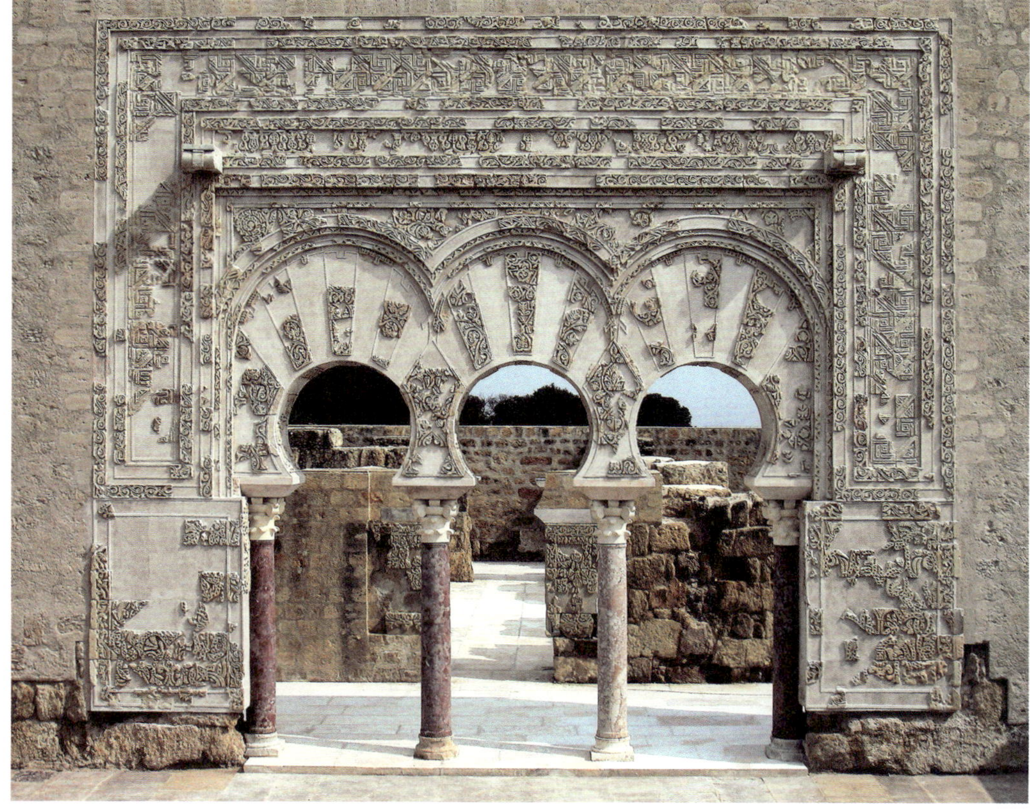

decoration such as capitals, bases, columns, and other monolithic pieces of marble that were evidently carved in a workshop and subsequently inserted in place.

A range of consequences arose from this constructive dissociation between the architectural structure and the decorative support.[3] In the intense historical process of dismantling the city after its abandonment in order to access the stone of its buildings, looters had to remove the superimposed decoration, which subsequently disintegrated into countless fragments among the ruins (FIG. 7-2). These fragments are referred to as *ataurique* in Spanish due to the predominance of plant forms (in Arabic *tawrīq*, literally "the act of putting forth leaves, branches"), although, by extension, and more conventionally, *ataurique* may also refer to decorative fragments bearing geometric and epigraphic themes. The combination of all these elements revealed that Madīnat al-Zahrā' included a massive ornamental program designed to create a strong visual impression on visitors. This ornamental program is especially important since it heralds a milestone in the history of Islamic art, which, as G. Marçais famously observed, can be identified by anyone, demonstrating its relative unity despite its geographical and chronological diversity.[4]

The astonishing number of *ataurique* fragments that have appeared since the first excavations of Madīnat al-Zahrā' in 1911 has always posed a colossal challenge for researchers of the Umayyad city. Their repetitive patterns, predictable symmetries, and different shapes are like pieces of a massive puzzle that can be reassembled even if some of the pieces are missing. Since the 1950s, this understanding has led to a relentless and meticulous effort to reconstruct the ornamentation that originally covered the main palace buildings. This process of ornamental recomposition and reinsertion in its original location, referred to as anastylosis, has contributed to understanding the architectural structure of the buildings brought to light by archaeological excavations, the dimensions and height of which can be deduced from the reconstruction of the decorative elements contained in the scattered fragments of *ataurique*.

Of the different constructions excavated in Madīnat al-Zahrā', ten buildings bore decorative programs carved in stone and marble,[5] all of them related in one way or another for official caliphal use or, less frequently, to a very high official of the state. Of these programs, we know of four (with a considerable degree of certainty) that have been entirely or partially reassembled: the Hall of ʿAbd al-Raḥmān III, also known as the Salón Rico

se tratara de su epidermis.[2] Esto significa que esta decoración fue labrada necesariamente *in situ*, a diferencia de otros elementos de la decoración arquitectónica como los capiteles, las basas, las columnas y otras piezas monolíticas de mármol, de los que se admite que son piezas labradas en taller y puestas posteriormente en obra.

De esta disociación constructiva entre la estructura arquitectónica y el soporte decorativo se derivan consecuencias de todo tipo.[3] En el intenso proceso histórico de desmantelamiento de la ciudad tras su abandono, para poder acceder a la piedra de sus edificios, los expoliadores tuvieron que desmontar la decoración superpuesta, que quedó descompuesta en miles de fragmentos entre las ruinas (FIG. 7-2). Estos fragmentos son conocidos como *ataurique* por el predominio de las formas vegetales (en árabe *tawrīq*, literalmente "el acto de echar hojas, ramas"), aunque, por extensión y de manera convencional, llamamos también *ataurique* a los fragmentos decorativos de tema geométrico y epigráfico. El conjunto de todos estos elementos reveló que Madīnat al-Zahrā' incluía un programa ornamental masivo diseñado para causar una fuerte impresión visual en los visitantes. Este programa ornamental es especialmente importante porque anuncia un hito en la historia del arte islámico, que, como observó célebremente G. Marçais, puede ser identificado por cualquiera, lo que demuestra su relativa unidad a pesar de su diversidad geográfica y cronológica.[4]

El asombroso número de fragmentos de ataurique aparecido desde las primeras excavaciones de Madīnat al-Zahrā' en 1911 siempre ha supuesto un reto colosal para los investigadores de la ciudad omeya. Sus patrones repetitivos, simetrías predecibles y formas diferentes equivalen a piezas de un enorme rompecabezas que se puede volver a montar aunque falten algunas de sus piezas. Desde la década de 1950, esta constatación ha dado lugar a un incesante y paciente esfuerzo por reconstruir la ornamentación que originalmente cubría los principales edificios del palacio. Este proceso de recomposición ornamental y su colocación en su lugar de origen, denominado *anastilosis*, ha contribuido a conocer la estructura arquitectónica de los edificios sacados a la luz por las excavaciones arqueológicas, cuyas dimensiones y altura pueden ser deducidas a partir de la reconstrucción de los elementos decorativos contenidos en las piezas dispersas del ataurique.

De las distintas construcciones excavadas en Madīnat al-Zahrā', poseyeron programas decorativos labrados en piedra y mármol diez edificaciones,[5] todas ellas oficiales

(Rich Hall), which is identified as the "Eastern Hall" in written sources (*al-majlis al-sharqī*); the residences of the caliphs ʿAbd al-Raḥmān III (r. 912–61/300–350 Hijri) and al-Ḥakam II (r. 961–76/350–66 H.); and the home of *ḥājib* Jaʿfar ibn ʿAbd al Raḥmān.

The political and propaganda-oriented meaning of the decoration is evidenced through the different ornamental treatment applied in residential architecture as opposed to structures of a political nature. In the residences, it is centered particularly in interior spaces and, within these, in areas with greater visibility and less privacy, such as the large interior portals that open to the courtyards. Alternatively, in official spaces, such as the Salón Rico and the so-called Central Pavilion, which is identified as the "Western Hall" in the written sources (*al-majlis al-gharbī*), the decoration covers the entire walls.[6]

In the residence of caliph al-Ḥakam II, known as *Casa de la Alberca* ("House of the Pool") the partially recomposed stone decorative program was arranged on the two portals of tripartite arches that open to the central garden with its pool (FIG. 7-3). These arches are supported by capitals, shafts, and bases in the center, and have small vertical decorative panels on their front and along the jambs. This same arrangement is repeated on the interior entrance door to the three-nave hall of the official residence of *ḥājib* Jaʿfar. This recently recomposed monumental doorway with three arches (FIG. 7-4) displays some new features in relation to the previous ones, such as the presence of column supports for the three arches, the greater width of the end panels, and the introduction of a decorative frieze to impart added gracefulness to the façade; although it also has similarities with those, such as the presence of vertical panels along the jambs.[7]

The residence of caliph ʿAbd al-Raḥmān III, called Dār al-Mulk (Residence of Power), presents a different case. Here the decoration was not only centered in the same locations already indicated—on the fronts of the doors and jambs (FIG. 7-5)—but also located on the exterior façade, since this house, as the official residence of the caliph, is the only one where the façade faced the rest of the palace and the city.

Anastylosis was first performed in the Salón Rico, the main political reception hall of the Umayyad caliphate, during the 1950s and continues to this day. The meticulousness with which this work was carried out was confirmed in a subsequent reevaluation.[8] The main contribution of this building to the understanding of the visual culture of the caliphate lies in the complexity of its

y relacionadas de una u otra forma con el uso califal o, de manera singular, de un altísimo funcionario del Estado. De estos programas, conocemos con un grado importante de seguridad cuatro, por haber sido total o parcialmente recompuestos: el Salón de ʿAbd al-Raḥmān III, también conocido como Salón Rico, que se identifica con el "Salón Oriental" de las fuentes escritas (*al-majlis al-sharqī*); las residencias de los califas ʿAbd al-Raḥmān III (r. 912–61/300-350 Hégira) y al-Ḥakam II (r. 961–76/350–66 H.); y la vivienda del *ḥājib* Jaʿfar ibn ʿAbd alRaḥmān.

El sentido político y propagandístico de la decoración se manifiesta en el distinto tratamiento ornamental entre la arquitectura residencial y la de representación política. En las viviendas, se centró especialmente en sus espacios interiores y, dentro de estos, en aquellos de mayor visibilidad y menor privacidad, esto es, las grandes portadas interiores que se abren a los patios. En cambio, en los edificios protocolarios como el Salón Rico y el llamado Pabellón Central, que se identifica con el "Salón Occidental" de las fuentes escritas (*al-majlis al-gharbī*), el decorado afectó a la totalidad de los paramentos.[6]

En la residencia del califa al-Ḥakam II, conocida como "Vivienda de la Alberca", el programa decorativo en piedra, parcialmente recompuesto, se dispuso en las dos portadas de arcos tripartitos que abren al jardín central con alberca (FIG. 7-3). Estas arquerías están soportadas por capiteles, fustes y basas en el centro, y disponen de pequeños tableros decorativos verticales en su frente y en las jambas. Esta misma disposición se repite en la portada interior de acceso al salón de tres naves de la residencia oficial del *ḥājib* Jaʿfar. Esta monumental portada de tres arcos, recientemente recompuesta (FIG. 7-4), presenta algunas novedades en relación con las anteriores, como la presencia de soportes de columnas en los tres arcos, la mayor amplitud de los tableros extremos y la introducción de un friso decorativo para dar mayor esbeltez a la portada; aunque también tiene similitudes con aquéllas, como la presencia de tableros verticales en las jambas.[7]

La residencia del califa ʿAbd al-Raḥmān III, denominada Dār al-Mulk (residencia del poder), constituye un caso distinto. Aquí la decoración no sólo se centró en los mismos emplazamientos ya señalados —en los frentes de las puertas y jambas (FIG. 7-5)—, sino que también se ubicó en la fachada exterior, ya que esta vivienda, como residencia oficial del califa, es la única que poseyó una fachada que se mostraba hacia el resto del palacio y de la ciudad.

La anastilosis se llevó a cabo por primera vez en el llamado Salón Rico, el principal salón de recepciones

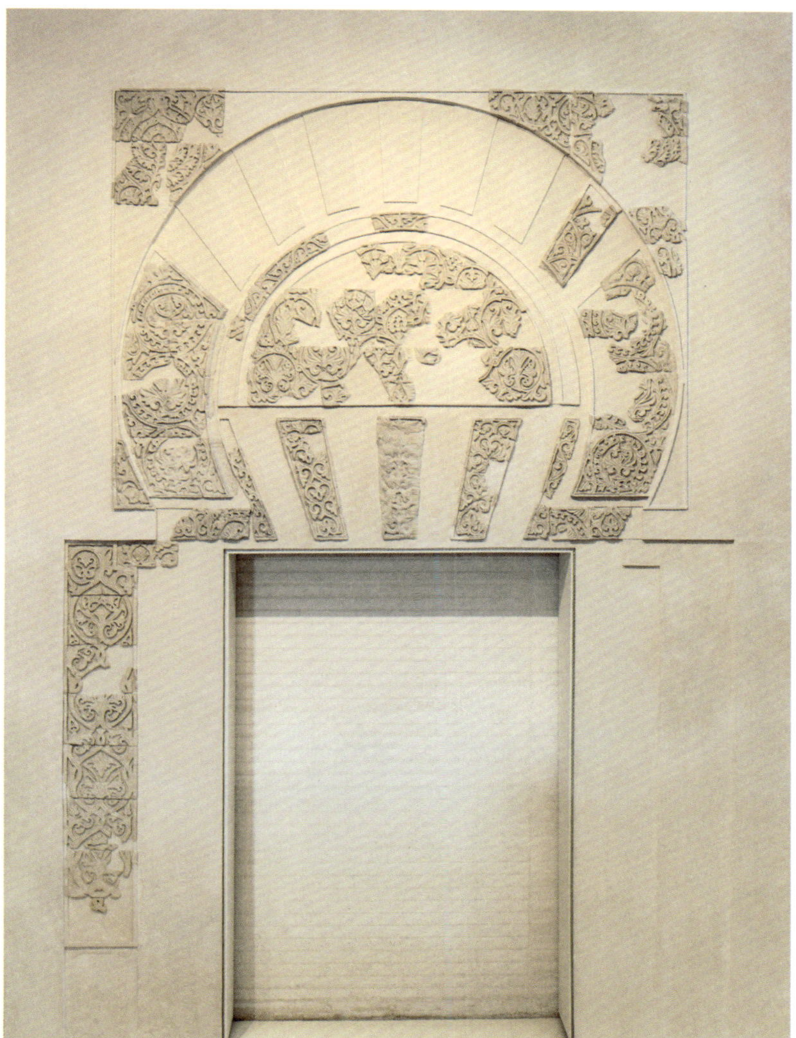

FIG. 7-5.
Doorway of the residence of the caliph 'Abd al-Raḥmān III (Dār al-Mulk). Photo by A. Holgado © Conjunto Arqueológico Madīnat al-Zahrā'. Portada de la vivienda del califa 'Abd al-Raḥmān III. Foto de A. Holgado © Conjunto Arqueológico Madīnat al-Zahrā'.

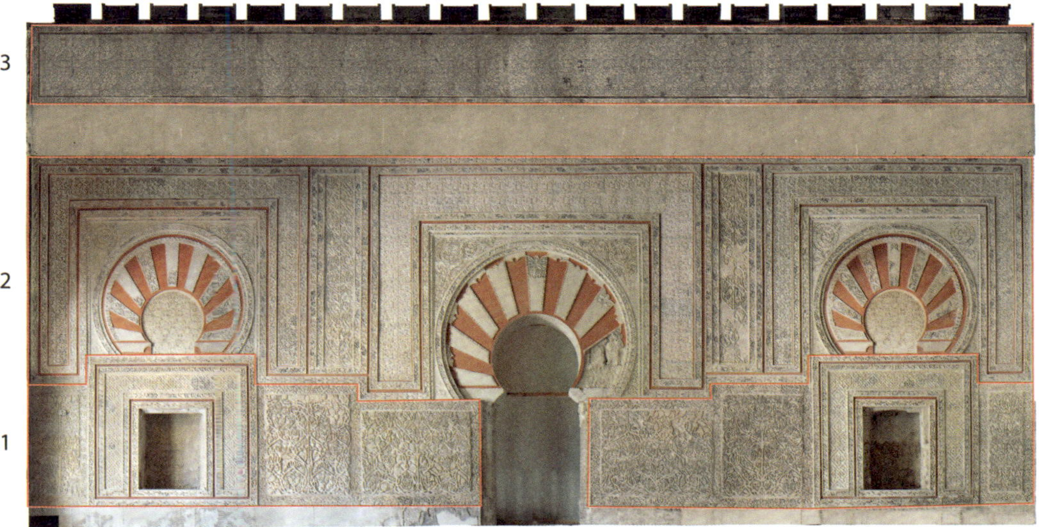

FIG. 7-6.
Decorative organization of the Salón Rico, western wall. Photo © Magoga Piñas. Organización decorativa del Salón Rico, alzado occidental. Foto © Magoga Piñas.

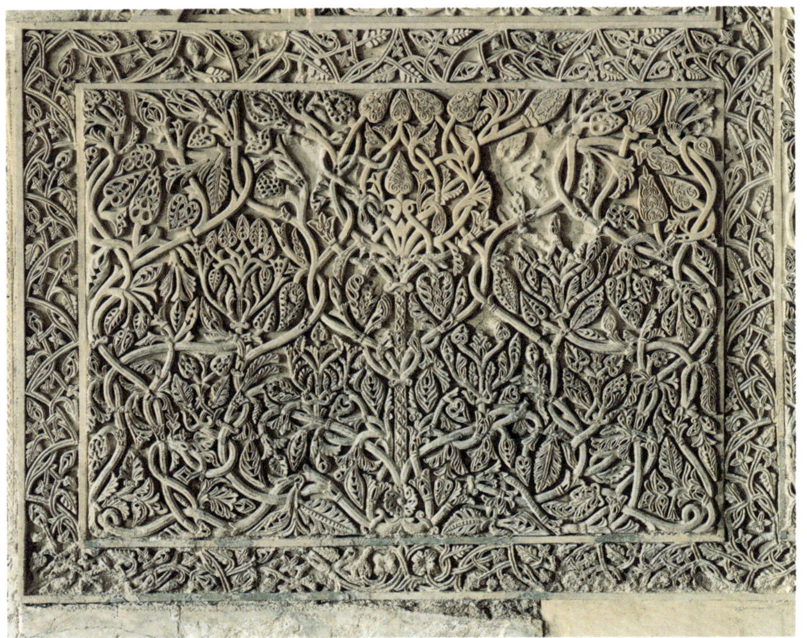

FIG. 7-7.
Plant-themed relief from the Salón Rico (Eastern Hall). Photo by M. Pijuán ©. Conjunto Arqueológico Madīnat al-Zahrā'. Panel de temática vegetal del Salón Rico. Foto de M. Pijuán © Conjunto Arqueológico Madīnat al-Zahrā'.

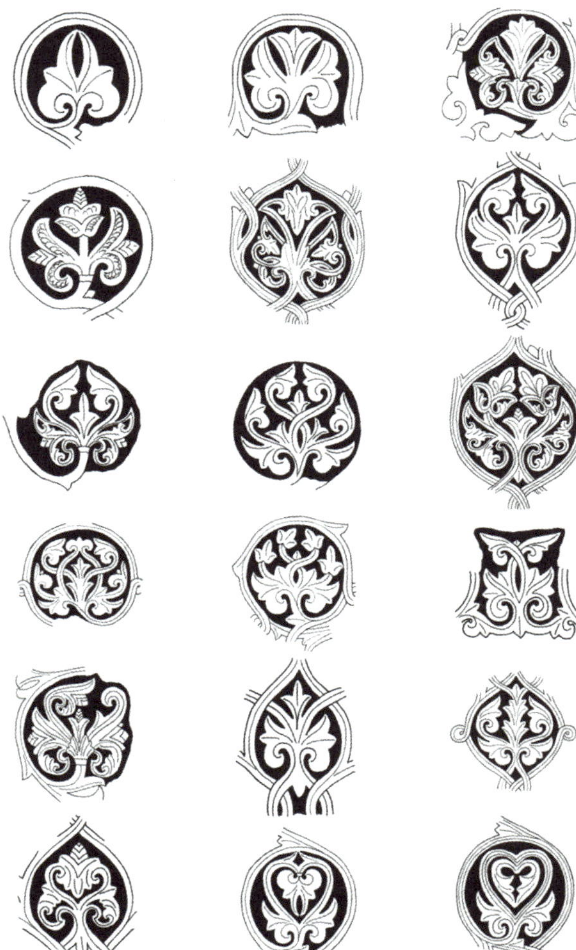

FIG. 7-8.
Typology of palmettes in the architectural decoration found at Madīnat al-Zahrā'. Drawing by J. Escudero © Conjunto Arqueológico Madīnat al-Zahrā'. Tipología de palmetas en la decoración arquitectónica de Madīnat al-Zahrā' Dibujo de J. Escudero © Conjunto Arqueológico Madīnat al-Zahrā'.

ornamental program, organized in three vertical registers, from the floor to the ceiling (FIG. 7-6). In the lower part there is a frieze of large horizontal panels that, like a high plinth, functioned as an enormous vegetal tapestry extending around the entire interior perimeter and on the façade of the building. In each of these, there are representations of tree structures composed of a central trunk, arranged as an axis of symmetry, around which the entire *ataurique* develops. In his fundamental work on these panels, the German researcher Christian Ewert identified more than 1,674 elements representing leaves, flowers, fruits, and other motifs exhibiting an exceptional variety of shapes and figures that fill a dense interweaving of botanical ornamentation (FIG. 7-7).[9] The rich and shifting combination of these motifs is intended to produce a false impression of uniformity, which is belied upon closer examination, as they are all different.

Above these panels, the plant ornamentation is accompanied by geometric motifs based on triangles, squares, and star-filled hexagons that adapt to the arches that divide the three naves and the interior portals. Above this decoration, in the upper register, a continuous frieze with star shapes finishes the entire ornamental composition of the building.

In front of this building, there was another reception hall following a basilica plan with three naves—the Central Pavilion (Salón Occidental or Western Hall), the architectural structure of which has completely disappeared. However, more than a thousand fragments of *ataurique* are preserved from it, which give a rough impression that it had an ornamental structure similar to the Salón Rico, with large tree panels in the lower area, decoration around the arches and an upper frieze, as well as star shapes.

INTERPRETATION

The possible meanings and interpretations of the lavish decoration that was displayed in the main buildings of Madīnat al-Zahrā' continue to be the subject of discussion among scholars. Why was such imposing decoration exhibited on the walls of the main buildings of Madīnat al-Zahrā'? There is no easy answer to this question. In Western art, iconography provides a good guide to understanding symbols and meanings, however this is obviously more difficult in the case of representations that evince such a level of stylization and abstraction as the panels that covered the palatial buildings of al-Zahrā'. Many scholars

políticas del califato omeya, durante la década de 1950 y continúa en nuestros días. El rigor extremo con el que se llevó a cabo este trabajo fue confirmado en una reevaluación posterior.[8] La principal aportación de este edificio a la comprensión de la cultura visual del califato radica en la complejidad de su programa ornamental, organizado en tres registros verticales, desde el suelo hasta la techumbre (FIG. 7-6). En el inferior se desarrolla un friso de grandes paneles horizontales que, a modo de alto zócalo, funcionaban como un enorme tapiz vegetal extendido en todo el perímetro interior y en la fachada del edificio. En cada uno de ellos se representan estructuras arbóreas compuestas por un tallo central, dispuesto como eje de simetría, en torno al cual se desarrolla todo el ataurique. En su obra fundamental sobre estos paneles, el investigador alemán Christian Ewert identificó más de 1674 elementos que representan hojas, flores, frutos y otros motivos con una excepcional variedad de formas y figuras que rellenan una densa trama de ornamentación vegetal entrecruzada (FIG. 7-7).[9] La rica y cambiante combinación de estos motivos pretende producir una falsa impresión de uniformidad, que queda desmentida al examinarlos más de cerca, pues son todos diferentes.

Por encima de estos tableros, la ornamentación vegetal va acompañada de motivos geométricos a base de triángulos, cuadrados o hexágonos estrellados que se adaptan a las arquerías que dividen las tres naves y a las portadas interiores. Por encima de esta decoración, en el registro superior, un friso continuo con formas de estrellas remata toda la composición ornamental del edificio.

Frente a este edificio, existía otro salón de recepciones con planta basilical de tres naves, el llamado Pabellón Central (Salón Occidental), cuya estructura arquitectónica se encuentra totalmente desaparecida. De él se conservan, sin embargo, más de un millar de fragmentos de ataurique que permiten conocer a grandes rasgos que poseyó una estructura ornamental semejante al primero, con grandes tableros arbóreos en la zona inferior, una decoración asociada a las arquerías y un friso superior, también con formas estrelladas.

INTERPRETACIÓN

Los posibles significados e interpretaciones de esta fastuosa decoración que se exhibía en los edificios principales de Madīnat al-Zahrā' sigue siendo objeto de discusión por parte de los investigadores. ¿Por qué se exhibió una decoración tan imponente en las paredes de

believe that the Islamic disdain for figurative expressions led to an over-emphasis of ornamental elements that had been inherited from late antiquity, as is the case of some decorative motifs from Madīnat al Zahrā', which can be traced back to classical models. Following this line of thought, despite the spectacular nature of their productions, Andalusi artisans had a base of practical knowledge that became increasingly more sophisticated as the decorative motifs became more intricate. However, these motifs would only express an ornamental sense of beauty and harmony devoid of any other meaning; and thus, they would allow an aesthetic experience that would necessarily require the viewer's thoughts and feelings to read it.[10] Other scholars, however, consider that Islamic designs, no matter how abstract, could transmit multiple meanings: political, religious, or even philosophical.

The evidence provided by the recomposition work carried out on the buildings of Madīnat al-Zahrā' has allowed us to reveal two main features of its decorative programs: the careful and intentional selection of motifs, and a choice and hierarchy of locations where these motifs are afforded particular importance.

In the caliphal residences of ʿAbd al-Raḥmān III and al-Ḥakam II, there is a selective use of motifs of eastern Umayyad origin, especially the plant form of the palmette, which held enormous prominence in both residences (FIG. 7-8).[11] A motif similar in form to this had been widely used in the plant decoration of the two great Umayyad religious buildings, the Dome of the Rock and the Umayyad Mosque of Damascus, and had a very marked presence in the palace architecture of the caliphs Hishām (724–43/105–25 H.) and al-Walid II (743–44/125–26 H.).[12] Likewise, the presence of the palmette on the front of the façades of both residences and, as a singular motif, especially on their jambs, has enabled us to ascertain that this place was intended to display decorative elements that testified to the Umayyad tradition, dynastic continuity or, in the case of the façade of the residence of *ḥājib* Ja'far, a private manifestation of a personal, "familial" relationship with the caliph (FIG. 7-9). This is also confirmed in different parts of al-Ḥakam II's expansion in the mosque of Córdoba, and especially in the *miḥrāb* of that building. In the entrance to the niche, al-Ḥakam introduced, in that same jamb location, the pairs of capitals, columns, and bases from the previous *miḥrāb* of ʿAbd al-Raḥmān II, which represent an expression of the Umayyad family and dynastic continuity.[13]

The potential interpretations for the interior of the Salón Rico are richer and more complex. For example,

los edificios principales de Madīnat al-Zahrā'? No hay una respuesta fácil a esta pregunta. En el arte occidental, la iconografía proporciona una buena guía para comprender símbolos y significados, pero esto es obviamente más difícil en el caso de representaciones que muestran tal nivel de estilización y abstracción como los paneles que cubrían los edificios palatinos de al-Zahrā'. De hecho, muchos estudiosos piensan que el desprecio islámico por las expresiones figurativas condujo a un sobredimensionamiento de elementos ornamentales que habían sido heredados de la Antigüedad Tardía, como es el caso de algunos motivos decorativos de Madīnat al Zahrā', que pueden rastrearse hasta modelos clásicos. Según esta opinión, a pesar de la espectacularidad de sus producciones, los artesanos andalusíes contaban con una base de conocimientos prácticos cuya sofisticación aumentaba a medida que los motivos decorativos se volvían más intrincados. No obstante, estos motivos sólo expresarían un sentido ornamental de belleza y armonía carente de cualquier otro significado; y así, permitirían una experiencia estética que, necesariamente, requeriría del pensamiento y los sentimientos del espectador para realizar su lectura.[10]

Otros estudiosos, sin embargo, consideran que los diseños islámicos, por abstractos que fueran, eran susceptibles de transmitir significados múltiples: políticos, religiosos o incluso filosóficos.

Las evidencias proporcionadas por los trabajos de recomposición efectuados en los edificios de Madīnat al-Zahrā' han permitido desvelar dos rasgos principales de sus programas decorativos: la cuidadosa e intencionada selección de motivos, y una elección y jerarquización de los emplazamientos donde esos motivos adquieren plena significación.

En las viviendas califales de ʿAbd al-Raḥmān III y de al-Ḥakam II, se comprueba una utilización selectiva de motivos de origen omeya oriental, especialmente de la forma vegetal de la palmeta, que adquirió un enorme protagonismo en ambas residencias (FIG. 7-8).[11] Una forma similar a esta había sido ampliamente utilizada en el decorado vegetal de las dos grandes edificaciones religiosas omeyas, la Cúpula de la Roca y la mezquita de Damasco, y tuvo una presencia importantísima en la arquitectura palaciega de los califas Hishām (724-743/105-125 H.) y al-Walid II (743-744/125-126 H.).[12] Asimismo, la presencia de la palmeta en el frente de las portadas de ambas residencias y, como motivo singular, especialmente en sus jambas, ha permitido determinar que ese lugar estaba destinado a albergar elementos decorativos

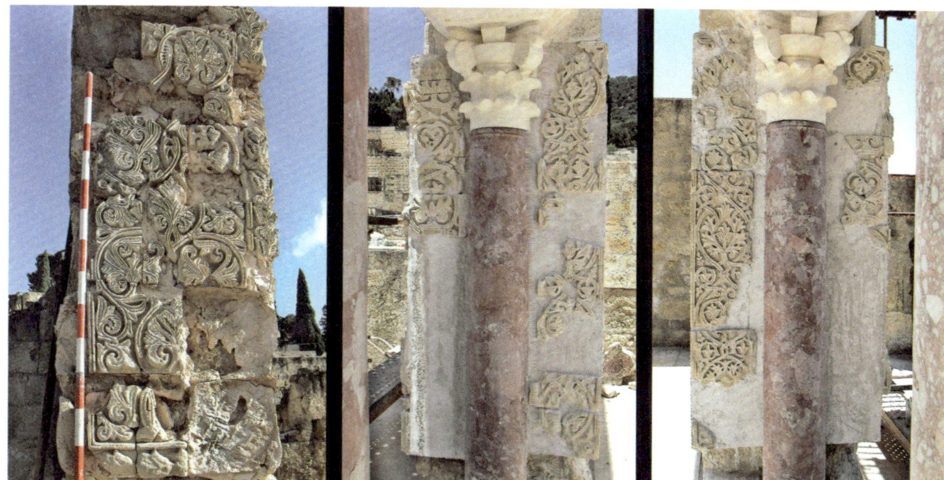

FIG. 7-9.
Door jamb of the west doorway from the House of the Pool (left); the House of Jaʿfar (center and right). Photo by M. Pijuán © Conjunto Arqueológico Madīnat al-Zahrāʾ. Tablero de jamba de la portada oeste de la vivienda de la Alberca (izquierda) y tableros de jambas de la Casa de Jaʿfar (centro y derecha). Foto de M. Pijuán © Conjunto Arqueológico Madīnat al-Zahrāʾ.

FIG. 7-10.
Panel of palmettes on the façade of the basilica space of the Salón Rico. Photo by M. Pijuán © Conjunto Arqueológico Madīnat al-Zahrāʾ. Tablero de palmetas en el frente de acceso al espacio basilical del Salón Rico. Foto de M. Pijuán © Conjunto Arqueológico Madīnat al-Zahrāʾ.

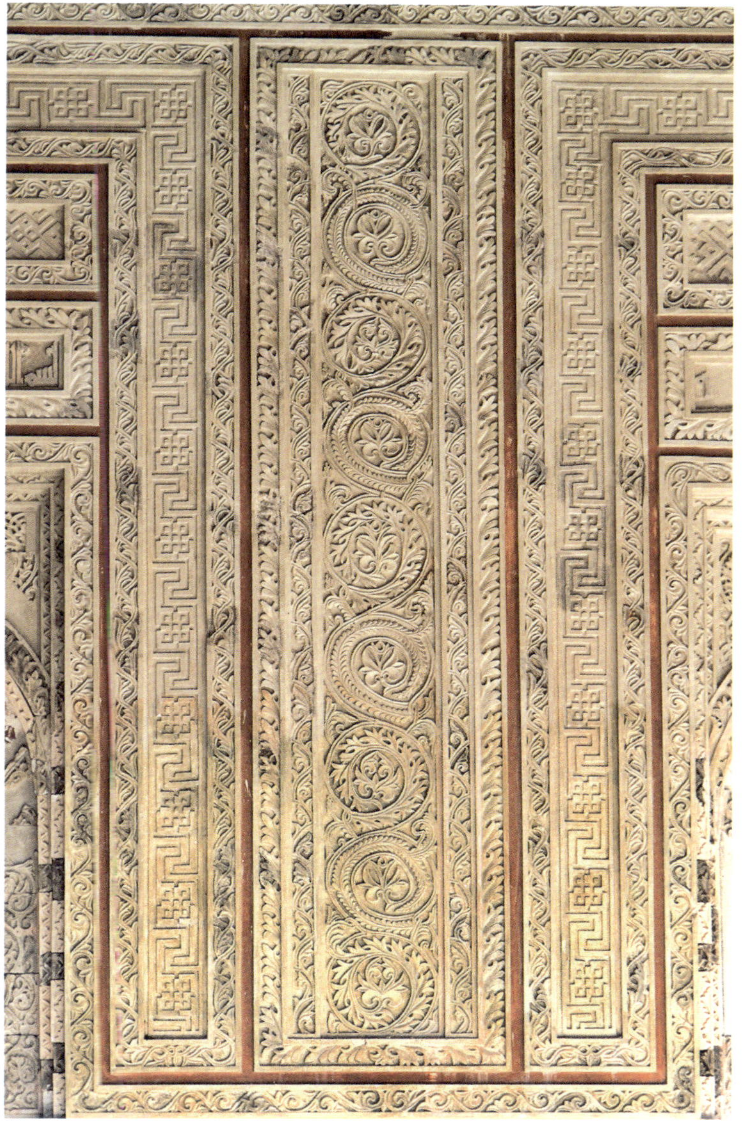

there is ample use of palmettes on the entry façade to the space where audiences were held, which make up two vertical bands next to the most important epigraphic inscriptions of the *majlis* or reception area (FIG. 7-10). Furthermore, the importance of door jambs is also accentuated in the reception halls through the introduction of four large marble panels, with carving worthy of a goldsmith, which are among the best pieces of the architectural decoration of the caliphate.

Aside from these singular elements, the orderly distribution of the different decorative registers of the building, as already mentioned, led M. Acién Almansa to propose three possible readings of its decorative program, opting for an astrological interpretation of the ensemble in an influential work published in 1995. The panels with plant motifs in the lower area would symbolize the natural world, while the frieze of stars in the upper area would represent the celestial world of the stars.[14] Based on this interpretation, the decorative program of the Salón Rico would configure a cosmography, a universe recreated by the caliph that would serve to exalt his stature, and within which he legitimized himself as the supreme sovereign who orders and directs the natural world. This idea of the caliph as a figure who governs nature is part of the political propaganda echoed by the court poets within this architectural setting, when they exclaimed that he "has returned to the earth the gardens, the flowers, and a fertility with which he has enveloped the barren."[15] Consequently, we find a fusion of the philosophical, the political, and the religious.

Another possible interpretation is that the wall decorations in the palace of Madīnat al-Zahrāʾ can be read as a representation of the political program of the caliphate, according to which the custody by the caliphs of the revelations of the Prophet Muḥammad and his legacy was considered fundamental for ensuring general prosperity. Inside the Salón Rico, the decorated panels offered an abstract continuation of the plants of the gardens to which the building opened, thus establishing a symbiotic relationship between the natural world and the order imposed on it by the caliphal government. It represented, for all intents and purposes, a rich and abundant microcosm, extolling the breadth of Umayyad ideology.[16]

1 Márquez Bueno, Gurriarán Daza and Martínez Núñez 2021, 95–135.

2 Vallejo Triano 2006, 390–91.

3 In terms of the informative value of this "detachable

que testimoniaban la tradición omeya, la continuidad dinástica o, en el caso de la portada de la residencia del *ḥājib* Jaʿfar, una manifestación privada de relación personal, "familiar", con el califa (FIG. 7-9). Así se comprueba también en distintas partes de la ampliación de al-Ḥakam II en la mezquita de Córdoba, y especialmente en su *miḥrāb*. En el vano de entrada al nicho, al-Ḥakam introdujo, en ese mismo emplazamiento de jambas, las parejas de capiteles, columnas y basas provenientes del *miḥrāb* de ʿAbd al-Raḥmān II, que constituyen la expresión de la continuidad familiar y dinástica omeya en ese oratorio.[13]

En el interior del Salón Rico la posible interpretación resulta más rica y compleja. Por una parte, no se elude la presencia de las palmetas, que se presentan en la fachada de acceso al espacio de celebración de las audiencias, donde componen dos bandas verticales junto a las inscripciones epigráficas más importantes del *majlis* (FIG. 7-10). Por otra parte, tampoco se elude la importancia de las jambas, cuyo emplazamiento se valoriza con la introducción de cuatro grandes tableros de mármol, con una labra propia de la orfebrería, que se cuentan entre las mejores piezas de la decoración arquitectónica del califato.

Al margen de estos elementos singulares, la distribución ordenada de los distintos registros decorativos del edificio, ya señalados, llevó a M. Acién, en un influyente trabajo publicado en 1995, a proponer tres posibles lecturas de su programa decorativo, optando por una interpretación astrológica del conjunto. Los tableros con representación vegetal de la zona inferior simbolizarían el mundo natural, mientras el friso de estrellas de la zona superior representaría el mundo celeste de los astros.[14] Desde esta interpretación, el programa del Salón vendría a configurar una cosmografía, un universo recreado por el califa que serviría para la exaltación de su figura y en cuyo interior se legitima como el Gobernante Primero que ordena y dirige el mundo natural. Esta idea del califa como la figura que gobierna la naturaleza forma parte de la propaganda política recitada por los poetas cortesanos en este marco arquitectónico, cuando exclaman que éste "ha devuelto a la tierra los jardines, las flores, y una fertilidad que ha cubierto con demasía lo estéril".[15] En consecuencia, lo filosófico, lo político y lo religioso se funden.

Otra posible interpretación abunda en la idea de que la decoración de los muros del palacio de Madīnat al-Zahrāʾ puede leerse como una representación del programa político del califato, según el cual la custodia por parte de los califas de la revelación del Profeta y de su tradición se consideraba fundamental para garantizar la prosperidad

decoration" vis-à-vis both the plan and the elevation of the buildings that bore this ornamental system, see Hernández Giménez 1985, 14–17.
4 Marçais 1999, 1–19.
5 Plaster, which was employed on a massive scale in the expansion of the Great Mosque of Córdoba carried out by caliph al-Ḥakam II, was only used in Madīnat al-Zahrā' in a secondary way and in a few buildings.
6 For the identification of the "Eastern" and "Western" halls, see the contributions of Vallejo Triano in this volume.
7 In this residence, the decoration was also arranged on the access arch to the central nave, the panels of which have been recomposed, and probably on the entrance arch to the private spaces of the home, although none of this is preserved.
8 Vallejo Triano 1995, 9–40.
9 Ewert 1996.
10 See, for example, the interesting reflection on this subject in González 2020, 6–33.
11 Regarding this plant motif, its uses and the different varieties with which it is represented, see Vallejo Triano 2004, 208–24.
12 For more on the mosaics of the Dome of the Rock, see the photographs provided by Grabar 1996. A wide repertoire of plant and geometric decorative motifs from the Umayyad palaces can be found in Al-Talli Bardawil 1999.
13 See Ocaña Jiménez 1988–90, 14 and 24.
14 Acién Almansa 1995, 179–95.
15 Ibn Ḥayyān 1967, 225 and Vallejo Triano 2010, 464.
16 Manzano Moreno 2019, 244–247.

general. Dentro del Salón Rico, los tableros decorados ofrecían una continuación abstracta de las plantas de los jardines a los que se abría el edificio, estableciendo así una relación simbiótica entre el mundo natural y el orden que le imponía el gobierno califal. Era, a todos los efectos, un mundo terrenal rico y abundante, que exaltaba la amplitud de la ideología omeya.[16]

1 Márquez Bueno, Gurriarán Daza y Martínez Núñez 2021, 95-135.
2 Vallejo Triano 2006, 390-91.
3 Sobre el valor informativo de este "decorado postizo" para conocer tanto la planta como el alzado de los edificios que poseyeron este sistema ornamental, véase Hernández Giménez 1985, 14-17.
4 Marçais 1999, 1-19.
5 De manera excepcional, el yeso, que fue masivamente utilizado en la ampliación de la mezquita de Córdoba realizada por el califa al-Ḥakam II, sólo fue empleado en Madīnat al-Zahrā' de manera secundaria y en contadas edificaciones.
6 Para las identificaciones de los salones "oriental" y "occidental", véase la aportación de A. Vallejo en este mismo volumen.
7 En esta residencia, el decorado se dispuso también en el arco de acceso a la nave central, cuyos tableros se encuentran recompuestos, y probablemente, en el arco de ingreso al ámbito íntimo de la vivienda, aunque nada de este se conserva.
8 Vallejo Triano 1995, 9-40.
9 Ewert 1996.
10 Véase, por ejemplo, la interesante reflexión sobre este tema en González 2020, 6-33.
11 Sobre esta forma vegetal, su utilización y las distintas variedades con las que se representa, véase Vallejo Triano 2004, 208-24.
12 Sobre los mosaicos de la Cúpula de la Roca, véanse, por ejemplo, las fotografías aportadas por Grabar 1996. Un amplio repertorio de formas decorativas vegetales y geométricas de los palacios omeyas puede encontrarse en Al-Talli Bardawil 1999.
13 Véase Ocaña Jiménez 1988-90, 14 y 24.
14 Acién Almansa 1995, 179-95.
15 Ibn Ḥayyān 1967, 225 y Vallejo Triano 2010, 464.
16 Manzano Moreno 2019, 244-247.

8.

The Umayyad Caliphal Capitals of al-Andalus

Los capiteles califales omeyas de al-Andalus

Patrice Cressier
CIHAM, Lyons

CAPITALS: THE UBIQUITOUS NODAL POINT OF ARCHITECTURAL DECORATION

Located at the exact intersections of the vertical and horizontal lines that structure the architecture of a building, capitals occupy a key position, bound to attract the visitor's attention. This is why, in every culture, from antiquity to the Middle Ages, builders have taken the trouble to endow them with particularly striking sculpted or painted ornamentation, even investing them with a religious or political "message," coded or explicit, intended for anyone contemplating them. The capitals created by the Umayyad caliphate of Córdoba (929–1031 CE) not only fully exemplified this rule, but also were an archetype. With luxurious embroidered textiles and ivory, capitals continue to bear witnesses to the dexterity of the caliph's craftsmen and as such can be seen in the collections of some of the world's great museums. While there is no monograph on the subject, there is an abundant, dispersed, and fragmented bibliography. Within the limits of these pages, it will not be possible to tackle the question of column bases, which are almost all of the attic type. Under the caliphate, many of these bear decorations or even inscriptions, forming part of the same architectural programs and playing an identical if much more discreet media role (FIG. 8-1).

BEFORE THE CALIPHATE: CREATION AND USE

In the early days of the Umayyad emirate of Córdoba, Cordoban architects merely reused antique and Visigothic capitals, as can be seen in the prayer room of ʿAbd al-Raḥmān I (r. 756–88) in the town's great mosque (786). They were not distributed haphazardly, and their disposition in the edifice emphasized its basic layout. The first pieces made for the mosque and still in place were sculpted under ʿAbd al-Raḥmān II (r. 822–52/206–38 Hijri) for the extension he made to the same mosque building between 832 and 848. Grouped together, they enhance the front *qibla*,[1] a wall in the mosque that faces Mecca, and the central nave.[2] Their morphology distinguishes them from the many other capitals traditionally attributed to this epoch, but none of them can be seen today in the context of their original monuments (FIG. 8-2). Furthermore, most of these dispersed capitals may date from the reign of ʿAbd al-Raḥmān III (r. 912–61/300–350 H.) before he proclaimed himself caliph.

CAPITELES: EL PUNTO NODAL OMNIPRESENTE DE LA DECORACIÓN ARQUITECTÓNICA

Ubicados en la intersección exacta de las líneas verticales y horizontales que estructuran la arquitectura de un edificio, los capiteles ocupan una posición clave, destinada a atraer la atención de los visitantes. Por esto, en todas las culturas desde la Antigüedad hasta la Edad Media, los arquitectos se han preocupado de otorgarles una ornamentación esculpida o pintada especialmente llamativa, imprimiándoles un "mensaje" religioso o político, codificado o explícito, destinado a quien los contemplase. Los capiteles creados por el califato omeya de Córdoba (929-1031 e. c.) no solo constituían un ejemplo de esta regla, sino que además fueron arquetípicos de ella. Con los tejidos de lujo y los márfiles, aún hoy son testimonio de la habilidad de los artesanos del califa, lo cual puede constatarse en las colecciones de algunos de los mejores museos del mundo. Si bien no existen estudios monográficos que traten específicamente el tema, es posible obtener información gracias a la abundante bibliografía dispersa y fragmentaria. En estas breves páginas no será posible abordar el tema de las bases de columnas, las cuales son en su mayoría de tipo ático. Bajo el califato, muchas de ellas llevaban elementos decorativos o incluso inscripciones: formaban parte de los mismos programas arquitectónicos que los capiteles y con un papel idéntico, si bien más discreto, en cuanto a su función didáctica (FIG. 8-1).

ANTES DEL CALIFATO: CREACIÓN Y USO

En los primeros tiempos del emirato omeya en al-Andalus, los arquitectos cordobeses se limitaron a reutilizar los capiteles antiguos y visigodos, como puede observarse en la sala de oración de ʿAbd al-Raḥmān I (r. 756-788) en la mezquita mayor de la ciudad (786). Su distribución no era azarosa sino que subrayaba las líneas maestras del edificio. Las primeras piezas elaboradas expresamente para la mezquita, y que aún se conservan, se esculpieron durante el reinado de ʿAbd al-Raḥmān II (r. 822–52/206–38 Hégira) para la ampliación que hizo de ese mismo edificio entre 832 y 848. En conjunto, realzaban la *quibla*[1] y la nave central.[2] Su morfología los distingue de muchos otros capiteles atribuidos tradicionalmente a esta época, a pesar de que ninguno de ellos puede verse hoy en el contexto de sus monumentos originales (FIG. 8-2). Además, es posible que la mayoría de estos capiteles dispersos correspondan

FIG. 8-1.
Large attic column base of Madīnat al-Zahrā'. Middle 10th century. Marble. MMaZ: 24079. Checklist no. 35. Base de columna de tipo ático de Madīnat al-Zahrā'. Mediados del siglo X. Mármol. MMaZ: 24079 Nº de verificación 35.

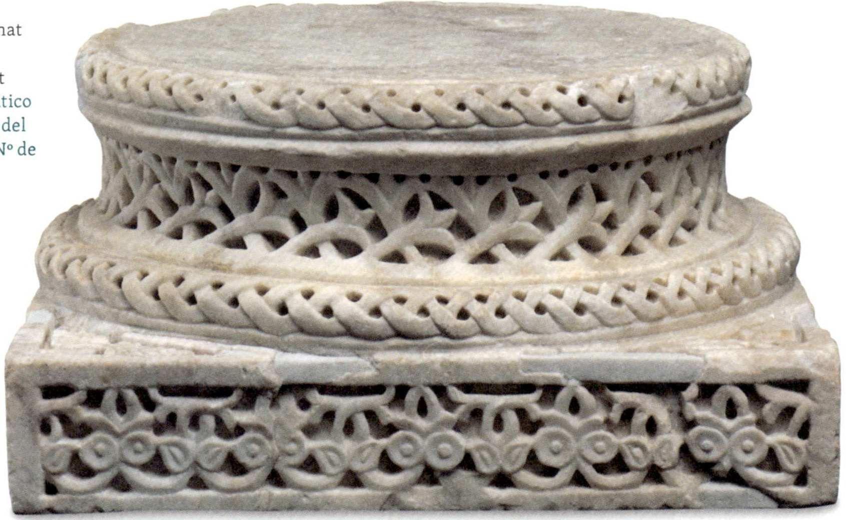

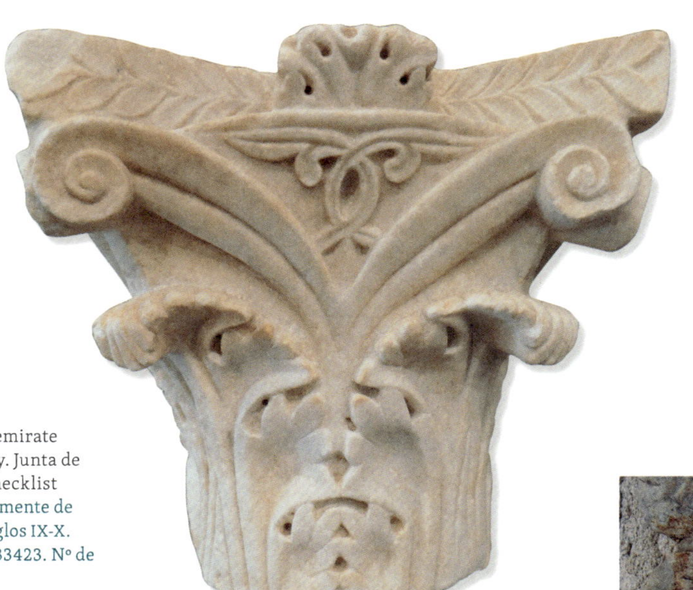

FIG. 8-2.
Capital (likely from the emirate epoch). 9th–10th century. Junta de Andalucía: DJ033423. Checklist no. 49. Capitel (probablemente de la época del emirato). Siglos IX-X. Junta de Andalucía: DJ033423. Nº de verificación 49.

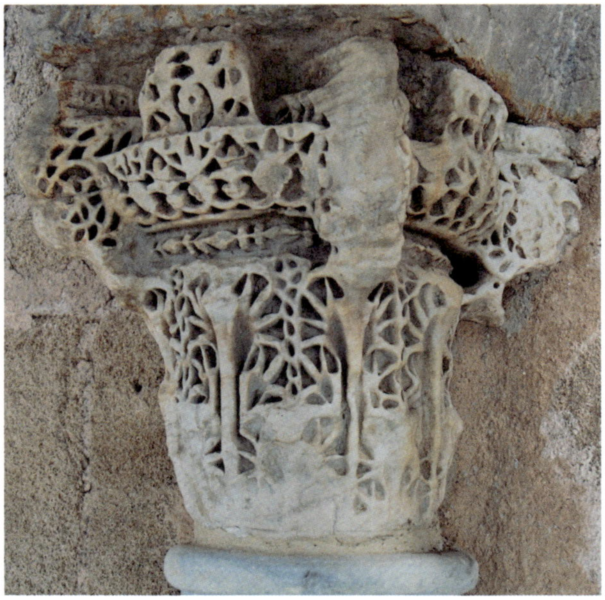

FIG. 8-3.
Composite caliphal capital, reemployed in the minaret of the Almohad mosque of Ḥasan. 1196. Rabat, Morocco. Image © Patrice Cressier and Taoufiq Bahjaoui. Capitel califal compuesto, reutilizado en el minarete de la mezquita almohade de Ḥasan. 1196. Rabat, Marruecos. Imagen © Patrice Cressier y Taoufiq Bahjaoui.

CALIPHAL CAPITALS: THE CREATION OF A MODEL

It is believed that the Cordoban caliphal capital was derived from models already in maturation during the emirate period (especially during the reign of ʿAbd al-Raḥmān II). They seem to be the result of an increasing stylization of acanthus leaves and a stricter selection of the morphological types, which are almost exclusively limited to three: composite (FIG. 8-3), pseudo-Corinthian with S-shaped scrolls (FIGS. 8-4 AND 8-5), and Corinthian (FIG. 8-6, the latter of which is in the minority). The proportions form a cube (equal in width and height) and there is a strong contrast between the cylindrical *kalathos* and the parallelepiped abacus/scroll block. The corner scrolls are discoidal and voluminous. The echinus of the composite capitals is highly characteristic. Classical acanthus leaves of varying designs persisted during the reigns of ʿAbd al-Raḥmān III and al-Ḥakam II (r. 961–76/350–66 H.), particularly on Corinthian capitals, but coexisted with other foliage motifs that were dominant and transformed over time, ultimately leading to "honeycomb" effects under the second caliph, al-Ḥakam II. A single group proved an exception, namely, the capitals in the mosque of Madīnat al-Zahrāʾ, all of which—whether pseudo-Corinthian or composite—featured a bevel-carved schematic acanthus leaf. The raison d'être for that motif in such an emblematic building is the subject of debate. Do they recall Visigoth models? Do they reflect a desire to build and sculpt more quickly[3] (FIG. 8-7)? Whatever their type, very large caliphal capitals (those more than 50 cm high in the Great Mosque of Córdoba) are relatively unusual; for the most part the others fall into three groups, with respective heights of 22–25 cm (FIG. 8-4), 32–35 cm, and 42–45 cm (FIG. 8-5), and they thus adapt to the various functions attributed to the spaces they adorn.

This reduction in the morphological types and foliage formulae, like the standardization of proportions and dimensions, meant that the caliphal capitals were easily recognizable in the past—and remain so today—and that, already in their time, their association with the Umayyad dynasty was at once evident to any observer. In more than one respect, they rapidly became emblematic of it.

THE CAPITAL AS A MESSAGE BEARER

Another characteristic of a significant percentage of caliphal capitals is the bearing of an inscription, either on

al reinado de ʿAbd al-Raḥmān III (r. 912-961/300-350 H.) antes de que se autoproclamara califa.

CAPITELES CALIFALES: LA CREACIÓN DE UN MODELO

Suele considerarse que el capitel califal de Córdoba procede de modelos ya en desarrollo durante el período emiral (especialmente durante el reinado de ʿAbd al-Raḥmān II). Parecen resultar de una estilización cada vez mayor de las hojas de acanto y de una selección más estricta de los tipos morfológicos que se limitan casi exclusivamente a tres: compuesto (FIG. 8-3), corintizante con volutas en forma de S (FIGS. 8-4 Y 8-5), y corintio (FIG. 8-6); este último es minoritario. Las proporciones forman un cubo (ancho y altura son iguales) y existe un gran contraste entre el cálatos cilíndrico y el paralelepípedo constituido por el bloque ábaco/volutas. Estas volutas son discoidales y voluminosas. El equino de los capiteles compuestos es prominente. Durante los reinados de ʿAbd al-Raḥmān III y al-Ḥakam II (r. 961-976/350-66 H.), persistieron las hojas de acanto clásicas de moldeado flexible, particularmente sobre los capiteles corintios, pero coexistieron con otros follajes predominantes que, con el tiempo, se transformaron hasta adoptar una forma dicha "de avispero" bajo el reinado del segundo califa, al-Ḥakam II. El único grupo que resultó ser una excepción es el de los capiteles de la mezquita aljama de Madīnat al-Zahrāʾ, que —ya fueran corintizantes o compuestos— presentaban una hoja de acanto esquemática tallada en bisel. La razón de ser de esta elección en un edificio tan emblemático es objeto de debate. ¿Reminisciencia de los modelos visigodos? ¿Necesidad o deseo de construir y esculpir más rápidamente[3] (FIG. 8-7)? Cualquiera sea su tipo, los capiteles califales muy grandes (aquellos mayores de 50 cm de alto en la mezquita aljama de Córdoba) son relativamente poco comunes. La mayor parte de los demás puede dividirse en tres grupos, con alturas respectivas de 22-25 cm (FIG. 8-4), 32-35 cm, y 42-45 cm (FIG. 8-5), y de este modo se adaptan a las diversas funciones atribuidas a los espacios que adornan.

Tanto esta reducción en los tipos morfológicos y en las fórmulas vegetales, como la estandarización de las proporciones y de las dimensiones, llevaron a que los capiteles califales fueran fácilmente reconocibles en el pasado —así como en el presente— y que, ya en su tiempo, su asociación con la dinastía omeya fuera evidente de inmediato para cualquier observador. En más de un aspecto, se volvieron pronto emblemáticos de lo omeya.

the abacus boss (normally adorned with a fleuron) or on the abacus itself, sometimes both. These inscriptions may include eulogies relating to the caliph himself, possibly accompanied by the date of the work's completion, and thus approximately that of the monument in which the capital is or was located. They sometimes also mention only the name of the sculptor, the contractor, or the high-ranking person directing the production of the workshop.

The example of the reception hall of Madīnat al-Zahrā' (Salón Rico) is a very good illustration of the variety of designs and their interest to historians.[4] The abacus fleurons of certain capitals in the central nave indicate simply "work of Aflaḥ, Zarīf. . ."; "work of Aflaḥ and Badr;" or "Blessing of Allah on its owner" (in this case the caliph himself). But it is the pilaster capitals generating the underlying cruciate motif that are the most explicit. One of them bears on its abacus the inscription "In the name of Allah, Allah's blessing on His servant, ʿAbd al-Raḥmān Prince of Believers. May Allah glorify him!" and on the astragal "work of Fatāḥ, Aflaḥ and Ṭarīf." But the pilaster capital opposite that capital gives even more information, as it provides the date of the work and the professional titles for the craftsmen and the person managing their work: the abacus (FIG. 8-8) records "In the name of Allah, Allah's blessing on His servant, ʿAbd al-Raḥmān Prince of Believers. May Allah glorify him! Wherefore this was made under the direction of Šunayf, his *fatā*, in the year 343 H. (954–55)" and on the astragal "work of Badr, Naṣr, and . . . serving sculptors of the Prince of Believers. May Allah glorify him!"

Another recently studied capital, probably from a mosque in Córdoba, indicates that the person supervising the creation of the capitals could also have been the person in charge of the state workshop (*dār al-ṭirāz*) that produced luxury objects (fabric and ivory) intended for the caliph, for the court, or for use as official gifts. The damaged inscription on the abacus reads: "[In the name of Allah, there is no power] or force / if not in Allah, [the Almighty] [Allah bless] [Muḥammad, His prophet and] His chosen emissary between His / creatures and [saves him. This is what was made]—[under the direction of Jaʿfar], *ṣāḥib / al-ṭirāz, / fatà* [of the Prince of Believers] / [may Allah grant him long life, and] his liberated slave, in the year / seven and forty [and three hundred] (958–59)."[5]

THE QUESTION OF PRODUCTION

Considering all the excavation finds, *spolia*,[6] and works conserved in national and provincial museums, the

EL CAPITEL COMO MENSAJERO

Otra característica de un importante porcentaje de capiteles califales es la presencia de una inscripción, ya sea en la cartela que viene a sustituir el florón de ábaco o a lo largo de todo el ábaco, a veces en ambos sitios; en casos excepcionales, se localiza en el astrágalo. Estas inscripciones pueden incluir encomios relacionados con el mismo califa, posiblemente acompañados de la fecha de terminación del trabajo, y por lo tanto la fecha aproximada de finalización del monumento en el cual se ubicó o aún se ubica el capitel. A veces solo mencionan el nombre del escultor, del director de obra o de la persona de alto rango que dirigía la producción del taller.

El ejemplo del gran salón de recepción de Madīnat al-Zahrā' (Salón Rico) ilustra muy bien la variedad de fórmulas y el interés que éstas tienen para los historiadores.[4] Las cartelas que sustituyen a los florones del ábaco de algunos capiteles de la nave central solo indican, "obra de Aflaḥ, Zarīf..."; "obra de Aflaḥ y Badr"; o "Bendición de Dios para su dueño" (en este caso, el califa). Pero los más explícitos son los capiteles de las pilastras cuya distribución contribuye a establecer un esquema cruciforme subyacente. Uno de ellos lleva en su ábaco la inscripción "En el nombre de Dios, bendición de Dios para el siervo de Dios, ʿAbd al-Raḥmān Príncipe de los Creyentes. ¡Glorifíquelo Dios!" y, en el astrágalo, "obra de Fatāḥ, Aflaḥ y Ṭarīf". Pero el capitel de la pilastra opuesta ofrece aún más información, en tanto que proporciona la fecha de la obra, los títulos profesionales de los artesanos y el nombre de la persona que dirigía su trabajo: el ábaco (FIG. 8-8) señala, "En el nombre de Dios, bendición de Dios para el siervo de Dios, ʿAbd al-Raḥmān Príncipe de los Creyentes. ¡Glorifíquelo Dios! Por lo que se hizo bajo la dirección de Šunayf, su *fatā*, en el año 343 H. (954-55)" y en el astrágalo "obra de Badr, Naṣr y... siervos escultores del Príncipe de los Creyentes. ¡Glorifíquelo Dios!"

Otro capitel, estudiado hace poco y procedente probablemente de una mezquita de Córdoba, indica que el personaje que supervisaba la fabricación de los capiteles también podría haber dirigido el taller del Estado (*dār al-ṭirāz*) que producía objetos de lujo (telas y márfiles) para el califa, la corte o para uso como obsequios oficiales. La inscripción dañada en el ábaco dice, "[En el nombre de Dios, no hay poder] ni fuerza / excepto en Dios, [el Todopoderoso] [Dios bendiga a] [Muḥammad, Su profeta y] Su emisario elegido entre Sus / criaturas y [lo salve. Por lo que se hizo]—[bajo la dirección de Jaʿfar], *ṣāḥib / al-ṭirāz*,

FIG. 8-4.
Pseudo-corinthian caliphal capital from the House of Jaʿfar (Madīnat al-Zahrāʾ). 10th century. White marble. MEAC: CE030149. Checklist no. 42. Capitel califal corintizante de la Casa de Jaʿfar (Madīnat al-Zahrāʾ). Siglo X. Mármol blanco. MAEC: CE030149. Nº de verificación 42.

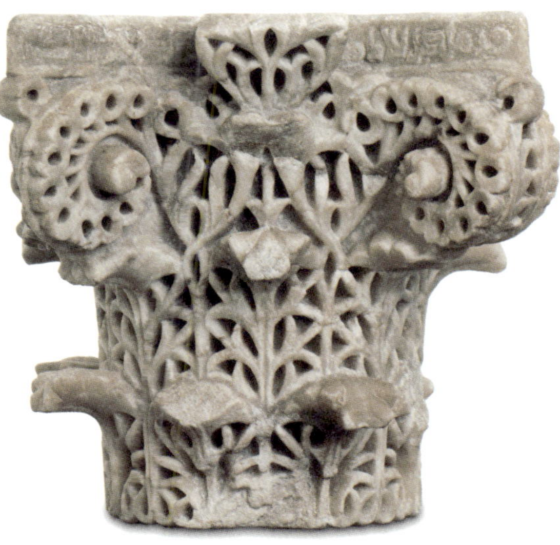

FIG. 8-5.
Pseudo-corinthian caliphal capital (with one side unfinished) in the reception hall of ʿAbd al-Raḥmān III (Salón Rico). 10th century. Madīnat al-Zahrāʾ. Marble. MMaz: 24076. Checklist no. 33. Capitel califal corintizante (con una cara inacabada) de la sala de recepción de ʿAbd al-Raḥmān III (Salón Rico). Siglo X. Madīnat al-Zahrāʾ. Mármol. MMaZ: 24076. Nº de verificación 33.

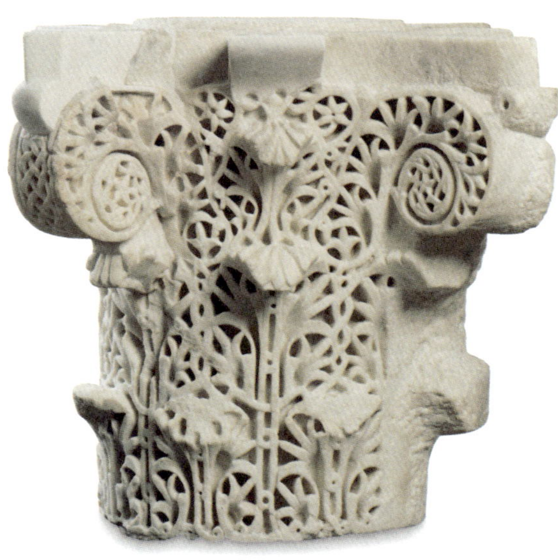

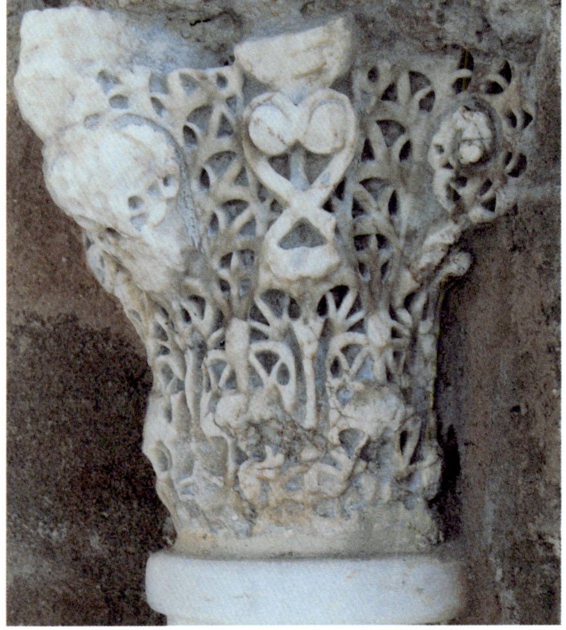

FIG. 8-6.
Corinthian caliphal capital, reemployed in the minaret of the Almohad mosque of Ḥasan. 1196. Rabat, Morocco. Image © Patrice Cressier and Taoufiq Bahjaoui. Capitel califal corintio, reutilizado en el minarete de la mezquita almohade de Ḥasan. 1196. Rabat, Marruecos. Imagen © Patrice Cressier y Taoufiq Bahjaoui.

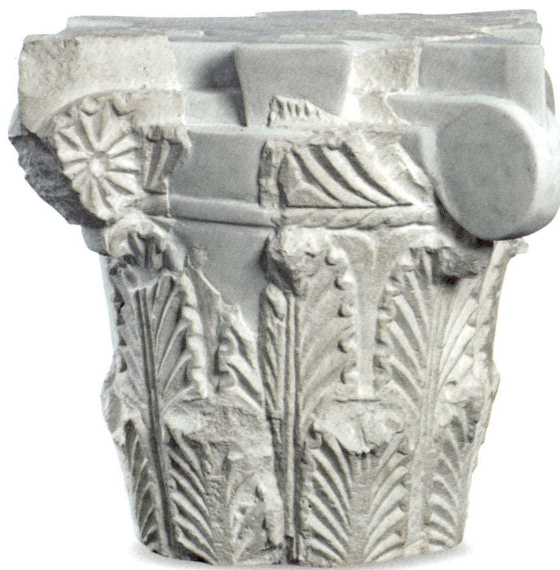

FIG. 8-7.
Composite caliphal capital of the mosque of Madīnat al-Zahrā'. 941–45. White limestone. MMaZ: 24114. Checklist no. 39. Capitel califal compuesto de la mezquita aljama de Madīnat al-Zahrā'. 941-945. Piedra caliza blanca. MMaZ: 24114. Nº de verificación 39.

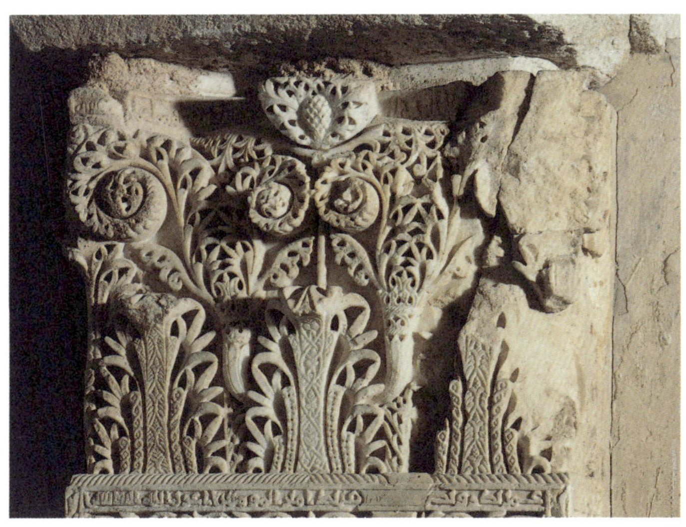

FIG. 8-8.
Corinthian pilaster capital with epigraphy in the reception hall of 'Abd al-Raḥmān III (Salón Rico). 954–955. Madīnat al-Zahrā'. Image © Conjunto arqueológico de Madinat al-Zahra. Capitel califal corintio con un epígrafe de la sala de recepción de 'Abd al-Raḥmān III (Salón Rico). 941-945. Madīnat al-Zahrā'. Imagen © Conjunto arqueológico de Madinat al-Zahra.

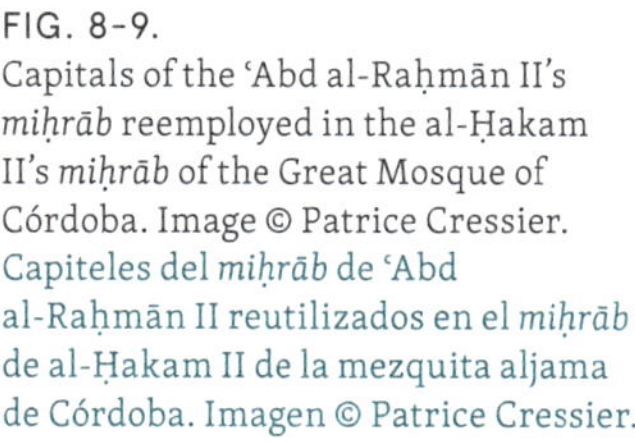

FIG. 8-9.
Capitals of the 'Abd al-Raḥmān II's *miḥrāb* reemployed in the al-Ḥakam II's *miḥrāb* of the Great Mosque of Córdoba. Image © Patrice Cressier. Capiteles del *miḥrāb* de 'Abd al-Raḥmān II reutilizados en el *miḥrāb* de al-Ḥakam II de la mezquita aljama de Córdoba. Imagen © Patrice Cressier.

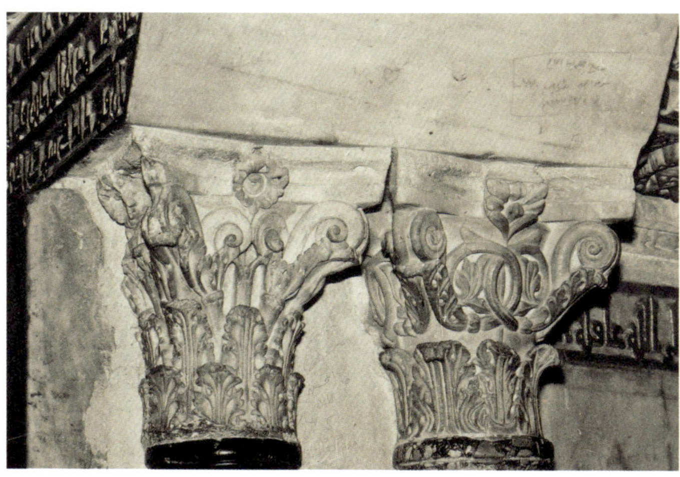

relative dispersion of the Umayyad caliphal capitals across the Iberian Peninsula (Spain and Portugal) and the Balearic Isles has long been interpreted as an indication that they were sculpted in numerous workshops. Most recently, this theory has been seriously challenged on the basis of two major arguments.[7] Firstly, except in Córdoba and its immediate environs, these capitals cannot be linked to any local building dating from the caliphate. Secondly, as we have just seen, some of the capitals themselves bear inscriptions mentioning the name of the sculptor, or the supervisor of works, known for participation in the constructions of Córdoba or Madīnat al-Zahrā'. Contributing to this argument, though less decisive, is the exceptional standardization of forms, proportions, and foliage decoration already emphasized.

For certain capitals, the inscriptions they bear leave no doubt about the involvement of high-ranking state officials in their fabrication chain. This fabrication thus appears to have taken place in centralized workshops in Córdoba/Madīnat al-Zahrā'. Although we cannot exclude a priori the possibility of certain works having been transported immediately to other important towns, it is highly probable that they made such journeys much later as *spolia* retrieved from the ruins of the caliphal city.

We know little of the practical aspects of production, and attempts to replicate it are often based on anachronistic parallels. However, we can assume that the squaring of the blocks was carried out in the quarry and the sculpting more likely in the workshop. We do not know whether there was a specialized building to accommodate such a workshop or whether, as a general rule, the sculptors operated on the sites where the construction was to take place. Nevertheless, the second theory seems certain in at least one case: that of the army parade ground in Madīnat al-Zahrā'.[8] Finishing and repairs to any damage incurred in the course of the process were also carried out in situ. Finally, the abundance of capitals presenting unfinished faces, and thus destined for further work, confirms the existence of prior planning (FIG. 8-5).

THE CAPITAL IN A MONUMENT

Very few caliphal monuments have come down to us with their capitals conserved in their original positions: the Great Mosque of Córdoba (with extensions by ʿAbd al-Raḥmān III, al-Ḥakam II, and al-Manṣūr) and various buildings in Madīnat al-Zahrā' (the Salón Rico, the Dār al-Jund, the mosque, and a few private residences). In

/ *fatà* [del Príncipe de los Creyentes] / [que Dios le conceda una larga vida, y] su liberto, en el año / cuarenta y siete [y trescientos] (958-59 e. c.)".[5]

LA CUESTIÓN DE LA PRODUCCIÓN

Si consideramos todos los ejemplares hallados en excavaciones, los *spolia*,[6] y las piezas conservadas en museos provinciales y nacionales, la dispersión relativa de los capiteles califales omeyas a lo largo de la península ibérica (España y Portugal) y las Islas Baleares ha sido interpretada durante mucho tiempo como un indicio de que se esculpieron en un gran número de talleres locales o regionales. Más recientemente, esta teoría ha sido seriamente cuestionada sobre la base de dos argumentos importantes.[7] En primer lugar, salvo en Córdoba y sus alrededores cercanos, estos capiteles no pueden relacionarse con ningún monumento local de la época del califato. En segundo lugar, como acabamos de ver, algunos de los capiteles llevan inscripciones con el nombre del escultor o del director de la obra, conocido por haber participado en la construcción de edificios en Córdoba o en Madīnat al-Zahrā'. A este se suma, aunque sea un argumento menos decisivo, la extraordinaria estandarización formal ya señalada, de las proporciones y de la ornamentación vegetal.

Las inscripciones que portan algunos capiteles no dejan ninguna duda sobre la participación de funcionarios de alto rango en la cadena de producción. Por lo tanto, esta producción parece haber tenido lugar en talleres centralizados en Córdoba/Madīnat al-Zahrā'. Aunque no podamos excluir *a priori* la posibilidad de que algunas obras viajaran inmediatamente a otras ciudades de cierta importancia, resulta muy probable que lo hicieran mucho más tarde como *spolia* procedentes de las ruinas de la ciudad califal.

Contamos con poca información acerca de los aspectos prácticos de la producción, y los intentos de reconstrucción de las distintas etapas se basan a menudo en paralelismos anacrónicos. Sin embargo, podemos suponer que el corte a escuadra de los bloques se llevaba a cabo en la cantera y el esculpido más probablemente en el taller. No sabemos si existió una edificación especializada para alojar tal taller o si, como regla general, los escultores trabajaban en el sitio donde se llevaba a cabo la construcción. No obstante, la segunda hipótesis parece asegurada al menos en un caso: el de la plaza de armas en Madīnat al-Zahrā'.[8] El acabado y los arreglos por cualquier daño ocurrido durante el proceso también se realizaban *in situ*. Por último, la abundancia de capiteles "inacabados",

the caliphal and Amirid extensions of the Great Mosque of Córdoba, the capitals all feature smooth acanthus leaves (with the exception of a few pilaster capitals in the high parts of the central nave of al-Ḥakam II), but we cannot exclude the possibility that they bore a painted foliage decoration. The two canonical forms, pseudo-Corinthian and composite, are arranged alternately and surmount columns of two different colors, thus defining oblique lines that appear to converge toward the *miḥrāb*.[9] According to certain sources, the four capitals placed on the jambs of the *miḥrāb* came from the earlier *miḥrāb*, built further to the north by ʿAbd al-Raḥmān II—perhaps indicating a desire to proclaim the continuity of the dynasty (FIG. 8-9).

But it is in the Salón Rico at Madīnat al-Zahrāʾ that the selection and distribution of the capitals found during excavation of the rubble from the collapse serve to structure the space most spectacularly, based on a play of symmetries subtly superposed on a cruciform layout with three parallel naves of the basilical hall (FIG. 8-10).[10] The significance of this "virtual space" has not been fully clarified, but it might be linked to the movements and position of the caliph in this edifice, which essentially served for official ceremonies. Generally speaking, the predilection of the architects of the caliphate of Córdoba for basilican buildings (mosques, reception halls, etc.) is obvious. This choice implies the use of a large number of supports, mainly columns, and therefore capitals. It has sometimes even been suggested that it is this multiplicity—and the possibilities it offered—that prompted the capitals' specific aesthetic design and a media role beyond their sole architectural function. This hypothesis must, however, be discussed in a broader context, including other territories and political powers of the medieval Mediterranean.

THE CALIPHAL CAPITAL AFTER THE CALIPHATE

After the fall of the caliphate, the capitals produced in the multiple *taifa* kingdoms that made up its territory resembled, to varying degrees, the two dominant types found during the beginning of the eleventh century (pseudo-Corinthian and composite). Most often they portrayed smooth acanthus leaves, and their quality depended on the mastery of the workshops run by the new leaders (FIG. 8-11). Within these limits, the capitals reveal a desire to connect the newly established powers with past glory, thus contributing to their legitimization.

destinados a estar entregados en un muro, confirma la existencia de una planificación previa (FIG. 8-5).

EL CAPITEL DENTRO DE UN MONUMENTO

Muy pocos monumentos califales llegaron a nosotros con los capiteles conservados en sus posiciones originales: la mezquita mayor de Córdoba (con las ampliaciones de ʿAbd al-Raḥmān III, al-Ḥakam II y al-Manṣūr) y varios edificios en Madīnat al-Zahrāʾ (el Salón Rico, Dār al-Jund, la mezquita y unas pocas residencias particulares). En las ampliaciones califales y amiríes de la aljama de Córdoba, todos los capiteles son de acanto liso (con la excepción de unos pocos capiteles de pilastras en la nave central de al-Ḥakam II), pero no puede descartarse la posibilidad de que hayan llevado una ornamentación vegetal pintada. Los dos tipos canónicos, el corintizante y el compuesto, se distribuyen alternadamente y coronan columnas de dos colores diferentes configurando diagonales que parecen converger hacia el *miḥrāb*.[9] Según algunas fuentes escritas, los cuatro capiteles colocados sobre las jambas del *miḥrāb* de al-Ḥakam II provenían del nicho anterior construido más al norte por ʿAbd al-Raḥmān II, atestiguando quizá la voluntad de proclamar la continuidad dinástica (FIG. 8-9).

Pero es en el Salón Rico de Madīnat al-Zahrāʾ donde la selección y la distribución de los capiteles hallados en la excavación de los escombros del derrumbe sirven de la manera más espectacular para estructurar el espacio basándose en un sútil juego de simetrías. Se superpone la simetría de los capiteles de las dos arquerías de la nave axial a la que definen los capiteles de pilastras de los vanos de acceso a las habitaciones anexas, dibujando así una estructura cruciforme virtual. (FIG. 8-10)[10] La significación de este "espacio virtual" aún no se ha aclarado del todo, pero podría estar vinculada con la circulación y las estaciones del califa en el edificio, cuya función era, recordémoslo, exclusivamente protocolaria. Más en general, resulta obvia la predilección de los arquitectos del Califato por los edificios basilicales (mezquitas, salas de recepción, etc.). Esta elección supone el uso de una gran cantidad de soportes, principalmente columnas, y por lo tanto de capiteles. Se ha llegado a sugerir que es esta profusión —y las posibilidades que ofrecía— la que motivó el diseño estético específico de los capiteles y su función mediática más allá de su mero papel arquitectónico. Esta hipótesis debe discutirse, no obstante, en un contexto más amplio, que incluye otros territorios y otros poderes políticos del Mediterráneo medieval.

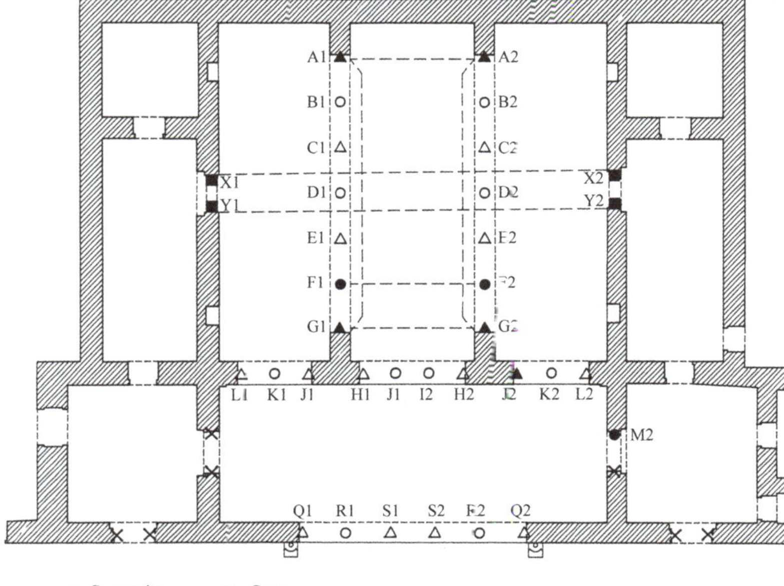

FIG. 8-10.
Distribution of the capitals in the reception hall of 'Abd al-Raḥmān III (Salón Rico) in Madīnat al-Zahrā' (953–57). Image © Patrice Cressier. Distribución de los capiteles en la sala de recepción de 'Abd al-Raḥmān III (Salón Rico) en Madīnat al-Zahrā' (953-57). Imagen © Patrice Cressier.

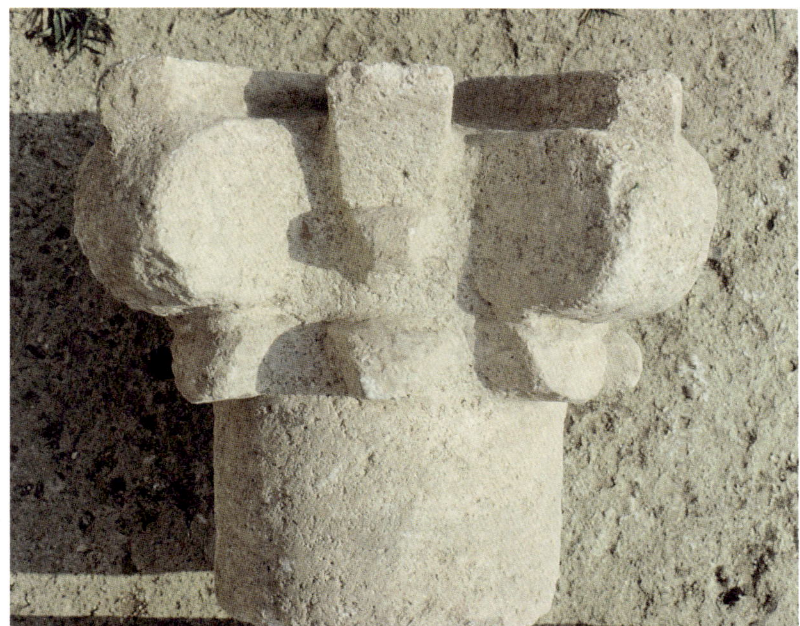

FIG. 8-11.
Taifa pseudo-corinthian capital of Almería. 11th century. Probably employed in the *Qaṣaba* complex. Image © Patrice Cressier. Capitel taifa corintizante de Almería. Siglo XI. Probablemente empleado en el complejo de la *Qaṣaba*. Imagen © Patrice Cressier.

Two of the emirates proved exceptions, that of the Banū Dī-l-Nūn in Toledo and that of the Banū Hūd in Saragossa, whose mosques and palaces made use of more-complex stylistic codes derived from the same models and thus combined this adherence to tradition with a strong statement of identity.

However, the impact of the capitals of the Córdoba caliphate is not limited to their simple posthumous stylistic influence; under the so-called African empires they were systematically reused in emblematic, aulic, and religious buildings commissioned by the Almoravid emir or the Almohad caliph, in Marrakesh, Fez, Rabat, Salé, and Seville.[11] Most of these caliphal *spolia* came from the dismantling of the palaces and residences in Madīnat al-Zahrā'.

Inside the mosques, they were used in the *miḥrābs* and, exclusively in Fez, in the zone reserved for funeral rites. On the minaret façades, they were placed so high that they cannot be seen from the ground (FIGS. 8-3 AND 8-6). In the first case, they ostensibly proclaimed the legitimacy of the regime, successor to the first Western caliphate; in the second, they were accorded a more apotropaic function. Christian edifices also resorted to this type of reuse. The reasons for this need to be researched case by case. In the Mudéjar Alcazar in Seville, as in the monastery of Santa María la Real de las Huelgas in Burgos a little earlier, there is hardly any doubt about the predominance of emulating contemporary practices in the territories that remained Islamic and embellishing the edifice with architectonic elements that had become precious. But in the church of San Juan del Hospital in Valencia (1261), in an immediate post-Reconquista context, it was rather as trophies that these pieces were reused a second time, having probably first been reused in the town's *taifa* palace.

CONCLUSION

The Umayyad caliphal capitals of Córdoba made an effective contribution to the hierarchization of the spaces and movements of people in the buildings that used them, contexts that also suggest the capitals can be seen as material representations of underlying patterns imperceptible to an inattentive observer. Highly standardized in the treatment of their foliage and morphology, they are identifiable in more than one respect with the caliphal state itself, in whose workshops they were produced under the control of highly placed officials of the administration.

EL CAPITEL CALIFAL DESPUÉS DEL CALIFATO

Después de la caída del califato, los capiteles producidos en los numerosos reinos de taifa que se repartieron su territorio pertenecían, más o menos, a los dos tipos morfológicos dominantes en los inicios del siglo XI (corintizante y compuesto). La mayoría recurría a un acanto liso, y la calidad de su factura dependía de la maestría de los talleres que los nuevos dirigentes habían logrado crear (FIG. 8-11). Dentro de esas limitaciones, los capiteles revelan un deseo de conectar los poderes recientemente establecidos con la gloria pasada, contribuyendo así a su propia legitimación. Dos emiratos resultaron ser una excepción, el de los Banū Dī-l-Nūn en Toledo y el de los Banū Hūd en Zaragoza, cuyas mezquitas y palacios utilizaron códigos estilísticos más complejos aunque derivados de los mismos modelos, combinando así el apego a la tradición con una clara declaración identitaria.

Sin embargo, el impacto de los capiteles del califato de Córdoba no se limita solo a su influencia estilística póstuma: bajo los llamados imperios africanos fueron sistemáticamente reutilizados en edificios áulicos y religiosos emblemáticos que mandó a construir el emir almorávide o el califa almohade en Marrakesh, Fez, Rabat, Salé y Sevilla.[11] La mayoría de estos *spolia* califales provenían del desmantelamiento de los palacios y residencias de Madīnat al-Zahrā'.

Dentro de las mezquitas, eran utilizados en los *miḥrābs* y, únicamente en Fez, en la zona reservada a los ritos funerarios. En las fachadas de los minaretes, se ubicaban tan alto que no se los podía ver desde el suelo (FIGS. 8-3 Y 8-6). En el primer caso, proclamaban ostensiblemente la legitimidad del régimen, sucesor del primer califato occidental; en el segundo, se les otorgaba una función más apotropaica. Algunos monumentos cristianos también recurrieron a este tipo de acarreo. Las razones para ello deben investigarse caso por caso. En el Alcázar mudéjar de Sevilla, así como un poco antes en el monasterio de Santa María la Real de las Huelgas en Burgos, no cabe duda de que predominaron la emulación de prácticas contemporáneas en los territorios todavía islámicos y el deseo de embellecer los edificios con elementos arquitectónicos que se habían vuelto valiosos. Pero en la iglesia de San Juan del Hospital en Valencia (1261), en un contexto inmediatamente posterior a la "reconquista", estas piezas fueron reutilizadas por segunda vez más bien como trofeos, habiendo sido probablemente reempleadas antes en el palacio taifa de la ciudad.

If they thus implicitly bore a message of identity, they also frequently conveyed explicit information via inscriptions that featured in their decoration: eulogies for the caliph or names and titles of people involved in their production. In what is an exceptional case in the history of art and architecture, they are thus at once material documents and textual sources for historians.

The emblematic role accorded to the Umayyad caliphal capitals of Córdoba in their time—without equivalent in the eastern caliphates—was succeeded by a later legitimizing role with their reuse in the architecture of the *taifa* kingdoms and, even more so, in that of the Almoravid emirate and Almohad caliphate of the African empires.

1 The *qibla* is the direction Muslims face when praying toward the Ka'ba in Mecca. In a mosque, the *qibla* wall is the wall that faces Mecca.
2 Cressier 1984; Peña Jurado 2010.
3 Noack-Haley 2004, 413–43.
4 Martínez Núñez 1995, 107–52.
5 Cressier, Gilotte, and Martínez Núñez 2023, 369–70.
6 *Spolia* are carved pieces or simple stones taken from an older structure and reemployed in a new construction with practical, decorative, prophylactic, or symbolic purposes.
7 Cressier 2004.
8 Martín-Serrano 2021, 526.
9 Ewert and Wisshack 1981, figs. 35–37.
10 Cressier 1995.
11 Cressier and Cantero Sosa 1995, 159–74; Rosser-Owen 2014, 152–98.

CONCLUSIÓN

Los capiteles califales omeyas de Córdoba contribuyeron de manera eficaz a la jerarquización de los espacios y de la circulación de las personas que los utilizaban. Materializaban también de forma sútil esquemas subyacentes imperceptibles para el observador inatento. Fuertemente estandarizados por su follaje y su morfología, se los puede identificar en más de un aspecto con el propio Estado califal, en cuyos talleres fueron producidos bajo el control de altos funcionarios.

Si, de manera implícita, eran portadores de un mensaje identitario, transmitían a menudo también una información explícita a través de las inscripciones exhibidas en su ornamentación: encomios al califa así como nombres y títulos de los personajes involucrados en su producción. En lo que constituye un caso excepcional dentro de la historia del arte y de la arquitectura, resultan así para los historiadores al mismo tiempo documentos materiales y fuentes textuales.

A la función emblemática atribuida a los capiteles califales omeyas de Córdoba en su tiempo —sin equivalente en los califatos orientales— le sucedió una función legitimadora cuando fueron reutilizados en la arquitectura de los reinos de taifa y, aún más, en la del emirato almorávide y del califato almohade, los "imperios africanos".

1 La *qibla* es la dirección hacia la Kaaba de La Meca, hacia la que se orientan los orantes al rezar. En el muro de *qibla* de las mezquitas, se abre el nicho del *miḥrāb* hacia donde convergen las miradas de los fieles en oración.
2 Cressier 1984; Peña Jurado 2010.
3 Noack-Haley 2004, 413-43.
4 Martínez Núñez 1995, 107-52.
5 Cressier, Gilotte y Martínez Núñez 2023, 369-70.
6 Los *spolia* son piezas esculpidas o simples piedras procedentes de una estructura más antigua y reutilizadas en una nueva construcción con fines prácticos, ornamentales, protectores o simbólicos.
7 Cressier 2004.
8 Martín-Serrano 2021, 526.
9 Ewert y Wisshack 1981, figs. 35-37.
10 Cressier 1995.
11 Cressier y Cantero Sosa 1995, 159-74; Rosser-Owen 2014, 152-98.

9.

The Pottery of Madīnat al-Zahrāʾ

La cerámica de Madīnat al-Zahrāʾ

Irene Montilla Torres
University of Jaén

The city of Madīnat al-Zahrā’ and particularly its Alcázar (palace) were privileged places that saw the extraordinary development of a new luxury pottery, known in historiography as “green and manganese.” In addition, new shapes and decorations were added to other glazed and commonly used pottery, the manufacture of which had its roots in the preceding period, the emirate.

The pottery decorated in green and manganese was the most representative and unique of the caliphate, and gained special relevance among the various propaganda methods launched by ʿAbd al-Raḥmān III, the first caliph. His objective was to legitimize the dynasty’s right to flaunt its new political and religious eminence. To achieve this, a complex process was initiated to manufacture luxury objects made from materials such as metal, ivory, textile, and ceramic. With the introduction of novel decorative elements and shapes, sometimes combined with pre-existing ones, a new symbolic visual language was created to express the caliph’s right to exercise power in al-Andalus and beyond.

The crafted objects were manufactured in the *dār al-ṣināʿa* (official state workshops) and were intended for the caliph himself, his family, and high-ranking state officials. But they also became precious gifts that the ruler offered to his political allies, in particular the chiefs of the Berber tribes from North Africa and rulers of the Christian kingdoms in the Iberian Peninsula.

In this context, pottery became a preferred carrier of political propaganda messages through the decorative motifs and colors used. These colors—white and green—have been interpreted symbolically due to their connection with Islam (green) and with the Umayyad family (white).[1] Thus, in al-Andalus, pottery seems to have been created as a result of a specific desire linked to the establishment of the caliphate. However, there are clear influences from antecedents made with identical colors from areas such as Ifrīqiya (approximately coinciding with present-day Tunisia) and, especially, Raqqāda,[2] where its most direct precursors seem to be found.

One of the defining characteristics of this pottery is its technology, which was unknown in al-Andalus until that time. The decorated surface has a white glaze made with lead oxide opacified with tin, on which the decorative motifs were drawn in black (manganese oxide), which were filled in with this same color and, to a greater extent, with green (copper oxide). The undecorated surface also received a lead glaze, but in a honey color, although sometimes the white color extended over the entire piece.

La ciudad de Madīnat al-Zahrā’ y, especialmente, su Alcázar fueron los lugares privilegiados que vieron el extraordinario desarrollo de una nueva cerámica de lujo, conocida en la historiografía como “verde y manganeso”. A ella se sumaron nuevas formas y decoraciones en otras cerámicas, vidriadas y de uso común, cuya fabricación hundía sus raíces en el periodo precedente, el emirato.

La cerámica decorada en verde y manganeso fue la más representativa y singular del califato, y cobró una especial relevancia entre los diversos medios de propaganda que puso en marcha ʿAbd al-Raḥmān III, primer califa. Su objetivo fue legitimar el derecho a ejercer la nueva dignidad política y religiosa por parte de la dinastía. Para ello inició un complejo proceso de fabricación de objetos de lujo que incluyó materiales como metales, marfiles, textiles y, también, cerámicas. Con la introducción de nuevos elementos decorativos y nuevas formas, combinados en ocasiones con otros ya existentes, se generó un nuevo lenguaje visual simbólico con el que expresaba su derecho a ejercer el poder en al-Andalus y más allá de sus fronteras.

Los objetos diseñados se fabricaron en la *dār al-ṣināʿa* (las manufacturas oficiales del Estado) y fueron destinados al propio califa, a su familia y a los altos funcionarios del Estado. Pero también se convirtieron en preciados regalos que el gobernante ofrecía a sus aliados políticos, especialmente, los jefes de las tribus beréberes del norte de África y a gobernantes de los reinos cristianos de la península ibérica.

En este contexto, la cerámica fue portadora privilegiada de mensajes políticos de propaganda a través de los motivos decorativos y los colores empleados, el blanco y el verde. Estos colores han sido interpretados simbólicamente por su vinculación con el islam (verde) y con la familia omeya (blanco)[1]. En al-Andalus, por tanto, esta cerámica parece haber sido creada como resultado de una voluntad específica ligada a la implantación del califato, aunque existían precedentes en cerámicas algo anteriores fabricadas con idénticos colores, puesto que es claro el influjo recibido desde la zona de Ifrīqiya (coincidente aproximadamente con el actual Túnez) y, en concreto, de Raqqāda[2], donde parecen encontrarse sus más directas precursoras.

Una de las características definitorias de esta cerámica es su tecnología, desconocida en al-Andalus hasta ese momento. La superficie decorada presenta un vidriado blanco realizado con óxido de plomo opacificado con estaño, sobre el que se dibujan en color negro (óxido

This Madīnat al-Zahrā' tableware is characterized by the wide variety of shapes intended for many different functions, but which exclude those strictly related to the kitchen. There are pieces intended for table service and others that must be related to personal use or grooming. They, therefore, correspond to use in a courtly setting where they would provide an air of distinction to tables and spaces reserved for high state officials.

Open shapes, referred to as *ataifores*, overwhelmingly dominate this pottery (FIG. 9-1). There is a greater variety of closed shapes, including jugs (with one or two handles), jars (FIG. 9-2), *redomas* (flasks), and cups (FIG. 9-3), which were intended to hold liquids for serving or for immediate consumption in the case of *jarritos* (little jugs) and cups. In addition to these pieces, there are other types with fewer examples, such as cylindrical canisters manufactured in various sizes. This tableware is complemented by a series of small- to medium-sized ceramics that had a wide variety of secondary functions: little jars, inkwells, and boxes (FIG. 9-4).[3] Some of the pieces mentioned also appear in other areas of al-Andalus, especially the *ataifores*. However, the majority are unique to the Alcázar of Madīnat al-Zahrā' and are connected to the daily needs of life in the palace.

The decoration of these ceramics is one of its hallmarks, not only because of the quality of its execution, but also due the use of certain decorative motifs that it shares with other elements of the caliphate's culture such as ivory carving, metalwork, and architectural decoration (FIG. 9-5). The chosen motifs are vegetal, epigraphic and pseudo-epigraphic, geometric, and figurative. The plants that appear include palmettes, half palmettes, acanthus leaves, and lanceolate petals, and are arranged in a wide range of designs, creating compositions of great richness and variety. The palmette is particularly prominent, representing a decorative element greatly valued by the Umayyad dynasty, as demonstrated by its representation in all its material production (FIG. 9-5).[4]

Epigraphy was also a frequently used element, though the same terms were often repeated. The most prominent is *al-mulk* (power, dominance), and various interpretations of this element have been proposed. It has been considered to have a religious meaning (*al-mulk lillāh*, "power [is] for God"),[5] or to be a means of political legitimation of the new caliphate[6] (FIG. 9-6). Much less often, the term *baraka* (blessing) is used, which seems to accentuate the invocation of the divine power held by its bearer.

de manganeso) los motivos decorativos que se rellenan con este mismo color y, en mayor medida, con el verde (óxido de cobre). La superficie no decorada recibía un vidriado también de plomo, pero en color melado, aunque en ocasiones, el color blanco se extendía por toda la pieza.

Esta vajilla de Madīnat al-Zahrā' se caracteriza por una gran variedad de formas destinadas a una diversidad de funciones de las que se excluyen las vinculadas al ámbito estricto de la cocina. Así, existen piezas destinadas al servicio de mesa y otras que deben relacionarse con un uso personal o de tocador. Responden, por tanto, a una utilización propia de un ambiente cortesano en el que distinguirían las mesas y los espacios reservados a los altos funcionarios del Estado.

En esta cerámica dominan abrumadoramente las formas abiertas que reciben la denominación de "ataifor" (FIG. 9-1). Las formas cerradas muestran una mayor variedad al incluir jarras (con dos asas), jarros y jarritos (con un asa), orzas (FIG. 9-2), botellas/redomas y tazas (FIG. 9-3), y fueron destinadas a contener los alimentos líquidos en la mesa o al consumo directo de los mismos en el caso de jarritos y tazas. Junto a estas piezas se constatan otras en menor número, como los botes cilíndricos fabricados en diferentes tamaños. Esta vajilla se completa con una serie de formas secundarias de pequeño y mediano tamaño con una gran variedad de funciones: orcitas, tinteros y cajitas (FIG. 9-4)[3]. Algunas de las piezas señaladas aparecen también en otras zonas de al-Andalus, sobre todo, los ataifores. Sin embargo, la mayor parte son tipos exclusivos del Alcázar de Madīnat al-Zahrā' y se relacionan con las necesidades cotidianas de la vida en el palacio.

La decoración es una de sus señas de identidad, no solo por la calidad de su ejecución, sino por la utilización de determinados motivos decorativos que comparte con otros elementos de la cultura material del califato como marfiles, metales o decoración arquitectónica (FIG. 9-5). Los motivos escogidos son vegetales, epigráficos y pseudoepigráficos, geométricos y figurativos. Entre los vegetales aparecen palmetas, medias palmetas, hojas de acanto o pétalos de forma lanceolada que se disponen formando una amplia gama de diseños que generan composiciones de gran riqueza y variedad. Destaca la palmeta, un elemento decorativo de especial predilección por parte de la dinastía omeya, como demuestra su representación en todas sus producciones materiales (FIG. 9-5)[4].

La epigrafía fue también uno de los elementos más utilizados, aunque siempre con los mismos vocablos que se repiten. El representado de forma mayoritaria es *al-mulk*

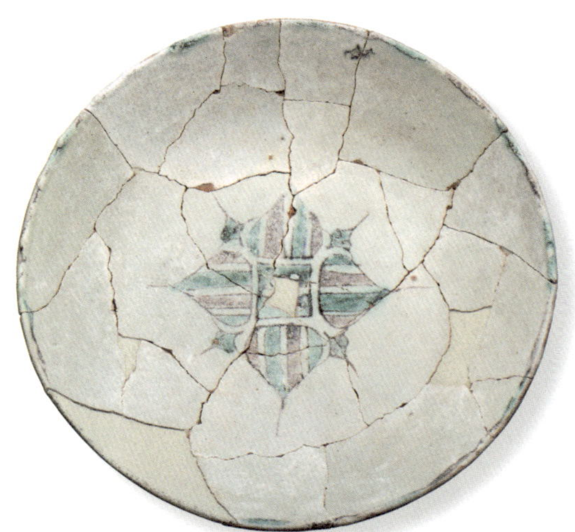

FIG. 9-1.
Deep dish (*ataifor*) with floral decoration. Border decorated with a chain of alternating green and black ovals. 10th century. Glazed ceramic with green and manganese decoration. Exterior glazed in white. MAEC: CE030166-1072. Checklist no. 69. Ataifor decorado en verde y manganeso con motivo floral en el centro. Borde decorado con cadena de ovas alternas en verde y negro. Vidriado exterior en color blanco. Siglo X. MAEC: CE030166-1072. Nº de verificación 69.

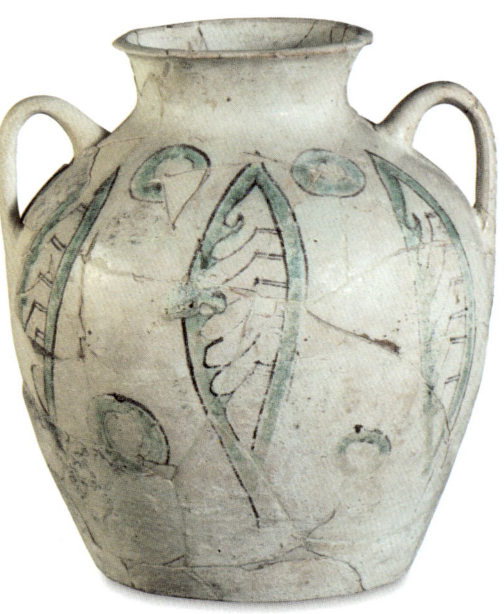

FIG. 9-2.
Jar with vegetal and geometric motifs. 10th century. Glazed ceramic with green and manganese decoration. Interior glazed in white. MAEC: CE030166-2024. Checklist no. 70. Orza decorada en verde y manganeso con motivos vegetales y geométricos. Vidriado interior en color blanco. Siglo X. MAEC: CE030166-2024. Nº de verificación 70.

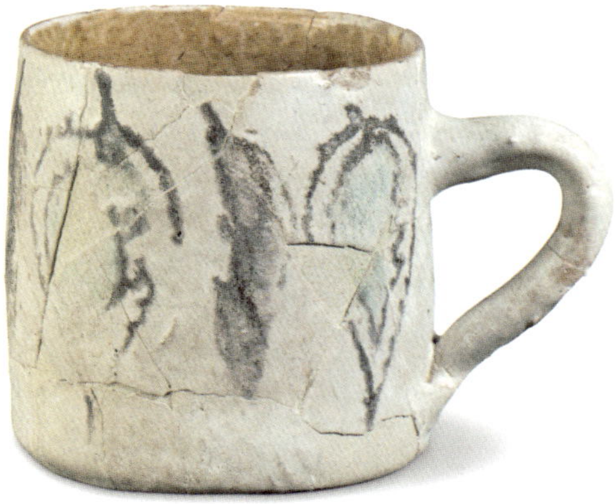

FIG. 9-3.
Mug decorated with repeated leaf motif. Glazed ceramic with green and manganese decoration. Interior glazed in honey color. © Museo Arqueológico y Etnológico de Córdoba. Taza decorada en verde y manganeso con repetición de hojas. Vidriado interior en color melado. © Museo Arqueológico y Etnológico de Córdoba.

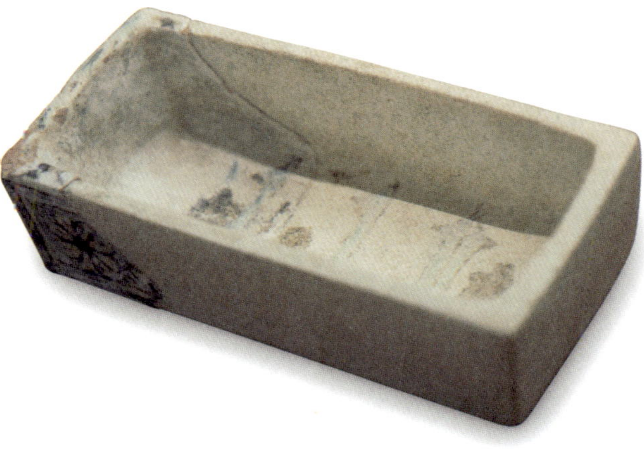

FIG. 9-4.
Small box glazed with green and manganese at Museum of Madīnat al-Zahrā'. The exterior is decorated with vegetal motifs while the interior contains *al-mulk* epigraphy. © Courtesy of the author. Cajita decorada completamente en verde y manganeso con decoración vegetal en el exterior y epigrafía en su interior (*al-mulk*). Museo de Madīnat al-Zahrā'.

FIG. 9-5.
Use of the decorative palmette motif on different materials. Clockwise from left: deep dish (*ataifor*); marble panel from the Reception Hall of 'Abd al-Raḥmān III; silver nielloed chest, a gift from caliph al-Ḥakam II to his heir Hishām. © Museo Arqueológico y Etnológico de Córdoba (*ataifor*) and MMaZ. Deep dish: MMaZ: CE030166-1037. Checklist no. 66. Utilización del motivo decorativo de la palmeta en diferentes soportes materiales. En el sentido de las agujas del reloj: ataifor; tablero de mármol procedente del Baño de las Habitaciones Anejas al Salón de ʿAbd al-Raḥmān III; arqueta de plata nielada regalo del califa al-Ḥakam II a su heredero Hishām. © Museo Arqueológico y Etnológico de Córdoba y MMaZ. Ataifor: MMaZ: CE030166-1037. Nº de verificación 66.

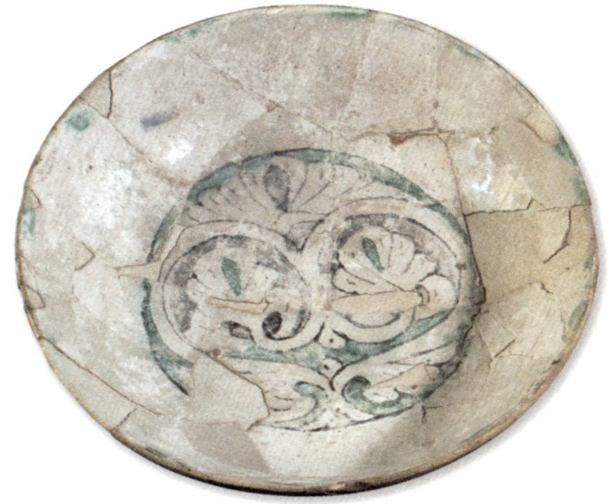

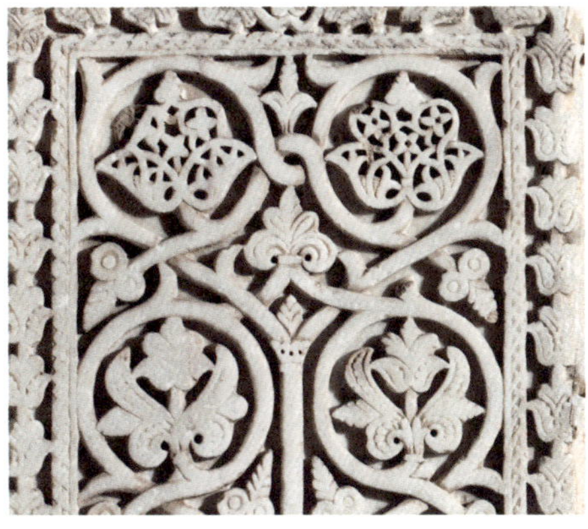

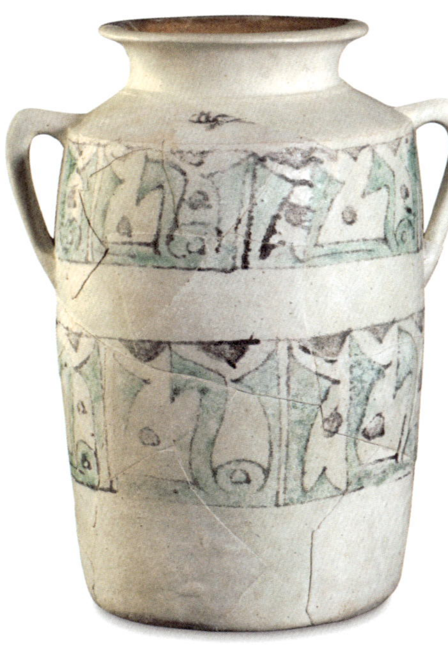

FIG. 9-6.
Jar with epigraphic borders in which *al-mulk* is repeated. 10th century. Manganese glazed ware. Interior glazed in honey. MMaZ: 24067. Checklist no. 53. Bote decorado en verde y manganeso con cenefas epigráficas en las que se repite *al-mulk*. Vidriado interior en color melado. Siglo X. MMaZ: 24067. Nº de verificación 53.

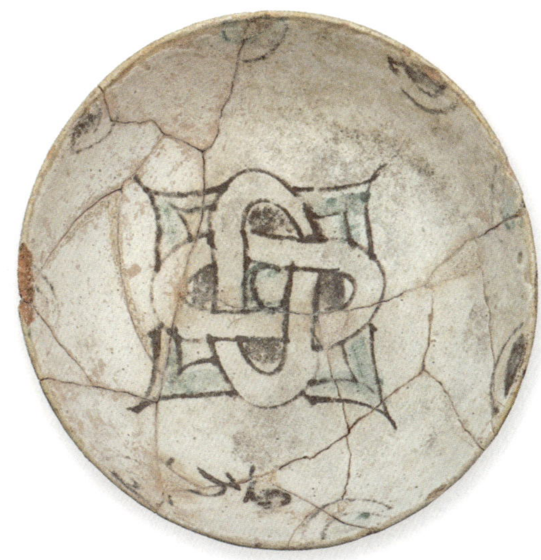

FIG. 9-7.
Dish decorated with a Solomon's knot motif and half ovals on the rim. 10th century. Glazed ceramic with green and manganese decoration. MMaZ: 24132. Checklist no. 64. Ataifor decorado en el centro con el llamado "nudo de Salomón" sobre silueta cuadrangular. Decoración de medias ovas en el borde. Siglo X. MMaZ: 24132. Nº de verificación 64.

In terms of geometric motifs, compositions with stars, circles, and bands gained prominence; for example, on *ataifores*, these motifs occupy the central part of the pieces. Braids with two or three strands were also used, which are usually interpreted as "strands of eternity"[7] and most often intended for closed shapes. Also quite unique to Madīnat al-Zahrā' were the checkerboard or chessboard motif that enjoyed special significance in the caliphate, since it was used in one of the most important flags of the caliphal army.[8] Notably, the use of the so-called "seal of Solomon" (hexagram or six-pointed star) and "Solomon's knot," motifs from the classical world that are formed by interlacing two loops that intersect perpendicularly (FIG. 9-7). We tend to attribute symbolic interpretations to most of these compositions, alluding to the rivers of the Qur'an (for the bands that intersect perpendicularly) or to the heavens described in the Qur'an (for compositions with seven circles).

These decorative devices are rounded out by figurative themes that represent animals and people and are found exclusively on the *ataifores*. The zoomorphic representations are undoubtedly some of the most unique of the palace pottery and include figures of doves, peacocks (FIG. 9-8), deer, gazelles, felines, hares, horses, and a type of quadruped that is difficult to identify. One exceptional piece is a small zoomorphic container intended to hold liquids in the shape of a quadruped thought to be a giraffe (FIG. 9-9). These designs correspond to stereotypical, essentially schematic formulas, though they are not lacking in realism. These figures are almost unique to the Madīnat al-Zahrā' pottery.

The anthropomorphic representations contrast with the zoomorphic ones due to their limited presence. We should mention an *ataifor* decorated with a figure sitting on a bench (*sarīr*) with a cup in his hand, who might represent the caliph. Two other pieces (actually fragments) show armed soldiers, which can also be linked to the palatine setting of the city.

Another of the most unique elements of the pottery from the Alcázar is the presence of some epigraphic strokes that have been identified as "signatures," though there is no consensus on whether they identify the potter, the head of the workshop, or the recipient of the piece (FIG. 9-10). These names also appear in more complex pieces of metalwork, ivory carving, and parietal decoration, as well as on bases and capitals. Such examples have made it possible to identify a series of figures close to the caliph whose names are repeated on different support

(el poder, el dominio) del que se han planteado diversas interpretaciones. Así se ha considerado con un sentido religioso (*al-mulk lillāh*, 'el poder (es) para Dios')[5], o bien como transmisor de un mensaje de legitimación política del nuevo califato[6] (FIG. 9-6). En mucha menor medida se emplea el término *baraka* (bendición), que parece acentuar la invocación al poder divino por parte de su poseedor.

Entre los motivos geométricos adquirieron un gran protagonismo las composiciones de estrellas, círculos y bandas que, en el caso de los ataifores, ocupan la parte central de las piezas. También se emplearon los trenzados de dos o tres cabos que han sido habitualmente interpretados como "cordones de la eternidad"[7] y que, generalmente, se destinaron a las formas cerradas. También fueron muy singulares de Madīnat al-Zahrā', los motivos ajedrezados o de damero, de especial significación en el califato, puesto que fue utilizado en uno de los estandartes más importantes del ejército califal[8]. De igual forma, cabe destacar el uso del llamado "sello de Salomón" (hexagrama o estrella de seis puntas) y del "nudo de Salomón", motivo procedente del mundo clásico que se forma al entrelazar dos eslabones que se cruzan perpendicularmente (FIG. 9-7). En la mayor parte de estas composiciones se han querido ver interpretaciones simbólicas, alusivas a los ríos coránicos (en el caso de las bandas que se entrecruzan perpendicularmente) o a los cielos descritos en el Corán (en las composiciones con siete círculos).

Completan el apartado decorativo los temas figurativos que representan a animales y personas y que se encuentran, exclusivamente, en los ataifores. Las representaciones zoomorfas son, sin duda, unas de las más singulares de esta cerámica palaciega e integran figuras de palomas, pavones (FIG. 9-8), ciervos, gacelas, felinos, liebres, caballos, y un tipo de cuadrúpedos de compleja identificación. De manera excepcional, contamos con un pequeño recipiente zoomorfo destinado a contener líquidos que presenta forma de cuadrúpedo y que ha sido considerado como una jirafa (FIG. 9-9). Se trata de diseños que responden a fórmulas estereotipadas, más o menos esquemáticas, aunque no exentas de realismo. Estas figuras son casi exclusivas de la cerámica de Madīnat al-Zahrā'.

Las representaciones antropomorfas contrastan con las anteriores por su escasa presencia. Cabe destacar un ataifor que se decora con una figura sentada sobre un banco (*sarīr*) con una copa en la mano, que podría estar representando al califa. Otras dos piezas (en realidad,

materials. One interpretation is that this reiteration could refer to the "directors" of the *dār al-ṣinā'a*, or to the different workshops included there.[9]

Differences have been identified between the green and manganese pottery from Madīnat al-Zahrā' and the pottery found in Córdoba. In addition to the multiplicity of types of pieces (jugs, boxes, cups, etc.) found in al-Zahrā' and not in Córdoba, there appears to be two separate repertoires, although they share some decorative elements. From a technological standpoint, it is also possible to differentiate the tableware since the pieces intended for the Umayyad court have a higher percentage of tin oxide than those manufactured for the inhabitants of Córdoba. The presence of tin considerably increased the cost of this pottery because it was a very expensive material, and it additionally provided the Alcázar's tableware a brighter, more intense white than the pieces intended for the people of Córdoba.[10]

The production of green and manganese pottery also expanded rapidly beyond the limits of the shared capitals, Madīnat al-Zahrā' and Qurṭuba, and reached all parts of al-Andalus during the second half of the tenth century. One of the primary means of this dissemination has been attributed to the constant movement of governors who were assigned to the different provinces (*kūra*-s) of the Andalusian territory. We should assume that, among other belongings, they carried tableware decorated in green and manganese, which were objects of prestige, propaganda, and identification with the political structure of the caliphate. It is also likely that potters traveled from the capital to other parts of al-Andalus. Both factors must have first expanded the awareness of the caliphate's new pottery, and later its dissemination, facilitated by the existence of road infrastructure and well-connected commercial networks.

The proliferation of manufacturing centers at the end of the caliphate and during the eleventh century introduced new decorative elements that were adapted to a consumer far from the court; the visual references for these decorative elements differed from those executed in the capital of the caliphate. Although they continued to imitate some of the original models, local and regional variants were introduced, including, for example, the fishing motifs from the town of Dénia (Alicante).[11] The inclusion of elements other than those codified to transmit the dynasty's propaganda were adapted to the tastes and preferences, both local and individual, of the client. The most widespread motifs are epigraphic and vegetal,

fragmentos) muestran militares armados, lo que también cabe vincular con el ambiente palatino de la ciudad.

Otro de los elementos más singulares de la cerámica procedente del Alcázar es la presencia de algunos trazos epigráficos que han sido identificados como "firmas" y que se discute si identifican al alfarero, al jefe del taller o al destinatario de la pieza (FIG. 9-10). La aparición de estos nombres se constata también en piezas más complejas de metalistería, eboraria, decoración parietal, y en basas y capiteles. En estos casos, su lectura ha permitido identificar a una serie de personajes próximos al califa cuyos nombres se repiten en diferentes soportes materiales. Se ha interpretado que esta reiteración podría referirse a los "directores" de la *dār al-ṣinā'a*, o bien, de los distintos talleres que la integraban[9].

Las cerámicas verde y manganeso procedentes de Madīnat al-Zahrā' muestran diferencias con respecto a las encontradas en Córdoba. Además de la multiplicidad de tipos de piezas (jarras, cajitas, tazas, etc.) presentes en al-Zahrā' y no en Córdoba, de manera general, se percibe la existencia de dos repertorios separados, aunque comparten algunos elementos decorativos. También desde el punto de vista tecnológico han podido diferenciarse ambas vajillas, puesto que las piezas destinadas a la corte omeya presentan un porcentaje de óxido de estaño más elevado que las fabricadas para los habitantes de Córdoba. La presencia del estaño incrementaba considerablemente el coste de estas cerámicas porque se trataba de un material muy caro; al mismo tiempo, proporcionaba a la vajilla del Alcázar un color blanco más intenso y más brillante con respecto a las piezas destinadas a la población cordobesa[10].

Esta producción también se expandió con rapidez más allá de los límites de la capitalidad compartida Madīnat al-Zahrā'-Qurṭuba, y alcanzó a todos los lugares de al-Andalus durante la segunda mitad del siglo X. Uno de los principales medios de esta difusión se ha relacionado con el constante movimiento de gobernadores que eran destinados a las diferentes provincias (*kūra*-s) en que se organizaba el territorio andalusí. Hemos de suponer que, entre otros enseres, portaban una vajilla decorada en verde y manganeso que constituía un elemento de prestigio, propaganda e identificación con la estructura política del califato. Es probable también que se desplazaran alfareros desde la capital a otros puntos de al-Andalus. Ambos factores debieron permitir el conocimiento de la nueva cerámica del califato, en un primer momento, y su difusión, después, favorecida por la existencia de una infraestructura viaria y unas redes comerciales bien articuladas.

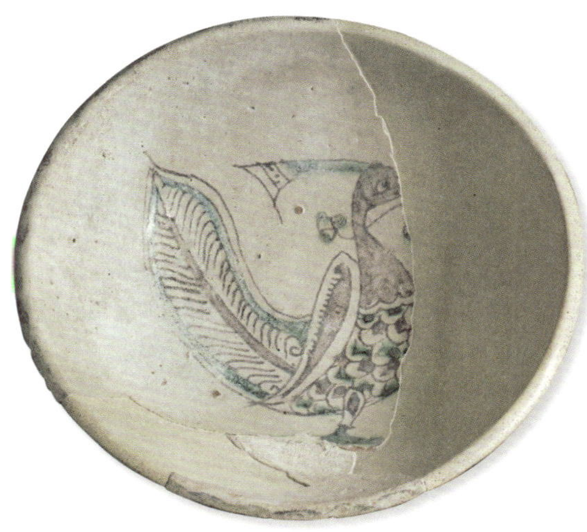

FIG. 9-8.
Dish decorated with a peacock (at center) and alternating chains of green and black ovals. 10th century. Glazed ceramic with green and manganese decoration. MAEC: CE030166-1104. Checklist no. 61. Ataifor decorado en el centro con un pavón y borde con cadena de ovas alternas en color verde y negro. Vidriado exterior en color blanco. Siglo X. MAEC: CE030166-1104. Nº de verificación 61.

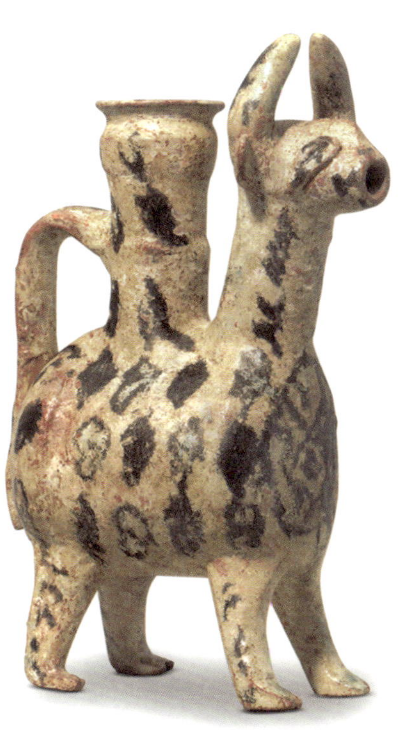

FIG. 9-9.
Zoomorphic vessel (interpreted as a small giraffe). 10th century. Green and manganese glazed ware. Conjunto Arqueológico Madīnat al-Zahrā'. Recipiente zoomorfo con forma de animal destinado a escanciar líquidos. Se ha interpretado como una pequeña jirafa. Conjunto Arqueológico Madīnat al-Zahrā'.

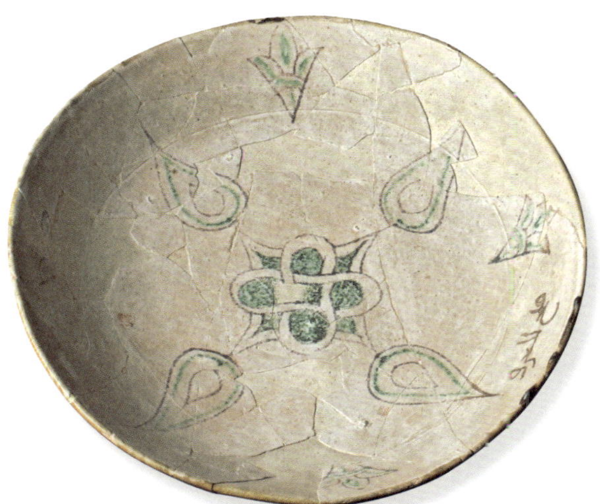

FIG. 9-10.
Deep dish (*ataifor*) with floral motif. Signature next to rim reads: Fatḥ al-carīf, "Fatḥ the builder (or master builder)." We thank M. Antonia Martínez Núñez for reading the epigraph (see her contribution in this volume). © Conjunto Arqueológico Madīnat al-Zahrā'. Ataifor decorado en verde y manganeso con motivo floral. Presenta firma junto al borde: *Fatḥ al-carīf*, "Fatḥ el alarife (o maestro de obras)". Museo de Madīnat al-Zahrā'. Agradecemos a M. Antonia Martínez Núñez la lectura del epígrafe (ver su contribución en este volumen). © Conjunto Arqueológico Madīnat al-Zahrā'

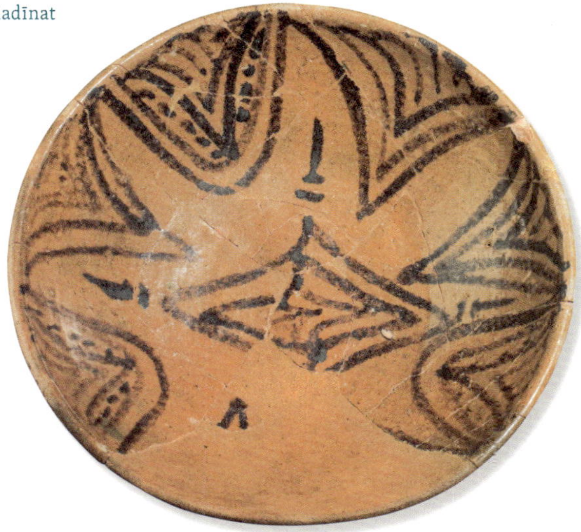

FIG. 9-11.
Shallow dish with geometric and vegetal motifs. 10th century. Amber glazed ware with manganese decorations. MMaZ: 24117. Checklist no. 74. Ataifor vidriado en melado en ambas caras. Decorado en el interior con motivos geométricos y vegetales con óxido de manganeso. Siglo X. MMaZ: 24117. Nº de verificación 74.

however others that are more exclusively emblematic of Madīnat al-Zahrā' are absent, such as checkerboards and chessboards, or compositions with seven circles.

In short, the green and manganese pottery from the Alcázar of Madīnat al-Zahrā' became a preferred vehicle of propaganda for the new Umayyad caliphate, and at the same time, an expression of the exclusive world of the Alcázar itself. The iconographic scheme is full of messages with multiple meanings that are related to the ideology of the caliphate. Some of these messages are intended to be understood by the ruling elite, such as the repeated use of the palmette, a favorite element of the Umayyad family, while others transmit clear messages, as in the case of epigraphy (*al-mulk*, power). Identifying pottery with the family followed a process similar to those that could be considered their forerunners, such as those from Raqqāda or the 'Abbāsids, who seem to have had a similar connection with their respective ruling dynasties.

Green and manganese pottery coexisted with glazed and commonly used tableware that was destined for less exalted settings. In some cases, it fulfilled the same functions, while in others, it was used to perform essential daily tasks such as cooking, storage, and transportation.

From a technical standpoint, glazed pottery is characterized by applying a lead and silica glaze to both sides of the piece, followed by iron oxide to create the honey color and copper for the greenish tones. Sometimes manganese is also added to create different decorative, geometric, or vegetal motifs, or simple lines or marks. Glazing was not simply decorative; its main function was to make the pieces waterproof, preventing liquid or semi-liquid comestibles from being absorbed by the porous texture of pottery lacking a glazed covering.[12] This tableware was intended for serving and containing solid or liquid comestibles. One shape found is the *ataifor* (FIG. 9-11), a deep dish intended for food that could be shared or consumed individually (depending on its size); there are also *redomas*, pitchers (for individual consumption of liquids), and jars (for storage). In addition to these containers were lamps intended to light rooms (FIG. 9-12). In general, glazed tableware shares some shapes with green and manganese pottery, as in the case of little jars, *redomas*, and *ataifores*.

The pottery repertoire of Madīnat al-Zahrā' is accompanied by commonly used pottery,[13] which is similar to that of the rest of al-Andalus, although it includes some unique pieces. This is the tableware with the greatest variety of types because, in addition to tableware, these objects

La proliferación de centros productores a finales del califato y durante el siglo XI provocó la introducción de nuevos elementos decorativos que se adaptaron a un consumidor alejado de la corte cuyos referentes visuales diferían de los ejecutados en la capital del califato. De modo que, aunque siguieron imitando algunos de los modelos originales, se introdujeron variantes locales y regionales entre los que destacan, por ejemplo, los motivos pesqueros de la ciudad de Denia (Alicante)[11]. La inclusión de elementos ajenos a los codificados como transmisores de la propaganda de la dinastía se ajustaron a los gustos y preferencias tanto locales como particulares del cliente. Los motivos más difundidos son los epigráficos y los vegetales, sin embargo, se encuentran ausentes otros que representan el mundo exclusivo de Madīnat al-Zahrā', como los dameros o ajedrezados, o las composiciones de siete círculos.

En definitiva, la cerámica verde y manganeso procedente del Alcázar de Madīnat al-Zahrā' se convirtió en un vehículo privilegiado de propaganda del nuevo califato omeya, y al mismo tiempo, en la expresión de un mundo exclusivo, el del propio Alcázar. El programa iconográfico que se expresa está plagado de mensajes con múltiples lecturas que se relacionan con la ideología del califato. Algunos de estos mensajes están destinados a ser comprendidos por la élite gobernante, como sucede en la reiterada utilización de la palmeta, un elemento de especial predilección de la familia omeya, mientras que otros transmiten lecturas claras, como en el caso de la epigrafía (*al-mulk*, el poder). Esta identificación de la cerámica con la familia siguió un proceso similar a las que pueden ser consideradas sus antecedentes, las de Raqqāda o las 'abbāsíes, que parecen haber tenido una vinculación similar con sus respectivas dinastías gobernantes.

La cerámica verde y manganeso convivió con las vajillas vidriadas y de uso común que se destinaron a ámbitos menos cualificados. En algunos casos, tuvieron las mismas funciones, mientras que, en otros, desempeñaron tareas imprescindibles para la vida cotidiana como la cocina, el almacenaje o el transporte.

Desde un punto de vista técnico, la cerámica vidriada se caracteriza por la aplicación, en las dos caras de las piezas, de un vidriado de plomo y sílice al que se le añade óxido de hierro para el color melado y de cobre para los tonos verdosos. En ocasiones también se recurre a la adición de manganeso con el que se crean diferentes motivos decorativos, geométricos o vegetales, o bien simples líneas o manchas. La aplicación de vidriado no solo tenía

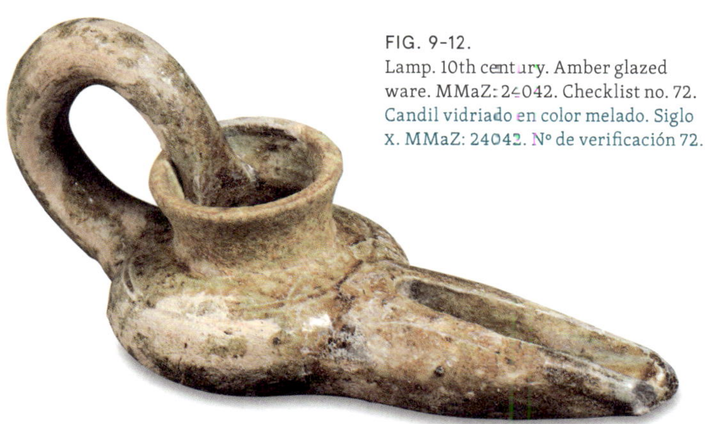

FIG. 9-12.
Lamp. 10th century. Amber glazed ware. MMaZ: 24042. Checklist no. 72. Candil vidriado en color melado. Siglo X. MMaZ: 24042. Nº de verificación 72.

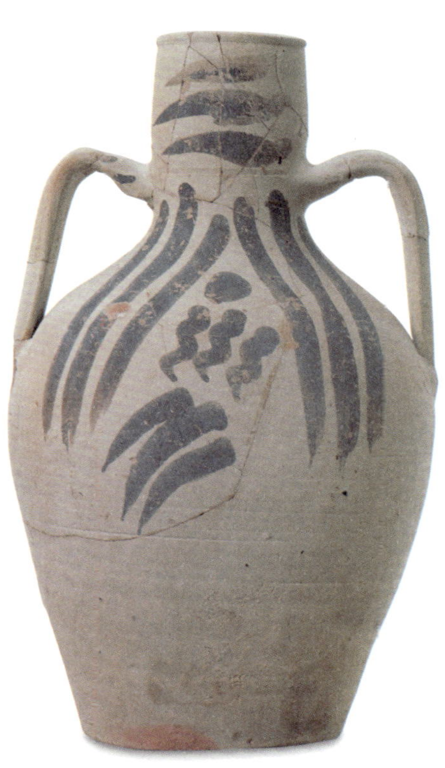

FIG. 9-13.
Jug made as common-use pottery with groups of three black-painted digitate strokes on the neck and body. 10th century. Painted common ware. MMaZ: 24013. Checklist no. 76. Jarra realizada en cerámica de uso común con grupos de tres trazos digitados pintados en negro ubicados en el cuello y el cuerpo. Siglo X. MMaZ: 24013. Nº de verificación 76.

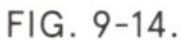

FIG. 9-14.
Pitcher made as common-use pottery with pseudo-epigraphic and geometric motifs. 10th century. Painted common ware. MMaZ: 24048. Checklist no. 81. Jarro fabricado en cerámica de uso común, de pasta oscura y decoración con motivos pseudoepigráficos y geométricos pintados en blanco. Siglo X. MMaZ: 24048. Nº de verificación 81.

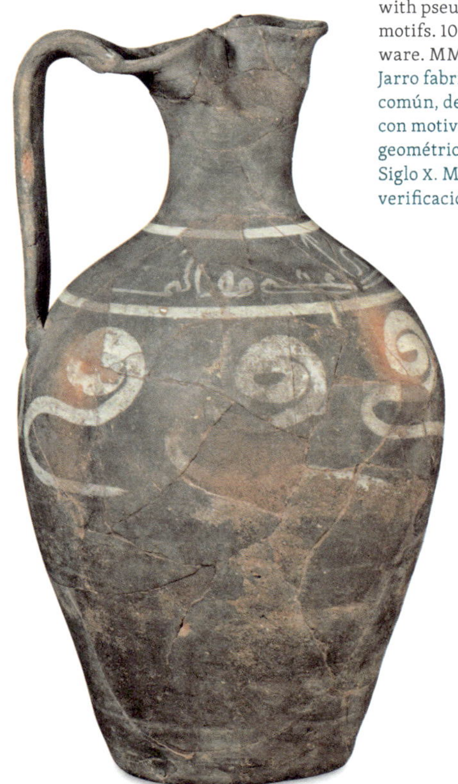

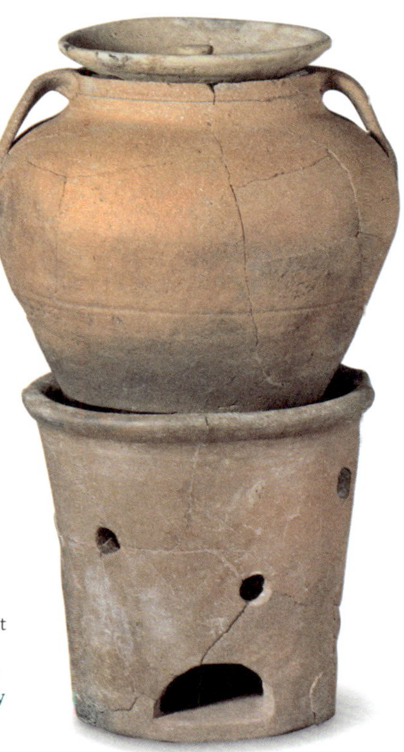

FIG. 9-15.
Cooking pot and portable stove. 10th century. Common ware. MMaZ: 24044 and 24043. Checklist nos. 78 and 79. Anafe, marmita y tapadera fabricados en cerámica de uso común. Siglo X. MMaZ: 24044 y 24043. Nº de verificación 78 y 79.

were used for storage, lighting, cooking, and transportion. Although *ataifores* are among the most representative pieces found in the two previously discussed production types, they are noticeably absent in common ware and were replaced by the bowl. The other most notable shapes are jugs, pitchers, *redomas*, *jarritos*, pots, casseroles, portable stoves, pots, jars, bowls, and lamps.

One example of a large jug (FIG. 9-13) used to transport or store liquids features ornamentation consisting of groups of three-fingered strokes arranged on the neck and body in white, red, or black. However, of particular note are the exceptional pitchers, especially those with a trilobed mouth, which were made in various sizes and stand out for their highly unique painted ornamentation that combines epigraphic and pseudo-epigraphic, geometric, architectural, and zoomorphic motifs (FIG. 9-14). There are no pieces of this quality and design outside the limits of the Alcázar of Madīnat al-Zahrā'. Rounding out this section for transportation and consumption of liquids is the canteen, the shape and function of which have remained almost identical to this day.

Finally, in the kitchen, the combination portable stove/pot is particularly noteworthy (FIG. 9-15). These two pieces are inextricably connected as they share a combined use: the first contained embers intended for cooking, while liquids and other comestibles would be placed in the second.

Glazed and common-use ceramics appear throughout al-Andalus with few formal variations, showing a progressive standardization in this type of production with no precedents before the caliphate. This homogeneity is evident in other material production, as seen in the architecture as well as the consolidation of a new agricultural landscape and in new ways of living and organizing space (city and home). This uniformity shows that, after a long and tortuous path begun by the first Umayyad rulers, the Islamization of Andalusi society had been definitively completed under the authority of its first caliph.

1 Barceló 1992, 291-99.
2 Gragueb 2011, 181-95.
3 Cano 1995; Escudero 1991, 127-64.
4 Vallejo 2004, 208-24.
5 Zozaya 2002, 119-42; Roselló-Bordoy 1995, 104-17.
6 Barceló 1992, 294; Zozaya 2002, 128.
7 Retuerce and Zozaya 1986, 69-128.
8 Vallejo 2015, 7-13.
9 Martínez Núñez 1995, 107-52.
10 Salinas and Pradell 2020, 1-32.

un fin decorativo, sino principalmente funcional para la impermeabilización de las piezas, lo que permitía que los alimentos líquidos o semilíquidos no fueran absorbidos por las pastas porosas de las cerámicas sin cubierta vítrea[12]. Esta vajilla estaba destinada al servicio de mesa con funciones de contención de alimentos sólidos o líquidos. Las formas que se conservan son los ataifores (FIG. 9-11), destinados a la comida que podía compartirse entre los comensales, o bien, consumirse individualmente (dependiendo de su tamaño); las redomas o botellas, los jarritos (para el consumo individual de líquidos) y las orzas (para almacenamiento). A estos recipientes se suman los candiles de piquera destinados a la iluminación de las estancias (FIG. 9-12). Por lo general, la vajilla vidriada comparte algunas formas con la cerámica verde y manganeso, como en el caso de orcitas, redomas o ataifores.

El repertorio cerámico de Madīnat al-Zahrā' se completa con la cerámica de uso común[13], que es similar a la del resto de al-Andalus, aunque contiene algunas piezas únicas. Esta es la vajilla con mayor variedad tipológica porque, a las funciones de mesa, almacenaje e iluminación, se suman las de cocina y transporte. No obstante, se encuentra ausente una de las piezas más representativas de las dos producciones anteriores: el ataifor, que es sustituido por el cuenco. Las formas más destacadas corresponden, además, a jarras, jarros, jarritos, redomas, marmitas, cazuelas, anafres, orzas, tinajas, alcadafes y candiles.

Destacan las grandes jarras (FIG. 9-13) destinadas al transporte o almacenaje de líquidos que muestran una decoración consistente en grupos de tres trazos digitados dispuestos en el cuello y en el cuerpo en color blanco, rojo o negro. Pero, sobre todo, hay que señalar la excepcionalidad de los jarros, especialmente los de boca trilobulada, que se presentan en varios tamaños y destacan por una decoración pintada muy singular en la que se combinan diseños pseudoepigráficos/epigráficos, geométricos, arquitectónicos y zoomórficos (FIG. 9-14). No existen piezas de esta calidad y diseño fuera de los límites del Alcázar de al-Zahrā'. Completa esta sección de transporte y consumición de líquidos la cantimplora, cuya forma y función se han mantenido casi idénticas hasta nuestros días.

Finalmente, en el ámbito de la cocina, destaca la combinación anafe y marmita (FIG. 9-15). Son dos piezas que están indisolublemente asociadas, pues comparten un uso combinado: el primero contenía las brasas destinadas a cocinar los alimentos introducidos en la segunda.

Las cerámicas vidriadas y comunes aparecen en todo al-Andalus con escasas variaciones formales,

11 Gisbert 2000.
12 Camacho and Valera 2023, 109-33.
13 Vallejo and Escudero 1999, 133-76.

manifestándose una progresiva estandarización en este tipo de producción sin antecedentes en fechas anteriores al califato. Esta homogeneidad se constata en otras producciones materiales como en la arquitectura, pero también en la consolidación de un nuevo paisaje agrícola o en nuevas formas de vivir y organizar el espacio (ciudad y casa). Esta uniformidad evidencia que, tras un largo y tortuoso camino iniciado por los primeros gobernantes omeyas, la islamización de la sociedad andalusí se había completado definitivamente bajo la autoridad de su primer califa.

1 Barceló 1992, 291-99.
2 Gragueb 2011, 181-95.
3 Cano 1995; Escudero 1991, 127-64.
4 Vallejo 2004, 208-24.
5 Zozaya 2002, 119-42; Roselló-Bordoy 1995, 104-17.
6 Barceló 1992, 294; Zozaya 2002, 128.
7 Retuerce y Zozaya 1986, 69-128.
8 Vallejo 2015, 7-13.
9 Martínez Núñez 1995, 107-52.
10 Salinas y Pradell 2020, 1-32.
11 Gisbert 2000.
12 Camacho y Valera 2023, 109-33.
13 Vallejo y Escudero 1999, 133-76.

10.

Luxury Objects at Madīnat al-Zahrāʾ

Objetos suntuarios de Madīnat al-Zahrāʾ

Mariam Rosser-Owen
Victoria and Albert Museum, London

The palatine spaces of Madīnat al-Zahrā' provided the setting for splendid ceremonies in which members of the court came together to celebrate significant dates of the Islamic calendar or to receive embassies from diplomatic visitors— from the Christian kingdoms of Iberia, from Berber allies in North Africa, or from contemporary rulers such as the Byzantines or Ottonians. Such official gatherings reaffirmed the court hierarchy and the caliph's position at its summit. Crucial elements in the staging of such events were the luxury objects and furnishings that pervaded the palace and its gardens, which also participated in this performance. Physical objects such as those discussed here as well as more evanescent sensory experiences—intoxicating smells from perfumes and incense, sound from music or poetic recitation[1]—contributed to the opulence of the setting and awed the caliph's visitors by highlighting his wealth and importance. The display of certain objects and materials, such as African elephant ivory or the ingredients to make expensive perfumes, displayed the extent of the caliph's reach. We must also imagine a setting rich with objects that have not survived so well in the archaeological record, such as silk textiles used as hangings, clothing, carpets, and cushions.

In 955 CE, Rabīʿ ibn Zayd, ʿAbd al-Raḥmān III's (r. 912–61/300–350 H.) ambassador to the Byzantine court, was presented with a fountain basin of green marble by Constantine VII Porphyrogenitus (r. 945–59). On its return to Madīnat al-Zahrā', the basin was installed in ʿAbd al-Raḥmān's *majlis* (audience hall). The caliph further aggrandized this gift from the Byzantine emperor by commissioning for it twelve fountain heads from the caliphal *dār al-ṣināʿa*, the court atelier that was responsible for producing luxury objects.[2] These fountain heads were made of gold encrusted with pearls and other precious stones, and represented various animals, including:

> a lion, flanked on his right by a gazelle, on his left by a crocodile; on the opposite side was [a group consisting of] a dragon, an eagle and an elephant. On the remaining two sides were first a dove together with a falcon and a peacock, and [second] a hen with a cock and a vulture. All these statues consisted of gold encrusted with precious jewels, and water poured from their mouths.[3]

While fountain heads made in precious metals do not survive, bronze fountain heads whose provenance can be linked to Madīnat al-Zahrā' do give an idea of what the

Los espacios palaciegos de Madīnat al-Zahrā' ofrecían el marco para espléndidas ceremonias, en las cuales miembros de la corte se reunían para celebrar fechas importantes del calendario islámico o para recibir comitivas diplomáticas de los reinos cristianos de Iberia, de los aliados bereberes de África del Norte o de gobernantes contemporáneos, como los bizantinos o los otónidas. Estas reuniones oficiales reafirmaban la jerarquía de la corte y la posición del califa en la cúspide. Para la escenificación de tales eventos, eran fundamentales los objetos y el mobiliario de lujo distribuidos por todo el palacio y sus jardines, que también formaban parte de esta puesta en escena. Los objetos físicos como los que nos ocupan aquí, al igual que las experiencias sensoriales más efímeras —el aroma embriagador de perfumes e incienso, el sonido de la música o de la recitación de poesía[1]—, contribuían a la opulencia del entorno y asombraban a los huéspedes del califa al exaltar su riqueza y su importancia. La exhibición de ciertos objetos y materiales, por ejemplo, el marfil de elefantes africanos o los ingredientes para preparar perfumes costosos, mostraban la extensión del poder del califa. También debemos imaginar un escenario repleto de objetos que no han sobrevivido tan bien en el registro arqueológico, como tejidos de seda usados para cortinajes, indumentaria, alfombras y cojines.

En 955 e. c., Constantino VII Porfirogéneta (r. 945-59) le obsequió una pila de mármol verde a Rabīʿ ibn Zayd, embajador ante la corte bizantina de ʿAbd al-Raḥmān III (r. 912-61/300-350 Hégira). De vuelta en Madīnat al-Zahrā', la pila se instaló en el *majlis* (sala de audiencias) de ʿAbd al-Raḥmān. El califa magnificó este regalo del emperador bizantino al encargar a la *dār al-ṣināʿa*, el taller de la corte responsable de la producción de objetos suntuarios, doce surtidores para la fuente.[2] Estos surtidores estaban hechos de oro incrustado con perlas y otras piedras preciosas, y representaban varios animales, entre ellos:

> un león, flanqueado a su diestra por una gacela, y a su izquierda por un cocodrilo; por el lado opuesto había [un grupo compuesto de] un dragón, un águila y un elefante. En los dos lados restantes había primero una paloma junto a un halcón y un pavo real, y [segundo] una gallina con un gallo y un buitre. Todas estas estatuas eran de oro engastado de piedras preciosas, y el agua salía de las bocas de los animales.[3]

FIG. 10-1.
Fountain Spout in the shape of a Deer. Ca. 951. Bronze with traces of gilding. Monastery of San Jerónimo de Valparaíso, Córdoba, Spain. MAEC: CE000500. Checklist no. 98. Boca de fuente con forma de ciervo. Ca. 951. Bronce con trazas de dorado. Monasterio de San Jerónimo de Valparaíso, Córdoba, España. MAEC: CE000500. N.º de verificación 98.

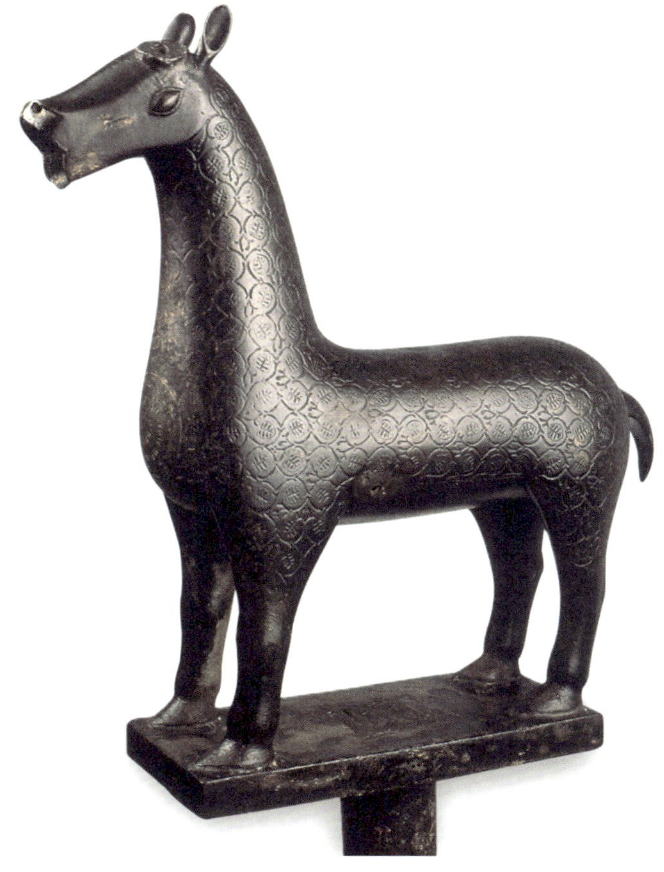

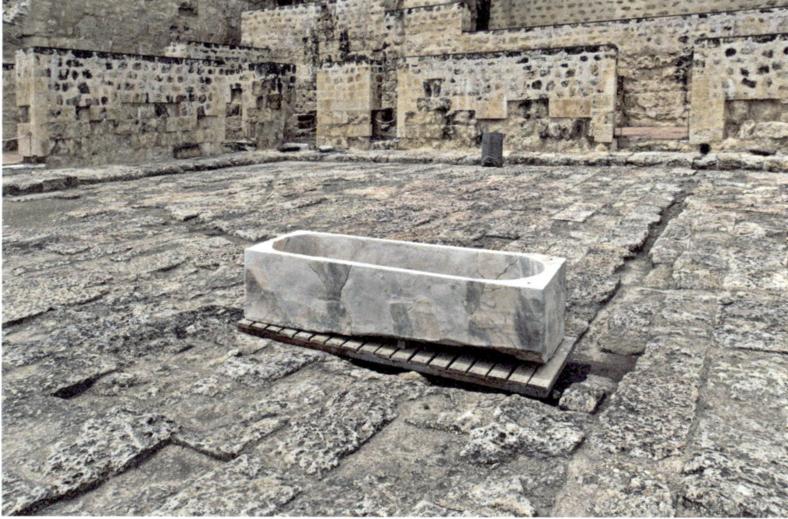

FIG. 10-2.
Late antique sarcophagus reused in a courtyard at Madīnat al-Zahrā'. © Conjunto Arqueológico Madinat al-Zahra. Sarcófago de la Antigüedad tardía reutilizado en un patio de Madīnat al-Zahrā'. © Conjunto Arqueológico Madinat al-Zahra.

FIG. 10-3.
Fountain basin made for al-Manṣūr, 'Amirid regent to Hishām II. 987–8. Marble. Al-Madīnat al-Zāhira, Córdoba, Spain. Museo Arqueológico Nacional, Madrid: 50428 © Museo Arqueológico Nacional. Pila hecha para al-Manṣūr, regente 'āmirí de Hishām II. 987-8 e. c. Mármol. Al-Madīnat al-Zāhira, Córdoba, España. Museo Arqueológico Nacional, Madrid: 50428 © Museo Arqueológico Nacional.

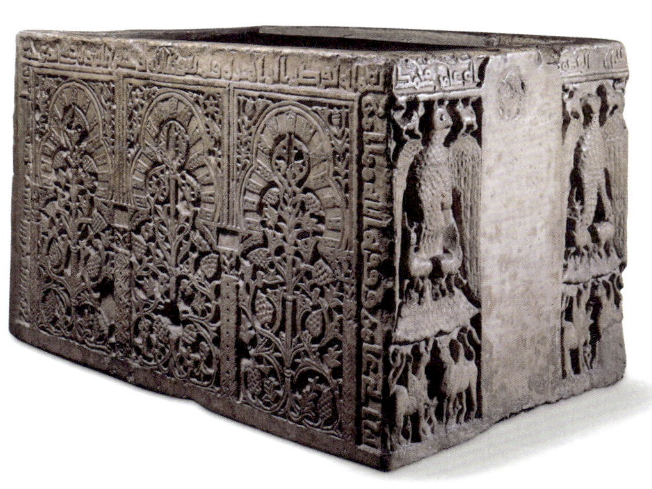

royal objects looked like (FIG. 10-1). Two examples in the form of deer were found in the precincts of the monastery of San Jerónimo, in the sierra just above the site of Madīnat al-Zahrā', together with a "rich basin of white marble of almost two *varas* in length and more than one [*vara*] in height and another in width, which now serves as a fountain in the main cloister."[4] While these examples were made in what today we might consider to be a cheaper material and technique than gold, in the tenth century the use of bronze to make large-scale complex sculptures was still in its infancy.[5] Traces of gilding survive on the fountain head in the Córdoba Museum, indicating that originally its appearance would have looked like gold.

The description also refers to an impressive marble fountain basin, and basins made from expensive materials such as marble once adorned the palaces and gardens of the Umayyads and their courtiers and regents, the 'Āmirids (fl. 971–1010). Textual descriptions from this slightly later period make it clear that such basins were the focal point of palace halls and garden pavilions, and that their fountain heads were often in the form of animal sculptures, which themselves became the subject of poetic description. A poem by al-Jazīrī (late tenth century) describes one such example as follows:

> In the center of the hall is a large basin of green
> water in which the turtles continually make
> sounds.
> The water pours from the jaws of a lion whose
> mouth could only be more terrible if it spoke.
> It is of scented aloeswood (*nadd*) and around
> its neck one sees a handsome necklace of
> pearls . . .
> In this hall, a king, whose riches are without number, has gathered all happiness for his people.[6]

This description plays on the lifelike appearance of the sculpture, implying that it might even come to life. It also mentions the luxurious materials from which it is made.

Surviving examples—of similar dimensions to those described by Morales in the text cited above—show that the basins these fountain heads adorned were also richly decorated. The Umayyad caliphs made widespread use at Madīnat al-Zahrā' of late antique sarcophagi, sourced from the many Roman sites in al-Andalus and repurposed as water features at the center of large courtyards (FIG. 10-2).[7] Examples that can be dated to the period of

Mientras que los surtidores en metales preciosos no han sobrevivido, los surtidores de bronce cuya proveniencia puede vincularse con Madīnat al-Zahrā' sí dan una idea de la apariencia de los objetos reales (FIG. 10-1). Dos ejemplares en forma de ciervos se encontraron en el recinto del monasterio de San Jerónimo, en la sierra que se encuentra arriba del sitio de Madīnat al-Zahrā', junto a una "rica pila de marmol blanco de *quasi* dos *varas* en largo y mas de una en alto y otra en ancho, que sirve agora de Fuente en el claustro principal".[4] Mientras que estos ejemplares fueron fabricados con lo que hoy podríamos considerar una técnica y un material más baratos que el oro, en el siglo X, el uso del bronce para hacer esculturas complejas de gran escala comenzaba a dar sus primeros pasos.[5] En el surtidor que se encuentra en el Museo de Córdoba sobreviven rastros de dorado, lo que indica que su apariencia original habría sido como la del oro.

La descripción también hace referencia a una impresionante pila; y pilones hechos con materiales caros como el mármol alguna vez adornaron los palacios y jardines de los omeyas, de sus cortesanos y de los soberanos 'āmiríes (fl. 971–1010). Las descripciones textuales de este periodo algo posterior dejan claro que tales pilas eran el centro de las salas y galerías palaciegas y que a menudo sus surtidores tenían la forma de esculturas de animales, los cuales, a su vez, se volvieron tema de descripciones poéticas. Un poema de al-Jazīrī (fines del siglo X) describe así un ejemplar de este tipo:

> En el centro del salón se encuentra un pilón de
> agua verdosa
> en el que las tortugas no dejan de emitir sonidos.
> El agua surge por entre las mandíbulas de un león
> cuya boca
> solamente podría resultar más terrible si hablara.
> Es de ambar negro (*nadd*), y en torno a su cuello,
> puede contemplarse un bello collar de perlas.
> El jazmín, entretanto, mira su trono, cual si se
> tratara de un rey.[6]

Esta descripción juega con la apariencia realista de la escultura, dando a entender que podría incluso cobrar vida. También menciona los lujosos materiales de los que está hecha.

Los ejemplares que sobreviven —de dimensiones similares a los descritos por Morales en el texto citado anteriormente— muestran que las pilas que ornaban estos surtidores también estaban ricamente decoradas.

the ʿĀmirid regency are made from large, thick blocks of white marble, carved with designs that evoke the garden settings in which they were displayed (FIGS. 10-3 AND 10-4).[8] Let us not forget that the ability to cultivate a verdant garden also demonstrated the ruler's mastery over resources and the natural environment, and was the physical embodiment of an ideal of beneficent rule, which allowed the natural world to flourish.[9] Such ideals were also embodied in the wall carvings representing flourishing trees and flowers that decorated the Hall of ʿAbd al-Raḥmān (the so-called Salón Rico) at Madīnat al-Zahrāʾ and underscored the caliph's just rule.[10]

As well as creating objects to adorn the palaces and their gardens, an important role of the caliphal *dār al-ṣināʿa* was to create beautiful objects for the purposes of gift giving (*khilʿa*) in the context of diplomatic relations that the Umayyad caliphs maintained with their neighbors and peers. Gift giving was also an important tool within the caliphal court to bond client and patron. ʿAbd al-Raḥmān III relocated the *dār al-ṣināʿa* to Madīnat al-Zahrāʾ during the 940s, and, interestingly, in 949, it was included in a tour of the palatine city given to a delegation of Byzantine ambassadors, along with the *dār al-ʿudda* (the house of military equipment) and the *dār al-sikka* (the mint, and one of the fundamental organs of caliphal bureaucracy).[11] Relocating the *dār al-ṣināʿa* to Madīnat al-Zahrāʾ brought it under the caliph's direct control and allowed him to more easily commission luxury objects. The truth of the historical sources is borne out by the inscriptions on two ivory caskets made for Wallāda, one of ʿAbd al-Raḥmān III's daughters, that state they were both made in Madīnat al-Zahrāʾ (*mimma ʿumila bi-madīnat al-zahrāʾ*), in 966/355 H. (FIG. 10-5).[12]

The ivory objects of this period comprise the most magnificent set of royal objects to survive from the Andalusi Umayyads. Some thirty survive, though only ten can be dated within the reigns of the three Umayyad caliphs. The inscriptions that run around the base of the lids give important historical information about their production, often specifying the recipient of the gift and even the date and place of production—as in the two caskets for Wallāda—and sometimes the name of the court official under whom the commission was carried out. This has allowed art historians to reconstruct a clear picture of the workshop structure in which they were made and the chronology of production. Where caskets have become separated from their lids—such as the two cylindrical examples in the Metropolitan Museum of Art in New

Los califas omeyas hicieron un uso extenso de sarcófagos tardoantiguos en Madīnat al-Zahrāʾ, obtenidos de los numerosos asentamientos romanos en al-Andalus y reutilizados como elementos para el agua en el centro de grandes patios (FIG. 10-2).[7] Existen ejemplares que pueden datarse en el periodo ʿāmirí que fueron fabricados con grandes y gruesos bloques de mármol blanco, tallados con figuras que evocan el contexto de los jardines en los que se exhibían (FIGS. 10-3 Y 10-4).[8] No olvidemos que la capacidad de cultivar un jardín frondoso también demostraba el dominio del gobernante sobre los recursos y el ambiente natural, y era, además, la encarnación física de un ideal de gobierno benefactor que permitía florecer al mundo natural.[9] Estos ideales también se encarnaban en los bajorrelieves murales que representaban árboles florecientes, así como en las flores que decoraban la sala de ʿAbd al-Raḥmān (el llamado Salón Rico) en Madīnat al-Zahrāʾ, que subrayaban el justo gobierno del califa.[10]

Además de crear objetos para decorar los palacios y jardines, una función importante de la *dār al-ṣināʿa* califal era crear hermosos objetos para obsequiar en el contexto de las relaciones diplomáticas que los califas omeyas mantenían con sus vecinos y pares. Hacer regalos (*khilʿa*) también era un instrumento importante dentro de la corte califal para estrechar lazos entre cliente y patrón. ʿAbd al-Raḥmān III mudó la *dār al-ṣināʿa* a Madīnat al-Zahrāʾ en la década del 940 y, vale señalar que, en el año 949, incluyó su visita en un tour de la ciudad palatina realizado para una delegación de embajadores de Bizancio, junto a la *dār al-ʿudda* (casa del equipamiento militar) y la *dār al-sikka* (la casa de la moneda, uno de los órganos fundamentales de la burocracia califal).[11] La mudanza de la *dār al-ṣināʿa* a Madīnat al-Zahrāʾ la puso bajo control directo del califa y le permitió encargar objetos suntuarios con mayor facilidad. La veracidad de las fuentes históricas se corrobora por las inscripciones de dos arquetas de marfil hechas para Wallāda, una de las hijas de ʿAbd al-Raḥmān III, que declara que ambos fueron fabricadas en Madīnat al-Zahrāʾ (*mimma ʿumila bi-madīnat al-zahrāʾ*), en el 966/355 Hégira (FIG. 10-5).[12]

Los objetos de marfil de este periodo comprenden el conjunto de objetos reales más magnífico que sobrevive de los omeyas andalusíes. Se conservan unos treinta, aunque solo diez pueden ser datados dentro de los gobiernos de los primeros tres califas omeyas. Las inscripciones en torno a la base de las tapas brindan datos históricos importantes sobre su producción, pues a menudo especifican el destinatario del regalo e incluso el lugar y la fecha de

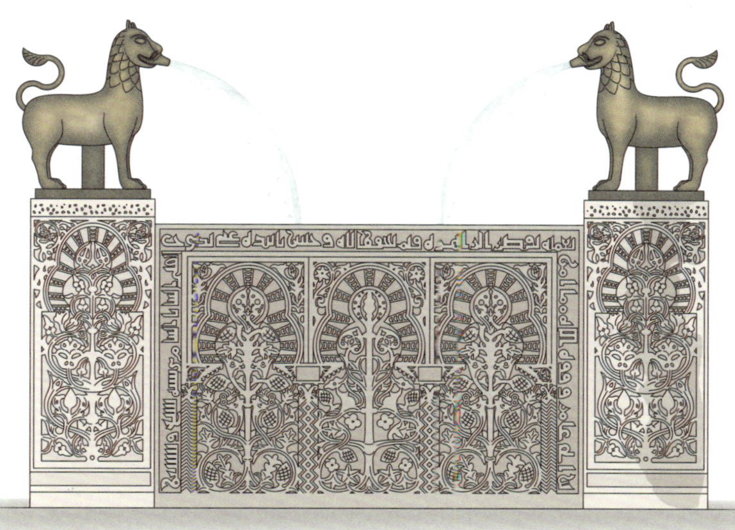

FIG. 10-4.
Proposed reconstruction of al-Manṣūr's basin watered by lion-shaped fountain heads. © Matilde Grimaldi. Propuesta para la reconstrucción de la pila de al-Manṣūr regada por surtidores en forma de león. © Matilde Grimaldi.

FIG. 10-5.
Ivory casket made for Wallāda. 966. Madīnat al-Zahrā', Córdoba, Spain. Parish church of Sta María la Real, Fitero, Navarre / Museum of Navarre. © Album / Art Resource, NY. Arqueta de marfil hecha por Wallāda. 966. Madīnat al-Zahrā', Córdoba, España. Parroquia de Sta. María la Real de Fitero, Navarra / Museo de Navarra © Album / Art Resource, NY.

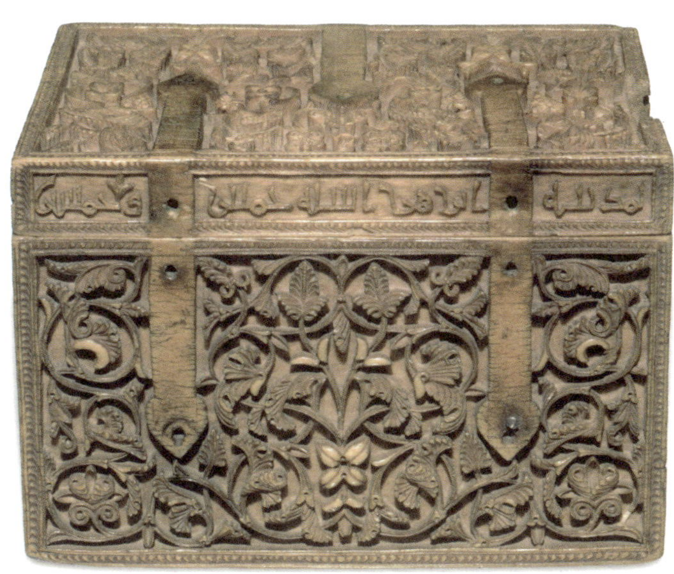

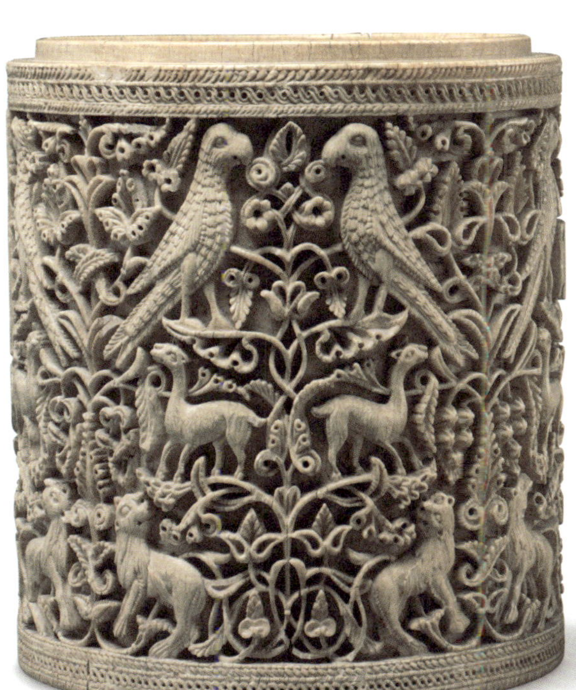

FIG. 10-6.
Pyxis (cylindrical casket) decorated with parrots and small animals. Ivory. Ca. 964. Córdoba, Spain. MMA: 1970.324.5. The Cloisters Collection, 1970. Checklist no. 147. Píxide (recipiente cilíndrico) decorado con loros y animales pequeños. Marfil. Ca. 964 e. c. Córdoba, España. MMA: 1970.324.5. The Cloisters Collection, 1970. N.º de verificación 147.

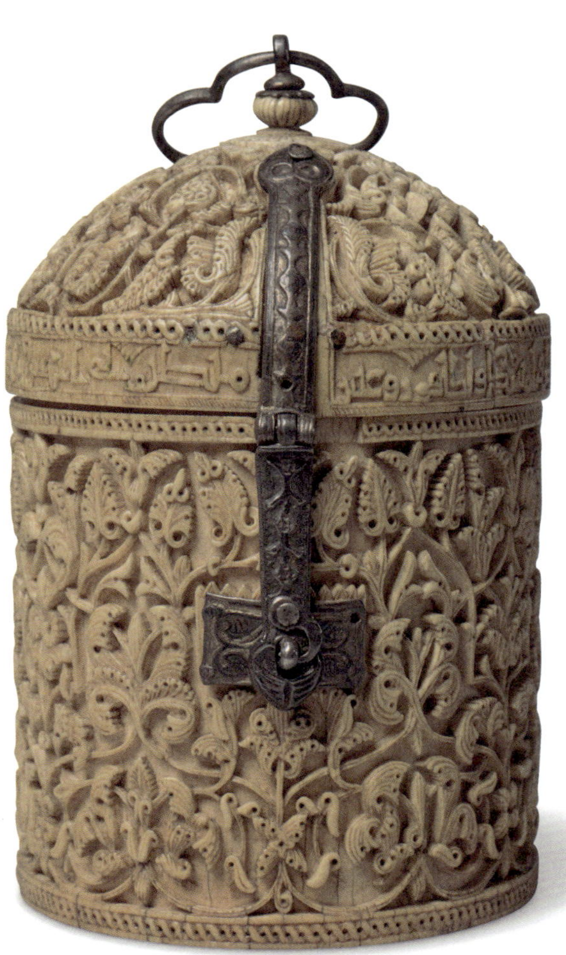

FIG. 10-7.
Pyxis decorated with vegetal designs, signed "Made by Khalaf." Ivory with chased and nielloed silver gilt mounts. Ca. 966. Córdoba, Spain. Presented to the Hispanic Society by Archer M. Huntington, 1914. Checklist no. 153. Píxide decorada con diseños vegetales, firmada "Hecho por Khalaf." Marfil con monturas de plata dorada cincelada y nielada. Ca. 966. Córdoba, España. HSA: D752. Presentado a la Hispanic Society por Archer M. Huntington, 1914. N.º de verificación 146.

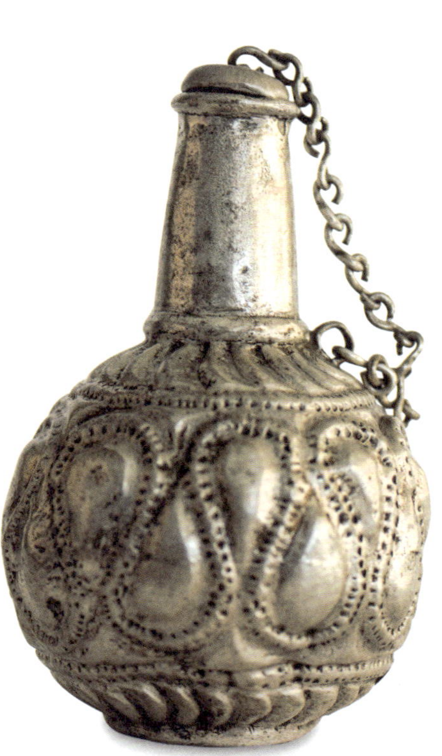

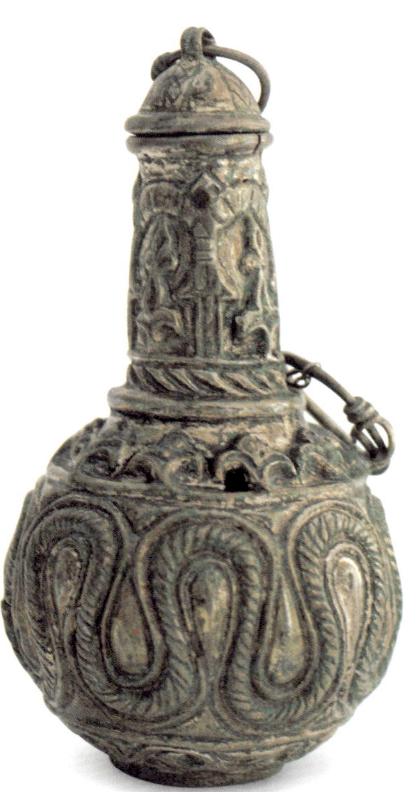

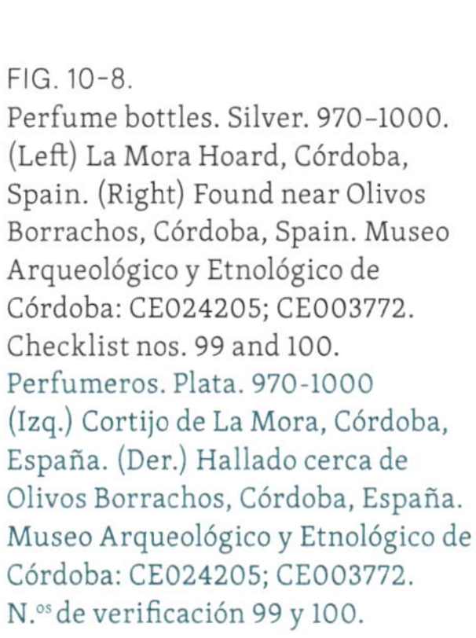

FIG. 10-8.
Perfume bottles. Silver. 970–1000. (Left) La Mora Hoard, Córdoba, Spain. (Right) Found near Olivos Borrachos, Córdoba, Spain. Museo Arqueológico y Etnológico de Córdoba: CE024205; CE003772. Checklist nos. 99 and 100. Perfumeros. Plata. 970-1000 (Izq.) Cortijo de La Mora, Córdoba, España. (Der.) Hallado cerca de Olivos Borrachos, Córdoba, España. Museo Arqueológico y Etnológico de Córdoba: CE024205; CE003772. N.os de verificación 99 y 100.

York—this information has been lost, but we can still place the objects within the context of dated examples for which we have patronage information. One pyxis (FIG. 10-6), for example, features decoration that is structured in a way similar to that of the casket made for Ṣubḥ, the concubine of al-Ḥakam II (r. 961–76/350–66 H.), in 964, and might therefore date from a similar period.[13] In general, the ivory objects that were made for female recipients were decorated with primarily vegetal motifs, which again relate to the iconography of the Hall of ʿAbd al-Raḥmān at Madīnat al-Zahrāʾ and underscores a connection to the Umayyad caliphate. These vegetal motifs have also been connected to the idea of female fertility and the very real issue of the continuity of the Umayyad dynasty.[14]

Ivory production seems to have been a court monopoly and to have begun soon after the declaration of ʿAbd al-Raḥmān's caliphate in 929/316 H. While the earliest extant objects were made in the early 960s, the only historical text to mention the ivories does so in the context (significantly) of a diplomatic gift sent in the year 934/322 H. This was sent by ʿAbd al-Raḥmān to his main ally among the North African tribes, Mūsā b. Abī l-ʿĀfiya, who was the caretaker of Umayyad interests in the Western Maghreb. Local rulers such as Mūsā helped ʿAbd al-Raḥmān secure access to trans-Saharan trading networks and the natural resources that flowed along these networks, most importantly West African gold. ʿAbd al-Raḥmān used diplomatic tactics to secure the loyalty of these North African Berber tribes at the expense of his main religious and political rivals, the Fāṭimids, who had risen to power in the region some decades before. Along these same trading networks came raw ivory, in the form of tusks from African elephants, although the precise manner of their entry into al-Andalus is not known. Most likely, raw ivory was included in diplomatic gifts sent to ʿAbd al-Raḥmān by the Berber leaders. The tusks of such elephants can grow to three meters in length, and a single tusk could provide enough ivory to make a significant number of objects.[15] Though we must assume that originally more ivory objects were made than have survived across the millennium to today, it may well be that only a small number of tusks were needed to produce all the Andalusi Umayyad ivories.

The gift from ʿAbd al-Raḥmān to Mūsā b. Abī l-ʿĀfiya included the ivories alongside a large number of luxury textiles—the fact that they were "excellent [and] extraordinarily crafted" is particularly commented on—and silver and glass objects. Most significantly, they were all

fabricación —como en las dos arquetas para Wallāda—, y a veces, el nombre del oficial de la corte que supervisó la realización del encargo. Ello ha permitido a los historiadores del arte reconstruir una imagen clara de la estructura del taller donde fueron fabricados y de la cronología de la producción. En los casos en los que los objetos se separaron de sus tapas —como en los dos ejemplares cilíndricos del Metropolitan Museum of Art de Nueva York— esta información se perdió, pero aún es posible ubicarlos dentro del contexto de los ejemplares que han sido datados, sobre cuyo mecenazgo tenemos información. Un píxide (FIG. 10-6), por ejemplo, presenta ornamentación estructurada de manera similar a la del bote hecho para Subh, la concubina de al-Ḥakam II (r. 961-976/350-66 H.), en 964, y por lo tanto, es posible que hayan sido realizados en un período semejante.[13] En general, los objetos de marfil que se creaban para las mujeres estaban decorados, principalmente, con motivos vegetales, que además se asocian a la iconografía del salón de ʿAbd al-Raḥmān en Madīnat al-Zahrāʾ, lo cual subraya una conexión con el califato omeya. Estos motivos vegetales también se han relacionado con la idea de la fertilidad femenina y la cuestión de la continuidad de la dinastía omeya.[14]

La producción de marfil parece haber sido un monopolio de la corte, y se supone que comenzó poco después de la proclamación del califato por ʿAbd al-Raḥmān en 929 (316 H.). Mientras que los objetos existentes que pueden fecharse se realizaron en la década de 960, el único texto histórico que menciona objetos de marfil lo hace (significativamente) en el contexto de un regalo diplomático del año 934 (322 H.). Este regalo fue enviado por ʿAbd al-Raḥmān para su principal aliado entre las tribus de África del Norte, Mūsā b. Abī l-ʿĀfiya, quien representaba los intereses de los omeyas en el Magreb occidental. Los gobernantes locales como Mūsā ayudaron a ʿAbd al-Raḥmān a asegurar el acceso a las redes transaharianas de comercio y los recursos naturales que circulaban a lo largo de estas redes, especialmente, el oro de África occidental. ʿAbd al-Raḥmān utilizó tácticas diplomáticas para asegurarse la lealtad de estas tribus africanas bereberes del norte de África en detrimento de sus rivales políticos y religiosos principales, los Fatimíes, que habían alcanzado el poder en la región algunas décadas atrás. Por estas mismas redes comerciales llegaba el marfil en bruto, en forma de colmillos de elefantes africanos, si bien no se conoce el modo preciso en que ingresaban en al-Andalus. Lo más probable es que el marfil en bruto estuviera incluido entre los obsequios diplomáticos que los líderes

containers for luxury perfumes or items to be used for personal adornment. The gift included:

> nine [containers] ranging from pyxides to caskets, all of which were filled with different kinds of perfume; among them a round silver pyxis containing incense mixed with ambergris; a pyxis of white ivory, containing sticks of frankincense seasoned with ambergris; another ivory pyxis, also with silver hinges, that had an Iraqi vase inside filled with an excellent *ghāliya*;[16] a third pyxis of ivory with silver hinges and a flat lid, containing royal frankincense; a glass casket with a silver lid and silver chain, containing pungent musk powder; a fourth ivory pyxis with silver hinges, too, containing the powder used by kings against sweat in the summer; a gilded Iraqi flask with rosewater of the Iraqi caliphs; a brocade (*dibāj*) sheath containing a large *sulṭānī* ivory comb to comb the beard, a gold kohl stick that had been wrapped in a checkered cloth with *dibāj* lining, covered in extraordinarily crafted Fez leather, with four compartments each containing a Frankish crafted silver casket; one of the two [*sic*] had a waxed and checkered neck with a silver lid and a silver chain; another casket had an extensive vegetal pattern except at the neck, a yellow bottom, and a silver lid and chain; a third casket was similar and imitated it; a fourth casket was identical in craftsmanship as the first; it had the four excellent caliphal plant extracts: wild mustard, yellow herbs, white herbs, and *naḍūḥ* [resin?]; the cavity of these caskets also contained an Iraqi bottle with caliphal ointment, and a small silver box with toothpicks and implements used by kings after eating.[17]

This relationship between the containers and perfumes or cosmetics indicates that the surviving objects were most likely used in a similar way—which has been described as "expensive wrapping paper."[18] This is also indicated by the inscription on the Hispanic Society pyxis in New York (FIG. 10-7), which, uniquely for the Andalusi ivories, features a poem describing its own beauty but also alluding to itself as a container for musk, camphor, and ambergris. These were some of the most expensive ingredients used in the production of luxury perfumes and cosmetics, and were themselves imported from the other side of the known world. Camphor is a white granular substance

bereberes le enviaban a ʿAbd al-Raḥmān. Los colmillos de estos elefantes pueden crecer hasta tres metros de largo, y un solo colmillo podía proporcionar suficiente marfil para hacer un número considerable de objetos.[15] Aunque debemos suponer que se crearon más objetos de marfil de los que han sobrevivido a través de los siglos hasta el presente, es muy posible que sólo se necesitaran unos pocos colmillos para producir todos los objetos de marfil omeyas andalusíes.

El obsequio de ʿAbd al-Raḥmān a Mūsā b. Abī l-ʿĀfiya incluyó los objetos de marfil junto a una gran cantidad de telas lujosas—se destaca, particularmente, que eran "de alta calidad y maravillosa manufactura"— así como objetos de plata y vidrio. Lo más significativo es que eran todos recipientes para perfumes u objetos de lujo de uso personal. El obsequio incluía:

> Nueve botes y cajas llenos de diversos perfumes, entre ellos un bote de plata, de forma redonda, lleno de sándalo mezclado con ámbar, un bote de marfil blanco con incienso aderezado con ámbar, otro bote de marfil también con bisagras de plata que contenía una vasija iraquí llena de excelente *algalia*[16], una tercera caja de marfil con bisagras de plata y techo plano con perfumes reales, una caja de vidrio con tapa y cadena de plata, con el polvo que los reyes utilizan para el sudor en verano, una botella iraquí dorada con agua de rosas iraquí califal, una funda de raso (*dibāj*) con un gran peine de sultán para peinar la barba, un pincel de oro para colirio envuelto en su paño ajedrezado, forrado en raso y recubierto de cuero de Fez de excelente labor, con cuatro compartimentos, en cada uno de los cuales había una caja de plata de hechura franca, una encerada y con cuello ajedrezado con tapa y cadena de plata, otra segunda con círculos rameados salvo el cuello, con fondo amarillo y tapa y cadena de plata, una tercera similar, y una cuarta del mismo trabajo que la primera, con los cuatro excelentes purgativos califales, carquexia, hierba amarilla, hierba blanca y sudorífero (*naḍūḥ*), y en la cavidad de estas cajas había también una botella iraquí con ungüento califal, y un pequeño escriño de plata con mondadientes y los aparejos que usan los reyes después de comer. [17]

Esta relación entre los recipientes y los perfumes o cosméticos sugiere que los objetos que han sobrevivido

distilled with camphor oil from the sap of the tree *Cinnamomum camphora*, a large evergreen native to East Asia, from India to Japan; musk derives from the gland secretion of the male musk deer and hails from Tibet and China; ambergris is a secretion of the gallbladder of the sperm whale and washes ashore along the eastern and western coasts of Africa.[19] Musk and ambergris were rare and difficult to extract or come by. Al-Ḥakam II is known to have incited something of a diplomatic incident when he tried to get his hands on "a fragment of ambergris of unusual form and extraordinary dimensions" that had come into the possession of his arch-rival Ḥasan b. Qannūn (d. 985/385 H.).[20] Madīnat al-Zahrā' had its own perfumery, established at the caliphal palace by Aḥmad b. Yūnus on the orders of al-Ḥakam II; and some of the surviving recipes for liquids such as *ghāliya* were written by the pharmacologist Abū l-Qāsim al-Zahrāwī (d. after 1013/400 H.), known in the West as Abulcasis but whose *kunya* derives from Madīnat al-Zahrā', where he was born and lived.[21]

It is likely that such precious cosmetics—usually in liquid or ointment form—would have been enclosed within containers made from inert materials such as silver and glass, as mentioned in the text of the gift to Mūsā b. Abī l-ʿĀfiya. Silver perfume bottles (FIG. 10-8) that have survived in archaeological contexts have dimensions that would allow them to fit inside cylindrical ivory boxes such as that now at the Hispanic Society.

Luxury objects like the fountain basins and their sculptural fountain heads, and the ivory containers and their precious perfumed contents, played a fundamental role in the way that the Andalusi Umayyad caliphs expressed their power and reach, both locally within the court, regionally within the Western Mediterranean sphere, and internationally, in their diplomatic relations with their contemporary rulers in Byzantium and Christian Europe. Their precious materials and beautiful craftsmanship caused them to be preserved and favored by later owners, and ultimately to have survived a thousand years, until today.

1 Anderson 2018.

2 For a discussion of the Umayyad Dār al-Ṣināʿa, see Rosser-Owen 2021, esp. chap. 6.

3 Bargebuhr 1968, 155.

4 Vallejo Triano 2010, 240 (all translations are mine unless indicated otherwise); de Morales 2012, 234 (fol. 116v). A *vara* is a unit of measurement equivalent to about 85 cm.

muy probablemente hayan sido usados de una manera similar, la cual se ha descrito como "un papel de regalo muy costoso".[18] Esto también se indica en la inscripción de las píxide de la Hispanic Society de Nueva York (FIG. 10-7), la cual, de manera excepcional para los objetos de marfil andalusíes, presenta un poema que describe su propia belleza y también alude a sí misma como un recipiente para almizcle, alcanfor y ámbar gris. Estos eran algunos de los ingredientes más costosos usados en la producción de perfumes y cosméticos de lujo, y se importaban desde el otro lado del mundo conocido. El alcanfor es una sustancia blanca granulada que se destila con aceite de alcanfor de la sabia del árbol *Cinnamomum camphora*, un gran árbol de hoja perenne nativo de Asia Oriental, desde la India hasta Japón; el almizcle proviene de la secreción glandular del ciervo almizclero macho y es originario del Tíbet y China; el ámbar gris es una secreción de la vesícula biliar del cachalote y llega desde las costas orientales y occidentales de África.[19] El almizcle y el ámbar gris eran raros y difíciles de extraer o conseguir. Al-Ḥakam II es conocido por haber provocado un incidente diplomático cuando intentó apoderarse de "un fragmento de ámbar gris de forma insólita y dimensiones inusuales" que había llegado a manos de su rival Ḥasan b. Qannūn (m. 985/385 H.).[20] Madīnat al-Zahrā' tenía su propia perfumería, fundada en el palacio califal por Aḥmad b. Yūnus bajo las órdenes de al-Ḥakam II; y algunas de las recetas que han sobrevivido para líquidos como la *ghaliya* o algalia fueron escritas por el farmacólogo Abū l-Qāsim al-Zahrāwī (m. después de 1013/400 H.), conocido en Occidente como Abulcasis, pero cuya *kunya* deriva de Madīnat al-Zahrā', donde nació y vivió.[21]

Es probable que cosméticos tan preciosos, por lo general en forma líquida o en ungüento, se guardaran en recipientes hechos de materiales inertes, como la plata y el vidrio, tal como se menciona en el texto del obsequio para Mūsā b. Abī l-ʿĀfiya. Los frascos de plata para perfume (FIG. 10-8) que han sobrevivido en contextos arqueológicos tienen dimensiones que les permitirían caber dentro de píxides cilíndricas de marfil como la que ahora se encuentra en la Hispanic Society.

Los objetos suntuarios, como las pilas de las fuentes y los surtidores esculturales, o los recipientes de marfil y sus preciosos contenidos perfumados, desempeñaron un papel fundamental en el modo en que los califas omeyas andalusíes expresaron su poder y alcance, tanto dentro de la corte como a nivel regional en el ámbito mediterráneo occidental y a nivel internacional, en sus relaciones

5 Vallejo Triano 2018.
6 Continente 1969; Rosser-Owen 2021, 87–88.
7 Beltrán Fortes 1988–90; Vallejo Triano 2010, 236; Calvo Capilla 2014.
8 Rosser-Owen 2021, 232–38, 275–82, 289–94, 329–46.
9 Ruggles 2000; Anderson 2013.
10 Acién Almansa 1995.
11 Vallejo Triano 2010, 184.
12 Silva Santa-Cruz 1999; Bariani 2005.
13 This casket is now in the Museo Arqueológico Nacional in Madrid, inv. 52113, https://www.ceres.mcu.es. See Ferrandis 1935, 1: cat. no. 4; Kühnel 1971, cat. no. 22.
14 Prado-Vilar 1997, 19-41.
15 As Sarah M. Guérin has argued for the so-called 'Salerno ivories', in Guérin 2016.
16 *Ghāliya* was a luxury perfume made from musk and ambergris mixed with *ben* oil. See King 2008, 181.
17 Ibn Ḥayyān, *Al-Muqtabis* V, ed. P. Chalmeta, F. Corriente and M. Sobh, trans. Stuart Sears (Madrid: Instituto Hispano-Árabe de Cultura, 1979), 238–39, quoted in Anderson and Rosser-Owen 2015, 40.
18 I owe this phrase to Robert Hillenbrand (personal communication).
19 Anderson and Rosser-Owen 2015, 40–45; A. King 2011.
20 Ballestín Navarro 2008.
21 Hamarneh 1962; Hamarneh 1965.

diplomáticas con los gobernantes contemporáneos de Bizancio y la Europa cristiana. Sus materiales preciosos y su hermosa artesanía hicieron que se conservaran y que recibieran un trato preferencial de parte de propietarios posteriores y, finalmente, que sobrevivieran mil años, hasta el presente.

1 Anderson 2018.
2 Para una discusión acerca del *Dār al-Ṣināʿa* omeya, ver Rosser-Owen 2021, en especial, el cap. 6.
3 Bargebuhr 1968, 155.
4 Vallejo Triano 2010, 240; de Morales 2012, 234 (fol. 116v). La *vara* es una unidad de medida que equivale aproximadamente a 85 cm.
5 Vallejo Triano 2018.
6 Continente 1969; Rosser-Owen 2021, 87-88.
7 Beltrán Fortes 1988-90; Vallejo Triano 2010, 236; Calvo Capilla 2014.
8 Rosser-Owen 2021, 232-38, 275-82, 289-94, 329-46.
9 Ruggles 2000; Anderson 2013.
10 Acién Almansa 1995.
11 Vallejo Triano 2010, 184.
12 Silva Santa-Cruz 1999; Bariani 2005.
13 Este bote se encuentra hoy en el Museo Arqueológico Nacional de Madrid, inv. 52113, https:// www.ceres.mcu.es. Ver Ferrandis 1935, 1: cat. n.º 4; Kühnel 1971, cat. n.º 22.
14 Prado-Vilar 1997, 19-41.
15 Tal como ha sugerido Sarah M. Guérin para los llamados "marfiles de Salerno", en Guérin 2016.
16 *Ghaliya* era un perfume de lujo elaborado con almizcle y ámbar gris mezclados con aceite de *ben*. Ver King 2008, 181.
17 Ibn Ḥayyān, *Al-Muqtabis* V, ed. P. Chalmeta, F. Corriente y M. Sobh, (Madrid: Instituto Hispano-Árabe de Cultura, 1979), 238-39; traducción y notas M. J. Viguera y F. Corriente, *Crónicas del Califa ʿAbdarraḥmān III an-Nāṣir entre los años 912-942 (Al-Muqtabis V)*, (Zaragoza, Anúbar Ediciones-Instituto Hispano-Árabe de Cultura, 1981), 264-5.
18 Debo esta frase a Robert Hillenbrand (comunicación personal).
19 Anderson y Rosser-Owen 2015, 40-45; A. King 2011.
20 Ballestín Navarro 2008.
21 Hamarneh 1962; Hamarneh 1965.

11.

The Charilla Treasure and the Caliphal Jewelry Tradition

El Tesoro de Charilla y la Tradición de la Joyería Califal

Ana Labarta
Universitat de València

The courtly poets of al-Andalus consistently compared natural phenomena and effects of light, flowers and plants, wine, and human features to gold, silver, pearls, and gems. Mentions of jewelry were more frequent from the twelfth to fourteenth centuries, whereas during the Córdoba caliphate period references were almost always to pearls: a pearl necklace was a beautiful smile, a poem, or a group of friends; loose pearls were raindrops, words, or teeth:

> When she spoke to me, I said "pearls fell" and she thought her necklace had broken.
> She then smiled, flattered, and her smile showed me another row of pearls.[1]

The carnelian was a face that blushed:

> "I've never seen or heard anything alike: a pearl that out of modesty turns into carnelian."[2]

Ibn Aḍḥā, the lord of Alhama (a fortress in Granada province), in 921 CE delivered a speech praising the Umayyad ruler ʿAbd al-Raḥmān III (r. 912–61 /300–350 H.), the future founder of the Cordoba caliphate (929), and included the following verse: "If Marwān's lineage were to string his glory in yarn, he would be the central pearl of the necklace."[3] The same idea was used by al-Tubnī in the poem that he recited during the official celebration of the Feast of Sacrifices in 972. Referring to Hishām as crown prince, he said: "When Quraysh looked at his own noble lineage, he saw that he was the central pearl of the necklace."[4] The historian al-Rāzī used analogous metaphors in his prose. While reporting on ʿAbd al-Raḥmān III's campaign of 912 against the rebels, he described their severed heads as following one another "like pearls whose thread is broken."[5]

Andalusi chroniclers mentioned the high quality and value of the objects the caliphs received as gifts and the presents that they frequently gave to their supporters and subjects. The majority of what the Umayyad caliph ʿAbd al-Raḥmān III and his successor al-Ḥakam II (r. 961–76/350–66 H.) gifted were luxury items, including horses and mules with their saddles and bridles decorated with precious-metal elements, pearls, and gems. Among the gifts for men were swords and sabers with chiseled, nielloed, and gilded silver hilts, ornate scabbards, and toiletries (cylindrical silver boxes filled with amber and sandalwood, and ivory pyxides with silver hinges that protected bottles of perfume).

Los poetas cortesanos andalusíes compararon siempre los fenómenos naturales, efectos de luz, flores y plantas, vino o rasgos de los seres humanos con oro, plata, perlas y pedrería. Las citas a joyas fueron más frecuentes entre los siglos XII y XIV, mientras que durante el periodo del califato de Córdoba se referían casi exclusivamente a perlas; un collar de perlas podía ser una bonita sonrisa, un poema o un grupo de amigos; las perlas sueltas eran gotas de lluvia, palabras o dientes:

> "Cuando me habló dije 'cayeron perlas' y ella creyó que se le había roto el collar.
> Sonrió luego halagada, y su sonrisa me mostró otra hilera de perlas."[1]

La cornalina era una cara que se ruborizaba:

> "Nunca vi ni oí cosa igual: una perla que de pudor se vuelve cornalina."[2]

Ibn Aḍḥā, señor de la fortaleza granadina de Alhama, en el discurso que pronunció en 921 en alabanza del gobernante omeya ʿAbd al-Raḥmān III (r. 912–961/300-350 H.), el futuro fundador del califato cordobés (929), incluyó el verso "Si el linaje de Marwān enhebrara su gloria en un hilo, él sería la perla central del collar."[3]

En el poema que recitó durante la celebración oficial de la Fiesta de los Sacrificios de 972, al-Tubnī utilizó la misma idea para referirse a Hishām como príncipe heredero: "Cuando Quraysh contempló la nobleza de su propio linaje, vio que él era la perla central del collar."[4] El historiador al-Rāzī usó metáforas análogas en su prosa; así, al narrar la campaña de ʿAbd al-Raḥmān III contra los rebeldes (912) describió que sus cabezas cortadas cayeron sucesivamente "como perlas cuyo hilo se ha roto".[5]

Los cronistas andalusíes mencionan la alta calidad y precio de lo que los califas recibían como obsequio y de los regalos que ellos hacían con frecuencia a sus partidarios y súbditos. La parte principal de lo que el califa omeya ʿAbd al-Raḥmān III y su sucesor al-Ḥakam II (r. 961–976/350-66 H.) regalaban eran objetos de lujo; incluían caballos y mulas cuyas sillas de montar y bridas iban decoradas con elementos de metal precioso, perlas y gemas. Entre los regalos para los varones había espadas y sables con el puño de plata cincelada, nielada y dorada y la vaina adornada, así como objetos de tocador (cajas de plata cilíndricas llenas de ámbar o madera de sándalo, botes de marfil con bisagras de plata que protegían botellitas de perfume).

The Zanāta chief al-Khayr ibn Khazar, a faithful ally of ʿAbd al-Raḥmān III, regularly informed him about what was happening on the Algerian coast. In 940 the caliph sent to al-Khayr precious objects and military harnesses and "one of his private rings, which was set with an emerald of great value, a magnificent jewel, with his name engraved in it; he ordered him to seal with it only the missives which he so often addressed to him."[6]

Other anecdotes involving jewelry were intended to illustrate the generosity of ʿAbd al-Raḥmān III, but they show at the same time his cruelty. One night, while in al-Nāʿūra's palace, he summoned his executioner and ordered him to cut a woman's throat. While doing so, the executioner noticed that the blow of the sword had produced an abnormal noise; back in his room, he discovered inside his leather mat "a large-size pearl of penetrating brilliance surrounded by spinel pebbles looking like embers." The necklace had fallen onto the mat when she was executed. The executioner hastened to bring them back to the caliph, who gave them to him as a gift; with it he bought a house.[7]

Almost nothing has remained of those presents. The casket now kept at the Girona Cathedral Museum stands out as excellent testimony because its Arabic inscription indicates that it was a gift from al-Ḥakam II to his son, Prince Hishām.[8] It is a wooden box plated with embossed, nielloed, and gilded silver with vegetal decoration. The gilding process consisted of applying an amalgam of gold and mercury; when heated, the mercury evaporated and a thin layer of gold remained on the surface. The use of niello, whose blue-black drawings contrast with the lighter surfaces, enjoyed favor from the caliphate period until Almohad times; it was employed on somewhat larger-sized objects, but it is not attested in jewelry making until the eleventh century. To decorate an object with niello, small portions of metal were removed, and a sulfide made of silver and copper was inlaid into the cavities and grooves; the object was then baked, sanded, and polished. Enamel was not used at that time.[9]

It is necessary to consider the wealthy classes in order to identify personal jewelry made during that period and still preserved, after more than a thousand years. The jewels that have been found in the Iberian Peninsula are relatively numerous and form a coherent corpus that has no equal in any other area of the Islamic West. Almost all of them come from so-called hoards, batches of valuables that were hidden underground. Burying valuables was, since ancient times, the usual way to protect them from

El jefe zanāta al-Khayr Ibn Khazar, fiel aliado de ʿAbd al-Raḥmān III, le informaba regularmente de lo que sucedía en la costa argelina. En 940 el califa le envió a al-Khayr objetos preciosos, enseres militares y "uno de sus anillos personales, que llevaba engastada una esmeralda de gran valor, una joya magnífica, con su nombre grabado; le ordenó que lo usara solo para sellar esas misivas que tan a menudo le dirigía".[6]

Otras anécdotas que mencionan joyas pretendían ilustrar la generosidad de ʿAbd al-Raḥmān III, pero muestran a la vez su crueldad. Una noche, estando en el palacio de al-Nāʿūra, llamó a su verdugo y le mandó cortarle el cuello a una mujer. Al hacerlo, el verdugo notó que el golpe de la espada había producido un sonido extraño; cuando volvió a su aposento, descubrió dentro de su tapete de cuero "una perla de gran tamaño y penetrante brillo, rodeada de cuentas de espinela que parecían brasas". Las cuentas del del collar de la mujer habían caído al tapete al ejecutarla. El verdugo se apresuró a devolvérselas al califa, que se las regaló; con ello se compró una casa.[7]

De esos regalos no ha quedado casi nada. La arqueta que se conserva ahora en el Museo de la catedral de Girona destaca como un testimonio excepcional porque su inscripción árabe indica que fue un regalo de al-Ḥakam II a su hijo, el príncipe Hishām.[8] Es una caja de madera, cubierta de chapa de plata repujada, nielada y dorada, con decoración vegetal. El proceso de dorado consistía en aplicar una amalgama de oro y mercurio; cuando se calentaba, el mercurio se evaporaba y quedaba en la superficie una fina capa de oro. El nielado, cuyos dibujos en negro azulado contrastan con las superficies claras, gozó de favor desde la época califal hasta la almohade; se empleó en objetos de cierto tamaño, pero no se atestigua en joyas hasta el siglo XI. Para realizarlo, se retiraban pequeñas porciones de metal y se colocaba en las cavidades y ranuras sulfuro de plata y cobre; luego se horneaba, se limaba y se pulía. El esmalte no se usaba en esa época.[9]

Tenemos que descender de los gobernantes a las clases pudientes para encontrar algunas joyas de adorno personal hechas durante ese periodo y todavía conservadas, después de más de mil años. Las que se han encontrado en la península ibérica son relativamente numerosas y forman un corpus coherente, sin par en ninguna otra zona del Islam occidental. Casi todas proceden de los llamados "tesorillos", que son conjuntos de objetos de valor escondidos bajo tierra. Desde la antigüedad, enterrar monedas y joyas era el modo habitual de protegerlos de los ladrones. La guerra civil que siguió a la caída del califato causó que

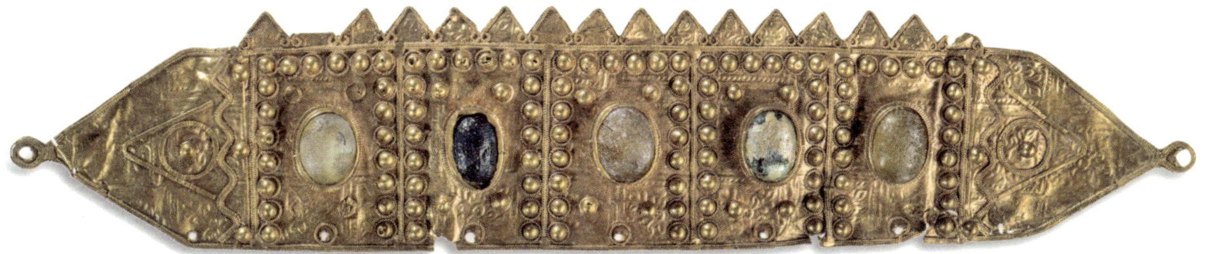

FIG. 11-1.
Forehead band, Charilla Treasure. Ca. 950. Gold and glass. MJ: CE/DA02789/01. Checklist no. 102. Banda para la frente, tesoro de Charilla. Ca. 950. Oro y vidrio. MJ: CE/DA02789/01. N.º de verificación 102.

FIG. 11-2A.
Hairpins, Charilla Treasure. Ca. 950. Gold and glass. MJ: CE/DA02789/04-05. Checklist nos. 105 and 106. Horquillas, tesoro de Charilla. Ca. 950. Oro y pasta vítrea. MJ: CE/DA02789/04. N.º de verificación 105 y 106.

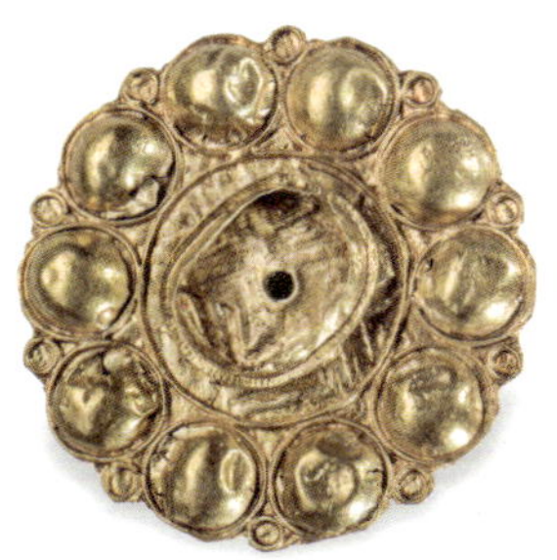

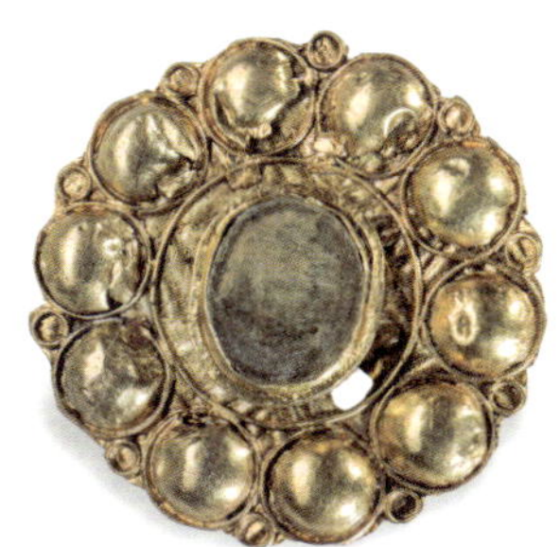

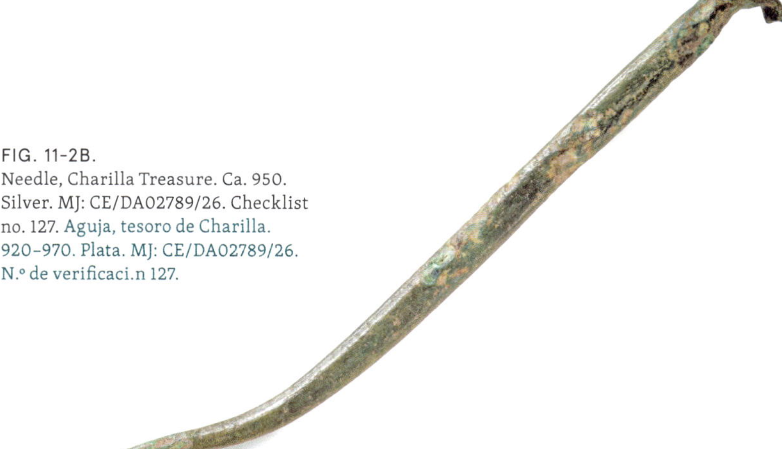

FIG. 11-2B.
Needle, Charilla Treasure. Ca. 950. Silver. MJ: CE/DA02789/26. Checklist no. 127. Aguja, tesoro de Charilla. 920–970. Plata. MJ: CE/DA02789/26. N.º de verificaci.n 127.

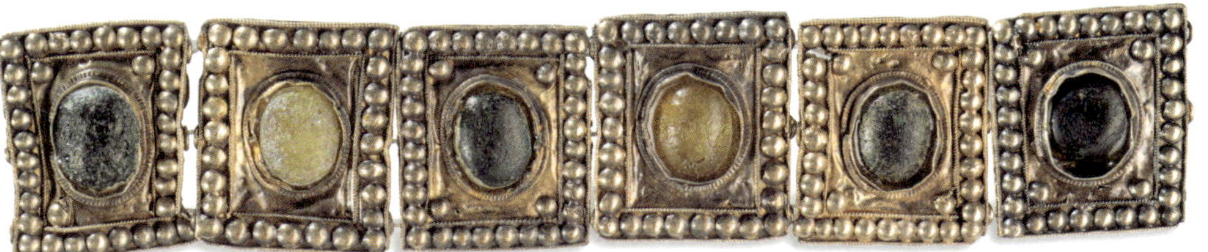

FIG. 11-3.
Six plaques of a choker, Charilla Treasure. Ca. 950. Gold and glass. MJ: CE/DA02789/02. Checklist no. 103. Seis placas de una gargantilla, tesoro de Charilla. Ca. 950. Oro y vidrio. MJ: CE/DA02789/02. N.º de verificación 103.

thieves. The civil war that followed the fall of the caliphate led some people to flee or die without recovering what they had hidden, leaving their valuables to be found by chance in modern times. The hoards contained savings in cash, some rings—a silver ring with an engraved carnelian, worn on the little finger of the left hand, was the sole jewel men wore—and women's jewelry. Coins were sometimes pierced to be used as ornaments and help to date the jewels, which were often battered and broken, and would finally end up sold and melted. Most hoards that have been discovered are no more than an amalgam of coins with a few precious-metal objects, while those that interest us hold a set of jewelry that a woman would wear together, suggesting that they may have been used by a bride during her wedding party.

The possibilities for studying caliphal jewelry have greatly expanded in recent years. Initially, only Murcia's hoard, which was sold in 1870 to the Victoria and Albert Museum in London, was known.[10] Since then, others have come to light by hazard in Loja (Granada, 1944),[11] Cortijo de La Mora (Lucena, Córdoba, 1964),[12] Charilla (Alcalá la Real, Jaén, 1977),[13] Ermita Nueva (Alcalá la Real, Jaén, 1995),[14] Castuera (Badajoz, 1996),[15] and La Amarguilla (Baena, Córdoba, 2020).[16]

The town of Alcalá la Real has been an important center since antiquity, as it is strategically located on the natural route connecting the Guadalquivir Valley with the fertile plains of Granada. The two hoards discovered in the area (Ermita Nueva and Charilla) point to the difficult times experienced by its inhabitants at the end of the caliphal period.

The treasure found in the town of Charilla offers an example of the goldsmithing techniques commonly used to craft and decorate jewels. Comparing its contents with those of other treasures shows that the jewels are extraordinarily similar in terms of the metal used, construction technique, and decoration. It is thus possible to establish a catalog of models and to determine their general measurements and the approximate number of pieces of the same type that were in each set; this allows to us to deduce which pieces are missing in each case.

The construction of the jewels is simple: each is made with a metal sheet, often used flat and cut into the desired shape and wires of various thicknesses. A small disc can be converted into a semisphere by means of a dapping tool; when two semispheres are joined, a hollow spherical bead is mounted. The decoration is achieved by welding over the surface pieces of very thin smooth or twisted wire, small

unos murieran y otros huyeran sin poder recuperar lo que habían ocultado, y por eso se encontraron por casualidad posteriormente. Los ocultamientos contienen ahorros en moneda, algún anillo —pues un anillo de plata en el meñique izquierdo con un sello de cornalina era el único adorno que llevaban los hombres— y joyas de mujer. Las monedas, a veces perforadas y usadas como ornamento, ayudan a datar las joyas, que a menudo estaban maltrechas y rotas, y que terminarían vendidas y fundidas. La mayor parte de los tesoros contienen solo monedas; alguno tiene unos pocos objetos de metal precioso; en los que nos interesan hay conjuntos de joyas que una mujer pudo llevar puestas todas a la vez, lo que permite suponer que las utilizara una novia en su fiesta de bodas.

Las posibilidades de estudiar la joyería califal se han ido ampliando en los últimos años. Inicialmente, solo se conocía el tesoro de Murcia, vendido en 1870 al Victoria and Albert Museum de Londres.[10] Desde entonces, el azar ha sacado a la luz otros en Loja (Granada, 1944),[11] Cortijo de La Mora (Lucena, Córdoba, 1964),[12] Charilla (Alcalá la Real, Jaén, 1977),[13] Ermita Nueva (Alcalá la Real, Jaén, 1995),[14] Castuera (Badajoz, 1996)[15] y La Amarguilla (Baena, Córdoba, 2020).[16]

La villa de Alcalá la Real ha sido un importante centro desde la Antigüedad, ya que se encuentra en un lugar estratégico que controla la ruta natural que une el valle del Guadalquivir con la vega granadina. Los dos tesoros descubiertos en sus alrededores (Ermita Nueva y Charilla) evidencian los tiempos difíciles que vivieron sus habitantes al final del período califal.

Tomaremos el tesoro hallado en el lugar de Charilla como ejemplo de las técnicas usualmente utilizadas al elaborar y adornar la orfebrería. Al comparar su contenido con el de los otros tesoros, observamos que las joyas son muy similares: coinciden en el metal utilizado, la técnica de construcción y la decoración. De este modo, es posible establecer un catálogo de modelos, determinar sus medidas habituales y el número aproximado de piezas del mismo tipo que había en cada conjunto; ello permite también deducir las que faltan en cada caso.

Su construcción es sencilla: están hechas con lámina de metal cortada en la forma deseada y alambres de varios grosores. La lámina a menudo se usa plana. Un pequeño disco se puede convertir en una semiesfera usando una embutidera; uniendo dos, se monta una cuenta esférica hueca. La decoración se logra soldando sobre la superficie trozos de fino alambre liso o entorchado, semiesferitas huecas, minúsculos granos

hollow semispheres, tiny grains, and ribbons that form settings for light-yellow or dark-blue glass cabochons.

The main jewel of the Charilla hoard is an elongated gold plaque with the top edge trimmed into small triangles (FIG. 11-1). Although it is made of a single piece of gold, the decoration divides the space horizontally into five equal rectangular sections, with a pentagonal one at each end. Because of its size and shape, this jewel seems suitable for covering the forehead; the sides end in rings through which to pass a ribbon that would be tied behind the head. Only the Murcia hoard has something similar: four articulated rectangular plaques of gold (h. 40 mm; total w. 211 mm).[17]

A pair of multi-foil gold discs (FIG. 11-2; diam. 30 mm), with an oval setting in the center, have on the back, behind the cabochon, a smaller reinforcing disc and a semisphere above it. The center of each disc and semisphere is perforated; a long needle that would have passed through the hole is lacking in the examples from Ermita Nueva and Loja; but one example from La Amarguilla retains its needle, which measures 75 mm in length. These objects were probably used to hold hair or a headdress in place.

Six small rectangular gold boxes with a decorated front have three holes on the vertical sides for stringing (FIG. 11-3). There are six of similar size in Loja and four in Murcia. They could have been integrated into a choker, but their short total length (110 mm) suggests there were rows of small pearls between each box.

The stone, glass, pearl, and metal beads from Charilla, which have parallels in greater or lesser quantity in other hoards, would have been elements of various necklaces. Forty-nine small perforated, irregular pearls (diam. 2–6 mm), a light-blue round glass bead, and a tiny light-greenish-blue cylindrical bead have been placed together on a string by curators at the Jaén Museum (FIG. 11-4A). Another string holds a variety of beads: an oval chalcedony, four oval rock-crystal beads, two spherical beads of black glass paste with white lines, two of green glass, a cylindrical and a spherical bead perhaps made of carnelian, and two irregular pearls (FIG. 11-4B).

Four hollow oval gold beads (diam. 10 mm) are not decorated. A broken and crushed smaller bead is decorated with two wires surrounding the equator and groups of two concentric circles, as are some better-preserved items that were found in Ermita Nueva and Murcia; in this case, the gray color of its interior shows that it is made of gilded silver (FIG. 11-5A). The cylindrical gold beads are of two different types (FIGS. 11-5B AND 11-5C). Some

y cintas que forman engastes para cabujones de vidrio amarillo claro o azul oscuro.

La joya principal del tesoro de Charilla es una lámina de oro alargada con el borde superior recortado formando pequeños triángulos (FIG. 11-1). Aunque está hecha de una sola pieza, la decoración divide el espacio en cinco sectores rectangulares iguales y dos pentagonales en los extremos. Por su tamaño y forma parece adecuada para llevarse cubriendo la frente; los laterales terminan en anillas por las que pasar una cinta y atarla detrás de la cabeza. Solo el tesoro de Murcia tiene algo parecido: cuatro placas rectangulares articuladas de oro (H. 40 mm; L. total 211 mm).[17]

Un par de discos de oro ligeramente lobulados (FIG. 11-2; diám. 30 mm), con un engaste ovalado en el centro, llevan en la parte posterior, detrás del cabujón, un disco de refuerzo más pequeño y una semiesfera encima. Los discos y la semiesfera tienen el centro perforado; los atravesaba un largo agujón, que falta en los de Ermita Nueva y Loja; uno en La Amarguilla aún conserva el suyo, de 75 mm de largo. Es posible que se usaran para mantener en su lugar el cabello o el tocado.

Seis cajitas rectangulares de oro (FIG. 11-3) con el frente decorado, tienen tres agujeros en los lados verticales para ensartarlas. Hay seis de tamaño similar en Loja y cuatro en Murcia. Podrían haberse integrado en una gargantilla, pero su escasa longitud total (110 mm) sugiere que habría hileras de aljófar entre ellas.

Las perlas y cuentas de piedra, vidrio y metal, que tienen paralelos en mayor o menor cantidad en otros tesoros, formarían parte de varios collares. Cuarenta y nueve granos de aljófar perforados (diám. 2 a 6 mm), una esferita de vidrio azul claro y una diminuta cuenta cilíndrica azul-verdoso claro se han ensartado juntas en un hilo para su exposición en el Museo de Jaén (FIG. 11-4A). Otro hilo recoge una cuenta ovalada de calcedonia, cuatro ovaladas de cristal de roca, dos esféricas de pasta de vidrio negro con líneas blancas, dos de vidrio verde, una cilíndrica y una esférica tal vez de cornalina y dos perlas barruecas (FIG. 11-4B).

Cuatro cuentas ovaladas huecas de oro (diám. 10 mm) son lisas. Una más pequeña, rota y aplastada, va decorada con dos alambres que rodean el ecuador y grupos de dos círculos concéntricos, al igual que otras mejor conservadas encontradas en Ermita Nueva y Murcia; en este caso, el color gris del interior muestra que es de plata sobredorada (FIG. 11-5A). Las cuentas cilíndricas de oro son de dos modelos diferentes (FIGS. 11-5B Y 11-5C). Unas estaban formadas por hileras de pirámides huecas de base

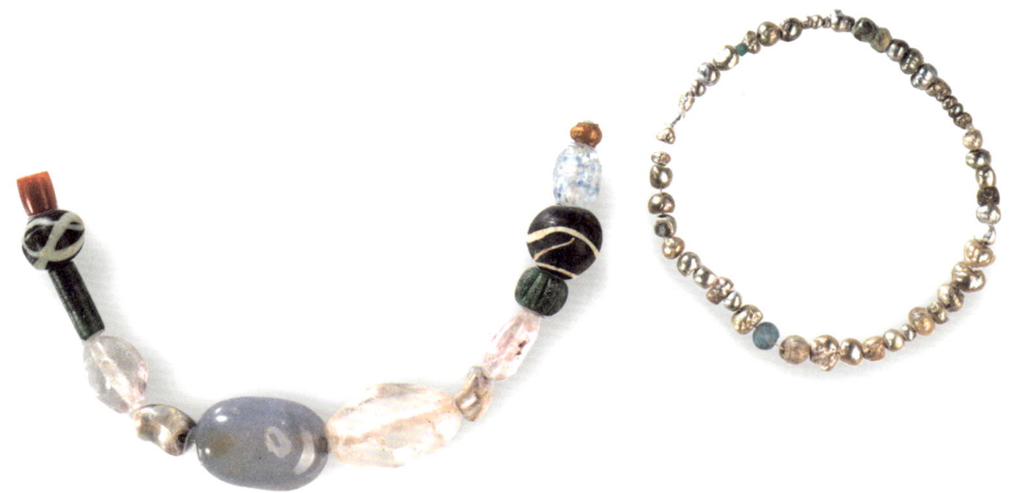

FIG. 11-4A.
Stone necklace beads, Charilla Treasure. Ca. 950. Rock crystal, chalcedony, pearl, carnelian, glass. MJ: CE/DA02789/30. Checklist no. 131. Cuentas de piedra para collar, tesoro de Charilla. Ca. 950. Cristal de roca, calcedonia, aljófar, cornalina, vidrio. MJ: CE/DA02789/30. N.º de verificación 131.

FIG. 11-4B.
Necklace beads, Charilla Treasure. Ca. 950. Irregular pearls and glass. MJ: CE/DA02789/31. Checklist no. 132. Cuentas de collar, tesoro de Charilla. Ca. 950. Aljófary vidrio. MJ: CE/DA02789/31. N.º de verificación 132.

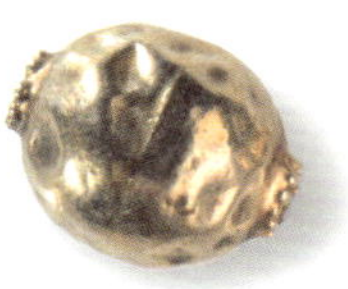
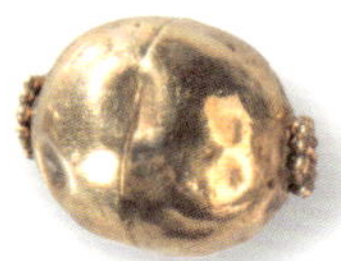
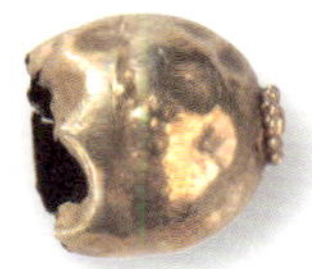
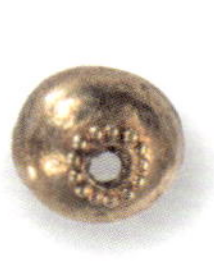
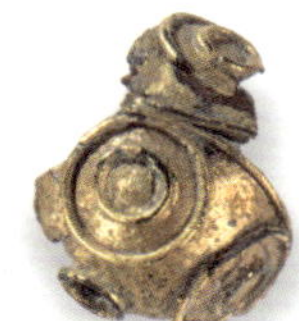

FIG. 11-5A.
Necklace beads, Charilla Treasure. Ca. 950. Gold. MJ: CE/DA02789/07-09; CE/DA02789/17; CE/DA02789/23. Checklist nos. 108–110, 118 and 124. Cuentas de collar, tesoro de Charilla. Ca. 950. Oro. MJ: CE/DA02789/07-09; CE/DA02789/17; CE/DA02789/23. N.os de verificación 108–110, 118 y 124.

FIG. 11-5B.
Necklace beads, Charilla Treasure. Ca. 950. Gold. MJ: CE/DA02789/10, CE/DA02789/14, CE/DA02789/24-25. Checklist nos. 111, 115, and 125–126. Cuentas de collar, tesoro de Charilla. Ca. 950. Oro. MJ: CE/DA02789/10, CE/DA02789/14, CE/DA02789/24-25. N.os de verificación 111, 115, y 125–126.

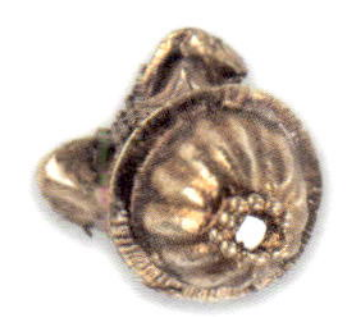
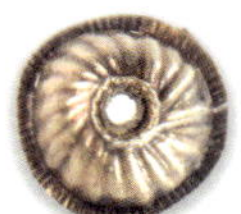
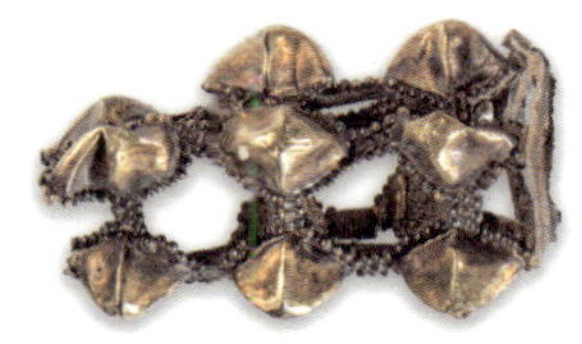
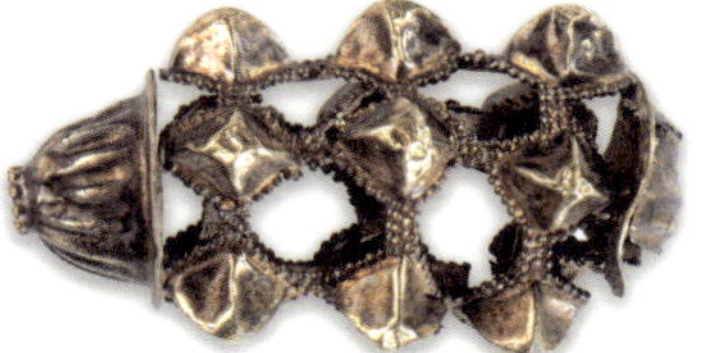

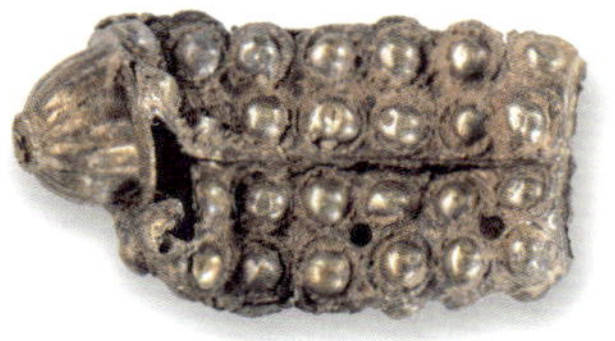
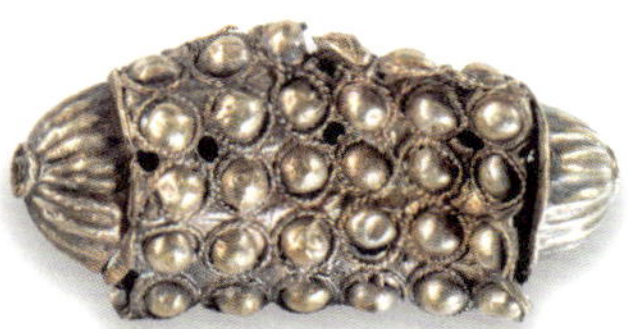

FIG. 11-5C.
Necklace beads, Charilla Treasure. Ca. 950. Gold. MJ: CE/DA02789/11-13, CE/DA02789/35. Checklist nos. 112–114 and 136. Cuentas de collar, tesoro de Charilla. Ca. 950 Oro. MJ: CE/DA02789/11-13, CE/DA02789/35. N.os de verificación 112–114 y 136.

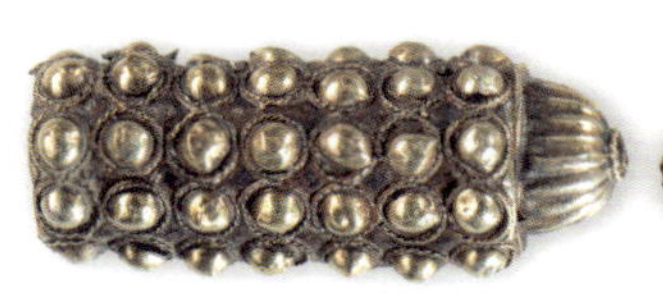
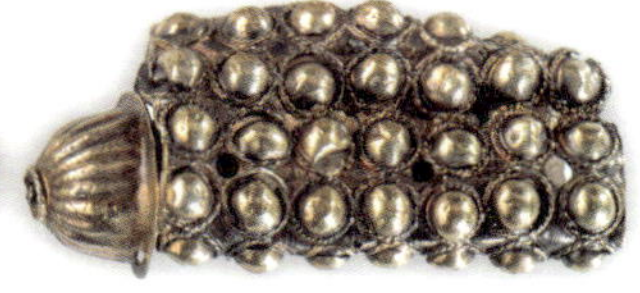

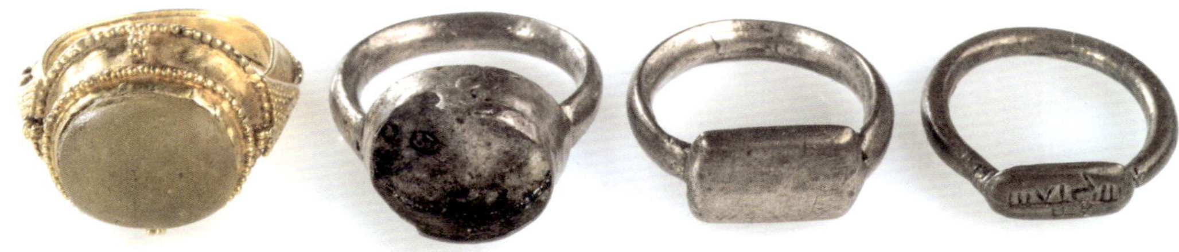

FIG. 11-6.
Finger rings, Charilla Treasure. Ca. 950. Gold, glass, and silver. MJ: CE/DA02789/19–22. Checklist nos. 120–123. Anillos tesoro de Charilla. Ca. 950. Oro y vidrio. MJ: CE/DA02789/19–22. N.os de verificación 120-123.

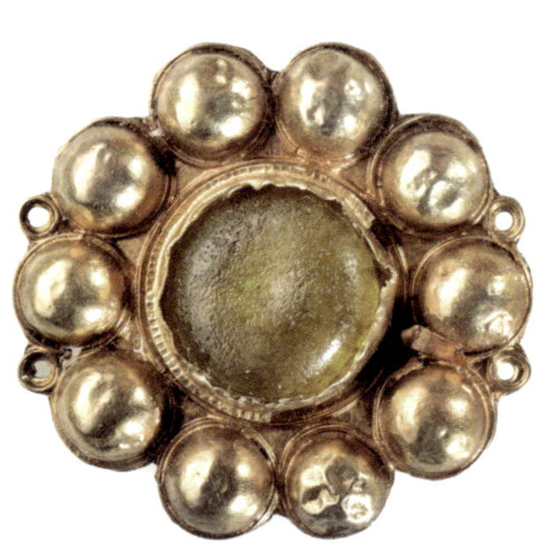

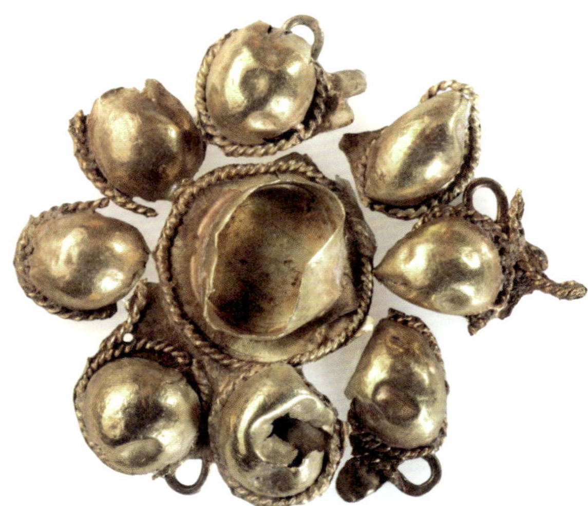

FIG. 11-7A.
Decorative disc, Charilla Treasure. Ca. 950. Gold and glass. MJ: CE/DA02789/06. Checklist no. 107. Disco decorativo, tesoro de Charilla. Ca. 950. Oro y vidrio. MJ: CE/DA02789/06. N.º de verificación 107.

FIG. 11-7B.
Broken decorative disc, Charilla Treasure. Ca. 950. Gold and missing glass. MJ: CE/DA02789/33. Checklist no. 134. Disco decorativo roto, tesoro de Charilla. Ca. 950. Oro y vidrio perdido. MJ: CE/DA02789/33. N.º de verificación 134.

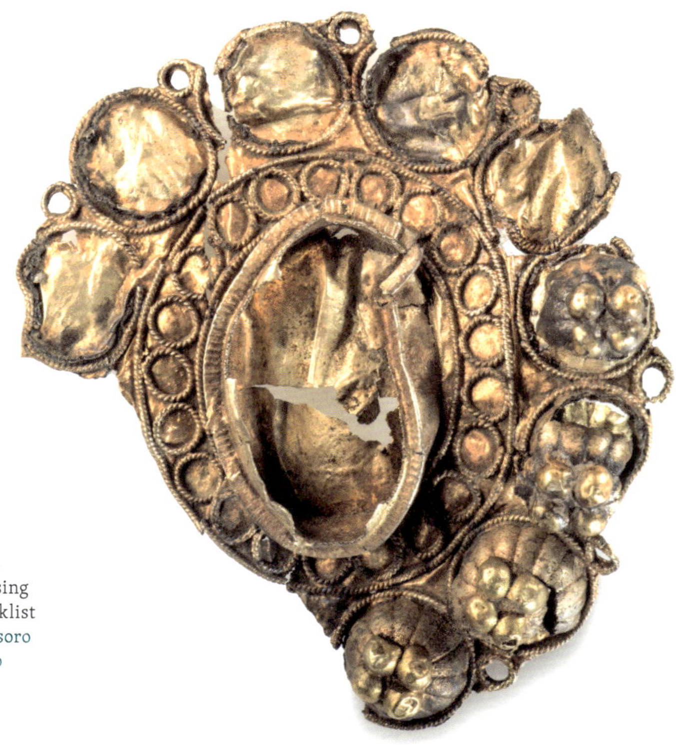

FIG. 11-7C.
Broken decorative disc, Charilla Treasure. Ca. 950. Gold and missing glass. MJ: CE/DA02789/32. Checklist no. 133. Disco decorativo roto, tesoro de Charilla. Ca. 950. Oro y vidrio perdido. MJ: CE/DA02789/32. N.º de verificación 133.

were made by creating rows of hollow pyramids with square bases, joined together using small strips welded from the back; the beads' original lengths were about 35 mm each. This was a common type, with examples in Loja, Murcia, La Amarguilla, and Castuera,[18] but also very fragile, and only one is preserved, in less-than-perfect condition, together with two broken ones. The second type, which has no parallels, is a gold cylinder decorated with rows of half-spheres surrounded by twisted wire. The original length of two of these beads was 39 mm, that of two smaller ones 29.2 mm. All the cylindrical beads were closed at each end by domes 10 mm wide and 7 mm high, with perforated poles.

The Charilla treasure contains four rings (FIG. 11-6).[19] The gold one is a beautiful specimen, adorned with wire, granules, and textured thread; its somewhat concave profile has small rings on its four sides, perhaps to retain a wire with small pearls around it; its low-domed oval cabochon is made with honey-colored glass. One of the silver rings has a rectangular top bearing an Arabic inscription in Kufic script incised in negative that reads "Saʿīd trusts in God," for use as a seal by its male owner; a second ring has no decoration. The most common model of this period consists of a shank in the shape of an incomplete circle attached to the underside of a truncated conical bezel (elliptical base: 17 × 14 mm); it has lost part of the side and the cabochon.

Almost all jewelry groups have a number of lobed discs (diam. approx. 20 mm), which cannot be hung or strung but show small holes or rings at the edge to be attached to a base. It has been assumed that they were sewn to clothing or formed part of head ornaments, but their placement and function is unclear. In Ermita Nueva, there are sixteen; in La Amarguilla, fourteen; two among the many found in Loja have these same characteristics. In Charilla there is only one disc (FIG. 11-7A; diam. 29 mm), with a central cabochon of light honey-colored glass; the remains of another (FIG. 11-7B); and a larger oval disc (max. diam. 36 mm; FIG. 11-7C). The gold pendant in the shape of an inverted crescent moon (FIG. 11-8) has no parallel among the other findings; other ornaments would have hung from the small holes at each of its vertices.

Last but not least, four Arabic silver coins, minted during the time of ʿAbd al-Raḥmān III and pierced for reuse as ornaments, date the treasure (FIG. 11-9). They were minted in al-Andalus (one in 942–43, two in 945–46) and in Madīnat al-Zahrā' (948–49). Coins have always been used as ornaments in the Islamic world, as they

cuadrada unidas entre sí por tiritas metálicas soldadas por detrás; su longitud original era de unos 35 mm. Era un modelo común, con ejemplos en Loja, Murcia, La Amarguilla y Castuera,[18] pero también muy frágil, por eso solo se conserva una en medianas condiciones junto con dos rotas. El segundo modelo, que no tiene paralelos, es un cilindro de oro decorado con hileras de medias esferas rodeadas de alambre entorchado; la longitud original de dos era de 39 mm, la de dos más pequeñas de 29,2 mm. Todas las cuentas cilíndricas iban cerradas en ambos extremos por cúpulas de 10 mm de ancho y 7 mm de alto, con el polo perforado.

El tesoro de Charilla contiene cuatro anillos (FIG. 11-6).[19] El de oro es un hermoso ejemplar, adornado con alambre, gránulos y alambre texturado; su perfil algo cóncavo tiene anillitas en sus cuatro lados, tal vez para pasar a su alrededor un alambre con perlitas enfiladas; el cabujón ovalado de cúpula baja es de vidrio color miel. Uno de los anillos de plata lleva un ensanchamiento superior rectangular con una inscripción árabe en escritura cúfica incisa en negativo para que su propietario lo usara como sello; dice "Saʿīd confía en Dios"; otro similar no lleva inscripción; el último es del modelo más común en este periodo, que consiste en un aro en forma de círculo incompleto unido a la parte inferior de una caja de engaste troncocónica de base elíptica (17 × 14 mm); ha perdido parte del lateral y el cabujón.

Casi todos los alijos de joyería tienen una serie de discos lobulados (diám. aprox. 20 mm), que no se pueden colgar ni ensartar, sino que llevan agujeritos o anillas en el borde para sujetarlos a un soporte. Se supone que se coserían a la ropa o formarían parte de adornos para la cabeza, pero su colocación y función no están claras. En Ermita Nueva hay dieciséis; en La Amarguilla catorce; de los muchos encontrados en Loja, solo dos tienen estas mismas características. En Charilla tenemos un disco (FIG. 11-7A; diám. 29 mm,) con un cabujón central de vidrio melado claro, restos de otro (FIG. 11-7B) y uno ovalado mayor (diám. máx. 36 mm, FIG. 11-7C).

El colgante de oro en forma de luna creciente invertida (FIG. 11-8) no tiene paralelo entre los otros hallazgos; de los pequeños agujeros de sus vértices colgarían otros adornos.

Por último, destacar cuatro monedas árabes de plata, acuñadas durante la época de ʿAbd al-Raḥmān III y perforadas para reutilizarlas como adornos, que datan el tesoro (FIG. 11-9). Fueron acuñadas en al-Andalus (una en 942–43, dos en 945–46) y en Madīnat al-Zahrā'

are ready-made discs of the same diameter, the minting assuring the quality of the precious-metal alloy. The set also held two silver ribbons (w. 7 mm), one with a jingle bell at the end, a ring to which three segments of double loop-in-loop silver chain are attached, and a loose chain with a jingle bell at the end.

It is noteworthy that in the Charilla treasure there are no earrings, bracelets, or anklets. Large earrings or temple rings are present in almost all other hoards. They were made by building frame structures with thick wire and filling them with thinner wire (open filigree) so that they were at the same time very attractive and light.[20]

The most frequent Andalusi model of bracelets during this period, and not attested afterward, was made of a twisted bundle of silver wires; two cylindrical capsules held them at the ends, to which the lock elements were welded. These bracelets were usually worn on both arms, seeking symmetry.[21] There are examples with more or fewer wires and a more ornate variant with ends shaped like snake heads. Anklets were also made with several silver or gold tubes twisted and held at the ends by snake heads; they are distinguished from the similar bracelets—which also existed—by the larger size of their diameters.

The lack of earrings, bracelets, and anklets in the Charilla treasure highlights that what we have is an incomplete set, whether because its medieval owner sold some of the jewels, or because after the hoard was inadvertently dug up and scattered, not all of its elements were found and collected.

As written sources and direct examination of the finds attest, gold was not abundant in al-Andalus until the arrival of the Almoravids (ca. 1085). We must be aware, therefore, that owning gold jewels was exceptional at that time. Based on the extant examples, gold jewels were neither bulky, heavy, nor ostentatious, nor did they show exotic or high-priced gems; their merit lay in the exquisite delicacy of their construction.

We have no information about the artisans who made jewelry during this period nor who acquired it. It could have been gifted to a woman, or a father may have lent it to his daughters to use during their wedding parties—retaining its ownership. Wealthy families could afford to buy jewelry, whereas we know that brides in the lower classes wore rented jewelry or borrowed it from religious institutions for the occasion.

The tombs of Muslims do not contain grave goods, which are forbidden by religious regulations. If a ring showing the owner's profession of faith has been found

(948–49). Las monedas se han usado siempre como adorno en el mundo islámico, pues son discos prefabricados de igual diámetro y su acuñación garantiza la calidad de la aleación de metal precioso.

El conjunto también contenía dos cintas de plata (anchura 7 mm), una con un cascabel a la punta, una anilla a la que se unen tres segmentos de cadena de plata del tipo *loop-in-loop* doble, y otra cadena suelta con un cascabel al final.

Observamos que en Charilla no hay pendientes, pulseras ni tobilleras. Los grandes pendientes para las orejas o los temporales están presentes en casi todos los demás tesorillos. Constaban de una estructura de alambre grueso rellena de alambre más fino (filigrana abierta) para que fueran a la vez muy llamativos y ligeros.[20]

El modelo andalusí de brazaletes más frecuente durante este período, y no atestiguado posteriormente, estaba hecho con un haz retorcido de alambres de plata; los sujetaban en los extremos dos cápsulas cilíndricas a las que se soldaban los elementos del cierre. Se llevaban habitualmente en ambas muñecas, buscando simetría.[21] Hay ejemplos con más y menos alambres y una variante más lujosa con las cápsulas en forma de cabeza de serpiente. Las tobilleras se hacían con varios tubos de plata u oro retorcidos y sujetos en los extremos por cabezas de serpiente; se distinguen de los brazaletes similares, que también existían, por el tamaño mayor de sus diámetros.

La ausencia de pendientes, pulseras y tobilleras en el tesoro de Charilla pone de manifiesto que tenemos un conjunto incompleto, ya sea porque su propietario medieval vendió algunas de las joyas, ya sea porque cuando su contenido se desenterró y dispersó inadvertidamente no se encontraron ni recogieron todos sus elementos.

Como atestiguan las fuentes escritas y el examen directo de los hallazgos, el oro no abundó en al-Andalus hasta la llegada de los almorávides (c. 1085). Debemos ser conscientes, por tanto, de que en aquella época poseer joyas de oro era algo excepcional. No eran voluminosas, pesadas ni ostentosas, ni exhibían pedrería exótica o de alto precio; su mérito residía en la exquisita delicadeza de su construcción.

No tenemos noticias sobre los artesanos que elaboraban entonces las joyas ni sobre quién las adquirió. Pudieron ser el regalo a una mujer. Pero hay casos en que un padre se las prestaba a sus hijas para que las lucieran durante los festejos de boda, conservando él su propiedad. Las familias adineradas podían permitirse comprarlas, mientras que sabemos que las novias de clases inferiores

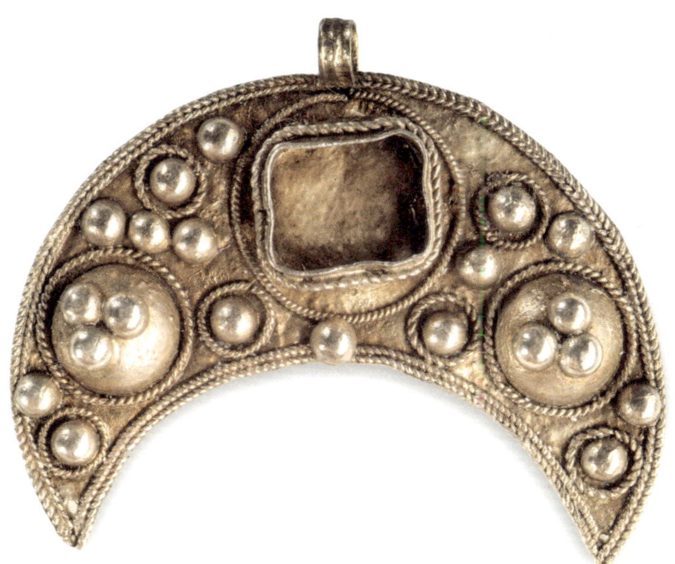

FIG. 11-8.
Pendant, Charilla Treasure. Ca. 950. Gold and missing glass. MJ: CE/DA02789/03. Checklist no. 104. Colgante, tesoro de Charilla. Ca. 950. Oro y vidrio perdido. MJ: CE/DA02789/03. N.º de verificación 104.

FIG. 11-9.
Four coins, Charilla Treasure. 945–70. Silver. MJ: CE/NU03627-30. Checklist nos. 142–145. Cuatro monedas, tesoro de Charilla. 945-70. Plata. MJ: CE/NU03627-30. N.ºs de verificación 142–145.

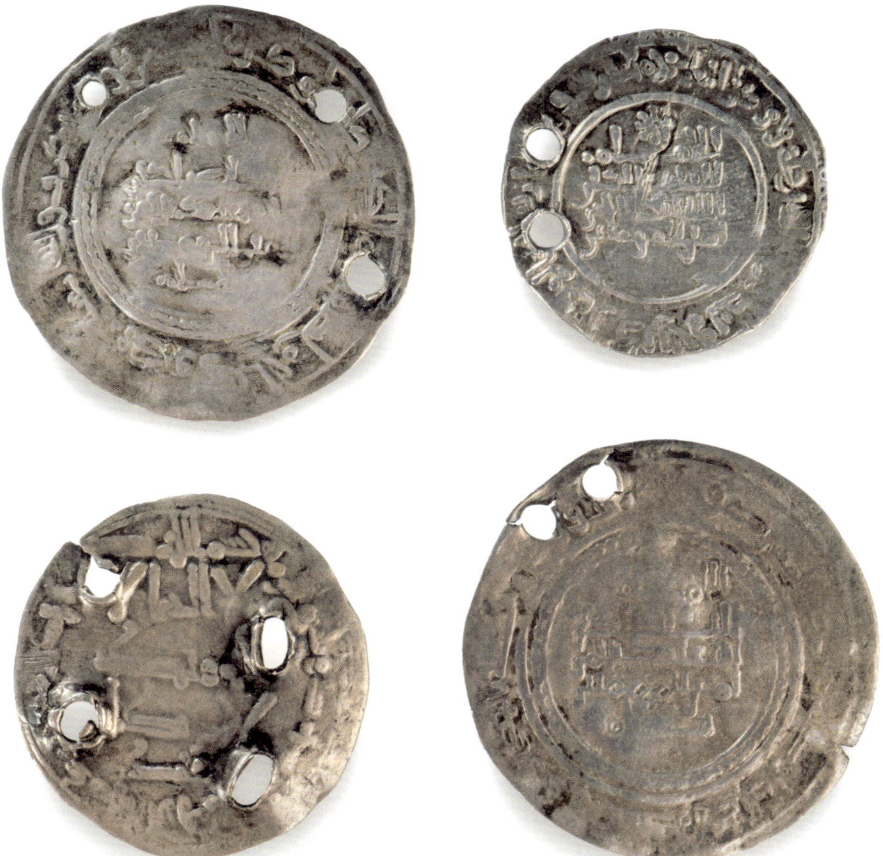

within one, it may be due to piety, whereas plague epidemics would perhaps explain the rare case of someone buried wearing a pair of simple silver or copper-base earrings. Most of the few jewels found during archaeological excavations in towns, fortresses, and cemeteries are made with modest materials, perhaps reflecting everyday use by the lower classes. These jewels look quite different from the valuable examples found in the hoards, which seem to represent the highest-quality jewelry of that period, meant to be worn on exceptional occasions and kept to be sold in case of need.

1 Jaʿfar b. ʿUthmān al-Muṣḥafī, d. 983. García Gómez 1978, no. 85.
2 Ibn ʿAbd Rabbi-hi, d. 940. García Gómez 1978, no. 114.
3 Ibn Ḥayyān 1979, 175.
4 Ibn Ḥayyān 1983, 95.
5 Ibn Ḥayyān 1979, 54.
6 Ibn Ḥayyān 1979, 460.
7 Ibn Ḥayyān 1979, 38–39.
8 Labarta 2015, 104–28.
9 Labarta 2017, 137–64.
10 Gómez Moreno 1951, 340.
11 Pérez Grande 2001, 225–26.
12 Canto 2007, 39–40.
13 Haro Gutiérrez 2004, 115–24.
14 Canto 2001, 227–28.
15 Labarta 2019, 783–802.
16 Díaz de Monasterioguren 2022, 93–114.
17 Zozaya 1994, 102, cat. 51.
18 Labarta 2021, 87–89.
19 Labarta 2017, 106–7.
20 Labarta 2021, 529–32.
21 Labarta 2021, 528–29.

llevaban joyas alquiladas o las instituciones religiosas se las prestaban para la ocasión.

Las tumbas de los musulmanes no contienen ajuar funerario, que está prohibido por las normas religiosas. Que dentro de alguna se haya encontrado un anillo con la profesión de fe de su dueño se justifica por motivos piadosos; las epidemias de peste explicarían tal vez los raros casos en que alguien se enterró con un par de sencillos aretes de plata o cobre. Las pocas joyas halladas en excavaciones arqueológicas de ciudades, fortalezas y cementerios están hechas en su mayor parte con materiales relativamente baratos, reflejando quizás el uso cotidiano de las clases modestas. Tienen un aspecto muy diferente del de las valiosas joyas que se encuentran en los tesorillos, que parecen representar las de máxima calidad de la época, destinadas a mostrarse en ocasiones excepcionales y guardadas como riqueza a la que recurrir en caso de necesidad.*

* Abreviaturas usadas en las medidas: A = Anchura, Diam. = diámetro, dims. = dimensiones, G = grosor, H = Altura, L = Longitud.
1 Jaʿfar b. ʿUthmān al-Muṣḥafī, m. 983. García Gómez 1978, n.º 85.
2 Ibn ʿAbd Rabbi-hi, m. 940. García Gómez 1978, n.º 114.
3 Ibn Ḥayyān 1979, 175.
4 Ibn Ḥayyān 1983, 95.
5 Ibn Ḥayyān 1979, 54.
6 Ibn Ḥayyān 1979, 460.
7 Ibn Ḥayyān 1979, 38–39.
8 Labarta 2015, 1–24.
9 Labarta 2017, 15–42.
10 Gómez Moreno 1951, 340.
11 Pérez Grande 2001, 225–6.
12 Canto 2007, 39–40.
13 Haro 2004, 115–24.
14 Canto 2001, 227–8.
15 Labarta 2019, 783–802.
16 Díaz de Monasterioguren 2022, 93–114.
17 Zozaya 1994, 102, n.º 51.
18 Labarta 2021, 87-89.
19 Labarta 2017, 106–7.
20 Labarta 2021, 529–32.
21 Labarta 2021, 528–9.

12.

The Umayyad Coinage in al-Andalus

La acuñación de los omeyas en al-Andalus

Tawfiq Ibrahim

From a monetary point of view, throughout the sixth and seventh centuries CE, the Iberian Peninsula kept the legacy of the late Roman system based on the golden solidus, which weighed 4.50 g and had two fractional coins, a semis (one-half) and a tremis (one-third). Lacking the extraordinary resources of the Roman emperors, the Visigothic kings minted only gold tremises (1.5 g).[1] The Arab conquest of 711 changed this system. Instead of copying the local coinage, as they had done elsewhere, the conquerors introduced to the Iberian Peninsula the same type of coinage they were using in the North African province of Ifrīqiya, which was based on the former Byzantine system that had been current in that region before their arrival. This choice was probably due to two interrelated reasons: the debasement of the late Visigothic coinage had reached the point that coins were no longer produced in gold, but rather in electron; and the Arab army demanded to be paid with the same robust coinage that had been in place in North Africa during the previous decade.

As a consequence, the Arab conquerors introduced in al-Andalus a new trimetallic monetary system based on gold (dinars), silver (dirhams), and fiduciary bronze coins (*fals*). Early golden coins, the so-called transitional-solidi were usually made with a low percentage of precious metal and probably produced in movable mints that followed the military expeditions. These coins were struck from spoils of war and used for the distribution of booty.[2] The earlier specimens of these solidi, struck between 711–12/93 Hijri and 713–14/95 H. displayed only Latin legends, which included part of the Islamic *shahada*, or profession of faith (*Non deus nisi Deus*: "No god but God"). The later series, coined in 716–17/98 H., had bilingual legends in Latin and Arabic that included the name of the mint and therefore bear witness to the first use on coinage of the Arab "al-Andalus" as a synonym of "Spania."[3]

Notwithstanding the interest in these golden solidi, the main coinage minted by the Arabs in al-Andalus from 721–22/103 H. was the silver dirham, which displayed a very high content of precious metal and whose outstanding quality remained unparalleled in later periods.[4] The typology and metrology of these dirhams were based on models that had been established in the East in the monetary reform of 696/77 H., as decreed by the Umayyad caliph ʿAbd al-Malik (r. 685–705/65–86 H.): a theoretical average weight of 2.97 g, a module of 25–28 mm, and an epigraphic design in Arabic that was surrounded by lines and annulets. In the former Spania, the legends of these dirhams included the date and the mint (which was always

Desde el punto de vista monetario, a lo largo de los siglos VI y VII e.c., la península ibérica mantuvo el legado del sistema tardorromano basado en el *solidus* áureo, que pesaba 4,50 g y contaba con dos monedas fraccionarias, el *semis* (medio) y el *tremis* (un tercio). Al carecer de los extraordinarios recursos de los emperadores romanos, los reyes visigodos sólo acuñaron el *tremis* de oro (1,5 g).[1] La conquista árabe de 711 cambió este sistema. En lugar de copiar la moneda local, como habían hecho en otros lugares, los conquistadores introdujeron en la península ibérica el mismo tipo de moneda que estaban utilizando en la provincia norteafricana de Ifrīqiya, que se basaba en el sistema bizantino vigente en esa región antes de su llegada. Esta elección se debió probablemente a dos razones interrelacionadas: la devaluación de la moneda visigoda tardía había llegado al punto de que ya no se acuñaban monedas de oro, sino de electrón, mientras que el ejército árabe exigía ser pagado con la misma robusta moneda que venía estando ya en vigor en el norte de África desde la década anterior.

Como consecuencia, los conquistadores árabes introdujeron en al-Andalus un nuevo sistema monetario trimetálico basado en monedas de oro (dinares), plata (*dirhams*) y bronce fiduciario (*fals*). Las primeras monedas de oro, los llamados "sólidos transicionales", solían estar fabricadas con un bajo porcentaje de metal precioso y probablemente se producían en cecas móviles que seguían a las expediciones militares. Estas monedas se acuñaban a partir de los botines de guerra y eran utilizadas para la distribución del botín.[2] Los primeros ejemplares de estos *solidi*, acuñados entre 711–12/93 Hégira y 713–14/95 H., mostraban únicamente leyendas en latín, que incluían parte de la *shahada* islámica o profesión de fe (*Non deus nisi Deus*: "No hay más dios que Dios"). Las series posteriores, acuñadas en 716-17/98 H., tenían ya leyendas bilingües en latín y árabe que incluían el nombre de la ceca y, por lo tanto, atestiguan el primer uso en la acuñación del nombre árabe "al-Andalus" como sinónimo de "Spania".[3]

A pesar del interés que tienen estos *solidi* de oro, la principal moneda acuñada por los árabes en al-Andalus entre 721 y 722 (103 H.) fue el dirham de plata, que presentaba un altísimo contenido de metal precioso y cuya extraordinaria calidad no tuvo parangón en épocas posteriores.[4] La tipología y la metrología de estos dirhams se basaban en los modelos que habían sido establecidos en Oriente por la reforma monetaria de 696/77 H., decretada por el califa omeya ʿAbd al-Malik (r. 685–705/65-86 H.): un peso medio teórico de 2,97 g, un módulo de 25–28 mm y

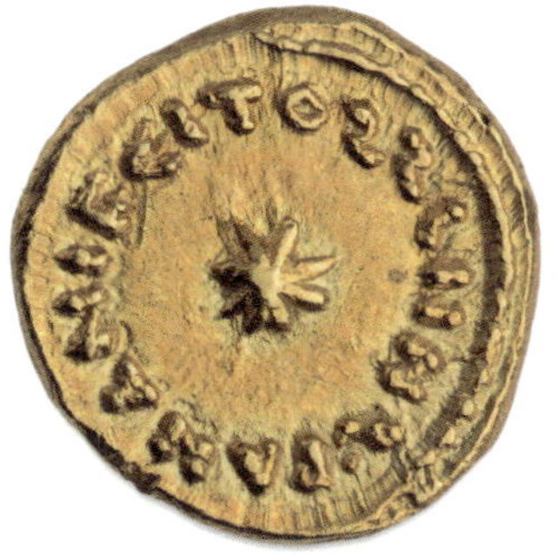
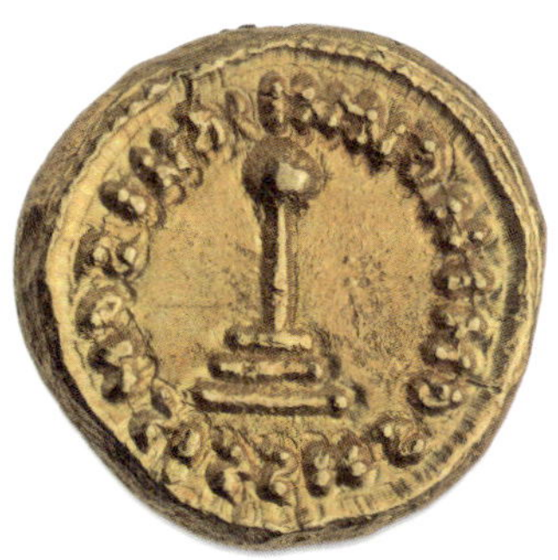

FIG. 12-1.
Half gold solidi in Latin script. 712–14/93–95 H. ANS: 2018.40.9. Checklist no. 15. Medio solidi de oro en caracteres latinos. 712–714/93–95 H. ANS: 2018.40.9. N.º de verificación 15.

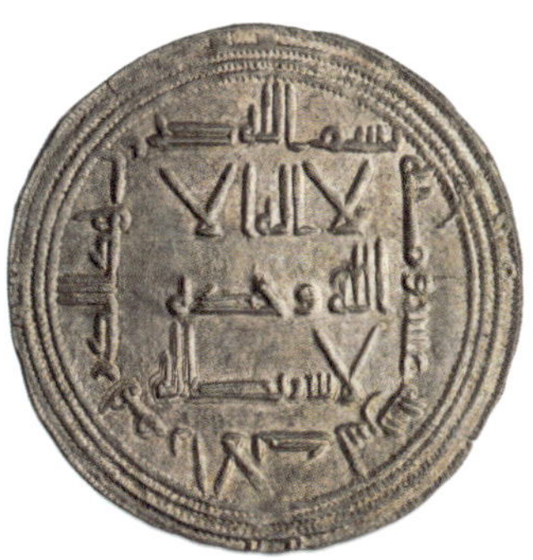
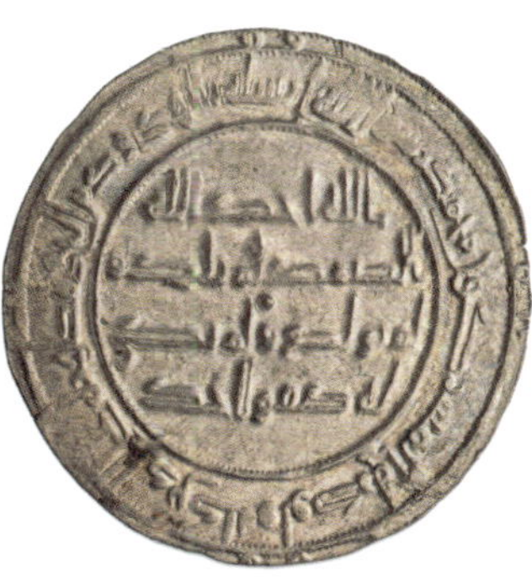

FIG. 12-2.
Silver dirham minted in al-Andalus. 728–29/110 H. ANS: 1952.80.15. Checklist no. 25. Dírham de plata acuñado en al-Andalus. 728–29/110 H. ANS: 1952.80.15. N.º de verificación 25.

FIG. 12-3.
Silver dirham minted in al-Andalus. 776–77/160 H. ANS: 1917.216.325. Checklist no. 23. Dírham de plata acuñado en al-Andalus. 776–77/160 H. ANS: 1917.216.325. N.º de verificación 23.

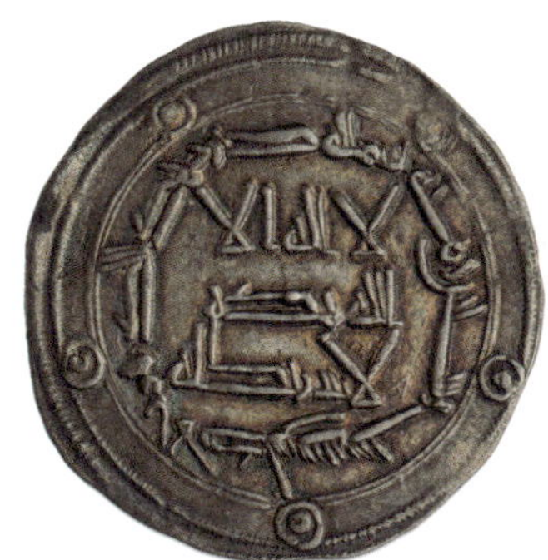
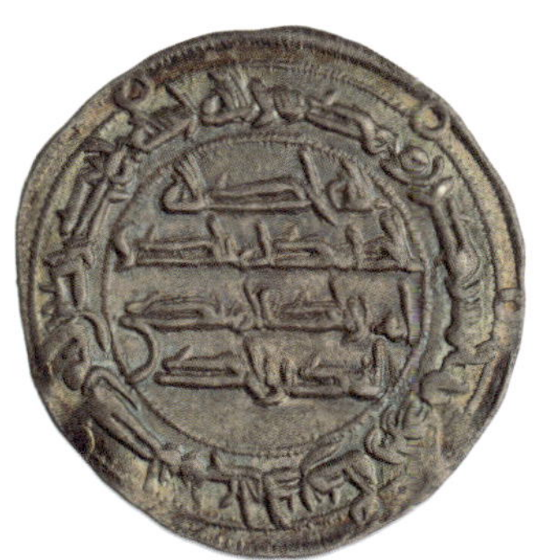

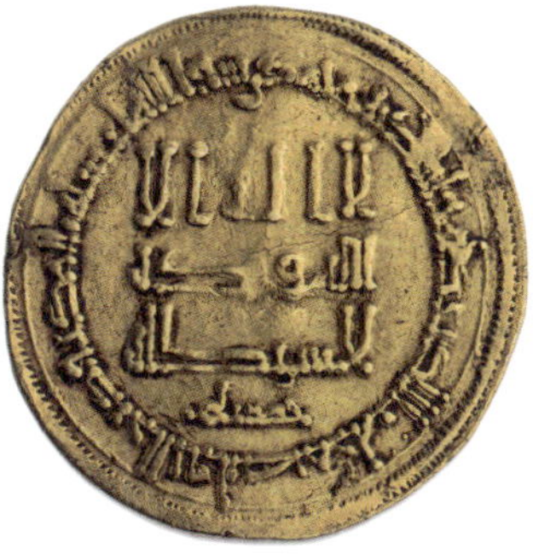
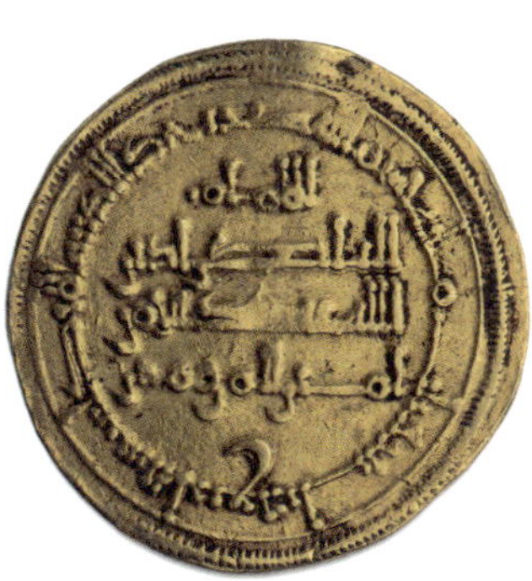

FIG. 12-4.
Gold dinar minted in al-Andalus. 945–46/334 H. ANS: 1001.57.2833. Checklist no. 4. Dinar de oro acuñado en al-Andalus. 945–46/334 H. ANS: 1001.57.2833. N.º de verificación 4.

FIG. 12-5.
Silver dirham minted in al-Andalus. 942–43/331 H. ANS: 1001.57.2807. Checklist no. 20. Dírham de plata acuñado en al-Andalus. 942–43/331 H. ANS: 1001.57.2807. N.º de verificación 20.

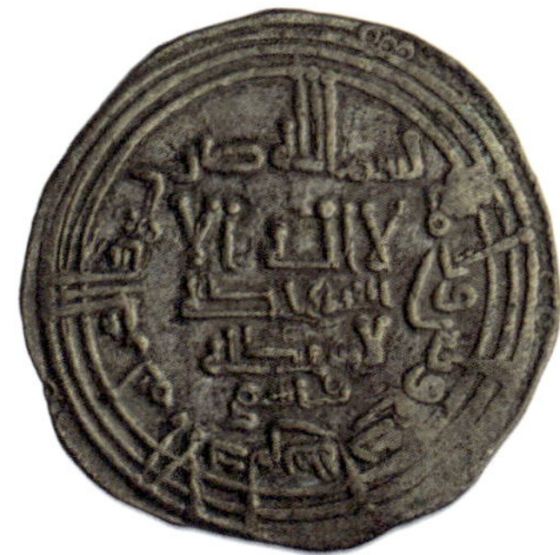

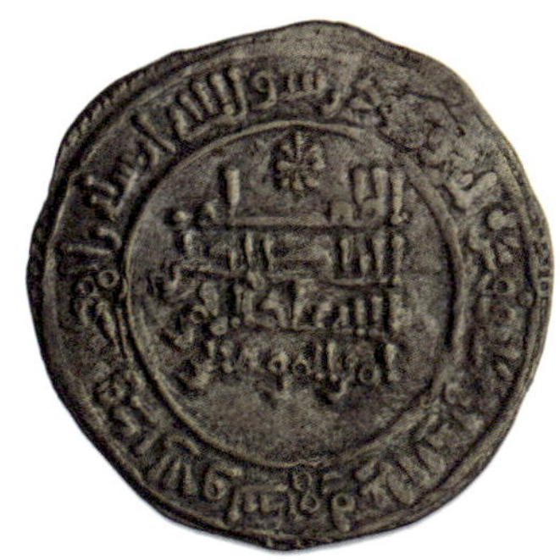

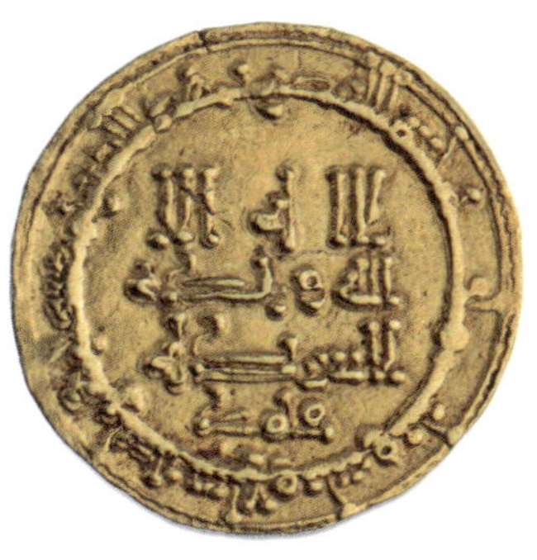

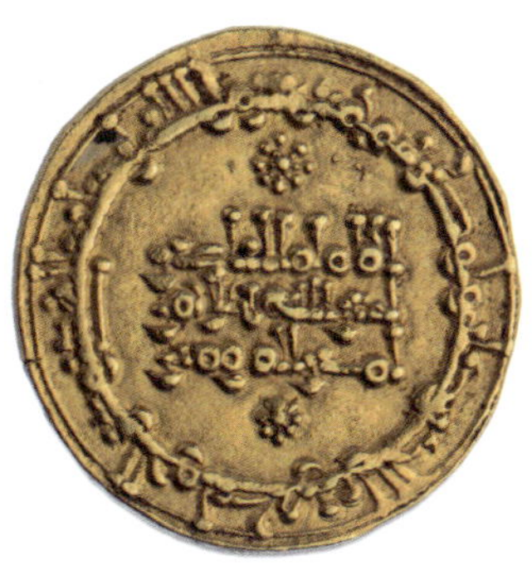

FIG. 12-6.
Gold dinar minted at Madīnat al-Zahrā'. 947–48/336 H. ANS: 1001.57.3383. Checklist no. 6. Dinar de oro acuñado en Madīnat al-Zahrā'. 947–48/336 H. ANS: 1001.57.3383. N.º de verificación 6.

FIG. 12-7.
Gold dinar minted in al-Andalus. 999–1000/390 H. ANS: 1920.221.7. Checklist no. 10. Dinar de oro acuñado en al-Andalus. 999–1000/390 H. ANS: 1920.221.7. N.º de verificación 10.

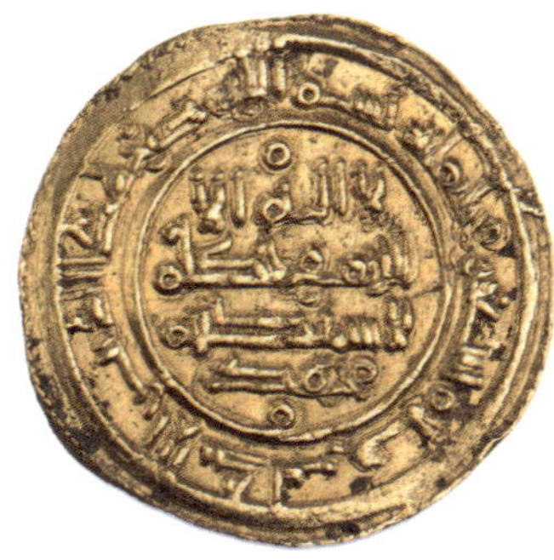

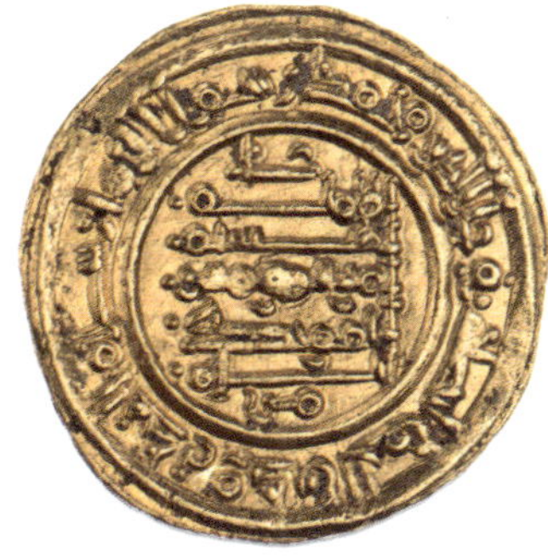

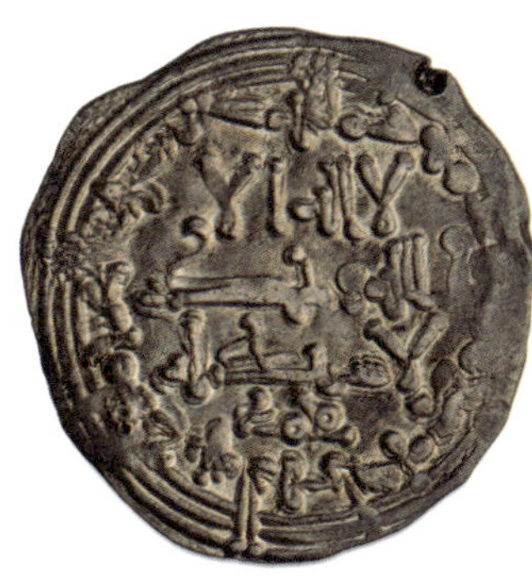

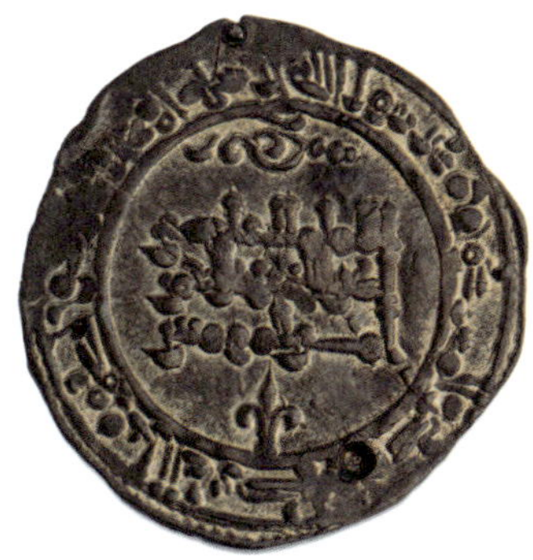

FIG. 12-8.
Silver dirham minted at Madīnat al-Zahrā'. 947–48/336 H. ANS: 1956.163.151. Checklist no. 26. Dírham de plata cuñado en Madīnat al-Zahrā'. 947–48/336 H. ANS: 1956.163.151. N.º de verificación 26.

"al-Andalus," most probably meaning the capital, Córdoba), the *shahada*, and the *sūrat al-Ikhlāṣ* (Qur'an 112), which is considered the fundamental Islamic anti-trinitarian affirmation. Reformed golden coins, called dinars, followed the same pattern and were sporadically issued in al-Andalus from 720–21/102 H. However, gold ceased to be struck in 744–45/127 H., and there were no further dinars minted in al-Andalus for 190 years, until the caliphate began to mint them again in 929–30/317 H., as we will see below.[5]

When the Umayyad ʿAbd al-Raḥmān I established the independent emirate of al-Andalus, these formal patterns were retained. Umayyad emirs never engraved their names on their coins, and only the yearly minting dates were changed. However, the amount of silver and weight decreased and the epigraphic quality of these dirhams slowly deteriorated. The supply of silver was local, as there is evidence of the systematic exploitation of mines in the area around Córdoba.[6] The quantity of minted dirhams grew gradually but constantly during the ninth century until the last quarter, when the political and military crisis of the Umayyad emirate affected the minting of coins, which virtually came to a halt during these years.[7]

Issues of dirhams returned during the rule of ʿAbd al-Raḥmān III in 928–29/316 H. after an interruption of almost forty years. Golden dinars started to be coined again the following year, coinciding with the adoption of the caliphal title by this ruler. Despite some initial experimental variants, the monetary issues displayed a new stylistic pattern that corresponded to the renovated ideological project of the caliphate in al-Andalus. For the first time, the name of the Umayyad ruler was inscribed on the reverse of the central area of each coin, bearing the titles of imam and *amīr al-mū'minīn* ("commander of the faithful"), while on the anverse, the *shahada* was complemented with the injunction not to associate any deity to God. The mission of the Prophet Muḥammad continued to be inscribed in the circular legend around the coin's edge. In another important change, the name of the person in charge of the mint, the *ṣāḥib al-sikka*, was inscribed on the lower part of the reverse. This has allowed scholars to identify the names of the mint masters, information that has made it possible to relate actual coin series to references in the textual sources to serious embezzlements at the mint during the rule of ʿAbd al-Raḥmān III.[8]

In 947–48/336 H., the mint, or *dār al-sikka*, was transferred to Madīnat al-Zahrā', and going forward the name of the caliphal city was inscribed on the coins instead of al-Andalus. Dirhams and dinars were struck until 975–76/365 H.—the last year of al-Ḥakam II's reign, when

un diseño epigráfico en árabe que incluía líneas y anilletes. Las leyendas de estos dirhams incluían la fecha y la ceca (que siempre era "al-Andalus", muy probablemente refiriéndose a la capital, Córdoba), la *shahada* y la *sūrat al-Ikhlāṣ* (Corán, 112), considerada la principal afirmación antitrinitaria islámica. Las monedas de oro reformadas, llamadas dinares, siguieron el mismo patrón y se acuñaron esporádicamente en al-Andalus desde 720-21/102 H. Sin embargo, el oro dejó de acuñarse en 744-45/127 H., y no hubo más dinares acuñados en al-Andalus durante 190 años, hasta que el califato comenzó a acuñarlos de nuevo en 929-30/317 H., como veremos más adelante.[5]

Cuando el omeya ʿAbd al-Raḥmān I estableció el emirato independiente de al-Andalus, se mantuvieron estos patrones formales. Los emires omeyas nunca grabaron sus nombres en las monedas y sólo modificaron las fechas anuales de acuñación. Sin embargo, la cantidad de plata y el peso disminuyeron y la calidad epigráfica de estos dirhams se deterioró lentamente. El suministro de plata era local, ya que hay pruebas de la explotación sistemática de minas en los alrededores de Córdoba.[6] La cantidad de dirhams acuñados creció de forma gradual pero constante durante el siglo IX hasta el último cuarto de esta centuria, cuando la crisis política y militar del emirato omeya afectó a la acuñación de monedas, que prácticamente se detuvo durante estos años.[7]

Las emisiones de dirhams volvieron durante el gobierno de ʿAbd al-Raḥmān III en 928-29/316 H. tras una interrupción de casi cuarenta años. Los dinares de oro comenzaron a acuñarse de nuevo al año siguiente, coincidiendo con la adopción del título califal por parte de este gobernante. A pesar de algunas variantes experimentales iniciales, las emisiones monetarias mostraron un nuevo patrón estilístico que se correspondía con el renovado proyecto ideológico del califato en al-Andalus. Por primera vez, el nombre del gobernante omeya se inscribía en el reverso de la zona central de cada moneda, con los títulos de imam y *amīr al-mū'minīn* ("comandador de los creyentes"), mientras que en el anverso, la *shahada* se complementaba con la prescripción de no asociar ninguna deidad a Dios. La misión del profeta Mahoma siguió inscrita en la leyenda circular que rodeaba el canto de la moneda. Otro cambio importante fue la inscripción del nombre del responsable de la ceca, el *ṣāḥib al-sikka*, en la parte inferior del reverso. Esto ha permitido a los estudiosos identificar los nombres de los encargados de la ceca, información que ha hecho posible relacionar series de monedas reales con referencias en las fuentes textuales a graves desfalcos en la ceca durante el gobierno de ʿAbd al-Raḥmān III.[8]

coinage displayed again the name of al-Andalus as the mint.[9] This was probably related to the fact that the caliph had left Madīnat al-Zahrā' in that year due to poor health and resided in Córdoba until his death.[10] The change is also evidence that the mint was located where the caliph resided, a further indication of the close supervision that he exercised over this vital section of the administration. During the rule of his son and successor, Hishām II, the mint did not return to Madīnat al-Zahrā', again showing the dispossession of actual power that this ruler suffered as a result of the political maneuvers of Muḥammad b. Abī ʿĀmir (Almanzor), whose name was now engraved on the coins.

Issues of silver coinage during the caliphate were massive, even though the silver content was only 75 percent, amounting to a de facto devaluation.[11] An important feature of the caliphal silver coinage is the extraordinary variation in weights, which seems to indicate that coins did not circulate at a unitary face value and their value was based instead on their actual weight. All this is confirmed by some caliphal hoards that have been discovered in recent decades. The most massive and spectacular is the so-called Haza del Carmen hoard that was unearthed in Córdoba in 1981 and included more than 42 kilos of silver dirhams, whose most recent legible coin is dated 996–97/386 H. In addition to 8,000 complete coins, this hoard also included coin fragments whose total weight was about 22 kilos.[12] Other caliphal hoards—such as the one found in El Fontanar, Córdoba—all contain dirham fragments, which usually amount to one-third of the total weight of the recovered coinage.[13] This proves that the Umayyad dirhams were cut in small fragments in order to be used in everyday market transactions. Although this practice was explicitly forbidden by some legal scholars at the time, it is evident that it was actually carried out and commonly accepted.[14] This also helps to explain why the bronze coins, or *fals*, were not minted throughout the caliphate, as small transactions were served with fragments of the clipped dirhams.

The caliphal gold dinars were extremely important and, in some years, abundant.[15] They were struck to bestow payment and political largess to members of the elite, and as such they displayed the legitimacy of the Umayyad caliph. As a prestige coinage, golden dinars were never as abundant as dirhams, and their use in everyday life was certainly limited, which explains why they were also very rarely clipped. Sources of gold were not located in the Iberian Peninsula but in sub-Saharan lands, so that

En 947–48/336 H., la ceca, o *dār al-sikka*, se trasladó a Madīnat al-Zahrā', y a partir de entonces el nombre de la ciudad califal se inscribió en las monedas en lugar de "al-Andalus". Se acuñaron allí dirhams y dinares hasta 975–76/365 H. —último año del reinado de al-Ḥakam II—, cuando las acuñaciones volvieron a mostrar el nombre de al-Andalus como ceca.[9] Probablemente, esto tuvo que ver con el hecho de que el califa había abandonado Madīnat al-Zahrā' en ese año debido a su mala salud y pasó a residir en Córdoba hasta su muerte.[10] El cambio también evidencia que la ceca se ubicaba allí donde residía el califa, un indicio más de la estrecha supervisión que éste ejercía sobre esta sección vital de la administración. Durante el gobierno de su hijo y sucesor, Hishām II, la ceca no volvió a Madīnat al-Zahrā', lo que demuestra la desposesión de poder real que sufrió este gobernante como consecuencia de las maniobras políticas de Muḥammad b. Abī ʿĀmir (Almanzor), cuyo nombre se grabó ahora en las monedas.

Las emisiones de moneda de plata durante el califato fueron masivas, a pesar de que el contenido de plata era sólo del 75 por ciento, lo que suponía una devaluación de hecho.[11] Una característica importante de la acuñación califal de plata es la extraordinaria variación de pesos en las piezas, lo que parece indicar que las monedas no circulaban con un valor nominal unitario y que su valor se basaba, en cambio, en su peso real. Todo esto lo confirman algunos tesoros califales descubiertos en las últimas décadas. El más masivo y espectacular es el llamado de Haza del Carmen, desenterrado en Córdoba en 1981, que contenía más de 42 kilos de dirhams de plata, y cuya última moneda legible está fechada en 996–97/386 H. Además de 8000 monedas completas, este tesoro incluía fragmentos de monedas cuyo peso total rondaba los 22 kilos.[12] Otros atesoramientos califales —como el hallado en El Fontanar, Córdoba— contienen todos fragmentos de dirhams, que suelen suponer un tercio del peso total de la moneda recuperada.[13] Esto demuestra que los dirhams omeyas se cortaban en pequeños fragmentos para poder utilizarlos en las transacciones cotidianas del mercado. Aunque esta práctica estaba explícitamente prohibida por algunos juristas de la época, es evidente que se llevaba a cabo y era comúnmente aceptada.[14] Esto también ayuda a explicar por qué las monedas de bronce, o *fals*, no se acuñaron durante todo el califato, ya que las pequeñas transacciones se servían con fragmentos de los dirhams recortados.

Los dinares califales de oro fueron muy importantes y, en algunos años, abundantes.[15] Se acuñaban para conceder pagos y mercedes políticas a los miembros de la élite

the trade routes connecting Iberia with sources of gold had to travel over the Maghreb. The problem was that rivalry between the Umayyads and Fāṭimids extended to this region, as it involved frequent conflicts between proxies of both caliphates who were recruited from among feuding Berber tribes. The accessibility of trade routes with Maghreb Africa, which brought valuables such as ivory and gold, depended on the Umayyads' ability to convince these tribes of their power. This is clearly demonstrated by the dates when gold coinage was struck in al-Andalus: interruptions of minted dinars always coincided with disruptions of Umayyad influence in the Maghreb as Fāṭimid military expeditions periodically reversed the fortunes of Córdoba's influence in the region.[16]

One pronounced feature of the silver coinage and, to a lesser extent, the gold coinage of the Umayyad period is the wide variety of small decorative elements that adorn the specimens. These elements vary greatly even within coins struck in the same year and include an extensive range of tiny vegetal and geometric elements. They do not seem to follow a recognizable pattern and may merely be operator's marks, although some kind of symbolic meaning cannot be rejected even if at present this has not been demonstrated.

1 Pliego Vázquez 2009, 199–212.
2 Canto García 2011.
3 Balaguer 1976, 43; Jonson 1:34–38.
4 Ibrahimq and Canto 1997, 25.
5 Ibrahim and Pliego 2020, 175–76; Bates 1990, 284–88; Barceló 1975.
6 Canto, Cressier, and Grañeda 2008.
7 Ibrahim and Gaspariño 2016.
8 Canto García 1991; Canto García 1986–87.
9 Frochoso Sánchez 1995, 108–12; Vives y Escudero 1893, 61.
10 Manzano Moreno 2023, 368.
11 Canto García and Ibrahim 2004, 45.
12 Canto García 2006, 91–92.
13 Canto García and Escudero Martín 2007.
14 Manzano Moreno 2006, 315–16.
15 Ibrahim and Gaspariño 2016, 26.
16 Manzano Moreno 2023, 204.

y, como tales, exhibían la legitimidad del califa omeya. Como monedas de prestigio, los dinares de oro nunca fueron tan abundantes como los dirhams, y su uso en la vida cotidiana era ciertamente limitado, lo que explica también por qué eran muy raramente recortados. Las fuentes de aprovisionamiento de oro no se encontraban en la península ibérica, sino en tierras subsaharianas, por lo que las rutas comerciales que las conectaban con Iberia tenían que atravesar el Magreb. El problema era que la rivalidad entre omeyas y fāṭimíes se extendía por esta región, lo que implicaba frecuentes conflictos entre partidarios de ambos califatos reclutados entre tribus bereberes rivales. La operatividad de las rutas comerciales con África, que traían objetos de valor como marfil y oro, dependía, pues, de la capacidad de los omeyas para integrar a estas tribus magrebíes de su dominio. Así lo demuestran claramente las fechas de acuñación de monedas de oro en al-Andalus: las interrupciones de la acuñación de dinares siempre coincidieron con interrupciones de la influencia omeya en el Magreb, ya que las expediciones militares fāṭimíes invertían periódicamente la suerte de la influencia cordobesa en la región.[16]

Una característica destacada de las monedas de plata y, en menor medida, de oro del periodo omeya es la gran variedad de pequeños elementos decorativos que adornan los ejemplares. Estos elementos varían enormemente incluso dentro de las monedas acuñadas en el mismo año e incluyen una amplia gama de pequeños elementos vegetales y geométricos. No parecen seguir un patrón reconocible y es posible que se trate simplemente de marcas de acuñador, aunque no se puede rechazar algún tipo de significado simbólico que, sin embargo, por el momento no ha podido ser demostrado.

1 Pliego Vázquez 2009, 199-212.
2 Canto García 2011.
3 Balaguer 1976, 43; Jonson 1:34-38.
4 Ibrahimq y Canto 1997, 25.
5 Ibrahim y Pliego 2020, 175-76; Bates 1990, 284-88; Barceló 1975.
6 Canto, Cressier y Grañeda 2008.
7 Ibrahim y Gaspariño 2016.
8 Canto García 1991; Canto García 1986-87.
9 Frochoso Sánchez 1995, 108-12; Vives y Escudero 1893, 61.
10 Manzano Moreno 2023, 368.
11 Canto García e Ibrahim 2004, 45.
12 Canto García 2006, 91-92.
13 Canto García y Escudero Martín 2007.
14 Manzano Moreno 2006, 315-16.
15 Ibrahim y Gaspariño 2016, 26.
16 Manzano Moreno 2023, 204.

13.

The Epigraphy of Madīnat al-Zahrā' as a Propaganda Tool

La epigrafía de Madīnat al-Zahrā' como instrumento de propaganda

M. Antonia Martínez Núñez
Universidad de Málaga

Medieval Muslim sovereigns were well-versed in using the spoken and written word as an instrument in the service of their power: from Friday sermons in the mosque (*khuṭba*-s) and coinage issued by the *dār al-sikka* (both privileges of the sovereign) to chroniclers and court poets, all extolled the ruler and their dynasty. Additionally, inscriptions commemorated the buildings and the many objects commissioned by the sovereign. These inscriptions were made following instructions from the highest level, maintaining meticulous control of all the details—usually recording the name and titles of the sovereign and thus demonstrating his authority and the prestige of the state.

Throughout the Middle Ages, the various formulae used by different Muslim dynasties to shape and legitimize their power were reflected in specific textual and calligraphic features of the formal writing in the official inscriptions.[1] This explains why epigraphy is an unmistakable sign of the great transformation that took place in al-Andalus in the tenth century CE, after the decision by the Umayyad emir ʿAbd al-Raḥmān III to proclaim himself caliph in 928/316 Hijri, placing himself in competition with the contemporaneous caliphates of the ʿAbbāsids in the East and Fāṭimids in North Africa. The Umayyad caliphs of al-Andalus countered their competitors' propaganda by using the same mechanisms and tools that both dynasties had previously implemented.

Madīnat al-Zahrāʾ, the city founded near Córdoba by ʿAbd al-Raḥmān III, became the new seat of the central administration and provided a privileged setting for the representation of his power. In the inscriptions commemorating the foundation of the different dependencies of its *qaṣr* (palace) or the execution of state manufactures in the caliphal *dār al-ṣināʿa* (the house of industry, official manufactures), a new propagandistic writing was set in motion, characterized by calligraphic styles and innovative formulae that represented a change from the archaism typical of the previous emiral stage.

The oldest inscription in which ʿAbd al-Raḥmān III appears named with the highest title of caliphal dignity, *amīr al-mūʾminīn* (Commander of the Faithful), is dated 318 H. (930). and commemorates the founding of a public fountain in Écija (province of Seville).[2] The Kufic script includes some floral ornamentation, but only in the grapheme *nūn* in its final and isolated position, as well as a curved nexus at the junction of graphemes of the term *Allāh*. The same terse caliphal titulature and the limited presence of foliated ornaments, maintaining the

Los soberanos musulmanes medievales estaban familiarizados con el uso de la palabra hablada o escrita como instrumento al servicio de su poder: alocución de los viernes en la mezquita (*khuṭba*-s), emisión de moneda en la *dār al-sikka* (ambas prerrogativas soberanas), cronistas y poetas áulicos que cantaban las excelencias del soberano y de la dinastía, y, junto a ellos, las inscripciones que conmemoraban las construcciones o los diversos objetos ejecutados por orden del soberano. Esas inscripciones se realizaban de acuerdo con las directrices emanadas desde el poder y con un control minucioso de todos sus detalles; en ellas se consignaba, habitualmente, el nombre del soberano, con sus títulos, mostrando así su autoridad y el prestigio del Estado.

Las distintas fórmulas con las que configuraron y legitimaron su poder las diversas dinastías musulmanas a lo largo de la Edad Media se proyectaban en las características específicas, tanto desde el punto de vista textual como caligráfico, que adquiría la escritura de aparato en las inscripciones oficiales.[1] Esto explica que la epigrafía sea un indicador inequívoco de la gran transformación que se operó en al-Andalus en el siglo X e. c., tras la decisión del emir omeya ʿAbd al-Raḥmān III de proclamarse califa en el año 928/316 Hégira, en competencia con los califatos coetáneos de ʿabbāsíes en Oriente y de fāṭimíes en el Norte de África. Los califas omeyas de al-Andalus contrarrestaron la propaganda de sus competidores usando los mismos mecanismos e instrumentos que habían puesto en marcha ambas dinastías.

Madīnat al-Zahrāʾ, la ciudad fundada en las cercanías de Córdoba por ʿAbd alRaḥmān al-Nāṣir y convertida en nueva sede de la administración central, era el escenario más propicio para la representación del poder. En las inscripciones que conmemoraban la fundación de las diversas dependencias de su Alcázar o la realización de las manufacturas estatales en la *dār al-ṣināʿa* califal (las manufacturas oficailes), se puso en marcha una nueva escritura propagandística, que contaba con estilos caligráficos y con formularios innovadores que suponían un cambio con respecto al arcaísmo propio de la etapa emiral anterior.

La inscripción más antigua en la que aparece ʿAbd al-Raḥmān III nombrado con el título máximo de la dignidad califal, *amīr al-mūʾminīn* (Príncipe de los creyentes), data del año 318 H. (930), y su texto conmemora la fundación de una fuente pública en Écija (Sevilla).[2] Su grafía cúfica incluye algunos remates florales, pero solo en el grafema *nūn* en posición final y aislada, así como un nexo curvo en la unión de grafemas del término *Allāh*.

FIG. 13-1.
Fragment of inscription commemo a hydraulic construction (*qanāt*) under the direction of ʻAbd Allāh il Badr. 940/328–29 H. Marble. MAE CE000501. Checklist no. 148. Fragr de inscripción conmemorativa de una construcción hidráulica (*qanāt* bajo la dirección de ʻAbd Allāh b. Badr. 940/328–29 H. Mármol. MAI CE000501. N.º de verificación 148.

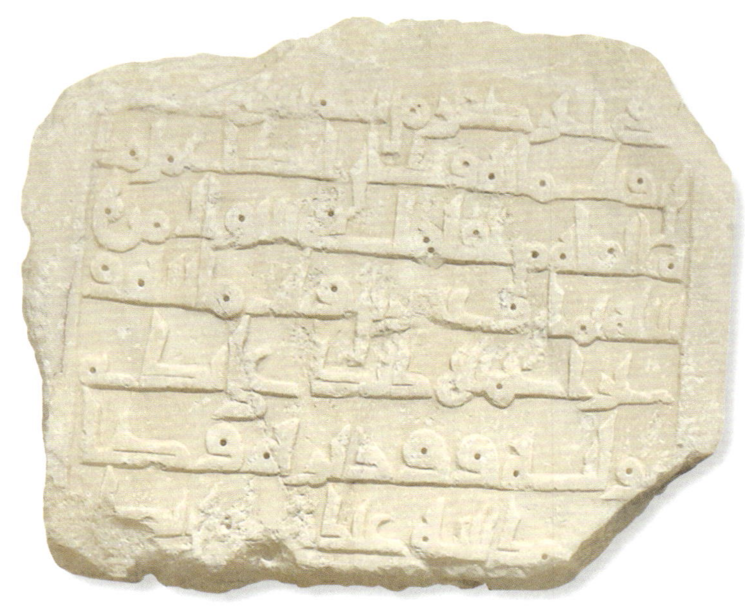

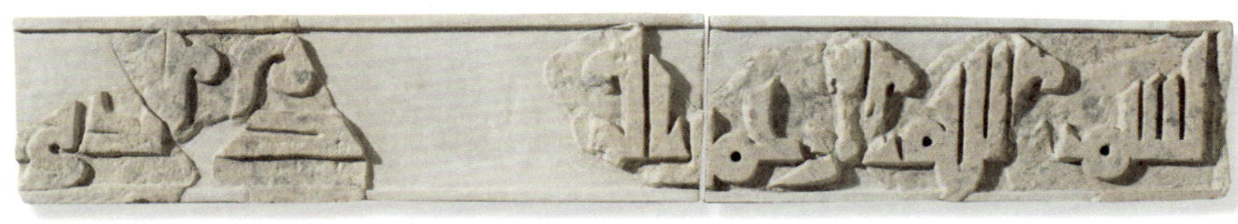

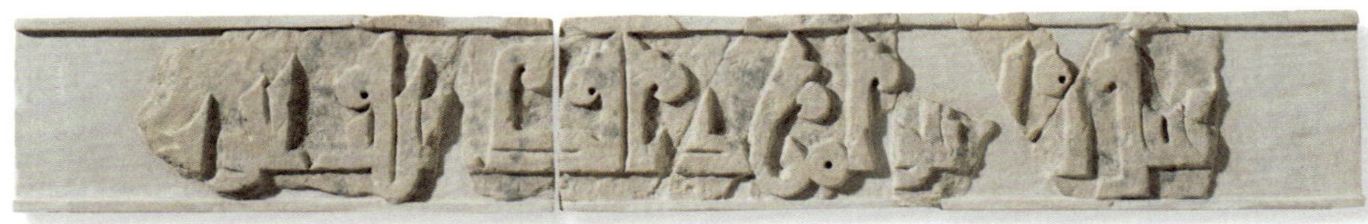

FIG. 13-2.
Fragment of a frieze from the Friday Mosque. Inscription contains a complete *basmala* and Qur'anic quotation (Qur'an 25:10). Ca. 944–45/333 H. Madīnat al-Zahrā'. Soft limestone. MMaZ: 24036. Checklist no. 38. Fragmento de friso de la Mezquita Aljama de Madīnat al-Zahrā'. Reproduce basmala completa y cita coránica (Q. 25:10). 944–45/333 H. Piedra caliza blanda. MMaZ: 24036. N.º de verificación 38.

FIG. 13-3.
Fragment of a frieze from the Friday Mosque. Inscription has the name of caliph ʻAbd al-Raḥmān, and the phrase requesting permanence (*abqa'a-hu Allāh*). 944–45/333 H. Madīnat al-Zahrā'. Limestone. MMaZ: 24082. Checklist no. 1. Fragmento de friso de la Mezquita Aljama de Madīnat al-Zahrā'. Reproduce el nombre del califa ʻAbd al-Raḥmān, y la frase de petición de permanencia (abqa'a-hu Allāh). 944–45/333 H. Caliza. MMaZ: 24082. N.º de verificación 1.

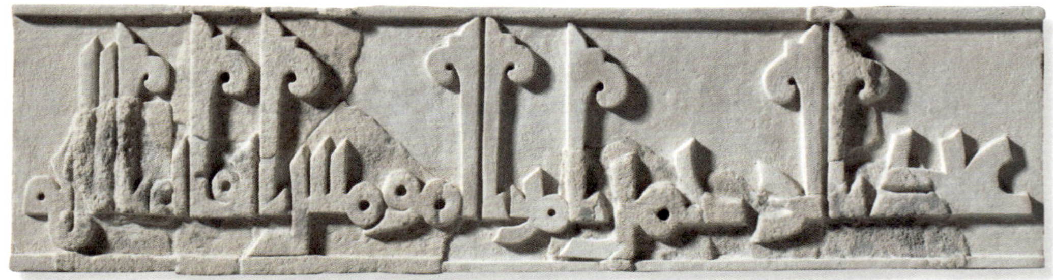

rigidity typical of emiral script, is seen in a fragment of an inscription from Córdoba that commemorates a hydraulic construction project (*qanāt*) (FIG. 13-1). Its text specifies that the work began in *shawwāl* 328 H. (July–August 940) and was completed in *ṣafar* 329 H. (December 940), under the direction of the *ṣāḥib al-madīna* (the head of the city) of Córdoba ʿAbd Allāh ibn Badr.[3]

In contrast to those early, unassuming epigraphic attempts of the new caliphate, in the epigraphs of Madīnat al-Zahrāʾ, the so-called floriated Kufic asserts itself, with a proliferation of curved links and floral ornaments. Other graphic innovations were added, formulations were modified, and the Umayyad caliph's official titles were expanded. This can be seen in the plentiful archaeological remains that al-Zahrāʾ has provided, including a significant number of architectural elements and objects bearing epigraphs. Despite the looting and dispersion of materials that Madīnat al-Zahrāʾ has suffered, examples of most of these epigraphic supports have been preserved, specifically capitals, pilasters, bases, arches, decorative panels, friezes, and slabs.[4] In terms of objects, ceramic pieces and sundial fragments[5] have long been found in various parts of the site, while textiles, pyxides, and caskets made of ivory and metal, along with numerous capitals, are scattered in various locations.

The inscriptions in the constructions of al-Zahrāʾ, made in soft limestone from the quarries of Cabra (Córdoba), and some in white marble from Estremoz (Portugal),[6] are concentrated in various buildings of the excavated area, including the palace and the Friday Mosque. The areas that have provided epigraphs are quite diverse: religious (the mosque), caliphal representation and administration (the architectural complex of the Upper Garden, with its various sections, or the so-called Hall of Double Columns), and for private use of the caliph and people of his entourage (Dār al-Mulk, House of Jaʾfar, and Casa de la Alberca [House of the Pool]). Other decontextualized artifacts and epigraphic fragments have appeared in different areas of the palace. Most of these epigraphs belong to the period of ʿAbd al-Raḥmān III, and, consequently, the construction of the majority of its most emblematic buildings must also be attributed to this caliph: the Friday Mosque, the Dār al-Mulk, the architectural complex of the Upper Garden, and the sections not yet excavated around the Court of the Pillars.

The earliest epigraphic date uncovered from the site thus far is 333 H. (944–45), which is inscribed on a slab

La misma titulación califal escueta y la escasa presencia de remates foliados, manteniendo la rigidez propia de la grafía emiral, se detecta en un fragmento de inscripción cordobesa que conmemora la construcción de una obra hidráulica (*qanāt*) (FIG. 13-1): su texto especifica que los trabajos comenzaron en *shawwāl* del 328/julio-agosto 940 y se terminaron en *ṣafar* del 329/diciembre 940, bajo la dirección del *ṣāḥib al-madīna* (jefe de la ciudad) de Córdoba ʿAbd Allāh b. Badr.[3]

Frente a esas tímidas proyecciones epigráficas iniciales del nuevo califato, en los epígrafes de Madīnat al-Zahrāʾ, se afianza el llamado cúfico florido, con la proliferación de nexos curvos y de ornatos florales. A ello se añaden otras innovaciones gráficas, así como la modificación de los formularios y la ampliación de la titulatura protocolaria de los califas omeyas. Ello es posible comprobarlo en los abundantes restos arqueológicos que ha proporcionado al-Zahrāʾ, entre los que se encuentran un número importante de elementos arquitectónicos y objetos que ostentan epígrafes. A pesar del expolio y la dispersión de materiales que ha sufrido Madīnat al-Zahrāʾ, se han conservado ejemplares de la mayor parte de estos soportes epigráficos, especialmente capiteles, pilastras, basas, arquitos, paneles decorativos, frisos y lápidas.[4] En cuanto a los objetos, el yacimiento ha proporcionado piezas cerámicas y fragmentos de relojes de sol,[5] mientras que los tejidos y los botes y arquetas de marfil y metal, junto a numerosos capiteles, se encuentran desde antiguo en paraderos diversos.

Las inscripciones monumentales de al-Zahrāʾ, realizadas en piedra caliza blanda procedente de las canteras de Cabra (Córdoba) y algunas en mármol blanco de Estremoz (Portugal),[6] se concentran en diversos edificios de la zona excavada, que comprende el Alcázar y la Mezquita Aljama. Las dependencias que han proporcionado epígrafes tienen un carácter muy diverso: religioso (la Mezquita), de representación y administración califal (el conjunto arquitectónico del Jardín Alto, con sus dependencias anejas o el denominado Salón de las Dobles Columnas), o de uso privado del califa y personas de su entorno (la Dār al-Mulk, la casa de Jaʿfar o la Vivienda de la Alberca). Otros restos y fragmentos epigráficos descontextualizados han aparecido en diferentes zonas del Alcázar. La mayor parte de estos epígrafes pertenecen a la etapa de ʿAbd al-Raḥmān III y, consecuentemente, a este califa hay que atribuir también la construcción de la mayor parte de sus edificios más emblemáticos: la Mezquita Aljama, la Dār al-Mulk,

in the Friday Mosque and documents the year the building was completed.[7] All the other epigraphs from this building should be dated before that year, along with a few others whose script and findspot indicate that they must be attributed to the initial stage of construction.[8] The mosque's inscriptions are seen on friezes and slabs but the supporting architectural elements (capitals and bases) do not have epigraphs.[9] The type of script used is floriated Kufic, which is carved in relief with a proliferation of pronounced curved links and foliated ends, and a leveling in the height of the vertical strokes of some graphemes.

The formularies of these epigraphs, common in Andalusian Umayyad foundations, begin with the complete *basmala* (*bi-sm Allāh al-Raḥmān al-Raḥīm*, in the name of God, the Clement, the Merciful), specifies the object of the foundation, and, as is the case with the mosque in Córdoba, combines foundational elements with quotations from the Qurʾan.[10] It is worth noting the election of Qurʾanic passages that allude to paradise, specifically Qurʾan 25:10, which is reproduced in one of the friezes of Madīnat al-Zahrāʾ's Friday Mosque and in another in the Hall of Double Columns, which reveals an attempt to equate the caliphal city with Qurʾanic paradise. ʿAbd al-Raḥmān III, who ordered the construction of the mosque, is named here for the first time in epigraphy with his two titles reflecting Eastern Umayyad tradition because *ʿAbd Allāh* (Servant of God) is now added to the title of *amīr al-mūʾminīn*, and the phrase appealing for permanence is dedicated to him, *aṭāla Allāh baqāʾa-hu* (May God prolong his permanence) or its variant *abqaʾa-hu Allāh* (May God preserve him) (FIG. 13-3). This formula was also used by the ʿAbbāsid caliphs,[11] and became a fixed part of the formulary of the Andalusian Umayyad caliphate from then on.

The epigraphy of al-Zahrāʾ also evidences the great transformation that occurred in the palace between 953 and 956–57/342–45 H. with the construction of the Upper Garden complex, which includes the reception *majlis* (hall) of ʿAbd al-Raḥmān III, called the Salón Rico or Lavish Hall, and its annexed buildings: a bath house and the so-called Salón Frontero (Front Hall). An inscription on a base found in the interior of the *majlis* of ʿAbd al-Raḥmān provides the date 342 H., while 345 H. is recorded in the inscription of the western frieze of access to the *majlis* and in the friezes of the Front Hall.[12] In these friezes, a very solemn and innovative type of Kufic was employed for the first time: a new design for the final *nūn* in the

el conjunto arquitectónico del Jardín Alto o las dependencias aún no excavadas en torno al Patio de los Pilares.

La fecha expresa más antigua que, por el momento, ha proporcionado la epigrafía del yacimiento es el año 333 H. (944-5), que se consigna para la terminación de los trabajos en una lápida de la Mezquita Aljama.[7] Con anterioridad a ese año, hay que fechar todos los epígrafes procedentes de dicho edificio, junto a otros pocos que, por su grafía y por los lugares de hallazgo, deben ser atribuidos a la etapa inicial de las construcciones.[8] Las inscripciones de la mezquita discurren por frisos y lápidas; sin embargo, los elementos arquitectónicos de soporte (capiteles y basas) no ostentan epígrafes.[9] El tipo de grafía utilizado es el cúfico florido, labrado en relieve, con proliferación de pronunciados nexos curvos y de remates foliados, junto a la igualación en altura de las astas de algunos grafemas.

El formulario de estos epígrafes, habitual en las fundaciones omeyas andalusíes, se inicia con la *basmala* completa (*bi-sm Allāh al-Raḥmān al-Raḥīm*, en el nombre de Dios, el Clemente, el Misericordioso), especifica el objeto de la fundación y, como en el caso de la Mezquita de Córdoba, mezcla elementos fundacionales con citas coránicas.[10] Es de destacar la elección de pasajes coránicos que aluden al paraíso, especialmente Q. XXV, 10, que se reproduce en un friso de la mezquita (FIG. 13-2) y en otro del Salón de las Dobles Columnas, en un intento de equiparar la ciudad de fundación califal con el paraíso coránico. ʿAbd al-Raḥmān III, que ordenó la construcción de la mezquita, aparece nombrado aquí por primera vez en epigrafía con sus dos títulos de tradición omeya oriental, pues al título de *amīr al-mūʾminīn* se añade ahora el de *ʿAbd Allāh* (Siervo de Dios), y a él se dedica la frase de petición de permanencia, *aṭāla Allāh baqāʾa-hu* (prolongue Dios su permanencia) o su variante *abqaʾa-hu Allāh* (Dios le haga permanecer) (FIG. 13-3), fórmula usada por los califas ʿabbāsíes[11] y convertida en elemento fijo del formulario del califato omeya andalusí a partir de entonces.

La epigrafía de al-Zahrāʾ ha dado cuenta también de la gran transformación que se produjo en el Alcázar con la construcción del conjunto del Jardín Alto, formado por el *majlis* de recepciones de ʿAbd al-Raḥmān III, o "Salón Rico", y sus dependencias anejas, incluido un baño, y el Salón frontero, entre los años 952/342 H., fecha proporcionada por una basa del interior del *majlis*, y 956–57/345 H., consignada en la inscripción del friso occidental de acceso y en los frisos del Salón frontero.[12] En estos frisos se utilizó por primera vez un tipo de cúfico

FIG. 13-4.
Drawing of western arcade frieze of the Reception Hall of al-Nāṣir with flowery Kufic text, ca. 956–57/345 H. The inscription lists caliph ʿAbd al-Raḥmān as commissioner and ʿAbd Allāh ibn Badr as director. © Restitution and drawing by M. Ocaña Jiménez, from Martínez Núñez 1995. Friso epigráfico de la arcada occidental de acceso al Salón de recepciones de al-Nāṣir (956–57/345 H.). Cúfico florido. Se nombra al califa ʿAbd al-Raḥmān con su titulatura completa como ordenante y a ʿAbd Allāh b. Badr como director. Restitución y dibujo de M. Ocaña Jiménez en Martínez Núñez 1995.

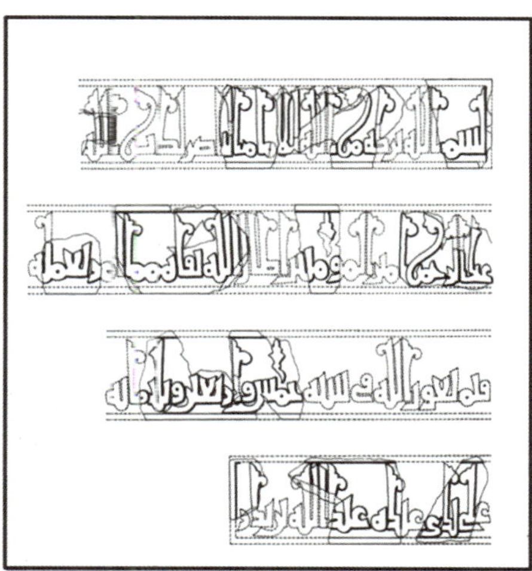

FIG. 13-5.
Column base with epigraphy, from the Reception Hall of al-Nāṣir. The inscription names caliph ʿAbd al-Raḥmān as comissioner and his *fatà* Shunayf as director. 10th century. Madīnat al-Zahrāʾ. Marble. MMaZ: 24080. Checklist no. 36. Basa de columna con epígrafe en la escocia. Se nombra al califa ʿAbd al-Raḥmān como ordenante y a su *fatà* Shunayf como director. Procede del Baño anejo al Salón de al-Nāṣir. Siglo X. Madīnat al-Zahrāʾ. Mármol. MMaZ: 24080. N.º de verificación 36.

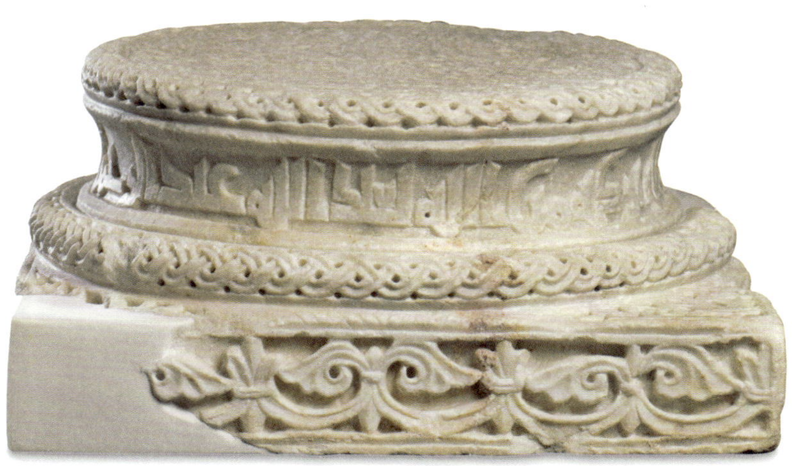

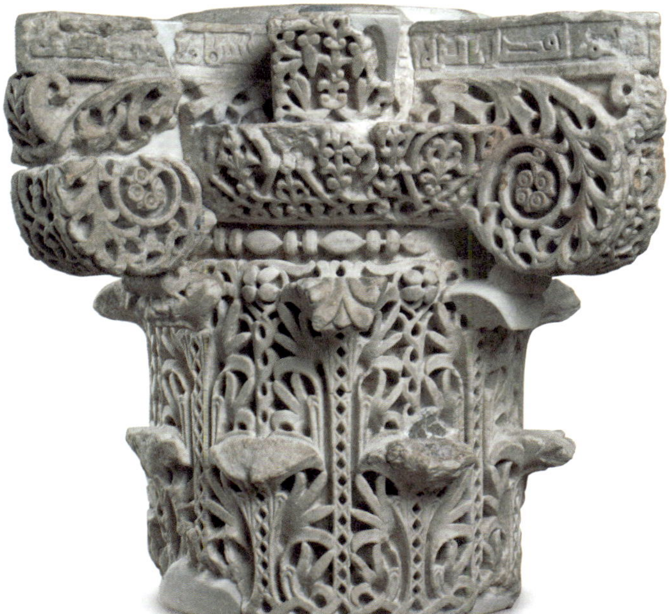

FIG. 13-6.
Composite capital with epigraphy on the abacus band. The inscription names caliph ʿAbd al-Raḥmān as comissioner and his *fatà* and *mawlà* Shunayf as director. 956–57/345 H. Madīnat al-Zahrāʾ. Marble. MMaZ: 24077. Checklist no. 34. Capitel compuesto con epígrafe en la cinta del ábaco. Se nombra al califa ʿAbd al-Raḥmān como ordenante y a su *fatà* y *mawlà* Shunayf como director. 956–57/345 H. Madīnat al-Zahrāʾ. Mármol. MMaZ: 24077. N.º de verificación 34.

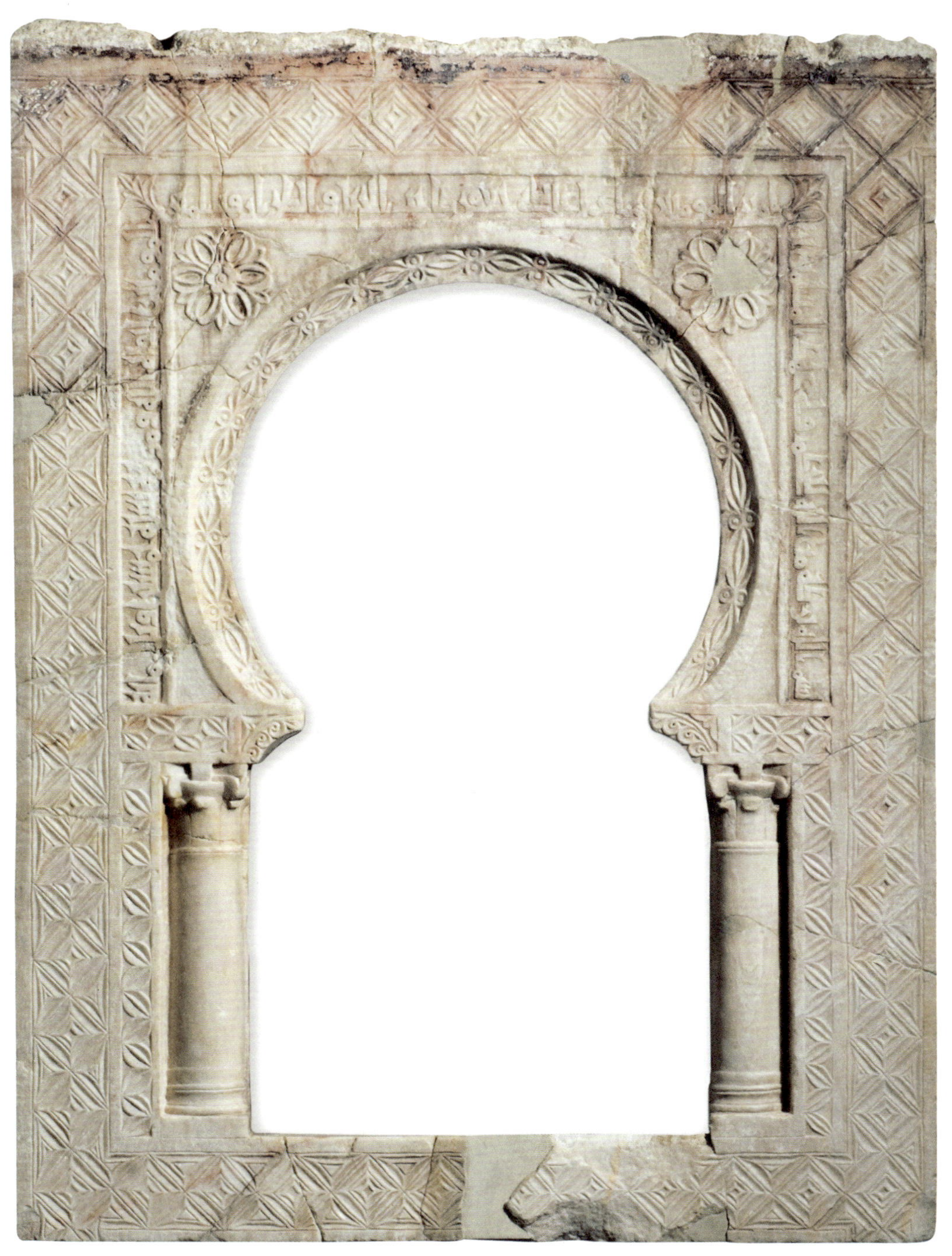

FIG. 13-7.
Decorative arch with epigraph on the *alfiz*. The inscription names al-Ḥakam as heir and the *fatà* and *mawlà* Jaʾfar as director. 961–62/350 H. Madīnat al-Zahrāʾ. Marble. MMaZ: 25428. Checklist no. 40. Arquito decorativo con epígrafe en el alfiz. Se nombra al heredero al-Ḥakam y como director al *fatà* y *mawlà* Jaʿfar. 961–62/350 H. Madīnat al-Zahrāʾ. Mármol. MMaZ: 25428. N.º de verificación 40.

shape of a swan's neck, freestanding ornaments between the strokes, an increase in floral ends, the extension of curved links, and varied heights of the vertical strokes (FIG. 13-4). This type of Kufic was located in the places of greatest prominence like the friezes of the Upper Garden halls and those of other areas of the palace from approximately the same time, and was used simultaneously with a more austere script that can be seen in the inscriptions on the bases (FIG. 13-5), capitals (FIG. 13-6) and pilasters.[13]

A new foundational, stereotypical, and propitiating formulary was also adopted for the caliph in these friezes, which was repeated going forward in the inscriptions of palace rooms on all types of supports. Its basic elements were a shortened *basmala* (*bi-sm Allāh*, in the name of God); the name of the caliph, with his titles and the phrase requesting permanence; the order for construction, which does not specify the purpose of the foundation (*min-mā amara bi-ʿamali-hi*, this is what was ordered); the name of the director, after *alà yaday*; and the year. However, the most notable change in these friezes is that all the caliph's official titles are recorded for the first time: the two titles from Eastern Umayyad tradition, *ʿAbd Allāh* and *amīr al-mū'minīn*, are now followed by two others: *Imām* and a *laqab, al-Nāsir li-dīn Allāh,* both imitating those held by the ʿAbbāsid caliphs and the Fāṭimids. The incorporation of these new titles must be understood as an Umayyad political reaction to Fāṭimid propaganda.[14]

Mentions of al-Ḥakam II in the epigraphy of Madīnat al-Zahrā' are documented in two stages. First is as the designated heir during his father's lifetime. Examples of this can be found on the foundational slab of the Friday Mosque (333 H.), mentioned previously, and in the small arches of the bath in the Casa de la Alberca (House of the Pool) (FIG. 13-7), from 961–62/350 H.[15] Second is as caliph following the death of his father that same year (350 H.). From this last stage, small decorative arches, bases, and capitals have been preserved and indicate the remodeling carried out in various areas of the palace by his order, specifically between 970 and 973 (360–62 H.), dates that provide a number of capitals, some of them from the House of Jaʿfar[16] (FIGS. 13-8 AND 8-4). These are the latest dates recorded in the epigraphy of the site. However, no building inscription has been preserved in al-Zahrā' bearing the name of the third caliph, Hishām II.

Along with the architectural foundations, epigraphy also appears on coins, with the resumption of gold minting,[17] as well as on ceramic, ivory,[18] and metal objects[19]

muy solemne e innovador: nuevo diseño de *nūn* final en forma "cuello de cisne", ornatos exentos entre las astas, multiplicación de remates florales, extensión de los nexos curvos y de la altura arbitraria de los trazos verticales (FIG. 13-4). Este tipo de cúfico se ubicaba en los lugares de mayor relieve, los frisos de estos salones del Jardín Alto y los de otras dependencias del Alcázar de cronología próxima, y se usó simultáneamente con otra grafía más austera que presentan las inscripciones de basas (FIG. 13-5), capiteles (FIG. 13-6) o pilastras.[13]

También en estos frisos se adoptó un nuevo formulario fundacional, estereotipado y propiciatorio para el califa, que se repite en adelante en las inscripciones de dependencias palaciegas y en todo tipo de soportes, y cuyos elementos básicos son *basmala* reducida (*bi-sm Allāh*, en el nombre de Dios), mención del califa con sus títulos y la frase de petición de permanencia, orden de ejecución, que no especifica el objeto de la fundación (*min-mā amara bi-ʿamali-hi*, esto es lo que ordenó hacer), mención del director, tras *alà yaday*, y del año. Sin embargo, la novedad más destacable es que, en estos frisos, se consignan por primera vez todos los títulos protocolarios de este soberano: a los dos títulos de tradición omeya oriental, *ʿAbd Allāh* y *amīr al-muʿminīn*, se añaden ahora otros dos, el de *Imām* y un *laqab, al-Nāsir li-dīn Allāh,* ambos a imitación de los que ostentaban los califas ʿabbāsíes y después los fāṭimíes. La incorporación de esos nuevos títulos ha de entenderse como una reacción política omeya ante la propaganda fāṭimí.[14]

La mención de al-Ḥakam II en la epigrafía de Madīnat al-Zahrā' se registra en dos etapas: como heredero designado, todavía en vida de su padre, por ejemplo, en la lápida fundacional de la mezquita Aljama del año 333 antes citada y en los arquitos del baño de la Vivienda de la Alberca (FIG. 13-7), del 961–62/350 H.,[15] y como califa, tras la muerte de su padre ese mismo año. De esta última etapa se han conservado arquitos decorativos, basas y capiteles que indican las remodelaciones efectuadas en diversas dependencias por su orden, especialmente, entre los años 970 y 973 (360-2 H.), en los que están fechados un buen número de capiteles, algunos procedentes de la Casa de Jaʿfar[16] (FIGS. 13-8 Y 8-4). Estas son las fechas más recientes consignadas por la epigrafía del yacimiento. Sin embargo, ninguna inscripción monumental se ha conservado en al-Zahrā' a nombre del tercer califa, Hishām II.

Junto a las fundaciones arquitectónicas, la epigrafía también aparece en monedas, en las que se reanudaron

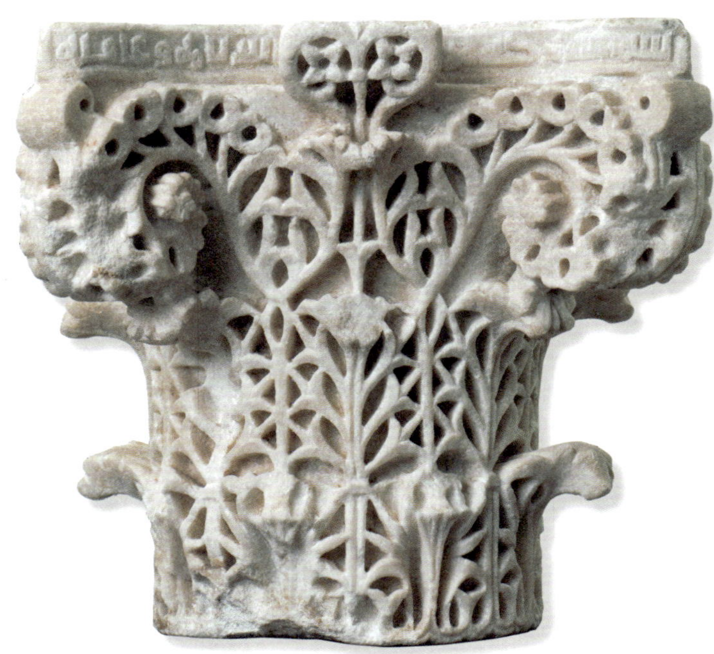

FIG. 13-8.
Corinthian capital with epigraphy on the abacus band from the House of Jaʿfar. The inscription names caliph al-Ḥakam as commissioner. Ca. 972–73/362 H. White marble. Madīnat al-Zahrāʾ. MAEC: CE030151. Checklist no. 44. Capitel de orden corintio con epígrafe en la cinta del ábaco. Se nombra ordenante al califa al-Ḥakam, con la titulatura califal completa. Procede de la alcoba de la Casa de Jaʿfar. 972–73/362 H. Mármol. Madīnat al-Zahrāʾ. MAEC: CE030151. N.º de verificación 44.

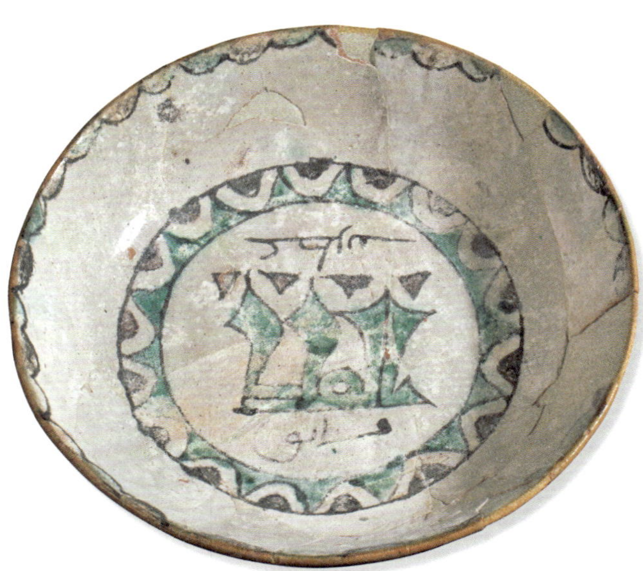

FIG. 13-9.
Ataifor (deep dish) with epigraphy. Inscription bears *al-mulk* and two surnames (Ghiṭrīf and Fāʿiq). 10th century. Glazed ceramic with green and manganese decoration. MAEC: CE030166-1034. Checklist no. 55. Ataifor epigrafía. Reproduce el término *al-mulk* y dos antropónimos (Ghiṭrīf y Fāʾiq). Siglo X. Cerámica verde y manganeso. MAEC: CE030166-1034. N.º de verificación 55.

produced in the *dār al-ṣināʿa*, and on the robes of honor (*khilʿa*) made in the caliphal *dār al-ṭirāz*.[20] The epigraphs of the new luxury caliphal tableware, the well-known green and manganese ceramics, were limited to reproducing, in careful Kufic, the term *al-mulk* (power or sovereignty) as an expression of the new Umayyad legitimacy[21] (FIG. 9-6). Along with these graphic elements of great prominence, they sometimes present marginal writings in smaller

las acuñaciones de oro,[17] así como en objetos de cerámica, marfil[18] y metal[19] producidos en la *dār al-ṣināʿa*, y en las vestiduras de honor (*khilʿa*) realizadas en la *dār al-ṭirāz* califal.[20] Los epígrafes de la nueva vajilla califal de lujo, la conocida "cerámica verde y manganeso", se limitan a reproducir en un cúfico cuidado el término *al-mulk* (el poder, la soberanía), como expresión de la nueva legitimidad omeya[21] (FIG. 9-6). Junto a estos elementos gráficos

characters that usually reproduce names, such as those recorded in an *ataifor*: Ghiṭrīf at the top and Fā'iq at the bottom [22] (FIG. 13-9), which must refer to artisans of the caliphal *dār al-ṣināʿa*.[23]

All these displays were an essential part of the propaganda system of the Umayyad caliphate and its new legitimacy, which, along with the quality and breadth of the diplomatic and political relations maintained with neighboring powers, projected the authority and prestige of the caliphal state.

1 Martínez Núñez 1999, 135–38; Martínez Núñez 2015, 22–24.
2 Souto Lasala 2002–3, 217–40.
3 Lévi-Provençal 1931, 5–6, no. 5, pl. II a
4 Martínez Núñez and Acién Almansa 2004, 128.
5 Martínez Núñez 2015, 62–63, no. 49; Barceló and Labarta 1988, 243–45, no. 5, figs. Va, Vb, no. 6, figs. VIa, VIb.
6 Vallejo Triano 2010, 114–17.
7 Ocaña 1970, 30–31, no. 12, pl. XII; Martínez Núñez and Acién Almansa 2004, 117–18, pl. X, fig. 19.
8 Martínez Núñez and Acién Almansa 2004, 122, fig. 29; Martínez Núñez 2015, 13–14, no. 6.
9 On the epigraphs of the Friday Mosque at al-Zahrā', Martínez Núñez and Acién Almansa 2004, 111–19.
10 Martínez Núñez 2008, 129–30, 135.
11 Blair 1998, 38.
12 Martínez 1995, 111–12, 116–18, 133–34, no. 1, 9, 31, pl. I, XVI, fig. 9.
13 Martínez 1995, 113–16, 120–21, 127, 135–38, nos. 5–8, 11 and 27; Martínez Núñez and Acién Almansa 2004, 119-26.
14 Martínez 1995, 140–41, 144–46.
15 Ocaña Jiménez M, "Ŷa'far el eslavo." *Cuadernos de la Alhambra* 12 (1976): 220.
16 Ocaña Jiménez 1936, 163–65, nos. 4 and 5, pl. 1–2; Martínez 1999, 87–90, no. 5; Vallejo Triano 2010, 370–72.
17 Canto García 1991, 112–13; also Ibrahim in this volume.
18 Gómez Moreno 1927, 233–43.
19 Labarta 2015, 1–24.
20 Partearroyo 2007, 376–81. For more on gold minting, ceramics, and ivory production, see the contributions in this catalogue from Ibrahim, Montilla Torres, and Rosser-Owen respectively.
21 In some cases, *baraka* (blessing), Ocaña Jiménez 1970, 34–35, pl. xviii; Cano Piedra 1996, 119–23, figs. 59–63; Barceló 1993, 291–300.
22 Cano Piedra 1996, 124, fig. 64; Roselló-Bordoy 2015, 70, fig. 7; Barceló 2014, 137.
23 Martínez Núñez 1995, 143–44; Martínez Núñez 1999, 82-92; Barceló 2014, 136–38. See also the contribution of I. Montilla in this same catalogue.

de gran relieve, a veces presentan escritos marginales en caracteres de menor tamaño, que suelen reproducir antropónimos, como los consignados en un ataifor: Ghiṭrīf en la parte superior y Fā'iq en la inferior[22] (FIG. 13-9), que deben responder a artesanos de la *dār al-ṣināʿa* califal.[23]

Todas estas manifestaciones formaban parte esencial del sistema propagandístico del califato omeya y de su nueva legitimad y, junto a la calidad y amplitud de las relaciones diplomáticas y políticas mantenidas con los poderes vecinos, proyectaban la autoridad y prestigio del Estado califal.

1 Martínez Núñez 1999, 135-38; Martínez Núñez 2015, 22-24.
2 Souto Lasala 2002-3, 217-40.
3 Lévi-Provençal 1931, 5-6, n.º 5, pl. II a.
4 Martínez Núñez y Acién Almansa 2004, 128.
5 Martínez Núñez 2015, 62-63, n.º 49; Barceló y Labarta 1988, 243-45, n.º 5, figs. Va, Vb, n.º 6, figs. VIa, VIb.
6 Vallejo Triano 2010, 114-17.
7 Ocaña 1970, 30-31, n.º 12, lám. XII; Martínez Núñez y Acién Almansa 2004, 117-18, lám. X, fig. 13-19.
8 Martínez Núñez y Acién Almansa 2004, 122, fig. 13-29; Martínez Núñez 2015, 13-14, n.º 6.
9 Sobre los epígrafes de la Aljama de al-Zahrā', Martínez Núñez y Acién Almansa 2004, 111-19.
10 Martínez Núñez 2008, 129-30, 135.
11 Blair 1998, 38.
12 Martínez 1995, 111-12, 116-18, 133-34, n.º 1, 9, 31, láms. I, XVI, fig. 9.
13 Martínez 1995, 113-16, 120-21, 127, 135-38, n.º 5-8, 11 y 27; Martínez Núñez y Acién Almansa 2004, 119-26.
14 Martínez 1995, 140-41, 144-46.
15 Ocaña Jiménez M, "Ŷa'far el eslavo." *Cuadernos de la Alhambra* 12 (1976): 220.
16 Ocaña Jiménez 1936, 163-65, n.º 4 y 5, láms. 1-2; Martínez 1999, 87-90, n.º 5; Vallejo Triano 2010, 37072.
17 Canto García 1991, 112-13; y Ibrahim en este volumen.
18 Gómez Moreno 1927, 233-43.
19 Labarta 2015, 1-24.
20 Partearroyo 2007, 376-81. Para más información sobre la acuñación de oro, la cerámica y la producción de marfil, véanse las contribuciones en este catálogo de Ibrahim, Montilla Torres y Rosser-Owen.
21 En algún caso, *baraka* (bendición), Ocaña Jiménez 1970, 34-35, lám. xviii; Cano Piedra 1996, 11923, figs. 59-63; Barceló 1993, 291-300.
22 Cano Piedra 1996, 124, fig. 13-64; Roselló-Bordoy 2015, 70, fig. 13-7; Barceló 2014, 137.
23 Martínez Núñez 1995, 143-44; Martínez Núñez 1999, 82-92; Barceló 2014, 136-38. Véase también la contribución de I. Montilla en este mismo catálogo.

14.

Al-Zahrāwī and His Medical Handbook

Al-Zahrāwī y su Libro de la práctica médica

Gerrit Bos and Fabian Käs

Abū l-Qāsim Khalaf ibn ʿAbbās al-Zahrāwī, without any doubt the most important scientist and physician hailing from Madīnat al-Zahrāʾ, authored a voluminous medical handbook titled *Kitāb al-Taṣrīf* (lit. "The Arrangement [of medical knowledge]") containing a unique chapter on surgery.[1] Based on late antique Greek models, such as Paul of Aegina, the literary genre of the so-called *Kunnāsh* flourished for centuries in Islamic societies. The most famous examples of such handbooks covering the whole art of medicine for students and practitioners are those by al-Rāzī (Rhazes), al-Majūsī (Haly Abbas), Ibn Sīnā (Avicenna), Ibn Rushd (Averroes), and Ibn al-Jazzār. Written between the tenth and twelfth centuries CE, they were translated into Latin in the Middle Ages and had a tremendous influence on European medicine. Al-Zahrāwī's "Arrangement" is most renowned for its long chapter on surgery, a topic dealt with only briefly by the other medical authors. Translated separately in the twelfth century by Gerard of Cremona, the text and the large number of drawings of instruments inspired occidental surgeons until the early modern period.

Biographical data on al-Zahrāwī are extremely scarce—even his birthplace can only be deduced from his "surname" (*nisba*). Recent scholarship has shown that his medical handbook could only have been written in, or shortly after, the second quarter of the eleventh century.[2] The few biographical sources dealing with him do not mention the dates of his life. One author, al-Ḥumaydī (d. 1095),[3] stated that "he died in al-Andalus after the year 400" of the Islamic calendar, which is to say 1009. In fact, the main source of al-Zahrāwī's chapter on the nomenclature of simple drugs was Marwān ibn Janāḥ's *Kitāb al-Talkhīṣ*, a book written many years after its author's forced migration from Córdoba to Zaragoza in 1013.[4] Later historians from al-Andalus could not add much information. Ibn Bashkuwāl (d. 1183) copied al-Ḥumaydī's account and stated that a certain Ibn Sumayq had counted al-Zahrāwī among his teachers. According to Ibn Bashkuwāl, the famous man of letters Ibn Ḥazm (d. 1064) had praised al-Zahrāwī's handbook. Centuries later, al-Maqqarī (d. 1632) deduced from this passage that Ibn Ḥazm was personally acquainted with al-Zahrāwī, which is uncertain but not utterly impossible, especially since he was indeed interested in medicine.[5] Reports on al-Zahrāwī's alleged service as a private doctor to rulers of al-Andalus are untrustworthy late legends.[6] Specialized biographical lexica on the history of science also do not provide much information. The most important of these,

Abū l-Qāsim Khalaf ibn ʿAbbās al-Zahrāwī, sin ninguna duda el científico y médico más importante de Madīnat al-Zahrāʾ, fue autor de un voluminoso manual médico titulado *Kitāb al-Taṣrīf* (lit. "La disposición [de la Ciencia Médica]") que contenía un singular capítulo sobre cirugía.[1] Basado en modelos de la tardoantigüedad griega, tales como el de Pablo de Egina, el género literario de los llamados *Kunnāsh* floreció durante siglos en las sociedades islámicas. Los ejemplos más célebres de tales tratados, que abarcaban el arte médico en su totalidad dirigido a estudiantes y médicos, son los de al-Rāzī (Rhazis), al-Majūsī (Haly Abbas), Ibn Sīnā (Avicena), Ibn Rushd (Averroes) e Ibn al-Jazzār. Fueron escritos entre los siglos x y xii e. c., traducidos al latín durante la Edad Media y tuvieron una enorme influencia en la medicina europea. La "disposición" de al-Zahrāwī es sobre todo famosa por su extenso capítulo sobre cirugía, un tema del que los otros autores médicos sólo se ocuparon sucintamente. Este capítulo fue traducido en forma separada en el siglo xii por Gerardo de Cremona. El texto y el vasto número de ilustraciones de instrumental inspiraron a los cirujanos hasta la modernidad temprana.

La información biográfica sobre al-Zahrāwī es extremadamente escueta; incluso su lugar de nacimiento solo puede deducirse de su "apellido" (*nisba*). La investigación académica reciente ha demostrado que su manual de medicina solo pudo haber sido escrito en el segundo cuarto del siglo xi o poco tiempo después.[2] Las pocas fuentes biográficas sobre él no mencionan las fechas de su vida. Un autor, al-Ḥumaydī (m. 1095),[3] declara que "murió en al-Andalus después del año 400" del calendario islámico, es decir 1009 e. c. De hecho, la fuente principal del capítulo de al-Zahrāwī sobre la nomenclatura de los fármacos simples era el *Kitāb al-Talkhīṣ* de Marwān ibn Janāḥ, un libro escrito muchos años después del forzado exilio de su autor desde Córdoba a Zaragoza en el año 1013.[4] Los historiadores posteriores de al-Andalus no pudieron agregar más información. Ibn Bashkuwāl (m. 1183) copia el relato de al-Ḥumaydī y señala que un tal Ibn Sumayq tuvo entre sus maestros a al-Zahrāwī. Siguiendo a Ibn Bashkuwāl, el célebre literato Ibn Ḥazm (m. 1064) había elogiado el libro de al-Zahrāwī. Siglos después, al-Maqqarī (m. 1632) dedujo de este pasaje que Ibn Ḥazm conoció personalmente a al-Zahrāwī, cosa incierta pero no completamente imposible, en especial debido a que, de hecho, él se interesaba por la medicina.[5] La información sobre el supuesto servicio de al-Zahrāwī como médico personal de los gobernantes de al-Andalus son leyendas tardías poco

written by the Syrian doctor Ibn Abī Uṣaybiʿa (d. 1270), notes that "al-Zahrāwī was an excellent physician with experience in the use of simple and compound drugs, and good at applying treatments." Ibn Abī Uṣaybiʿa also maintained that he had written not only his famous handbook, but also a number of other texts on medicine.[7] None of these are preserved, and even fragments are extremely difficult to identify.[8]

Like most Arabic authors, al-Zahrāwī did not write much about himself in his book. On a few occasions, he mentioned his own medical experiences, which allow the conclusion that he practiced as a physician and perhaps performed surgical interventions himself. He also stated that he had treated patients "among us in al-Zahrāʾ."[9] There is no information on his medical education; one might speculate that he obtained it in Córdoba with its renowned school of medicine. What we can say with certainty is that al-Zahrāwī was well-acquainted with the contemporary medical literature, both the translations of classical Greek texts and the autochthonous Arabic works written in the preceding centuries in Iraq, Kairouan, and al-Andalus.[10] Since we do not know the date of al-Zahrāwī's birth, it is unclear if he met one of the recorded Umayyad court physicians active in al-Zahrāʾ. The most important of these, the Christian convert Yaḥyā ibn Isḥāq (d. after 941), who served Emir ʿAbd Allāh (r. 888–912/275–300 Hijri) as well as his successor, Caliph ʿAbd al-Raḥmān III (r. 912–61/300–350 H.), and the Jew Ḥasdāy ibn Shaprūṭ (d. ca. 970), were probably already dead before he could study under them. The latter was the personal doctor to ʿAbd al-Raḥmān III and al-Ḥakam II (r. 961–76/350–66 H.) and is most renowned for his collaboration on a new translation of Dioscorides' book on simple drugs (*De Materia Medica*). An illuminated Greek copy of this text was sent to al-Andalus by the Byzantine emperor Constantine VII (r. 912–59) as a diplomatic gift. The life dates of ʿArīb ibn Saʿīd (d. ca. 980) and Ibn Juljul (d. after 994/384 H.), who both served Caliph Hishām II (r. 976–1009 and 1010–13), and those of al-Zahrāwī may indeed have overlapped. Another important physician, whom he may have met personally in Córdoba, was Ibn Janāḥ.[11] The latter is most renowned for his groundbreaking works on Hebrew grammar and lexicography, but he also authored a highly important book on the nomenclature of medicinal drugs (*Kitāb al-Talkhīṣ*), which counts among the sources of the *Taṣrīf*. Al-Zahrāwī refers to him as *al-Yahūdī* ("the Jew") without mentioning his actual name—a student would perhaps have talked with more respect about his teacher.

confiables.[6] Los diccionarios biográficos especializados en la historia de la ciencia tampoco brindan mucha información. El más importante de ellos, escrito por el médico sirio Ibn Abī Uṣaybiʿa (m. 1270), señala que "al-Zahrāwī era un médico excelente, con experiencia en el uso de fármacos simples y compuestos, y hábil para proporcionar tratamientos". Ibn Abī Uṣaybiʿa también sostiene que no solo había escrito su célebre manual, sino además una cierta cantidad de otros textos sobre medicina.[7] Ninguno de ellos se ha conservado, e incluso los fragmentos son extremadamente difíciles de identificar.[8]

Al igual que la mayoría de los autores árabes, al-Zahrāwī no escribió mucho sobre sí mismo en su libro. En algunas ocasiones, menciona sus propias experiencias como médico, que permiten llegar a la conclusión de que había estado activo como médico y quizá él mismo había llevado a cabo intervenciones quirúrgicas. También afirma haber tratado pacientes "entre nosotros en al-Zahrāʾ".[9] No existe información sobre su formación médica; es posible especular que la haya obtenido en Córdoba con su reputada escuela de medicina. Lo que podemos decir con certeza es que al-Zahrāwī estaba muy familiarizado con la literatura médica contemporánea, tanto las traducciones de los textos griegos clásicos como las obras originales en árabe escritas durante los siglos anteriores en Irak, Qayrawān y al-Andalus.[10] Puesto que no conocemos la fecha de nacimiento de al-Zahrāwīʾ, no resulta claro si conoció a alguno de los médicos de la corte omeya de al-Zahrāʾ de los que se tiene registro. El más importante entre ellos, el cristiano converso Yaḥyā ibn Isḥāq (m. después de 941), quien sirvió al emir ʿAbd Allāh (r. 888-912/275-300 Hégira), así como a su sucesor, el califa ʿAbd al-Raḥmān III (r. 912-961/300-350 H.), y el judío Ḥasdāy ibn Shaprūṭ (m. ca. 970) murieron probablemente antes de que pudiera formarse bajo su guía. Este último era el médico personal de ʿAbd al-Raḥmān III y al-Ḥakam II (r. 961-976/350-66 H.) y es sobre todo reconocido por su colaboración en una nueva traducción al árabe del libro de Dioscórides sobre los fármacos simples (*De materia medica*). Un manuscrito griego iluminado de ese texto fue enviado a al-Andalus por el emperador bizantino Constantino VII (r. 912-959) como obsequio diplomático. Las fechas de ʿArīb ibn Saʿīd (m. ca. 980) y de Ibn Juljul (m. después de 994), quienes sirvieron al califa Hishām II (r. 976–1009 y 1010–13), y las de al-Zahrāwī probablemente se hayan superpuesto. Ibn Janāḥ fue otro médico importante, a quien puede haber conocido personalmente en Córdoba.[11] Este último es sobre todo reconocido por sus

To our knowledge, neither Ibn Janāḥ nor al-Zahrāwī were court physicians, which explains the lack of biographical information about them. Books such as that by Ibn Abī Uṣaybiʿa abound with comical anecdotes about rulers and their doctors, so that it is sometimes difficult to discern the actual duties of personal physicians behind these stories. In ʿAbbāsid Iraq, they were often responsible for the examination and approbation of other physicians. As men of confidence, they were even entrusted with political functions. The most interesting case in Umayyad Spain was certainly Yaḥyā ibn Isḥāq, mentioned above. After his conversion to Islam, he was promoted to governor of Badajoz and eventually vizier. He counts among the ancestors of the "chamberlain" and de facto ruler Almanzor (d. 1002). Even if not serving at court, skilled physicians were respected members of urban societies, such as those of Córdoba or al-Zahrāʾ, and could earn great fortunes.[12]

Al-Zahrāwī is renowned for his chapter on surgery—the most impressive text on this topic written in the Mediterranean world in premodern times. As to the actual contents, the book covers, among other topics, gynecological issues (he introduced new procedures to help with birthing, such as forceps, and vaginal specula to be used in the extraction of dead fetuses), tumors, and growths, but deals above all with the setting of bones. It is innovative in its use of animal gut for suturing wounds, along with the older usage of wool, silk, hair, and wire.[13] The chapter "On Surgery" is part of a large handbook that, as a whole, deserves more interest among historians of medicine and pharmacy. Its full title, forming an Arabic rhyme, is *Kitāb al-Taṣrīf li-man ʿajiza ʿan al-taʾlīf*, which is normally translated as "The Arrangement [of medical knowledge] for One Who Is Not Able to Compile a Book for Himself." Ibn Abī Uṣaybiʿa tells us that the text was also referred to simply as "al-Zahrāwī," which allows more than one interpretation; one may simply add *Kitāb* or *Kunnāsh*, meaning "al-Zahrāwī's book" or "handbook." It might, however, also be interpreted as [*al-Kitāb/al-Kunnāsh*] *al-Zahrāwī*, that is, "the (hand-)book from Madīnat al-Zahrāʾ," which would parallel several other Arabic titles of scientific books. The *Taṣrīf* consists of thirty chapters, the last being "On Surgery." Because of its exceptional contents and length—it occupies about 10 percent of the whole text—it seems likely that it was originally written as an independent monograph and then "published" as an appendix to the pharmacological sections.

Only the first and second chapters of the *Taṣrīf* are dedicated to medical theory and types of diseases, which

obras revolucionarias de gramática y lexicografía hebreas, pero también fue autor de un libro sumamente importante sobre la nomenclatura de los fármacos (*Kitāb al-Talkhīṣ*) que se encuentra entre las fuentes del *Taṣrīf*. Al-Zahrāwī se refiere a él como *al-yahūdī* ("el judío") sin mencionar su verdadero nombre: quizá un alumno habría hablado de su maestro con más respeto.

A nuestro entender, ni Ibn Janāḥ ni al-Zahrāwī fueron médicos de la corte, lo que explica la falta de datos biográficos sobre ellos. Libros como el de Ibn Abī Uṣaybiʿa abundan en anécdotas graciosas sobre los gobernantes y sus médicos, de manera que a veces resulta difícil discernir los verdaderos deberes del personal médico tras estas historias. En el Irak abbasí, a menudo eran responsables del examen y la habilitación de otros médicos. En tanto hombres de confianza, se les encomendaban incluso funciones políticas. El caso más interesante en al-Andalus omeya fue sin duda el de Yaḥyā ibn Isḥāq, mencionado anteriormente. Después de convertirse al islam, fue ascendido a gobernador de Badajoz y más adelante a visir. Se encuentra entre los antepasados de Almanzor, chambelán y gobernante de facto (m. 1002). Incluso sin servir en la corte, los médicos hábiles eran miembros respetados de las sociedades urbanas, como la de Córdoba o al-Zahrāʾ, y podían amasar importantes fortunas.[12]

Al-Zahrāwī es reconocido por su capítulo sobre cirugía; el texto más imponente sobre el tema escrito en el mundo mediterráneo en épocas premodernas. En cuanto a los contenidos en sí, el libro abarca, entre otros temas, problemas ginecológicos (introdujo nuevas intervenciones para ayudar en los partos, tales como el fórceps y el espéculo vaginal para usarlo en la extracción de fetos muertos), tumores y nódulos, pero trata sobre todo de la colocación de los huesos. Es innovador en el uso de las tripas de animales para suturar heridas, junto al anterior uso de lana, seda, cabellos y alambre.[13] El capítulo "Sobre la cirugía" forma parte de un amplio tratado que, como un todo, merece un gran interés por parte de los historiadores de la medicina y la farmacología. Su título completo, que en árabe forma una rima, es *Kitāb al-Taṣrīf li-man ʿajiza ʿan al-taʾlīf*, traducido normalmente como "Disposición [de la ciencia médica] para quien no puede recopilar un libro por sí mismo". Ibn Abī Uṣaybiʿa nos dice que el texto también era llamado simplemente el "al-Zahrāwī", lo que permite más de una interpretación; se le puede agregar *Kitāb* o *Kunnāsh*, con el significado "libro de al-Zahrāwī" o "manual". Sin embargo, también puede interpretarse como [*al-Kitāb/al-Kunnāsh*] *al-Zahrāwī*, es decir "el libro/

occupy much more space in other handbooks.[14] The main part of the text, consisting of chapters 3 through 24, is a veritable pharmacopoeia arranged according to the different categories of pharmaceuticals. This section deals not only with the usual types of compound remedies, such as theriacs (chapter 4), hieras (literally "something holy," a generic and honorific title for certain noteworthy compound medicines (5), eye remedies (20), and so on, but also with perfumes (19), dentifrices (21), and aphrodisiacs (12). Especially remarkable is chapter 25, on oils, containing detailed information on their manufacturing.[15] The following section is dedicated to the regimen of the healthy and of sufferers from diverse diseases. Foodstuffs are described at the beginning of chapter 27. Its second part consists of alphabetical lists of frequently used simple drugs arranged according to their degrees of effectiveness. The following chapters, 28 and 29, deal with the improvement and storability of simples, their multilingual nomenclature,[16] substitute drugs, as well the names of weights and measures and other medical terms. This sequence of diet, drug therapy, and surgery (chapter 30) reflects the canonical stages of premodern Greco-Arabic medicine. Benign diseases are treated with foods and more severe ones with drugs. Surgical interventions were recommended only as a last resort.

Surgery was often not considered to be part of the duties of a classical "physician" responsible for the patients' "physis" (i.e., the equilibrium of their body as a whole was preferably maintained with foods and drugs). The distinction between physician and surgeon dates back to the Hippocratic oath, according to which the former had to swear "I will not use the knife, not even . . . on sufferers from stone, but I will give place to such as are craftsmen therein." Other treatises ascribed to Hippocrates (d. ca. 370 BCE), the "father of medicine," did, however, treat surgical interventions. The second-most-influential physician of antiquity, Galen (second century CE), mentioned "handwork" (Gr. χειρουργία; Ar. *al-ʿamal bi-l-yad*) in several of his works highly esteemed by the Arabs, but he could not complete a monograph on this topic. The only comprehensive Greek text of this genre was written by Paul of Aegina, a physician working in Alexandria in the seventh century CE, as part of his handbook. Arabic books on the examination of medical workers and the duties of market inspectors clearly testify that surgeons, bonesetters, and phlebotomists, as well as ophthalmologists and druggists, formed their own professional groups distinguished from that of the physicians.[17]

manual procedente de Madīnat al-Zahrā'", lo que sería coherente con varios títulos árabes de libros científicos. El *Taṣrīf* comprende treinta capítulos, de los cuales el último es "Sobre la cirugía". Debido a sus contenidos y su extensión excepcionales —ocupa casi un diez por ciento del total del texto— parece probable que fuera originalmente escrito como una monografía independiente y más tarde fuera "publicado" como un apéndice de las secciones farmacológicas.

Solo los dos primeros capítulos del *Taṣrīf* se consagran a la teoría médica y a la clasificación de las enfermedades, que en otros manuales ocupan mucho más espacio.[14] La parte principal del texto, que comprende desde el capítulo 3 al 24, es una auténtica farmacopea organizada según las diferentes categorías de fármacos. Esta parte no sólo trata los tipos habituales de medicamentos compuestos, tales como la triaca (capítulo 4), los "hieras" (literalmente, "algo santo", un título genérico y honorífico para algunos medicamentos compuestos notables) (5), los remedios para los ojos (20), y así sucesivamente, sino también los perfumes (19), dentífricos (21) y afrodisíacos (12). El capítulo 25, sobre los aceites, es particularmente notable y contiene información detallada sobre su fabricación.[15] La sección siguiente se dedica a la dieta de las personas saludables y de las que padecen diversas enfermedades. Los alimentos se describen al principio del capítulo 27. Su segunda parte consiste en listas alfabéticas de los fármacos simples utilizados habitualmente, organizados según su grado de efectividad. Los capítulos siguientes, 28 y 29, tratan sobre la mejoría y el almacenamiento de los fármacos simples, sus nombres en varios idiomas,[16] sus sustitutos, y los nombres de pesos y medidas y otros términos médicos. Esta secuencia de dieta, farmacoterapia y cirugía (capítulo 30) expresa las etapas canónicas de la medicina greco-árabe premoderna. Las enfermedades benignas se tratan con alimentos y las que son más graves con fármacos. Las intervenciones quirúrgicas sólo se recomendaban como último recurso.

La cirugía a menudo no se consideraba como parte de los deberes del "médico" clásico (en inglés: "physician"), responsable por la "physis" del paciente (es decir, el equilibrio del cuerpo como un todo se mantenía de preferencia con dieta y fármacos). La distinción entre el médico y el cirujano se remonta al juramento hipocrático, según el cual el primero tenía que prometer "No usaré el bisturí, ni siquiera [...] en quienes sufran de cálculos, sino que dejaré esto a los cirujanos especialistas". Otros tratados atribuidos a Hipócrates (m. ca. 370.), el "padre de la medicina", se

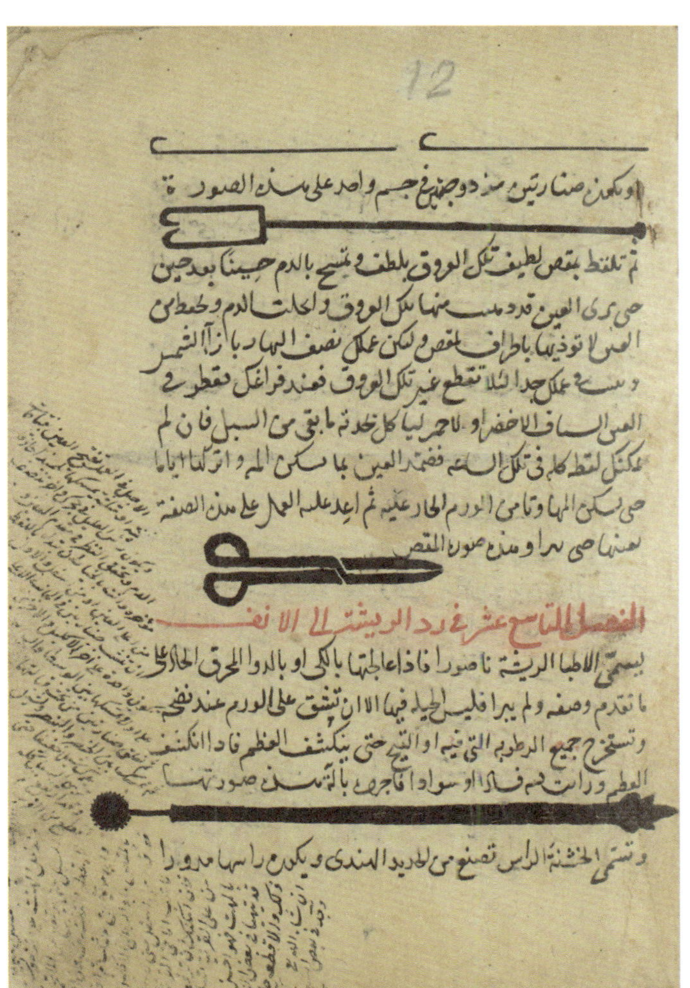

FIG. 14-1.
Instruments for eye and nose surgery, Folio 12r from al-Zahrāwī's *Kitāb al-Taṣrīf*. Lawrence J. Schoenberg Collection (University of Pennsylvania): LJS 435. © Public Domain. Instrumentos para cirugía de nariz y ojos, Folio 12r de *Kitāb al-Taṣrīf* de al-Zahrāwī. Lawrence J. Schoenberg Collection (University of Pennsylvania): LJS 435. © Dominio público.

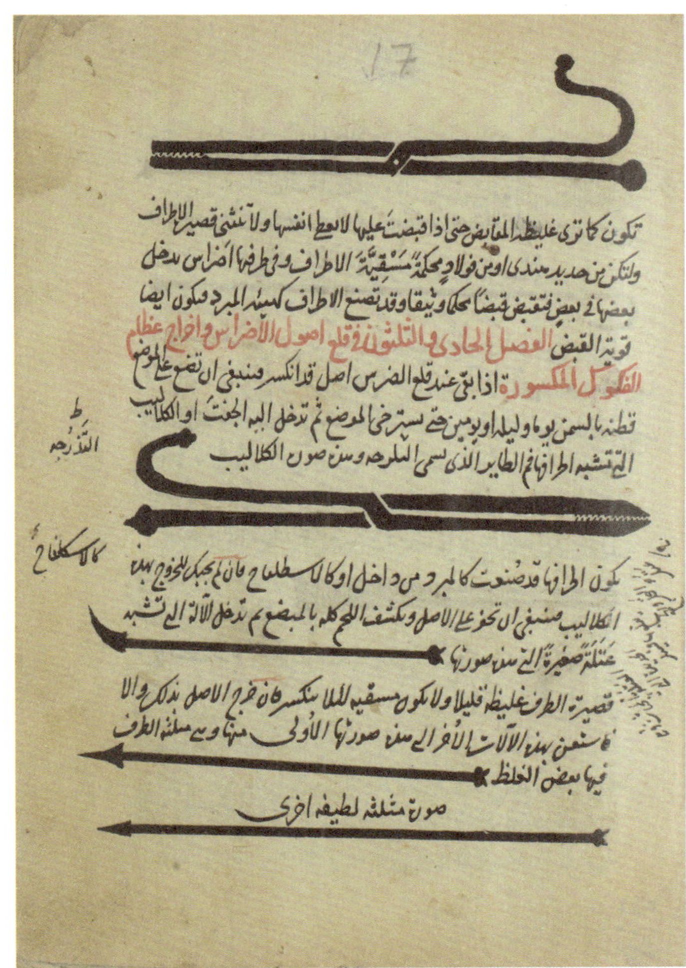

FIG. 14-2
Instruments for tooth extraction, Folio 17r from al-Zahrāwī's *Kitāb al-Taṣrīf*. Lawrence J. Schoenberg Collection (University of Pennsylvania): LJS 435. © Public Domain. Instrumentos para extracción de dientes. Folio 17r de *Kitāb al-Taṣrīf* de al-Zahrāwī. Lawrence J. Schoenberg Collection (University of Pennsylvania): LJS 435. © Dominio público.

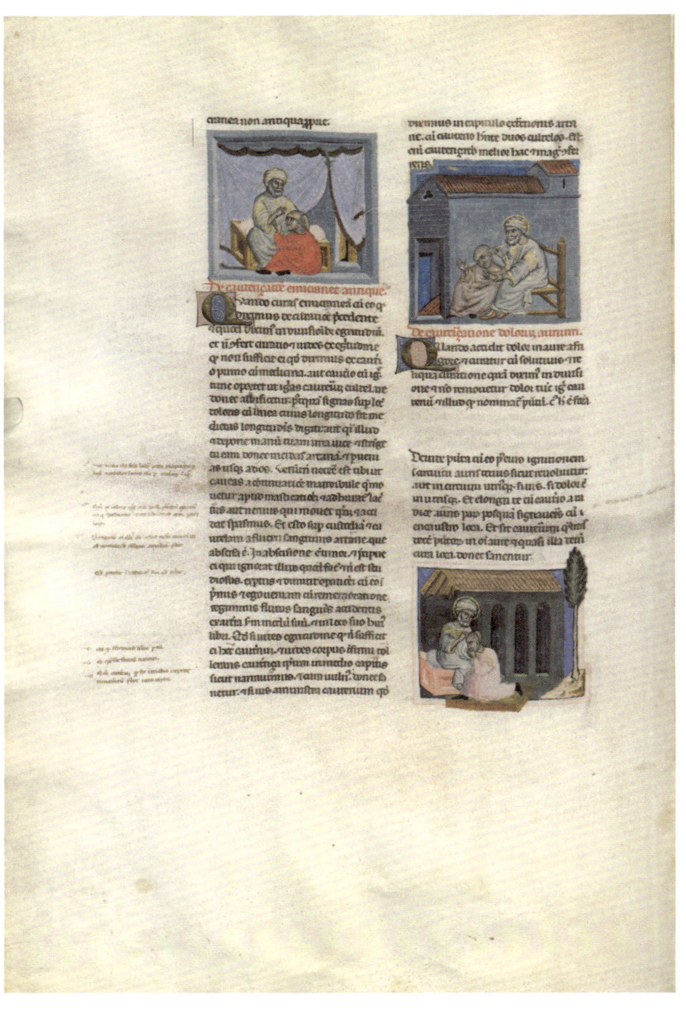

FIG. 14-3.
Cauterization for migraine and earache from the Latin translation of *Kitāb al-Taṣrīf* by Gerard of Cremona. © Österreichisches Nationalbibliothek Vienna: Cod. Ser. n. 2641, fol.5v.
Cauterización para migraña y dolor de oídos de la traducción al latín de *Kitāb al-Taṣrīf* de Gerardo de Cremona. © Österreichisches Nationalbibliothek Vienna: Cod. Ser. n.º 2641, fol.5v.

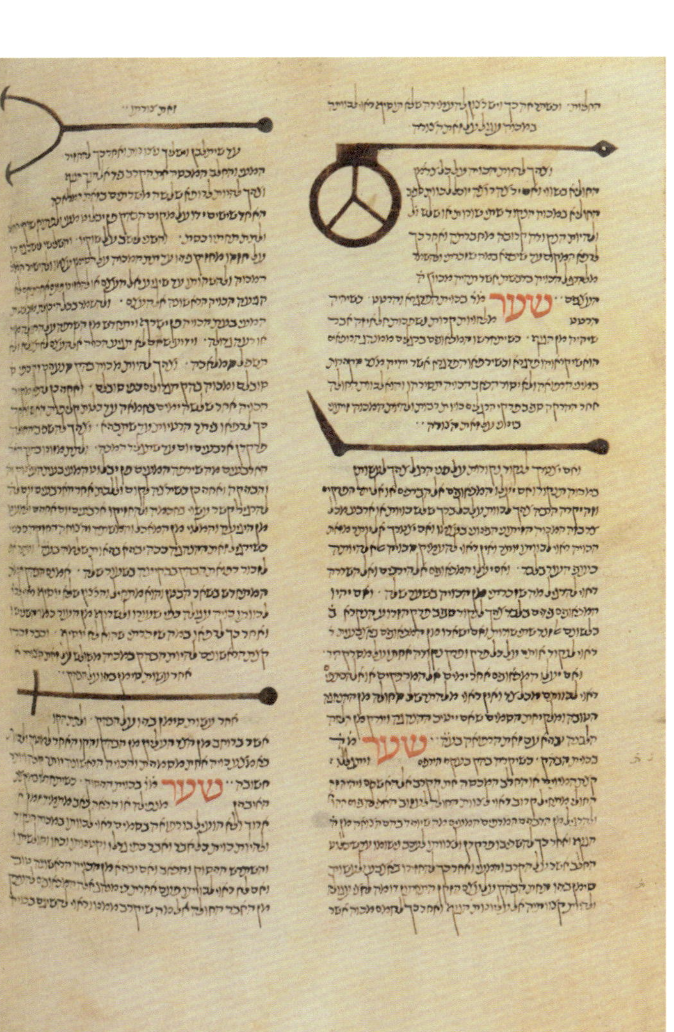

FIG. 14-4.
Cauteries from Shem Tov ben Isaac of Tortosa's Hebrew translation of *Kitāb al-Taṣrīf*, fol. 207v. © Bibliothèque nationale de France. Département des Manuscrits: Hébreu 1163. Cauterios de la traducción al hebreo de Tortosa de *Kitāb al-Taṣrīf* de Shem Tov ben Isaac de Tortosa, fol. 207v. © Bibliothèque nationale de France. Département des Manuscrits: Hébreu 1163.

Especially in the ninth century, almost all ancient Greek medical treatises still extant at that time were translated into Arabic. In addition, there was a parallel reception of Sanskrit, Persian, Syriac, and a few Latin texts. Medical education among the Arabs of the following centuries focused mainly on a series of books by Galen. Texts on surgery were not part of the classical curriculum. Before al-Zahrāwī, only very few monographs were dedicated to this topic, none of which are preserved. The prominent role of "On Surgery," chapter 30 of his handbook, is mainly due to the fact that even after al-Zahrāwī, only two important monographs on this subject were written in Arabic.[18] Another unique feature of the *Taṣrīf* is the large number of drawings of surgical instruments (FIGS. 14-1 AND 14-2). Although descriptions are present in all such texts, sketches appear—to our knowledge—for the first time in Arabic books on ophthalmology of the tenth century. Since almost no original tools dating from medieval Islamic countries are preserved,[19] al-Zahrāwī's drawings of cauteries (FIGS. 14-3 AND 14-4), probes, knives, hooks (FIG. 14-1), needles, saws, chisels, forceps (FIG. 14-2), specula, and so on are the most important witnesses for the post-antique development of these instruments.

The enigmatic question brought on by "On Surgery" is whether al-Zahrāwī himself used all these tools and performed the interventions described. As we have seen, he only rarely writes about own experience, and biographical sources do not provide information on his professional activities. These passages at least allow the conclusion that he did indeed practice as a surgeon. It is, however, unlikely that he, or any other Arab doctor of this time, had the toolset described in the *Taṣrīf* at his disposal. Many of the instruments are specialized for single operations, and no practitioner really needed the twenty-eight types of cauteries mentioned by al-Zahrāwī. The Greek tradition knew no more than ten of these, and Arab market inspectors ordered non-specialist surgeons to own only a very basic toolset. Although al-Zahrāwī did not often mention the written sources used for the *Taṣrīf*, one can conclude that in "On Surgery" he mainly relied on the respective section of Paul of Aegina's handbook. As a matter of fact, many of the complicated interventions described were allegedly the result of long literary traditions and not of his own innovative experience. Al-Zahrāwī's "Surgery" is obviously the description of an ideal concept and not that of the daily routine of a doctor in eleventh-century al-Andalus.[20]

It may be that it was even this utopian character of "On Surgery" that triggered its overwhelming reception

ocupaban, sin embargo, de las intervenciones quirúrgicas. El segundo médico más influyente de la antigüedad, Galeno (siglo II e. c.), mencionó el "trabajo manual" (gr. χειρουργία; ár. *al-ʿamal bi-l-yad*) en varias de sus obras, muy estimadas por los árabes, pero no pudo llevar a cabo una monografía sobre el tema. El único texto griego exhaustivo de este género fue escrito por Pablo de Egina, un médico que trabajó en Alejandría en el siglo VII, como parte de su manual. Los libros árabes sobre la habilitación de los médicos y los deberes de los inspectores del mercado dan testimonio de que los cirujanos, hueseros y flebotomistas, así como los oftalmólogos y boticarios, tenían sus propias asociaciones profesionales diferentes de la de los médicos.[17]

Casi todos los textos médicos griegos que sobrevivieron en ese momento fueron traducidos al árabe, particularmente durante el siglo IX. Además, se dio en paralelo la recepción de textos del sánscrito, persa, siríaco y algunos del latín. La educación médica entre los árabes de los siglos posteriores se centraba principalmente en una serie de libros de Galeno. Los textos sobre cirugía no formaban parte del plan de estudios clásico. Antes de al-Zahrāwī, había muy pocas monografías dedicadas al tema, y no se conserva ninguna. El papel destacado del capítulo 30 de su manual, "Sobre la cirugía", se debe principalmente al hecho de que, incluso después de al-Zahrāwī, solo se escribieron en árabe dos monografías importantes sobre el tema.[18] Otro rasgo singular del *Taṣrīf* es la gran cantidad de ilustraciones de instrumental quirúrgico (FIGS. 14-1 Y 14-2). Aunque todos los textos de esa clase contienen descripciones, los dibujos —hasta donde sabemos— aparecen por primera vez en libros árabes de oftalmología del siglo X. Ya que casi no se conservan instrumentos originales medievales provenientes de países islámicos,[19] los dibujos de cauterizadores (FIGS. 14-3 Y 14-4), sondas, bisturíes, ganchos (FIG. 14-1), agujas, sierras, cinceles, fórceps (FIG. 14-2), espéculos, etc. de al-Zahrāwī son los testimonios más importantes de la evolución de estos instrumentos después de la antigüedad.

La enigmática pregunta que surge en torno a "Sobre la cirugía" es si al-Zahrāwī usó él mismo todo ese instrumental y llevó a cabo todas las intervenciones descritas. Como vimos, sólo rara vez escribe sobre su experiencia personal, y las fuentes biográficas no brindan información acerca de sus actividades profesionales. Estos pasajes permiten al menos llegar a la conclusión de que él sí que practicaba la cirugía. No obstante, es poco probable que él, o cualquier otro médico árabe de su tiempo, dispusiera del instrumental completo descrito en el *Taṣrīf*. Muchos de los instrumentos

in medieval and early modern Europe.[21] In antiquity most scientific books were written in Greek, which is why medieval Western Europe had only a few ancient medical works in Latin at its disposal. As a consequence, many Arabic scientific works were translated into Latin between the eleventh and thirteenth centuries, mainly in southern Italy and the Iberian Peninsula. The most important and earliest partial translation of the *Taṣrīf* was that by Gerard of Cremona (d. 1187) of chapter 30 (FIG. 14-3). His version, titled *Albucasis methodus medendi cum instrumentis* or simply *Chirurgia*, is preserved in several illuminated manuscripts.[22] It also accompanies some Renaissance printed editions of Guy de Chauliac's (d. ca. 1368) book on surgery, which was influenced by the *Taṣrīf* and transmitted al-Zahrāwī's toolset to European surgeons. The Latin and Arabic texts were edited by John Channing as early as 1778, and Lucien Leclerc translated it from Arabic into French in 1861. Other parts of the *Taṣrīf* were translated into Latin as *Liber servitoris* and *Liber theoricae nec non practicae*. To Jewish doctors, the text was transmitted by means of Hebrew translations, the most important being that by Shem Tov of Tortosa, completed between 1261 and 1264 (FIG. 14-4).[23] "On Surgery" was even translated into Ottoman Turkish by Şerefeddin Sabuncuoğlu in 1465 (FIG. 14-5).

Historians of medicine have often stressed the unique and groundbreaking character of al-Zahrāwī's book. Despite all its innovation, it could not revolutionize the practice of surgery in premodern times, since without adequate anesthetics and antiseptics, all attempts at major internal interventions were doomed to failure before the twentieth century. Nevertheless, the *Taṣrīf* belongs to the most important scientific works written in Arabic. It also shows that not only the great centers of Islamic Spain, such as Córdoba, Seville, or Granada, with their time-honored schools, could bring forth important writings, but also the short-lived cultural hotspot of Madīnat al-Zahrā'.

1 For his contemporary the mathematician and fellow physician Abū l-Ḥasan ʿAlī ibn Sulaymān al-Zahrāwī, see Sezgin 1967–84, 5:355.
2 See Käs 2010, 73–81; Marwān ibn Janāḥ 2020, 1:168.
3 Al-Ḥumaydī 2008, 303, no. 422. See also Sezgin 1967–84, 3:323–25; cf. J. Lameer's English translation of this handbook: *The Arabic Writing Tradition: An Historical Survey* (Leiden: Brill, 2023): 1:271–73.
4 See the discussion in Marwān ibn Janāḥ 2020, 1:167–73.
5 Ibn Bashkuwāl 1966, 1:165–66, no. 373. For the discussion

son especializados para operaciones únicas, y ningún médico necesitaba realmente los veintiocho tipos de cauterizador mencionados por al-Zahrāwī. La tradición griega no conocía más que diez de estos, y los inspectores árabes de mercados exigían a los cirujanos no especializados poseer sólo instrumental muy básico. Aunque al-Zahrāwī a menudo no mencionaba las fuentes escritas utilizadas para el *Taṣrīf*, se puede concluir que para "Sobre la cirugía" se basó principalmente en la sección correspondiente del manual de Pablo de Egina. De hecho, muchas de las complejas intervenciones descritas fueron presuntamente el resultado de extensas tradiciones escritas y no de su propia experiencia innovadora. La "Cirugía" de al-Zahrāwī es, evidentemente, la descripción de un concepto ideal y no la de la rutina cotidiana en al-Andalus del siglo XI.[20]

Puede incluso haber sido este carácter utópico de "Sobre la cirugía" lo que motivara su extraordinaria recepción en la Europa medieval y de la modernidad temprana.[21] En la antigüedad, la mayoría de los libros científicos estaban escritos en griego, y es por ello que la Europa occidental medieval sólo tenía a su disposición unas pocas obras médicas en latín. Como consecuencia, muchas obras científicas árabes fueron traducidas al latín entre los siglos XI y XIII, principalmente en el sur de Italia y en la península ibérica. La traducción parcial más importante y la primera del *Taṣrīf* fue la de Gerardo de Cremona (m. 1187), del capítulo 30 (FIG. 14-3). Su versión, llamada *Albucasis methodus medendi cum instrumentis* o simplemente *Chirurgia*, se conserva en varios manuscritos iluminados.[22] También acompaña algunas ediciones renacentistas impresas del libro sobre la cirugía de Guy de Chauliac (m. ca. 1368), que recibió influencia del *Taṣrīf* y transmitió el instrumental de al-Zahrāwī a los cirujanos europeos. Los textos árabes y latinos fueron editados por John Channing ya desde 1778, y Lucien Leclerc lo tradujo del árabe al francés en 1861. Otras partes del *Taṣrīf* fueron traducidas al latín como *Liber servitoris* y *Liber theoricae nec non practicae*. El texto fue transmitido a los médicos judíos por medio de traducciones hebreas; entre ellas, la más importante fue la de Shem Tov de Tortosa, finalizada entre 1261 y 1264 (FIG. 14-4).[23] "Sobre la cirugía" fue incluso traducido al turco otomano en 1465 por Şerefeddin Sabuncuoğlu (FIG. 14-5).

Los historiadores de la medicina solían destacar el carácter único y revolucionario del libro de al-Zahrāwī. A pesar de todas sus innovaciones, no pudo revolucionar la práctica quirúrgica en épocas premodernas, puesto que sin anestesia ni antisépticos adecuados cualquier intento

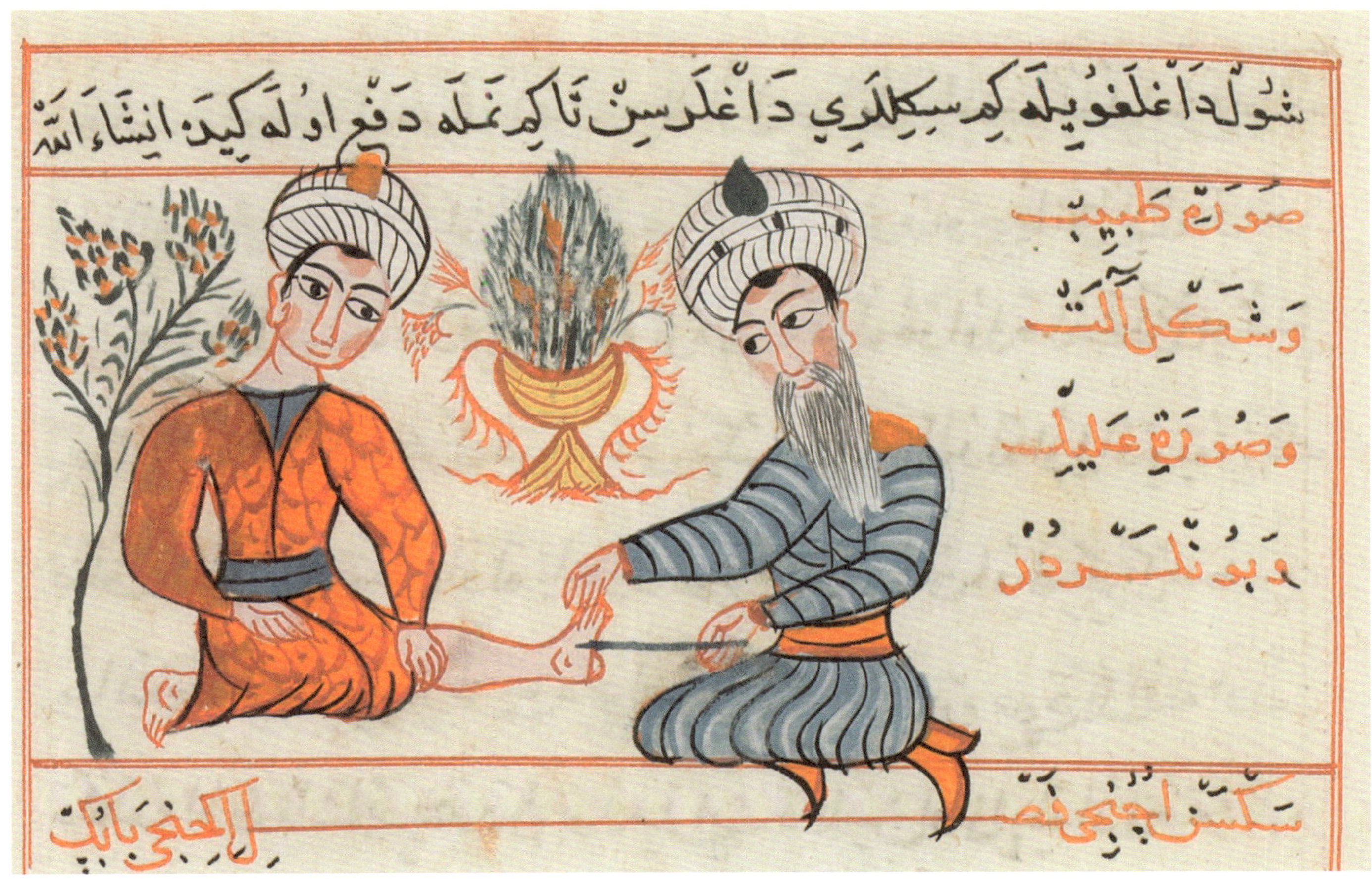

FIG. 14-5.
Surgeon treating a patient from Sabuncuoğlu's Turkish translation. Bibliothèque nationale de France. Département des manuscrits: Supplément turc 693. © Heritage Image Partnership Ltd / Alamy Stock Photo. Cirujano tratando a un paciente de la traducción al turco de Sabuncuoğlu. Bibliothèque nationale de France. Département des manuscrits: Supplément turc 693. © Heritage Image Partnership Ltd / Alamy Stock Photo.

of al-Maqqarī's (d. 1632) quotation of Ibn Ḥazm's statement, see Savage-Smith 2002, 11:398b.

6 Hamarneh and Sonnedecker 1963, 17–18.

7 Ibn Abī Uṣaybiʿa 2020, Ar. 2-2: 942, Engl. 3-2: 1054 (chap. 13.56).

8 In his handbook, al-Zahrāwī (1986, 201) stated once: "I have mentioned this at length in my book on foodstuffs (*dhakartuhū fī Kitābī fī l-Aghdhiya*)." Since he used the perfect tense, it cannot be a cross-reference to the chapter on foods of the same book following below. The case of 2:35, where a "book on poultices" (*Kitāb al-Aḍmida*) was mentioned, is similar. According to a scribal gloss on 1:448, line 9, an additional recipe was taken from "another book by al-Zahrāwī."

9 In the dispensatory section of the *Taṣrīf*, he sometimes mentioned his own recipes and their success. Al-Zahrāwī 1986, 1:441, 446, 447. At the beginning of the "Surgery," he reports cases of medical malpractice by colleagues that he had witnessed. Spink and Lewis 1973, 2–4. In the chapter on bonesetting, he stresses the importance of practice without going into details (676). For the formula *ʿindanā bi-l-Zahrāʾ*, see Savage-Smith 2002, 398a; and Hamarneh and Sonnedecker 1963, 15n5.

10 Compare the index of explicit quotations of the facsimile edition of al-Zahrāwī's *Taṣrīf* 1986, 2:569–79, and the index of parallels in Spink and Lewis 1973, 839–41. One must not, however, forget that many of his actual sources were not indicated at all. The names of contemporaries and personal acquaintances are also only rarely mentioned.

11 For the persons referred to in this paragraph and some other physicians of tenth- and eleventh-century al-Andalus, see the introduction to Marwān ibn Janāḥ 2020, 1: esp. 121–27, 137–36, 139–53.

12 For the complex relations of physicians and rulers in general, see Bürgel 2016, 348–76. Much information on this topic related to Muslim Spain can be found in Ibn Abī Uṣaybiʿa's chapter "Physicians from al-Andalus," in Ibn Abī Uṣaybiʿa 2020, Engl. 3-2: 1010–36 (chaps. 13.4–88). For Yaḥyā ibn Isḥāq, see 1023–25 (chap. 13.21).

13 Spink and Lewis 1973, 538–40.

14 For an edition and translation of the table of contents, see Hamarneh and Sonnedecker 1963, 38–41. See also Arvide Cambra 2016, 241–42. The second chapter was edited recently by Nashef 2016.

15 Such compound remedies and perfumes were highly esteemed in Umayyad al-Andalus. Occasionally, they were even used as diplomatic gifts, e.g., for Berber chieftains. See Ibn Ḥayyān 1979, 5:238. We would like to thank Eduardo Manzano for drawing our attention to this passage.

16 The latter was analyzed in depth in Marwān ibn Janāḥ 2020, 1:67–73. The main source of al-Zahrāwī's chapter was Ibn Janāḥ's *Talkhīṣ*, which is important for his biographical data. In addition, he also used a book by Ibn Juljul, the most

de cirugía importante interna antes del siglo XX estaba destinado al fracaso. No obstante, el *Taṣrīf* se cuenta entre las obras científicas más importantes escritas en árabe. También demuestra que no solo podían producir escritos importantes los grandes centros de la España islámica, tales como Córdoba, Sevilla o Granada, que contaban con escuelas de larga reputación, sino también el centro cultural de breve existencia de Madīnat al-Zahrāʾ.

1 Para su contemporáneo, el matemático y colega médico Abū l-Ḥasan ʿAlī ibn Sulaymān al-Zahrāwī, ver Sezgin 1967-84, 5:355.

2 Ver Käs 2010, 73-81; Marwān ibn Janāḥ 2020, 1:168.

3 Al-Ḥumaydī 2008, 303, n.º 422. Ver además Sezgin 1967-84, 3:323-25; cf. la traducción al inglés de este manual por J. Lameer: *The Arabic Writing Tradition: An Historical Survey* (Leiden: Brill, 2023): 1:271-73.

4 Ver la discusión en Marwān ibn Janāḥ 2020, 1:167-73.

5 Ibn Bashkuwāl 1966, 1:165-66, n.º 373. Para la discusión sobre al-Maqqarī (m. 1632) y su cita de la declaración de Ibn Ḥazm, ver Savage-Smith 2002, 11:398b.

6 Hamarneh y Sonnedecker 1963, 17-18.

7 Ibn Abī Uṣaybiʿa 2020, Ar. 2-2: 942, Engl. 3-2: 1054 (cap. 13.56).

8 Al-Zahrāwī afirma en su manual (1986, 201): "He mencionado esto varias veces en mi libro sobre los alimentos (*dhakartuhū fī Kitābī fī l-Aghdhiya*)". Puesto que usa el perfectivo, no puede tratarse de una referencia cruzada al capítulo sobre los alimentos que se encontraba más adelante en el mismo libro. Es un caso similar al de 2:35, donde se menciona un "libro sobre cataplasmas" (*Kitāb al-Aḍmida*). Según la glosa de un copista en 1:448 línea 9, una receta adicional se había tomado de "otro libro de al-Zahrāwī".

9 En la sección del *Taṣrīf* dedicada a la farmacopea a veces menciona sus propias recetas y la efectividad de ellas. Al-Zahrāwī 1986, 1:441, 446, 447. Al comienzo de "Cirugía", menciona casos de mala praxis médica por parte de colegas, de los que había sido testigo (Spink y Lewis 1973, 2-4). En el capítulo sobre la colocación de los huesos, subraya la importancia de la práctica sin adentrarse en los detalles (676). Para la fórmula *ʿindanā bi-l-Zahrāʾ*, ver Savage-Smith 2002, 398a y Hamarneh y Sonnedecker 1963, 15n5.

10 Compárese el índice de citas explícitas de la edición facsímil del *Taṣrīf* de al-Zahrāwī 1986, 2:569-79, y el índice de paralelismos en Spink y Lewis 1973, 839-41. Sin embargo, no se debe olvidar que muchas de sus verdaderas fuentes no se señalan en absoluto. Los nombres de sus contemporáneos y de sus conocidos también se mencionan solo en contadas ocasiones.

11 Para las personas a las que se hace referencia en este párrafo y algunos otros médicos de al-Andalus en los siglos X

important physician of tenth-century Córdoba (169–70).

17 Käs 2022, 502–11.

18 One is by the Syrian Christian Ibn al-Quff (d. 1286) and the other by the Andalusian al-Qirbilyānī (d. 1322); see Käs 2022, 505–6.

19 Greco-Roman tool sets survived in large numbers as grave furnishings of surgeons. Since such instruments are not typically decorated, the rare Islamic items can only be distinguished from these if their archeological context is known. For specimens, especially of probes, see Zozaya 1984, 255–59.

20 Cf. Savage-Smith 2000, 307–21.

21 Hamarneh and Sonnedecker 1963, 24–33.

22 In Latin, al-Zahrāwī was mostly referred to as "Albucasis" or "Abulcasis," both of which are mutilations of his honorific name, Abū l-Qāsim. A renowned, richly illuminated copy of Gerard's version is kept in Vienna (FIG. 14-3); cf. the facsimile edited by Irblich 2012.

23 Steinschneider 1893, 741–45; Shatzmiller 1994, 44–46. For an edition of the glossary of drug names in Arabic-Hebrew-Romance (Occitan) in Shem Tov's translation of book 29, see Bos, Hussein, Mensching, and Savelsberg 2011. For a study of novel Hebrew terminology included in his translation of chapter 30 ("On Surgery"), see Bos 2011, 73–120 (cf. the cover illustration from Ms Paris BnF héb. 1163, 14th century); and for novel Hebrew terminology included in his translation of chapter 27 ("On the Powers of Foods and the Properties of Remedies"), see Bos 2019, 1–224.

y XI, ver la introducción a Marwān ibn Janāḥ 2020, 1: esp. 121-27, 137-36, 139-53.

12 Para las complejas relaciones entre médicos y gobernantes en general, ver Bürgel 2016, 348-76. Sobre este tema en relación con la España islámica se puede encontrar mucha información en el capítulo "Physicians from al-Andalus" en Ibn Abī Uṣaybiʿa 2020, traducción al inglés 3-2: 1010-36 (caps. 13.4–88). Para Yaḥyā ibn Isḥāq, ver 1023-25 (cap. 13,21).

13 Spink y Lewis 1973, 538-40.

14 Para una edición y traducción de la tabla de contenidos, ver Hamarneh y Sonnedecker 1963, 38-41. Ver también Arvide Cambra 2016, 241-42. El segundo capítulo fue recientemente editado por Nashef 2016.

15 Estos medicamentos compuestos y perfumes eran muy apreciados en al-Andalus omeya. Incluso, en ocasiones, eran usados como regalos diplomáticos, para jefes de tribus bereberes, por ejemplo. Ver Ibn Ḥayyān 1979, 5:238. Quisiéramos agradecer a Eduardo Manzano por atraer nuestra atención hacia ese pasaje.

16 Este último fue analizado exhaustivamente en Marwān ibn Janāḥ 2020, 1:67-73. La fuente principal del capítulo de al-Zahrāwī fue el *Talkhīṣ* de Ibn Janāḥ, lo que resulta importante para su información biográfica. Además, usó también un libro de Ibn Juljul, el médico más importante de la Córdoba del siglo X (169-70).

17 Käs 2022, 502-11.

18 Uno es del sirio cristiano Ibn al-Quff (m. 1286) y el otro del andaluz al-Qirbilyānī (m. 1322); ver Käs 2022, 505-6.

19 Cantidades importantes de conjuntos de instrumental grecorromano sobrevivieron como ajuar funerario de los cirujanos. Puesto que habitualmente estos instrumentos no están decorados, los pocos artículos islámicos sólo se pueden distinguir de aquellos si se conoce el contexto arqueológico. Para los ejemplos, especialmente de sondas, ver Zozaya 1984, 255-59.

20 Cf. Savage-Smith 2000, 307-21.

21 Hamarneh y Sonnedecker 1963, 24-33.

22 En latín, al-Zahrāwī fue principalmente llamado "Albucasis" o "Abulcasis"; ambos nombres son deformaciones de su tratamiento de respeto, Abū l-Qāsim. Un manuscrito famoso, ricamente iluminado, de la versión de Gerardo se conserva en Viena (FIG. 14-3); cf. el facsímil editado por Irblich 2012.

23 Steinschneider 1893, 741-45; Shatzmiller 1994, 44-46. Para una edición del glosario de nombres de fármacos en árabe-hebreo-romance (occitano) en la traducción de Shem Tov del libro 29, ver Bos, Hussein, Mensching y Savelsberg 2011. Para un estudio acerca de los neologismos hebreos incluidos en su traducción del capítulo 30 ("Sobre la cirugía"), ver Bos 2011, 73-120 (cf. la ilustración de portada de Ms Paris BnF héb. 1163, siglo XIV); y para los neologismos hebreos incluidos en su traducción del capítulo 27 ("Sobre los poderes de los alimentos y las propiedades de los remedios"), ver Bos 2019, 1-224.

15.

The Beginnings of Andalusian Astronomy

Los inicios de la astronomía andalusí

Mercè Viladrich
Universitat de Barcelona

The historian Ibn Ḥayyān (d. 1076 CE/469 Hijri) describes in his chronicle of the Andalusian Umayyad emirate an embryonic stage of scientific development and astronomical knowledge under the patronage of the emir ʿAbd al-Raḥmān II (r. 822–52/206–38 H.).[1] Ibn Ḥayyān refers to the presence of a regular group of astrologers and astronomers working at the Cordoban court, devoted to casting horoscopes and providing advice to the emir before undertaking any important initiative. This group of intellectuals, who were paid for their services, showed a deep interest in sciences such as astronomy, mathematics, medicine, alchemy, and philosophy, which they studied and transmitted to pupils.

The scientific activity of this circle coincided chronologically with the spread of eastern Islamic culture in al-Andalus, notably influenced by the court of Baghdad and the introduction of Hindu and Iranian scientific developments. However, as far as we know, the sciences remained in the realm of high culture and their impact among the general population of Córdoba must be considered minor. The development of astronomical science in Córdoba was favored by the interests of the emirs and the ruling class, with the explicit exclusion of the official religious sectors, who were reluctant to accept speculations based on the stars. It was during this period that al-Andalus received the astronomical tables that were calculated based on the Greek and the Central Asian astronomical legacies and subsequently circulated under the patronage of the ʿAbbāsid rule in the eastern lands.

In general, the astronomical tables were established by combining direct observations of the known planets and stars with celestial calculations. Complex problems related to the prediction of the movements of the stars were addressed via the development and use of these tables. To answer these problems, the tables provided a variety of parameters corresponding to various astronomically significant functions, arranged in columns for each of the planets. The combination of these functions through calculation made it possible to estimate the planetary positions on the celestial sphere. Copied in manuscripts, the tables were distributed throughout the Islamic world, where astronomers were interested in compiling horoscopes and forecasting observable astronomical phenomena.

Ibn Ḥayyān identifies four sources of this kind: the *Qanun*, Ptolemy's *Handy Tables* (second century), in a version by Theon of Alexandria (d. ca. 405); the *Sindhind*, or al-Khwārizmī's *zīj* (Baghdad, ca. 830/215 H); the *Arkand*, belonging to the Hindu astronomical tradition; and the

El historiador Ibn Ḥayyān (m. 1076 CE/469 Hégira) describe en su crónica del Emirato omeya andalusí (Muqtabis II/1) una etapa embrionaria de conocimiento astronómico y de desarrollo científico que se despliega bajo el patrocinio del emir ʿAbd al-Raḥmān II (r. 822-52/206-38 H.).[1] Ibn Ḥayyān menciona la presencia de un grupo de astrólogos y astrónomos en la corte cordobesa, dedicados a elaborar horóscopos y a asesorar al emir antes de emprender cualquier iniciativa. Este grupo de intelectuales, a los que se les pagaba por sus servicios, demostraron un profundo interés por las ciencias, la astronomía, las matemáticas, la medicina, la alquimia o la filosofía, que estudiaban y transmitían a sus discípulos.

La actividad científica del círculo coincidió cronológicamente con la expansión de la cultura oriental islámica en al-Andalus, con una notable influencia de la corte de Bagdad y con la introducción de corrientes científicas de inspiración indoirania. Sin embargo, las ciencias quedaron en el ámbito de la alta cultura, y su impacto entre las clases populares cordobesas debe considerarse, hasta donde sabemos, menor. El desarrollo de la ciencia astronómica en Córdoba se vio favorecido por los intereses de los emires y de la clase dominante, con la exclusión explícita de los sectores oficiales religiosos, reacios a aceptar especulaciones basadas en los astros. En este preciso período al-Andalus recibió las tablas astronómicas que se calcularon sobre el legado astronómico helénico y centroasiático y que posteriormente circulaban en tierras orientales bajo el patrocinio del poder abasí.

En general, las tablas astronómicas fueron establecidas combinando las observaciones directas de los planetas y estrellas conocidos en aquel tiempo con los cálculos celestes. Mediante su elaboración y su uso se abordaban problemas complejos en relación con la predicción de los movimientos de los astros. Para su resolución, las tablas proporcionaban una variedad de parámetros correspondientes a funciones diversas astronómicamente significativas, dispuestos en columnas para cada uno de los planetas. La combinación de dichas funciones mediante el cálculo permitía estimar las posiciones planetarias en la esfera celeste. Copiadas en manuscritos, se distribuyeron por todo el orbe islámico, donde los astrónomos se interesaban en el levantamiento de horóscopos y en el pronóstico de fenómenos astronómicos observables.

Ibn Ḥayyān identifica cuatro fuentes de este género: el *Qanun*, o *Tablas manuales* de Ptolomeo (s. II) conocidas en una versión de Teón de Alejandría (m. 405); el *Sindhind*, o *zīj* de al-Khwārizmī (Bagdad ca. 830/215 H.); el *Arkand*,

Kitāb al-Zīj, an imprecise reference that could relate to the *zīj al-Mumtaḥan* authored by the Persian astronomer Yaḥyā ibn Abī Manṣūr (d. 830/214–15 H.) and sponsored by the ʿAbbāsid caliph al-Maʾmūn (r. 813–33/198–218 H.) between 828 and 833(198–218 H.).[2] Additionally, by the middle of the ninth century, the emirate started collecting the texts for what would become one of the most important medieval libraries. This library—whose exact location is unknown but may have been in Madīnat al-Zahrāʾ[3]—was the foundation that made possible the zenith of Andalusian culture.

The courtly environment of Córdoba's emirate provided the perfect breeding ground for the emergence of astronomical science in the caliphal century, through progress in two distinct but complementary areas: theoretical astronomy, dealing with observable phenomena and seeking to explain and predict them, and practical astronomy (*mīqāt*), which applied theory to the canonical Islamic rituals (orientation in the direction of the Kaaba in Mecca, the calculation of the time for the prayers, and regulation of the Islamic calendar). The *Kitāb Ṭabaqāt al-ʿUmam* by the judge Ṣāʿid al-Andalusī (1029–70/419–62 H.) reports on the caliphal patronage and the progress of astronomy. According to Ṣāʿid, it was during the caliphates of ʿAbd al-Raḥmān III (r. 912–61/206–38 H.) and his son al-Ḥakam II (r. 961–76/302–66 H.) that astronomy steadily progressed in the Iberian Peninsula, thanks to their patronage, which promoted the cultivation of sciences and provided the foundations for subsequent developments in the eleventh century. The perfection of astronomy emerged from the contributions of a group of intellectuals linked to the court, whose sophistication allowed for both its theoretical and observational development.[4]

The most prominent leader of the Cordoban school was Abū l-Qāsim Maslama ibn Aḥmad al-Faraḍī al-Majrīṭī (d. ca. 1007/399 H.),[5] the first savant known to make astronomical observations. Maslama gave proof of his scientific skills by dedicating himself to the understanding of Ptolemy's *Almagest*, a work that presents the most sophisticated version of ancient cosmology. The *Almagest* describes a geocentric system in which the planets move on imaginary structures (deferent, epicycle) that are necessary to explain the stability of the cosmos and the observed movements of the celestial bodies, as seen and understood by cosmologists at the time. The hypothetical existence of those structures helped explain planetary observations. A tenth-century Cordoban traditionalist named Qāsim ibn Muṭarrif al-Qaṭṭān was the author of a brief descriptive treatise on cosmology, the *Kitāb al-Hayʿa*, in

pertenecientes a la tradición astronómica hindú; y el *Kitāb al-Zīj*, referencia imprecisa que podría relacionarse con el *zīj al-Mumtaḥan* del astrónomo persa Yaḥyā ibn Abī Manṣūr (m. 830/214-15 H.), patrocinado por el califa abasí al-Ma'mūn (r. 813-33/198-218 H.) entre 828 y 833 (198-218 H.).[2] Además, a mediados del siglo IX, el emirato empezó a reunir la primera colección de la que sería una de las bibliotecas medievales más destacadas, sobre la cual la cultura andalusí alcanzaría su apogeo y cuya ubicación exacta se desconoce, aunque no se excluye que pudiera emplazarse en Madīnat al-Zahrāʾ.[3]

El ambiente cortesano del emirato cordobés proporcionó el caldo de cultivo adecuado para el surgimiento de la ciencia astronómica en el siglo califal, mediante el avance en dos áreas distintas pero complementarias: la astronomía teórica, que se ocupaba de los fenómenos observables con el fin de explicarlos y predecirlos, y la astronomía práctica (o *mīqāt*), que aplicaba la teoría a los rituales canónicos islámicos (orientación hacia la Kaaba en La Meca, cómputo de las horas de oración y regulación del calendario islámico). Las informaciones sobre el mecenazgo califal y la progresión de la astronomía en Córdoba proceden del *Kitāb Ṭabaqāt al-ʿUmam* del cadí Ṣāʿid al-Andalusī (1029-70/419-62 H.). Según Ṣāʿid, fue durante los califatos de ʿAbd al-Raḥmān III (r. 912-61/206-38 H.) y de su hijo al-Ḥakam II (r. 961-76/302-66 H.) cuando la astronomía progresó con firmeza en la península ibérica, gracias al mecenazgo que invitaba al cultivo de las ciencias. Así pudieron asentarse las bases para desarrollos posteriores en el siglo XI. El perfeccionamiento de la astronomía fue resultado de las aportaciones de un grupo de intelectuales vinculados a la corte, cuya sofisticación permitió el desarrollo teórico y observacional en astronomía.[4]

El líder más destacado de la escuela de Córdoba fue Abū l-Qāsim Maslama ibn Aḥmad al-Faraḍī al-Majrīṭī (m. ca. 1007-8/399 H.),[5] el primero conocido en realizar observaciones astronómicas. Maslama dio prueba de su destreza dedicándose a la comprensión del *Almagesto* de Ptolomeo, obra con la que la cosmología de la Antigüedad alcanzó su mejor versión. El *Almagesto* describía un sistema geocéntrico en el que los planetas se movían sobre estructuras imaginarias (deferente, epiciclo), necesarias para explicar la estabilidad del cosmos y los movimientos observados de los cuerpos celestes, tal como los entendían los cosmólogos en aquellos tiempos. La presunta existencia de esas entidades ayudó a explicar las observaciones planetarias. De hecho, un tradicionista cordobés del siglo X llamado Qāsim ibn Muṭarrif al-Qaṭṭān fue autor de un breve tratado descriptivo sobre cosmología, el *Kitāb*

which he showed interest in the physical structure of the universe and which shed some light on the beginnings of Maslama's work and on his recognition of eastern astronomy.[6] Maslama's disciples would corroborate this fundamental approach since, according to Ṣāʿid, they were not only concerned with the geometric explanation of the movements of the stars, but also questioned the nature of the cosmos, seeking a comprehensive explanation of it.[7]

Maslama concentrated on the study of astronomical observations made in the East and introduced in al-Andalus during the emirate. At that time, the so-called *Sindhind*—the tables of al-Khwārizmī based on the Hindu astronomical tradition—were known in the West, as were those of al-Battānī (d. 929/316–17 H.), who worked in the Ptolemaic tradition but was strongly influenced by Hindu and Sassanian astronomy.[8] The Arabic original of al-Khwārizmī probably circulated in al-Andalus in two versions, neither of which has been preserved: a longer one with demonstrations and a shorter one without them.[9] At the end of the tenth century, an additional commentary on the longer version of *Sindhind* by the eastern scholar Ibn al-Muthannā (act. ninth–tenth centuries/ca. 250 H.), reached the West.[10] Likewise, Maslama dedicated a summary of al-Battānī's method for calculating planetary positions that has not survived.[11] Maslama adapted al-Khwārizmī's work to what now is commonly referred as the *zīj al-Khwārizmī-Maslama*, since it is practically impossible to resolve the intricacy of its sources and components, which encompass Indo-Iranian, Graeco-Arabic, and Iberian traditions. The original version by Maslama in Arabic is lost, but it is preserved in two Latin translations.[12] Maslama's students Aḥmad Ibn al-Ṣaffār (d. 1034–35/426 H.)[13] and Ibn al-Samḥ (979–1035/361–426 H.)[14] each wrote a supplementary review, according to biobibliographical sources. Ibn al-Samḥ's summary has not survived, but some fragments of Aḥmad Ibn al-Ṣaffār's text are preserved in Paris in a manuscript in Arabic written in Hebrew characters; it is the oldest Arabic source that preserves the work of al-Khwārizmī.[15]

Despite the lack of preserved texts, nothing discredits the efforts of the Maslama school in adapting al-Khwārizmī's *zīj* to their times, or the transcendent impact of their work in the Western and Latin astronomical traditions. Among the significant modifications of the eastern *zīj* introduced in Córdoba were: the formal presentation of the tables, according to the Islamic lunar year of 354 days and a fraction of a day, that replace the solar years of the Persian calendar; the base date, which takes

al-Hay'a, en el que ya evidenciaba una inequívoca preocupación por la estructura física del Universo y que arrojaba cierta luz sobre los inicios del trabajo de Maslama y sobre su reconocimiento de la astronomía oriental.[6] Los discípulos de Maslama corroborarían esta inclinación fundamental, ya que según el cadí Ṣā'id no sólo se preocupaban por la explicación geométrica de los movimientos de los astros, sino que se preguntaban por la naturaleza del cosmos, buscando una comprensión cabal del mismo.[7]

Maslama se concentró en el estudio de las observaciones astronómicas realizadas en Oriente e introducidas en al-Andalus en época emiral. Por entonces, en Occidente se conocían las tablas del *Sindhind*, o tablas de al-Khwārizmī basadas en la tradición india, así como las de al-Battānī (m. 929/316-17 H.), quien trabajó en la tradición ptolemaica pero influenciado por la astronomía india y sasánida.[8] De hecho, el original árabe de al-Khwārizmī probablemente circuló en al-Andalus en dos versiones, que no se han conservado: una extensa con demostraciones y otra breve sin ellas.[9] A finales del siglo X llegó a Occidente otro comentario adicional sobre la versión extensa, obra del erudito oriental Ibn al-Muthannā que vivió a caballo de los siglos IX a X.[10] Asimismo, Maslama dedicó un resumen al método de cálculo de las posiciones planetarias de al-Battānī, que no ha llegado a nuestros días.[11] A su vez, Maslama adaptó la obra de al-Khwārizmī a lo que hoy en día se conoce comúnmente como el *zīj al-Khwārizmī-Maslama*, ya que es prácticamente imposible desbrozar la complejidad de sus fuentes y componentes (tradición indoirania, greco-árabe e ibérica). Además, el original árabe de Maslama se ha perdido, aunque se conservan dos traducciones latinas.[12] Los discípulos de Maslama, Aḥmad ibn al-Ṣaffār (m. 1034-35/426 H.)[13] e Ibn al-Samḥ (979–1035/361–426 H.)[14] escribieron sendas reseñas complementarias, según informan las fuentes biobibliográficas. El resumen de Ibn al-Samḥ no ha sobrevivido; sin embargo, algunos fragmentos del texto de Ibn al-Ṣaffār se han conservado en un manuscrito árabe en caracteres hebreos (hoy en París), que resulta la fuente árabe más antigua que se conserva de la obra de al-Khwārizmī.[15]

A pesar de la escasa preservación de textos, nada desacredita los esfuerzos de la escuela de Maslama en adaptar el *zīj* de al-Khwārizmī a su época, y el impacto tan trascendente de su trabajo en las tradiciones astronómicas occidental y latina. En relación con las modificaciones del *zīj* oriental introducidas en Córdoba, deben destacarse: la presentación de las tablas, acorde a años lunares del calendario islámico (de 354 días y una fracción de día), que sustituyen a los años solares del calendario persa; la

the Hijri date (noon, July 14, 622) instead of that from the era of Yazdegird III (epoch: June 16, 632); and the adaptation of tables to the meridian of Córdoba. Although some tables (on eclipses and planetary latitudes) were modified in an unorthodox way, and some trigonometric materials (tables of sines, sine verses and shadows) and calendars (of the local Hispanic era) were interpolated, it can be affirmed that, in general, the mathematical structure of the tables of the Maslama school significantly improved al-Khwārizmī's previous information, especially by simplifying certain calculation procedures.[16]

Along with the astronomical tables, scientific instruments also spread throughout the Iberian Peninsula, including to areas not under Islamic rule. The scientific splendor of caliphal Córdoba reached fame among the social elites of the Catalan counties, initiating one of the earliest documented scientific transmissions in the early Middle Ages, in which specific scientific instruments—for example, the astrolabe—acquired a prominent role.

Maslama became interested in an eastern Arabic version of Ptolemy's *Planisphaerium*, which established the principles of stereographic projection and the theoretical foundations of the planispheric astrolabe. The astrolabe is an analogical instrument that reflects the movements of the sun and the fixed stars over various horizons or terrestrial latitudes, onto which the courses of the stars are projected in the revolution of the celestial sphere. The instrument displays interchangeable sheets of the Earth's latitude, with circles of altitude over the local horizon, as well as hour-lines for each geographical latitude. The daytime hours are obtained by the height of the sun—which corresponds to a certain point on the ecliptic for each day of the year—above the horizon. The nighttime hours are obtained using the positions of the fixed stars, projected on a piece of the astrolabe known as a "spider" (*ankabūt*), or rete.[17] Therefore, the stellar coordinates are fundamental for the construction of the spider, and decisive for the proper use of the instrument. In Maslama's time, the *Almagest* contained the most complete catalog of stars with their coordinates from antiquity and was widely used by Arabs and Europeans during the Middle Ages.

Maslama demonstrated his proficiency as much in astronomical observations—carried out in Córdoba at the end of 978/368 H.—as in his contribution to an improved table of stars in his *Notes to Ptolemy's Planisphaerium*, which required a dense theoretical working and later was disseminated in medieval Europe.[18] It is important to note that this table yielded results for the team in Córdoba and allowed them to consider different coordinates and

fecha de base, que toma la Hégira (mediodía 14/07/622) en lugar de la era de Yazdegird III (16/06/632) y la adaptación de tablas al meridiano de Córdoba. Aunque algunas tablas (de eclipses y latitudes planetarias) se modificaran de manera poco ortodoxa, y aunque se interpolaran algunos materiales trigonométricos (tablas de senos, senos versos y sombras) y calendáricos (era local Hispánica), puede afirmarse que, en general, la estructura matemática de las tablas de la escuela de Maslama mejoró significativamente el material previo de al-Khwārizmī, sobre todo mediante la simplificación de ciertos procedimientos de cálculo.[16]

Con la llegada de las grandes compilaciones astronómicas a la península ibérica se difundieron también los instrumentos científicos y no exclusivamente en el territorio bajo dominación islámica. El esplendor científico de la Córdoba califal alcanzó fama entre las élites sociales de los condados catalanes, iniciándose uno de los primeros procesos de transmisión científica documentados en la Alta Edad Media, en el que algunos instrumentos científicos específicos adquirirían un papel destacado, como fue el ejemplo de los astrolabios.

Maslama se interesó en una versión árabe oriental del *Planisferio* de Ptolomeo, que establecía los principios de la proyección estereográfica y los fundamentos teóricos del astrolabio planisférico. El astrolabio es un instrumento analógico que refleja los movimientos del sol y de las estrellas fijas sobre diversos horizontes o latitudes terrestres, sobre las que se proyectan los cursos de los astros en la revolución de la esfera celeste. El instrumento dispone de láminas intercambiables de latitud terrestre, con círculos de altura sobre el horizonte local, y líneas horarias temporales para cada latitud geográfica. Las horas diurnas se obtienen mediante la altura del sol —cuya posición corresponde a un punto determinado de la eclíptica para cada día del año— sobre el horizonte. La obtención de las horas nocturnas se sirve de las posiciones de las estrellas fijas, proyectadas en una pieza del astrolabio que se conoce como "araña" (*'ankabūt*) o *rete*.[17] Por ello, las coordenadas estelares son fundamentales para la construcción de la araña, y determinantes para el buen uso del instrumento. En la época de Maslama, el *Almagesto* contenía el catálogo de estrellas con sus coordenadas más completo de la Antigüedad, extensamente utilizado por árabes y europeos durante la Edad Media.

Maslama demostró su magisterio tanto en las observaciones astronómicas, realizadas en Córdoba a finales de 978 CE/368 H., como en la aportación de una tabla de estrellas renovada en sus *Notas al Planisferio de Ptolomeo*, que requirió una densa elaboración teórica y que

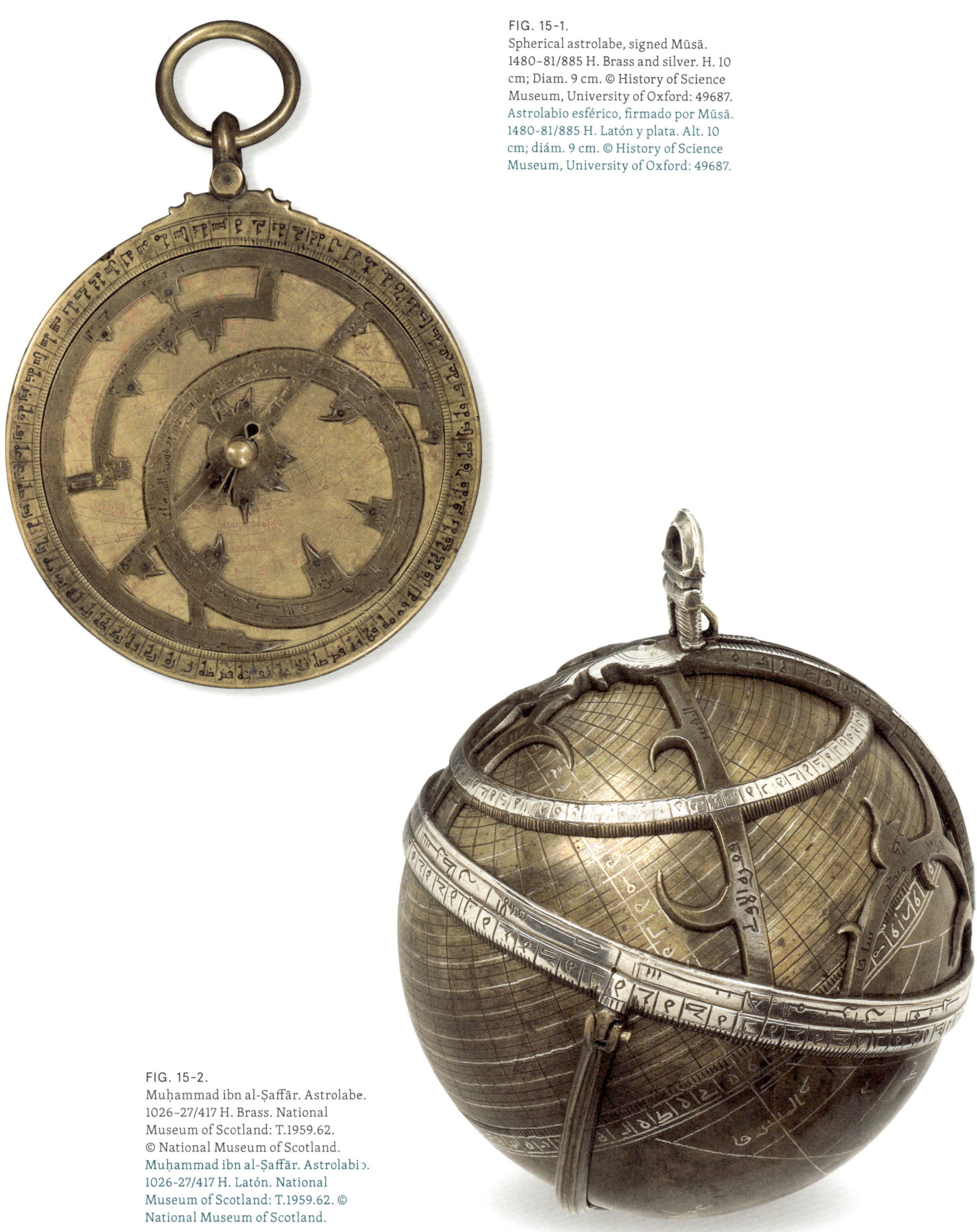

FIG. 15-1.
Spherical astrolabe, signed Mūsā. 1480–81/885 H. Brass and silver. H. 10 cm; Diam. 9 cm. © History of Science Museum, University of Oxford: 49687.
Astrolabio esférico, firmado por Mūsā. 1480–81/885 H. Latón y plata. Alt. 10 cm; diám. 9 cm. © History of Science Museum, University of Oxford: 49687.

FIG. 15-2.
Muḥammad ibn al-Ṣaffār. Astrolabe. 1026–27/417 H. Brass. National Museum of Scotland: T.1959.62. © National Museum of Scotland.
Muḥammad ibn al-Ṣaffār. Astrolabio. 1026–27/417 H. Latón. National Museum of Scotland: T.1959.62. © National Museum of Scotland.

methods for projecting stars in the astrolabe, thus improving the construction of the spider. Although the astrolabe construction materials of the Maslama school have not been fully preserved, they undoubtedly complemented the work of Ptolemy with new procedures that had great impact on later Islamic and European traditions of astronomical instruments.[19] In al-Andalus, al-Khwārizmī's works of construction and use of the astrolabe must also have been known,[20] which undoubtedly prolonged their impact on the Latin tradition through remote Catalonia, as the first Umayyad astrolabe suggests.[21] Likewise, at least a remote example of the instrument, of the western Islamic astrolabe style with later additions, probably made in Córdoba at the end of tenth century or beginning of the eleventh century, has survived.[22]

The astronomer and mathematician Ibn al-Samḥ, a student of Maslama, was deeply versed in eastern production and inspired by predecessors such as al-Battānī and Ḥabash al-Ḥāsib al-Marwazī (d. ca. 870/260 H.), providing the first evidence of his knowledge in al-Andalus. Ibn al-Samḥ achieved great proficiency in arithmetic, geometry, astronomical tables, and instruments. He was the author of at least two texts on the planispheric astrolabe and its construction and use, of which only the second is preserved in a full version.[23] The treatise on the use of the planispheric astrolabe was adapted for the use of the spherical astrolabe in the court of the Castilian king Alfonso X the Wise (thirteenth century). It is known that treatises on the spherical astrolabe were written since at least the ninth century, as for instance one authored by Ḥabash al-Ḥāsib, and, although only a single specimen of such instrument has been preserved (FIG. 15-1), the spherical astrolabe stands out for its didactic purposes and fits into the aims of the Andalusian school of astronomers. In addition, we have two brief construction essays (*maqālāt*), focusing exclusively on the spider of the planispheric instrument, where the fixed stars are projected.[24] It should be noted that if Ibn al-Samḥ had only written these two chapters instead of a complete treatise, as has been suggested,[25] they would have been insufficient to construct an astrolabe. However, his contribution could fit into the effort to perfect the spider after the intense revision of the star tables carried out in Córdoba. Ibn al-Samḥ was also the author of a treatise on the *equatorium*, known in a Castilian version, which describes a hybrid astrolabe/*equatorium* instrument that provided planetary models for the geocentric system of the universe drawn to scale.[26]

Aḥmad Ibn al-Ṣaffār, who taught arithmetic, geometry, and astronomy to several qualified students, was

posteriormente alcanzó difusión en la Europa medieval.[18] Es importante señalar que esta tabla fructificó entre el equipo de astrónomos de Córdoba, permitiéndoles considerar distintas coordenadas y métodos para la proyección de las estrellas y mejorar la construcción de la araña. Aunque los materiales de construcción de astrolabio de la escuela de Maslama no se han conservado plenamente, sin lugar a duda complementaron la obra de Ptolomeo, sugiriendo nuevos procedimientos de gran impacto en las tradiciones islámicas y europeas posteriores.[19] En al-Andalus debieron conocerse también los tratados de al-Khwārizmī sobre construcción y uso de astrolabio[20] y, sin duda, los materiales reelaborados en Córdoba prolongaron su impacto en la tradición textual latina europea a través de Cataluña, como lo sugiere el primer astrolabio omeya conocido.[21] Asimismo, ha llegado hasta nuestros días por lo menos un ejemplar de instrumento muy remoto, del estilo occidental islámico y mostrando adiciones posteriores, probablemente producido en Córdoba a finales del siglo X o a principios del siglo XI.[22]

El astrónomo y matemático Ibn al-Samḥ, discípulo de Maslama, fue un conocedor versado en la producción oriental y se inspiró en predecesores como al-Battānī y Ḥabash al-Ḥāsib al-Marwazī (m. ca. 870/260 H.), proporcionando para el último la primera evidencia de su conocimiento en al-Andalus. Ibn al-Samḥ alcanzó gran competencia en aritmética, geometría, tablas astronómicas e instrumentos. Fue autor como mínimo de un par de textos sobre el astrolabio planisférico, de construcción y uso, de los que sólo el segundo se conserva completo.[23] El tratado de uso del astrolabio planisférico fue adaptado en el tratado de uso del instrumento esférico en la corte del rey castellano Alfonso X el Sabio (siglo XIII). Se sabe que por lo menos desde el siglo IX se redactaron tratados sobre el astrolabio esférico, como por ejemplo el de Ḥabash al-Ḥāsib, aunque sólo se ha conservado un ejemplar de este tipo de instrumento (FIG. 15-1), que en particular destaca por su elevada utilidad didáctica, propósito que encajaría en las motivaciones de los miembros de la escuela andalusí. Adicionalmente, se cuenta con dos breves capítulos (*maqālāt*) de construcción del instrumento planisférico, centrados exclusivamente en la araña donde se proyectan las estrellas fijas.[24] Debe mencionarse que si Ibn al-Samḥ sólo hubiera escrito estos dos capítulos en lugar de un tratado completo, como se ha sugerido,[25] éstos son insuficientes para construir un astrolabio. Sin embargo, la aportación de Ibn al-Samḥ encajaría en el objetivo de perfeccionar la araña, tras la intensa revisión de las tablas de estrellas llevada a cabo en Córdoba. Ibn

the author of the book on the use of the astrolabe with the greatest impact in the Latin, Hebrew, and Arabic traditions. Aḥmad ibn al-Ṣaffar's brother Muḥammad Ibn al-Ṣaffār was a famous maker of astrolabes (not in vain was he the son of a bronze craftsman). One example, signed and dated in Córdoba in 1026–27/417 H., is preserved at the Royal Scottish Museum (FIG. 15-2), although the spider is a later addition.[27] Among its components, it contains a specific plate for the latitude of Córdoba (38;30°) and an interesting zodiacal calendar at the back of the instrument for finding the solar longitude on the ecliptic from the date.

Regarding Córdoba's solar quadrants, one of them bears the name of Aḥmad Ibn al-Ṣaffār, although it is a crude conjecture from such a trained astronomer, casting doubts about its attribution (FIG. 6-4).[28] Three additional sundials were found in the Patio de los Relojes (Courtyard of Clocks) at Madīnat al-Zahrā',[29] which has reached us almost completely razed but probably corresponded to the Dār al-Wuzarā (House of the Viziers) in the caliphal city, suggesting that scientific instruments were luxury items in the hands of powerful social classes. In these sundials, the observation of the shadow projected by the end of a gnomon on a horizontal table determines the temporal hours throughout the day and the hours of daily prayer. In general, they are of low quality as instead of the hyperbolic arcs corresponding to the shadow cast by the sun on the solstices, they show straight, discontinuous lines (FIGS. 6-2 AND 6-3). It is true, however, that their construction requires knowledge of the layout of conic sections, a problem even for a well-trained mathematician. Two other fragments of a more sophisticated piece of the calendrical type (which includes the divisions of the zodiacal signs) were found in the Cemetery of the Martyrs of Córdoba in 1961 and 1994.[30]

Finally, mention must be made of the intervention of astronomers in the orientation of the *qibla* during the construction of the Madīnat al-Zahrā' mosque, whose *miḥrāb* alignment is between 107.8° and 109° SE, a value that improves the underlying parameter of the Great Mosque of Córdoba (152° SE), whose orientation axis was determined by the previous Roman urban layout.[31] Numerous historical testimonies corroborate the concern of ʿAbd al-Raḥmān III and that of his son al-Ḥakam II for a correct resolution of this astronomical problem, which depends on the geographical coordinates of one's location and those of Mecca. Traditional methods also would consider particular geographical or astronomical horizon phenomena observed in Córdoba, such as the cardinal directions and solar risings and settings at the solstices. This would

al-Samḥ fue también autor de un tratado sobre el *equatorium*, conocido en su versión castellana, en la que se describe un instrumento híbrido astrolabio/*equatorium*, que proporciona modelos planetarios según el sistema geocéntrico del universo, dibujados a escala.[26]

Aḥmad ibn al-Ṣaffār, que enseñó aritmética, geometría y astronomía a varios discípulos calificados, fue autor de uno de los libros de uso del astrolabio de mayor impacto en las tradiciones latina, hebrea y árabe. Su hermano Muḥammad ibn al-Ṣaffār fue un célebre fabricante de astrolabios (no en vano era hijo de un artesano del bronce). Uno de sus ejemplares conservado, firmado y fechado en Córdoba en 1026-27/417 H., se encuentra en el Royal Scottish Museum (FIG. 15-2),[27] aunque su araña es un añadido posterior. Contiene, entre otros elementos, una lámina específica para la latitud de Córdoba (38;30°) y un interesante calendario zodiacal en el dorso del instrumento para encontrar la longitud solar sobre la eclíptica a partir de las fechas del año.

Respecto a los cuadrantes solares de Córdoba, uno de ellos lleva el nombre de Aḥmad ibn al-Ṣaffār, aunque se trata de una cruda conjetura de lo que cabría esperar de un astrónomo tan formado, lo que suscita dudas sobre su atribución (FIG. 6-4).[28] En el "Patio de los relojes" de Madināt al-Zahrā' se encontraron otros tres ejemplares,[29] espacio que ha llegado hasta nuestros días completamente arrasado, en el que probablemente se encontraba la Dār al-Wuzarā (Casa de los visires), corroborando que los relojes eran piezas lujosas en manos de la élite dominante. En ellos, la observación de la sombra proyectada por el extremo de un gnomon sobre una tabla horizontal permite determinar las horas temporales a lo largo del día y las horas de oración diaria. En general son de baja calidad ya que, en lugar de los arcos hiperbólicos correspondientes a la sombra proyectada por el Sol en los solsticios, muestran líneas rectas discontinuas (FIGS. 6-2 Y 6-3). Aunque bien es cierto que su construcción requiere conocimientos de la disposición de las secciones cónicas, un problema para un matemático bien formado. Otros dos fragmentos de una pieza más sofisticada de tipo calendárico (que incluye las divisiones de los signos zodiacales) fueron encontrados en el Camposanto de los Mártires de Córdoba, en 1961 y 1994.[30]

Por último, cabe mencionar la intervención de los astrónomos en la orientación de la *qibla* durante la construcción de la mezquita de Madīnat al-Zahrā', cuya alineación del *miḥrāb* se sitúa entre 107,8° y 109° SE, valor que mejora el parámetro subyacente al de la mezquita aljama de Córdoba (152° SE), cuyo eje de orientación estaba condicionado por el trazado urbano romano.[31] Numerosos testimonios históricos corroboran el afán de ʿAbd al-Raḥmān III y

justify the intervention of the court astronomers—who as connoisseurs of al-Khwārizmī would be aware of his longitude's adjustments for different geographical locations—probably without the support of Córdoba's religious officials.[32] Therefore, it can be concluded that the advances in theoretical and applied astronomy during the time of the caliphate allowed for a development of Andalusian science that impacted Western Europe. Furthermore, it led to a worship in accordance with the established orthodoxy and with the guidelines of good practices of Islam.

The caliph of Córdoba as the society's supreme religious and political leader had to master a wide range of disciplines and sciences for the efficient management of state affairs. Supporting the development of the sciences increased caliphal power and contributed to a more efficient governmental organization and longer-lasting political institutions. The caliphate of Córdoba provides the best-known proof of how, through the development of science, the prestige of an Islamic political power transcended its borders and cultural frameworks. Its scientific developments aroused great interest in the Catalan cultural spheres of the time. This was a firm step toward scientific dissemination and progress in medieval Europe that remains closely linked to the activity of the Andalusian caliphate.

1 Ibn Ḥayyān al-Qurṭubī 1999.
2 Claudius Ptolemy lived in the Roman province of Alexandria (ca. 125-170); he was a mathematician and astronomer who authored important works on astronomy, astrology, geography, and optics, and strongly influenced the science of the Middle Ages. Theon of Alexandria was a Greek scholar and mathematician who lived in Alexandria (Egypt, ca. 335-405 CE); he observed lunar and solar eclipses and made predictions of astronomical phenomena. Muḥammad ibn Mūsā al-Khwārizmī, probably from Persia, was a mathematician, geographer, and astronomer; he was considered the founder of algebra and worked in the institutions sponsored by the ʿAbbāsid caliph al- Maʿmūn. Yaḥyā ibn Abī Manṣūr (fl. Baghdad ca. 820/205 H.; d. Aleppo 830/214-215 H.) was a senior astronomer and astrologer at the court of the Abbasid caliph al-Maʿmūn.
3 Balty-Guesdon 1992; Forcada 2004-5.
4 Ṣāʿid al-Andalusī 1996, 58-78.
5 Casulleras 2007.
6 Casulleras 1998; Samsó 2020, 502-6.
7 Ṣāʿid al-Andalusī 1996, 64-65.
8 Al-Battānī carried out accurate observations at Raqqa in northern Syria over a period of forty years. He wrote an important astronomical handbook in the Ptolemaic tradition.
9 Samsó 2011, 85-86, 468. Pingree 1996 postulated the existence of a unique rendition.

el de su hijo al-Ḥakam II por la correcta resolución de este problema astronómico, que depende de las coordenadas geográficas del lugar y de las de La Meca. Los métodos tradicionales de determinación de la *qibla* considerarían a la vez algunos fenómenos geográficos o astronómicos observados en Córdoba, como los puntos cardinales y las salidas y puestas del sol en los solsticios. Esto justificaría la intervención de los astrónomos cortesanos —que como buenos conocedores de al-Khwārizmī estarían al tanto de los ajustes en longitud que éste propuso para diferentes puntos geográficos[32]— probablemente sin la ayuda de los religiosos cordobeses. Con ello, se puede concluir que los avances de la astronomía teórica y aplicada durante la época del Califato permitieron un desarrollo de la ciencia andalusí a un nivel de impacto en la Europa occidental. Además, propiciaron un culto acorde con la ortodoxia establecida y con las directrices de buenas prácticas en el islam.

El califa de Córdoba, como supremo líder religioso y político de la sociedad, tuvo que dominar una amplia gama de disciplinas y materias científicas para la gestión eficiente de los asuntos estatales. El apoyo al desarrollo de las ciencias aumentó la fuerza califal y contribuyó a una mejor organización gubernamental y al sustento de instituciones políticas duraderas. El califato de Córdoba proporciona la prueba más conocida de cómo, a través del desarrollo de la ciencia, el prestigio de una potencia política islámica trascendió sus fronteras y marcos culturales. Así, despertó gran interés en los círculos culturales de los condados catalanes de entonces. Con ello se dio un firme paso hacia la divulgación y el progreso científico en la Europa medieval, ligado a la actividad del califato andaluz.

1 Ibn Ḥayyān al-Qurṭubī, al-*Muqtabis* II/1.
2 Claudio Ptolomeo vivió en la provincia romana de Alejandría (ca. 125-170). Fue matemático y astrónomo y autor de importantes obras sobre astronomía, astrología, geografía y óptica, que influyeron en la ciencia de la Edad Media. Teón de Alejandría fue un erudito y matemático griego que vivió en Alejandría (Egipto, ca. 335-405 d.C.), observó eclipses lunares y solares e hizo predicciones de fenómenos astronómicos. Muḥammad ibn Mūsā al-Khwārizmī, probablemente de origen persa, fue un matemático, geógrafo y astrónomo. Considerado el fundador del álgebra, trabajó en las instituciones patrocinadas por el califa abasí al-Ma'mūn. Yaḥyā ibn Abī Manṣūr (fl. Bagdad ca. 820/205 H.; m. Alepo 830/214-215 H.) fue un astrónomo y astrólogo experimentado en la corte del califa abasí al-Ma'mūn.
3 Balty-Guesdon 1992; Forcada 2004-2005.
4 Ṣāʿid al-Andalusī 1996, 58-78.
5 Casulleras 2007.

10 Samsó, 2020, 690-91 *passim*.
11 Samsó 2020, 684 *passim*.
12 A Latin translation by Adelard of Bath (England, fl. 1116-42), a twelfth-century scholar who made possible the spread of Arabo-Greek science into medieval Europe; produced ca. 1126, today provides the oldest account of Maslama's recension. The second due to Petrus Alfonsi, a member of the Jewish community of Huesca who lived under the kingdom of Alfonso I of Aragon, baptized in 1106, he served as physician to King Henry I of England. For a systematic revision of the *zīj*, see Dalen 1996/2013.
13 Rius 2007.
14 Rius 2007a; Comes 2007.
15 Castells and Samsó 1995/2007.
16 For a comprehensive discussion of Maslama's work on astronomical tables, see Samsó 2011, 84-86, 468-69; Samsó 2020, 688-91. See also Chabás 2014.
17 For an introduction to the astrolabe, see North 1974/89. For a deep knowledge of medieval Islamic and European astrolabes, see King 2005.
18 Vernet and Catalá 1965/98; Samsó 2011, 85 *passim*. Maslama's stars table, of which two Arabic versions and a Latin translation are known, presents several complex problems that were the subject of study by Kunitzsch 1980/89. On determining the position of a star on the rete; see also Kunitzsch and Lorch 1994, 87-88.
19 Samsó 2020, 375-76. Such complementary materials could reach the Latin world; Samsó 2020, 382-87.
20 For al-Khwārizmī's treatise on the construction see Charette and Schmidl 2004.
21 International Instrument Checklist (IIC) no. 4024. See King 2005; Hernández 2018 (A1, in Hernández's numeration).
22 IIC no. 110 = 135. See King 2015; Hernández 2018 (A2, in Hernández's numeration).
23 Viladrich 1986.
24 Viladrich 1986a.
25 Comes 2007, 229. Ibn al-Samḥ's essays are listed in the manuscript as "third" and "fourth," and therefore must have been accompanied by at least two more chapters.
26 For an overview on Andalusian *equatoria*, see Comes 1991; and Samsó 2020, 476-79.
27 IIC no. 3650. See King 2005; Hernández 2018 (A3, in Hernández's numeration).
28 For a comprehensive description of these instruments, see King 1992. On Islamic materials for timekeeping, see King 2004.
29 Calvo 2018, 122.
30 Labarta and Barceló 1995
31 King 2018; Samsó 2020, 139-44.
32 Mercier 2020-21.

6 Casulleras 1998. Samsó 2020, 502-06.
7 Ṣāʿid al-Andalusī 1996, 64-65.
8 Al-Battānī llevó a cabo observaciones precisas en Raqqa, en el norte de Siria, durante un período de 40 años. Escribió un importante manual astronómico de tradición ptolemaica.
9 Samsó 2011, 85-86, 468. Pingree 1996 postuló por la existencia de una única versión.
10 Samsó, 2020, 690-91 *et passim*.
11 Samsó 2020, 684 *et passim*.
12 Una traducción latina de Adelardo de Bath (Inglaterra, fl. 1116-42), sabio del siglo XII que contribuyó a la difusión de la ciencia greco-árabe en la Europa medieval; elaborada hacia 1126 proporciona hoy la versión más antigua de la recensión de Maslama. La segunda traducción se debe a Petrus Alfonsi, un miembro de la comunidad judía de Huesca que vivió bajo el reinado de Alfonso I de Aragón, siendo bautizado en 1106 y que sirvió como médico en la corte de Enrique I de Inglaterra. Puede consultarse una revisión sistemática del *zīj* en Dalen 1996/2013.
13 Rius 2007.
14 Rius 2007a; Comes 2007.
15 Castells and Samsó 1995. Reimp. Samsó 2007.
16 Sobre el trabajo de Maslama en las tablas astronómicas, Samsó 2011, 84-86, 468-69; Samsó 2020, 688-91. Chabás 2014.
17 Sobre el astrolabio, North 1974. Para información amplia sobre el mismo en las tradiciones islámica y europea, King 2005.
18 Vernet y Catalá 1965, reimp. en inglés 1998; Samsó 2011, 85 *et passim*. La tabla de estrellas de Maslama presenta varios problemas complejos estudiados en Kunitzsch 1980. Sobre la proyección de las estrellas en la araña, Kunitzsch y Lorch 1994, 87- 88.
19 Samsó 2020, 375-76. Estos materiales complementarios pudieron llegar al ámbito de la cultura latina europea, Samsó 382-87.
20 El primer tratado en Charette and Schmidl 2004.
21 International Instrument Checklist Number = #4024. King 2005. Hernández 2018 (A1).
22 IIC= #110 = #135. King, 2015. Hernández 2018 (A2).
23 Viladrich 1986.
24 Viladrich, 1986a.
25 Comes 2007, 229. Los ensayos se enumeran en el manuscrito como "tercero" y "cuarto", por lo tanto, debieron existir al menos dos capítulos más.
26 Sobre *equatoria* andalusíes Comes 1991. Samsó 2020, 476–79.
27 IIC = #3650. Hernández 20118 (A3).
28 Para una descripción elaborada de estas piezas, King 1992. Sobre materiales para el cómputo del tiempo King 2004.
29 Calvo 2018, 122.
30 Labarta y Barceló 1995.
31 King 2018; Samsó 2020, 139-44.
32 Mercier 2020-21.

Lender Abbreviations

ANS:
American Numismatic Society, New York

BM:
The Brooklyn Museum

HSM:
The Hispanic Society of America, New York

MAEC:
Museo Arqueológico y Etnológico de Córdoba

MJ:
Museo Provincial de Jaén

MMA:
The Metropolitan Museum of Art, New York

MMaZ:
Conjunto Arqueológico Madīnat al-Zahrā', Córdoba

Checklist

1
Fragmentary inscription with the name of caliph 'Abd al-Raḥmān III
929–61 CE (316–50 H.)
Limestone
Madīnat al-Zahrā', Friday Mosque
H. 19 cm; W. 74.5 cm; D. 3 cm
Conjunto Arqueológico Madīnat al-Zahrā' (MMaZ)
24082
(FIG. 13-3)

2
Architectural relief with arabesque decoration
First half of the 10th century CE
Limestone
Madīnat al-Zahrā', Central Pavilion
H. 31.3 cm; W. 80.3 cm; D. 6 cm
Conjunto Arqueológico Madīnat al-Zahrā' (MMaZ)
24084

3
Dinar of al-Ḥakam II, minted at Madīnat al-Zahrā'
968–69 CE (358 H.)
Gold
Diam. 2.13 cm
American Numismatic Society
1001.1.13138

4
Dinar of 'Abd al-Raḥmān III, minted in al-Andalus
945–46 CE (334 H.)
Gold
Diam. 2.2 cm
American Numismatic Society
1001.57.2833
(FIG. 12-4)

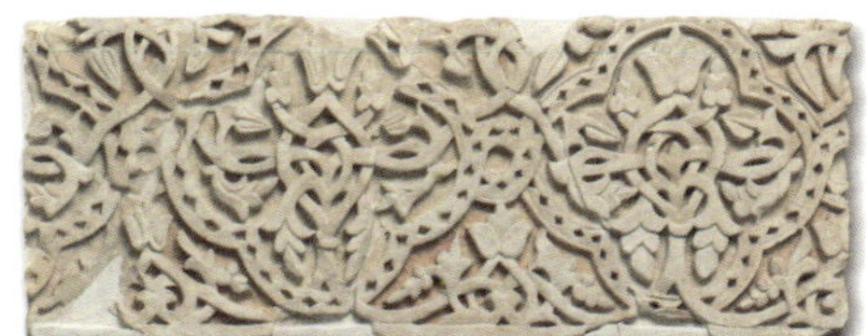

Checklist No. 2

5
Dinar of ʿAbd al-Raḥmān III, minted at Madīnat al-Zahrā’
947–48 CE (336 H.)
Gold
Diam. 1.95 cm
American Numismatic Society
1001.57.3382

6
Dinar of ʿAbd al-Raḥmān III, minted at Madīnat al-Zahrā’
948–49 CE (337 H.)
Gold
Diam. 1.93 cm
American Numismatic Society
1001.57.3383
(FIG. 12-6)

7
Dinar of al-Ḥakam II, minted at Madīnat al-Zahrā’
968–69 CE (358 H.)
Gold
Diam. 2.1 cm
American Numismatic Society
1001.57.3674

8
Dinar of al-Ḥakam II, minted at Madīnat al-Zahrā’
969–70 CE (359 H.)
Gold
Diam. 2.36 cm
American Numismatic Society
1001.57.3680

9
Dinar of Hishām II, minted at al-Andalus
999–1000 CE (390 H.)
Gold
Diam. 2.18 cm
American Numismatic Society
1920.221.6

10
Dinar of Hishām II, minted at al-Andalus
999–1000 CE (390 H.)
Gold
Diam. 2.18 cm
American Numismatic Society
1920.221.7
(FIG. 12-7)

11
Dinar of al-Muʿizz, minted in Misr (Egypt)
972 CE (361 H.)
Gold
Diam. 2.2 cm
American Numismatic Society
1923.150.48

12
1/4 Dinar of al-Ḥakam II, minted in Madīnat al-Zahrā’
961–76 CE (350–65 H.)
Gold
Diam. 1.2 cm
American Numismatic Society
1953.25.1

13
Dinar of al-Muʿizz, minted in Misr (Egypt)
972 CE (362 H.)
Gold
Diam. 2.2 cm
American Numismatic Society
1974.26.204

14
Semissis of Anonymous, minted in Spain
713–14 CE (95 H.)
Gold
Diam. 1.1 cm
American Numismatic Society
2018.40.13

15
Semissis of Anonymous, minted in Spain
713–14 CE (95 H.)
Gold
Diam. 1.2 cm
American Numismatic Society
2018.40.9
(FIG. 12-1)

16
Dirham of ʿAbd al-Raḥmān III, minted in al-Andalus
942–43 CE (331 H.)
Silver
Diam. 2.36 cm
American Numismatic Society
1001.1.14486

17
Dirham of ʿAbd al-Raḥmān I, minted in al-Andalus
773–74 CE (157 H.)
Silver
Diam. 2.8 cm
American Numismatic Society
1001.57.1271

18
Dirham of ʿAbd al-Raḥmān I, minted in al-Andalus
775–76 CE (159 H.)
Silver
Diam. 2.8 cm
American Numismatic Society
1001.57.1273

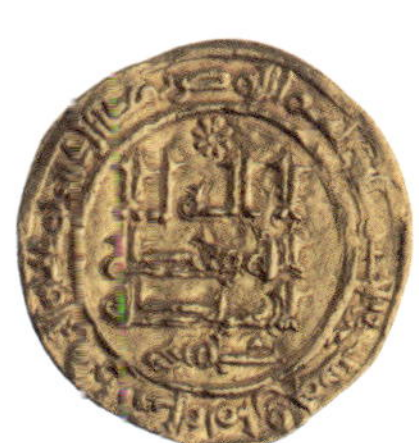
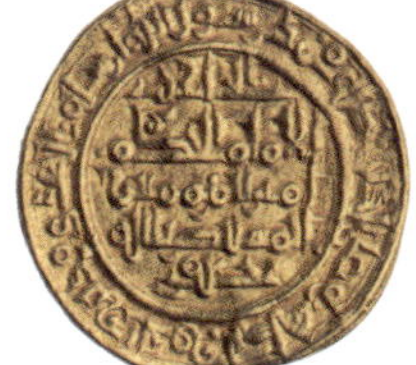

Checklist No. 3

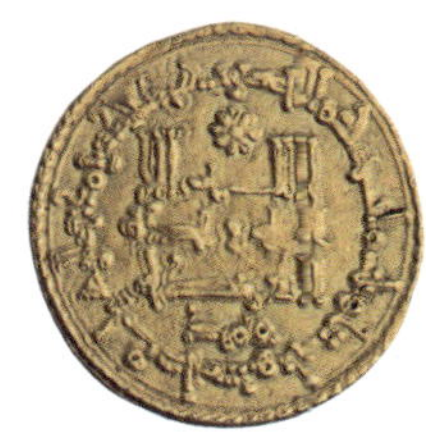
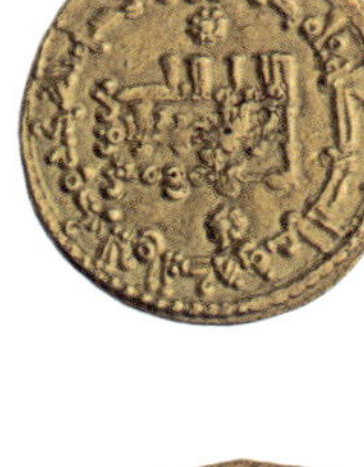

Checklist No. 5

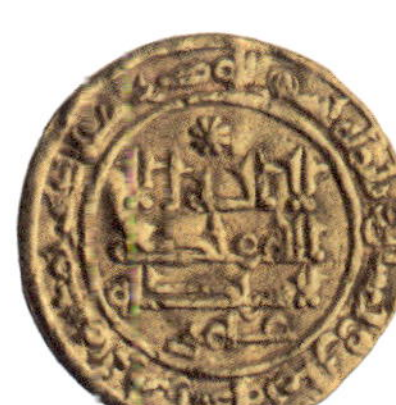
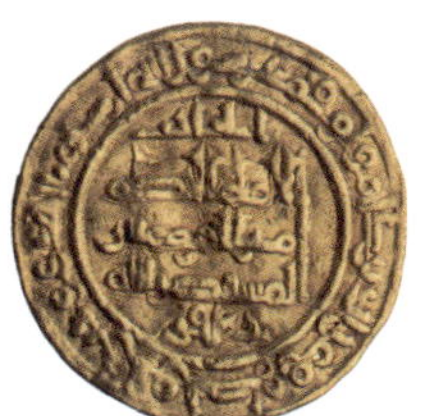

Checklist No. 7

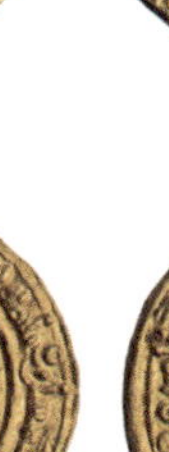
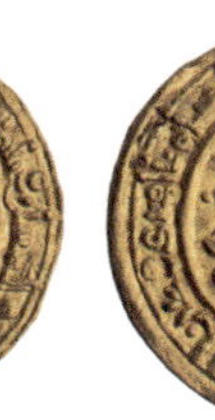

Checklist No. 8

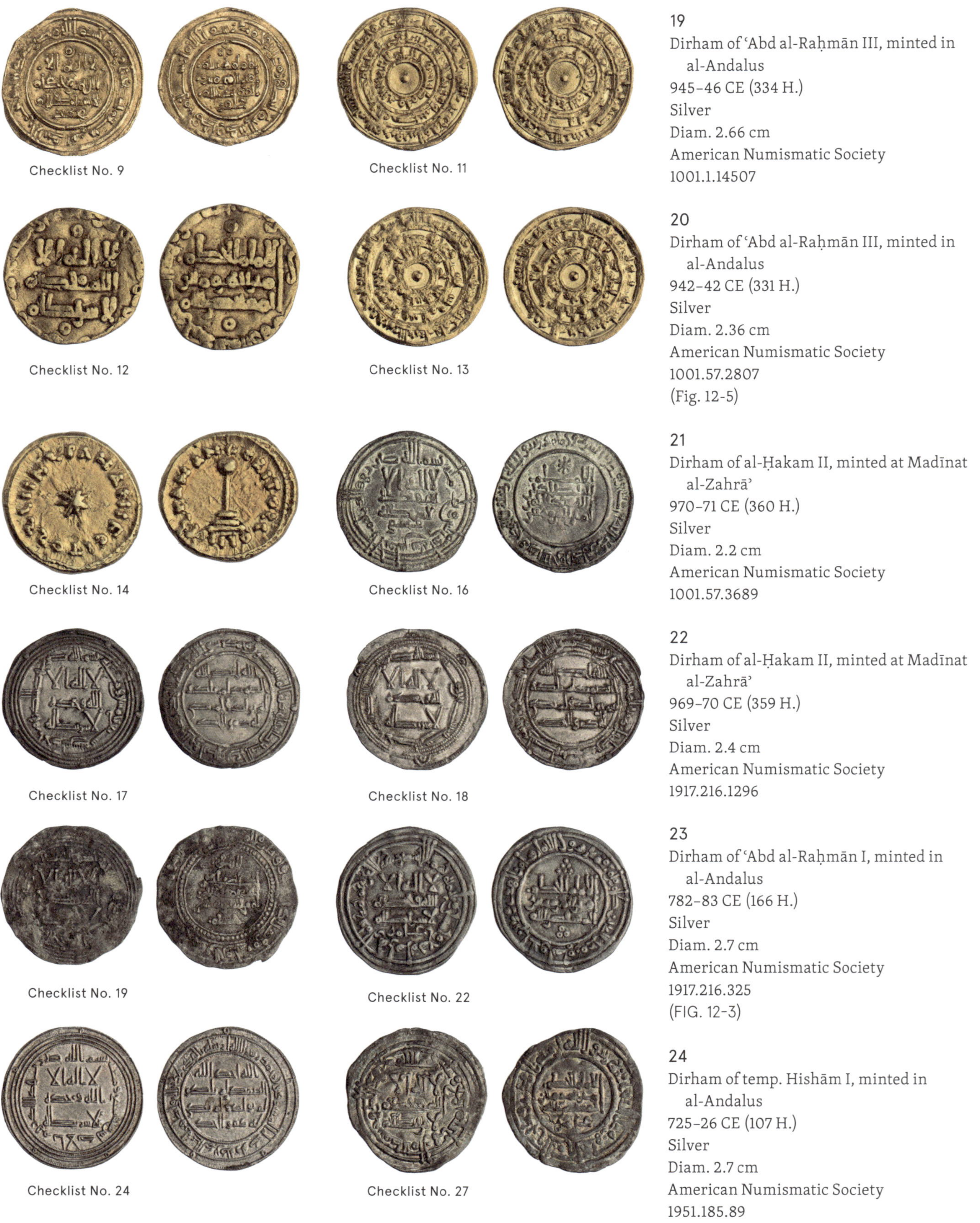

Checklist No. 9

Checklist No. 11

Checklist No. 12

Checklist No. 13

Checklist No. 14

Checklist No. 16

Checklist No. 17

Checklist No. 18

Checklist No. 19

Checklist No. 22

Checklist No. 24

Checklist No. 27

19
Dirham of ʿAbd al-Raḥmān III, minted in al-Andalus
945–46 CE (334 H.)
Silver
Diam. 2.66 cm
American Numismatic Society
1001.1.14507

20
Dirham of ʿAbd al-Raḥmān III, minted in al-Andalus
942–42 CE (331 H.)
Silver
Diam. 2.36 cm
American Numismatic Society
1001.57.2807
(Fig. 12-5)

21
Dirham of al-Ḥakam II, minted at Madīnat al-Zahrāʾ
970–71 CE (360 H.)
Silver
Diam. 2.2 cm
American Numismatic Society
1001.57.3689

22
Dirham of al-Ḥakam II, minted at Madīnat al-Zahrāʾ
969–70 CE (359 H.)
Silver
Diam. 2.4 cm
American Numismatic Society
1917.216.1296

23
Dirham of ʿAbd al-Raḥmān I, minted in al-Andalus
782–83 CE (166 H.)
Silver
Diam. 2.7 cm
American Numismatic Society
1917.216.325
(FIG. 12-3)

24
Dirham of temp. Hishām I, minted in al-Andalus
725–26 CE (107 H.)
Silver
Diam. 2.7 cm
American Numismatic Society
1951.185.89

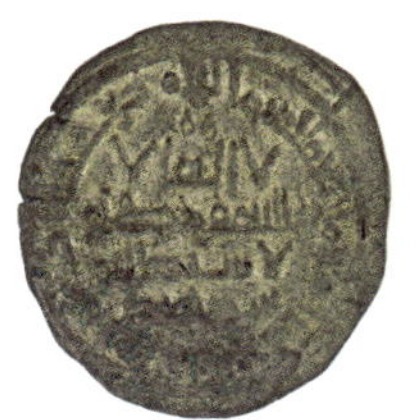
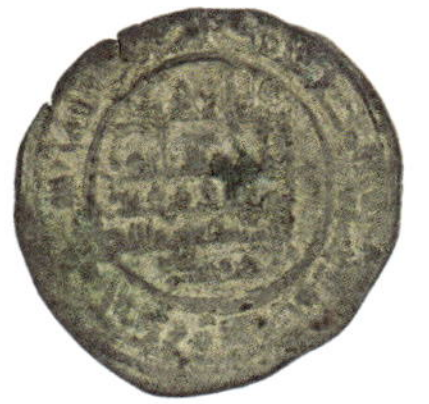

Checklist No. 28

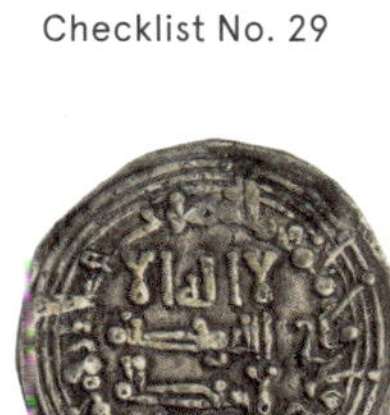
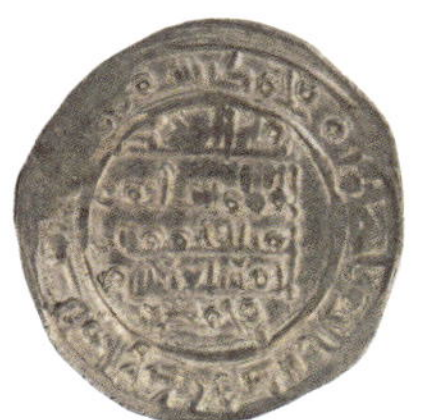

Checklist No. 29

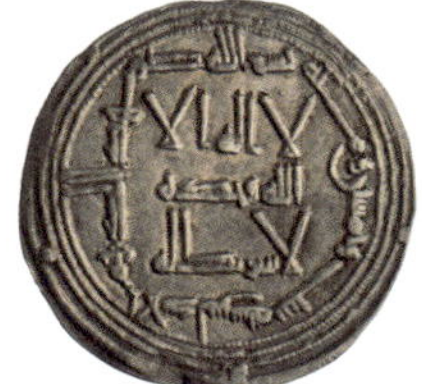
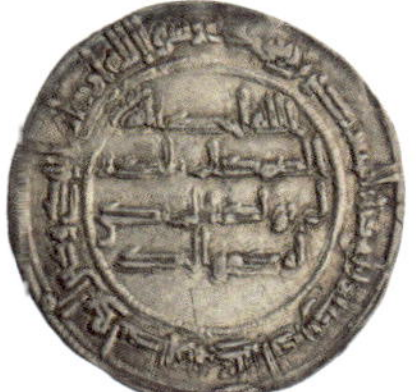

Checklist No. 30

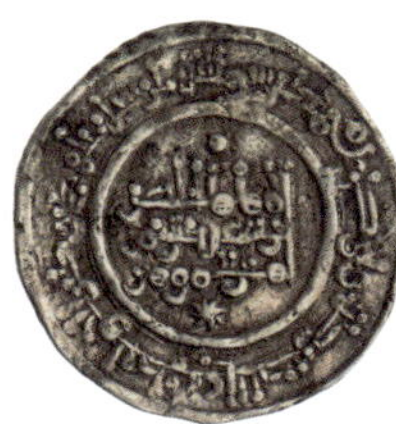

Checklist No. 31

25
Dirham of temp. Hishām I, minted in al-Andalus
728–29 CE (110 H.)
Silver
Diam. 2.7 cm
American Numismatic Society
1952.80.15
(FIG. 12-2)

26
Dirham of ʿAbd al-Raḥmān III, minted at Madīnat al-Zahrāʾ
948–49 CE (337 H.)
Silver
Diam. 2.35 cm
American Numismatic Society
1956.163.151
(FIG. 12-8)

27
Dirham of al-Ḥakam II, minted at Madīnat al-Zahrāʾ
974–75 CE (364 H.)
Silver
Diam. 2.35 cm
American Numismatic Society
1956.163.153

28
Dirham of Sulayman ibn Shahid, minted at Madīnat al-Zahrāʾ
1009–10 CE (400 H.)
Silver
Diam. 2.45 cm
American Numismatic Society
1969.222.1154

29
Dirham of Sulayman ibn Shahid, minted at Madīnat al-Zahrāʾ
1009–10 CE (400 H.)
Silver
Diam. 2.5 cm
American Numismatic Society
1969.222.1155

30
Dirham of ʿAbd al-Raḥmān I, minted in al-Andalus
772–73 CE (156 H.)
Silver
Diam. 2.9 cm
American Numismatic Society
1971.316.250

31
Dirham of ʿAbd al-Raḥmān III, minted at Madīnat al-Zahrāʾ
912–61 CE (299–350 H.)
Silver
Diam. 2.3 cm
American Numismatic Society
1998.25.596

32
Niche with seashell decoration
Mid-10th century CE
Marble
Madīnat al-Zahrāʾ, Bath associated with the Salón Rico
H. 122 cm; W. 81 cm; D. 8 cm
Conjunto Arqueológico Madīnat al-Zahrāʾ (MMaZ)
24041

33
Corinthianizing capital
Mid-10th century CE
Marble
Madīnat al-Zahrāʾ, Salón Rico
H. 39.5 cm; W. 37.5 cm; D. 37.5 cm
Conjunto Arqueológico Madīnat al-Zahrāʾ (MMaZ)
24076
(FIG. 8-5)

34
Composite capital with inscription
Mid-10th century CE
Marble
Madīnat al-Zahrāʾ, Salón Rico
H. 42.5 cm; W. 42.5 cm; D. 42.5 cm
Conjunto Arqueológico Madīnat al-Zahrāʾ (MMaZ)
24077
(FIG. 13-6)

35
Column base
Mid-10th century CE
Marble
Madīnat al-Zahrāʾ, Salón Rico
H. 17.5 cm; W. 35.5 cm; D. 35.5 cm
Conjunto Arqueológico Madīnat al-Zahrāʾ (MMaZ)
24079
(FIG. 8-1)

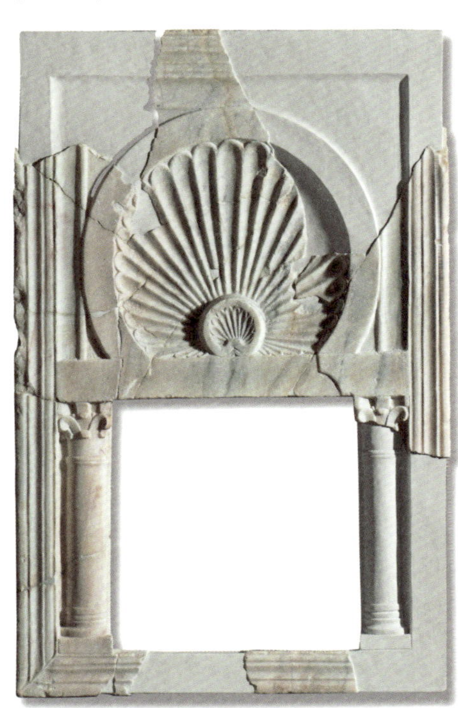

Checklist No. 32

Checklist No. 37

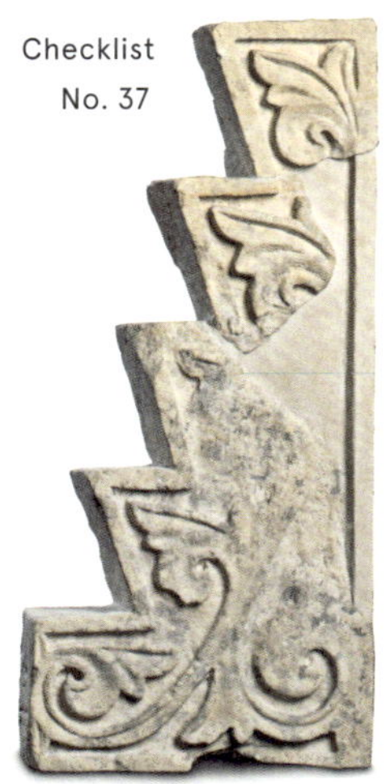

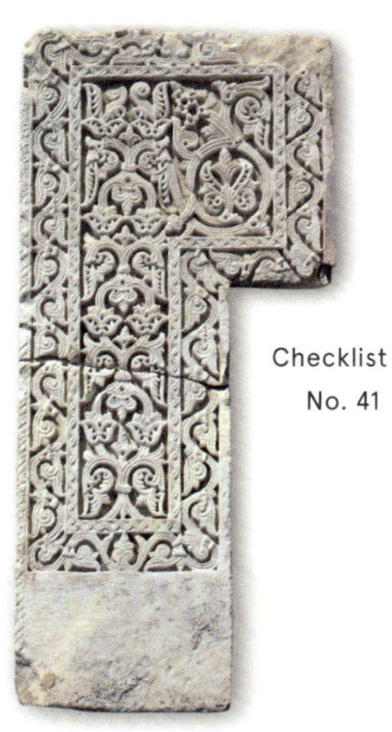

Checklist No. 41

36
Column base with inscription
Mid-10th century CE
Marble
Madīnat al-Zahrā', Salón Rico
H. 16.5 cm; W. 36.5 cm; D. 36.5 cm
Conjunto Arqueológico Madīnat al-Zahrā' (MMaZ)
24080
(FIG. 13-5)

37
Stepped merlon
Mid-10th century CE
Limestone
Madīnat al-Zahrā', Friday Mosque
H. 49.7 cm; W. 23 cm; D. 9.5 cm
Conjunto Arqueológico Madīnat al-Zahrā' (MMaZ)
24034

38
Epigraphic frieze with *basmala* quote from the Qur'an (Q. 25:10)
Mid-10th century CE
Limestone
Madīnat al-Zahrā', Friday Mosque
H. 15.2 cm; W. 103 cm; D. 4 cm
Conjunto Arqueológico Madīnat al-Zahrā' (MMaZ)
24036
(FIG. 13-2)

39
Composite capital
Mid-10th century CE
Limestone
Madīnat al-Zahrā', Friday Mosque
H. 25.3 cm; W. 24.5 cm; D. 24.5 cm
Conjunto Arqueológico Madīnat al-Zahrā' (MMaZ)
24114
(FIG. 8-7)

40
Arched window with dedicatory inscription
961–62 CE (350 H.)
Marble
Madīnat al-Zahrā', Bath
H. 118 cm; W. 88 cm; D. 9cm
Conjunto Arqueológico Madīnat al-Zahrā' (MMaZ)
25428
(FIG. 13-7)

41
Door jamb with arabesque decoration
Second half of the 10th century CE
Marble
Madīnat al-Zahrā', Bath
H. 121 cm; W. 53 cm; D. 12.5 cm
Conjunto Arqueológico Madīnat al-Zahrā' (MMaZ)
25707

42
Corinthianizing capital with inscription
972–73 CE (362 H.)
Marble
Madīnat al-Zahrā', House of Ja'far
H. 22 cm; W. 21 cm; D. 21 cm
Museo Arqueológico y Etnológico de Córdoba
CE030149
(FIG. 8-4)

43
Column base
972–73 CE (362 H.)
Marble
Madīnat al-Zahrā', House of Ja'far
H. 13 cm; W. 25 cm; D. 25 cm
Museo Arqueológico y Etnológico de Córdoba
CE030150

44
Corinthianizing capital with inscription
972–73 CE (362 H.)
Marble
Madīnat al-Zahrā', House of Ja'far
H. 22 cm; W. 22 cm; D. 22 cm
Museo Arqueológico y Etnológico de Córdoba
CE030151
(FIG. 13-8)

45
Column base
972–73 CE (362 H.)
Marble
Madīnat al-Zahrā', House of Ja'far
H. 13 cm; W. 25 cm; D. 25 cm
Museo Arqueológico y Etnológico de Córdoba
CE030152

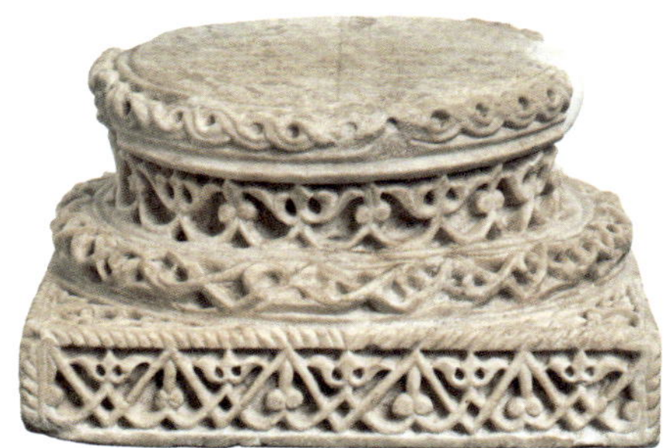

Checklist No. 43

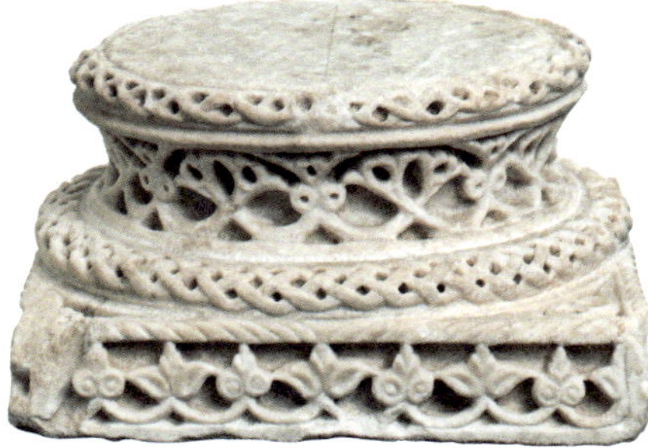

Checklist No. 45

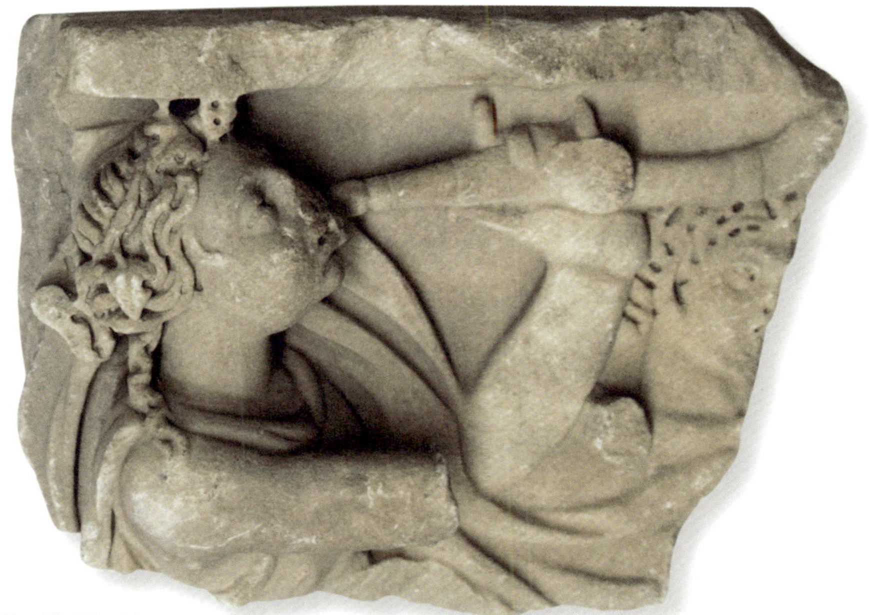

Checklist No. 46

46
Fragment of a Roman sarcophagus with Dionysiac scene
3rd century CE
Marble
Madīnat al-Zahrā', Camino de Ronda Bajo
H. 25 cm; W. 32 cm; D. 11 cm
Conjunto Arqueológico Madīnat al-Zahrā' (MMaZ)
25812

47
Roman female head
Early 1st century CE
Marble
Madīnat al-Zahrā'
H. 21 cm; W. 16 cm; D. 19.5 cm
Conjunto Arqueológico Madīnat al-Zahrā' (MMaZ)
26928
(FIG. 4-2)

48
Herm of Hercules as a child
Imperial period (1st–3rd century CE)
Marble
Madīnat al-Zahrā', Court of the Clocks
H. 46 cm; W. 25 cm; D. 20 cm
Conjunto Arqueológico Madīnat al-Zahrā' (MMaZ)
27002
(FIG. 4-3)

49
Corinthianizing capital
9th century CE
Marble
Córdoba region
H. 20 cm; W. 22 cm
Junta de Andalucía
DJ033423
(FIG. 8-2)

50
Corinthianizing capital
9th century CE
Marble
Córdoba, Barrio de la Magdalena
H. 22 cm; W. 45 cm; D. 45 cm
Museo Arqueológico y Etnológico de Córdoba
CE000409

51
Roman composite capital
3rd century CE
Marble
Córdoba, Casa de los Bañuelos
H. 38 cm
Museo Arqueológico y Etnológico de Córdoba
CE000753

52
Roman corinthian capital
1st century CE
Marble
Córdoba region
H. 34 cm
Museo Arqueológico y Etnológico de Córdoba
CE000756

53
Jar with calligraphic inscription
Second half of the 10th century CE
Manganese glazed ware
Madīnat al-Zahrā'

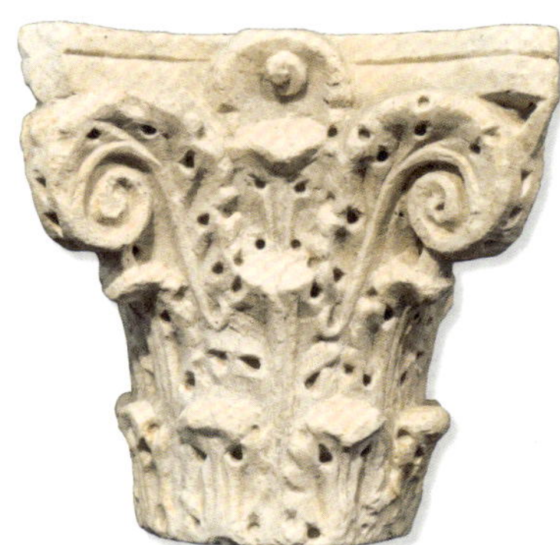

Checklist No. 50

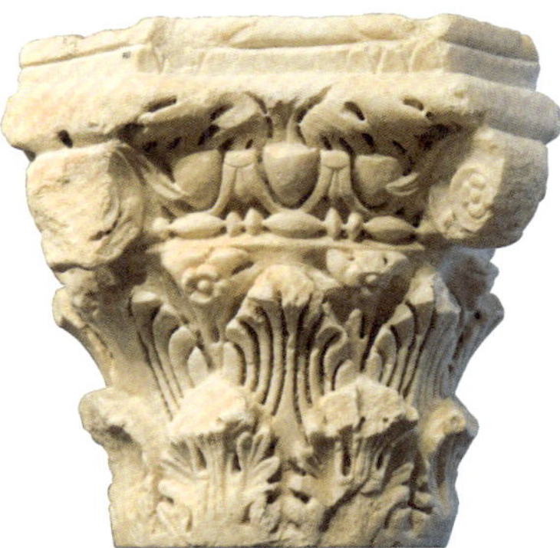

Checklist No. 51

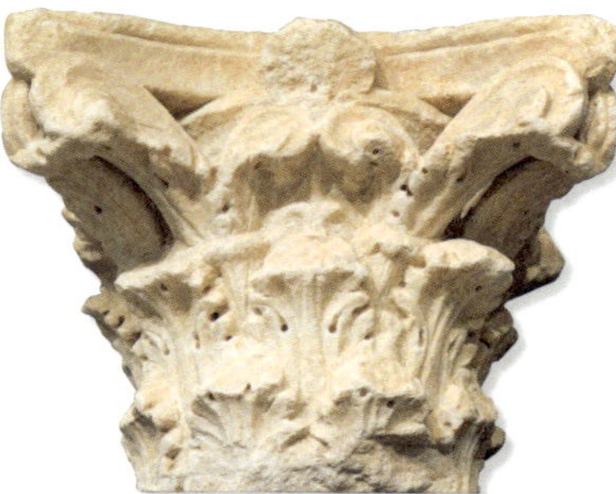

Checklist No. 52

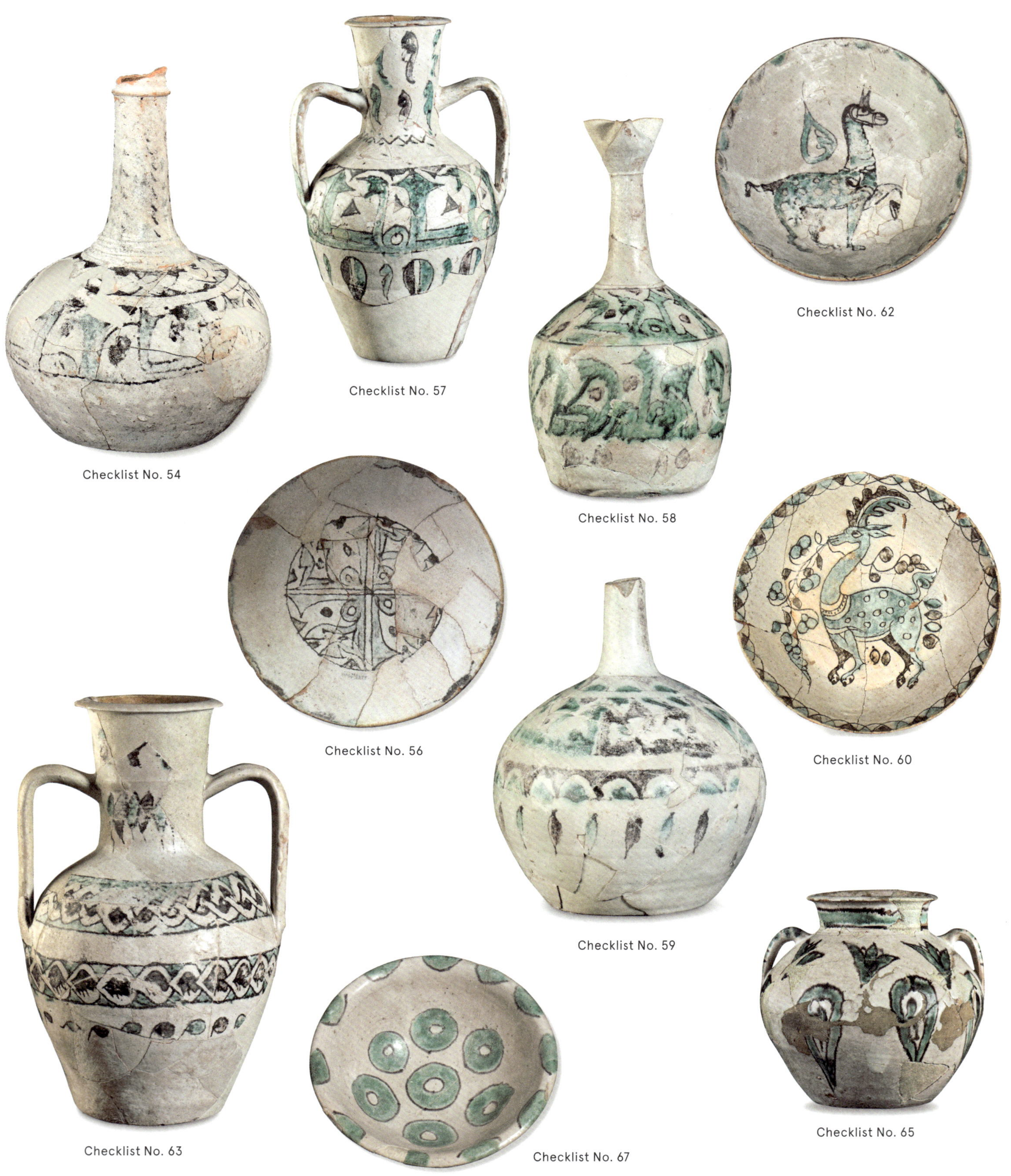

Checklist No. 54

Checklist No. 57

Checklist No. 58

Checklist No. 62

Checklist No. 56

Checklist No. 60

Checklist No. 59

Checklist No. 63

Checklist No. 67

Checklist No. 65

H. 32.5 cm; Diam. 24.8 cm
Conjunto Arqueológico Madīnat al-Zahrā' (MMaZ)
24067
(FIG. 9-6)

54
Bottle with calligraphic inscription
10th century CE
Manganese glazed ware
Jerez de la Frontera, Mesas de Asta
H. 26.5 cm; Diam. 20 cm
Museo Arqueológico de Jerez de la Frontera
IG779

55
Bowl with calligraphic inscription
Second half of the 10th century CE
Manganese glazed ware
Madīnat al-Zahrā'
H. 7.3 cm; Diam. 28.5 cm
Museo Arqueológico y Etnológico de Córdoba
CE030166-1034
(FIG. 13-9)

56
Bowl with calligraphic inscription
10th century CE
Manganese glazed ware
Madīnat al-Zahrā'
H. 7.1 cm; Diam. 27.5 cm
Museo Arqueológico y Etnológico de Córdoba
CE030166-1056

57
Jug with calligraphic inscription
Second half of the 10th century CE
Manganese glazed ware
Madīnat al-Zahrā'
H. 38.5 cm; Diam. 24.2 cm
Museo Arqueológico y Etnológico de Córdoba
CE030166-2005

58
Bottle with calligraphic inscription
Second half of the 10th century CE
Manganese glazed ware
Madīnat al-Zahrā'
H. 30.6 cm; Diam. 17 cm
Museo Arqueológico y Etnológico de Córdoba
CE030166-2008

59
Bottle with calligraphic inscription
Second half of the 10th century CE
Manganese glazed ware
Madīnat al-Zahrā'
H. 23.5 cm; Diam. 19.5 cm
Museo Arqueológico y Etnológico de Córdoba
CE030166-2013

60
Bowl with image of a stag
10th century CE
Manganese glazed ware
Jerez de la Frontera, Plaza de Belén
H. 7.3 cm; Diam. 29 cm
Museo Arqueológico de Jerez de la Frontera
IG973

61
Bowl with image of a peacock
Second half of the 10th century CE
Manganese glazed ware
Madīnat al-Zahrā'
H. 6.8 cm; Diam. 23.4 cm
Museo Arqueológico y Etnológico de Córdoba
CE030166-1104
(FIG. 9-8)

62
Bowl with image of a horse-like animal
Second half of the 10th century CE
Manganese glazed ware
Madīnat al-Zahrā'
H. 7 cm; Diam. 28.1 cm
Museo Arqueológico y Etnológico de Córdoba
CE030166-2001

63
Jug with geometric and floral pattern
Second half of the 10th century CE
Manganese glazed ware
Madīnat al-Zahrā'
H. 36 cm; Diam. 23 cm
Conjunto Arqueológico Madīnat al-Zahrā' (MMaZ)
24066

64
Bowl with image of a Solomon's knot
Second half of the 10th century CE
Manganese glazed ware
Madīnat al-Zahrā'
H. 6.5 cm; Diam. 21 cm
Conjunto Arqueológico Madīnat al-Zahrā' (MMaZ)
24132
(FIG. 9-7)

65
Miniature jar with floral decoration
10th century CE
Manganese glazed ware
Madīnat al-Zahrā'
H. 16 cm; Diam. 16 cm
Conjunto Arqueológico Madīnat al-Zahrā' (MMaZ)
24151

66
Bowl with arabesque decoration
Second half of the 10th century CE
Manganese glazed ware
H. 7 cm; Diam. 28.5 cm
Madīnat al-Zahrā'
Museo Arqueológico y Etnológico de Córdoba
CE030166-1037
(FIG. 9-5)

67
Imported bowl with ring decoration
Second half of the 10th century CE
Manganese glazed ware
Madīnat al-Zahrā'
H. 4 cm; Diam. 12 cm
Museo Arqueológico y Etnológico de Córdoba
CE030166-1044

68
Bowl with geometric decoration
10th century CE
Manganese glazed ware
Madīnat al-Zahrā'
H. 7.2 cm; Diam. 27.4 cm
Museo Arqueológico y Etnológico de Córdoba
CE030166-1052

69
Bowl with floral decoration
10th century CE
Manganese glazed ware
Madīnat al-Zahrā'
H. 6.5 cm; Diam. 27 cm
Museo Arqueológico y Etnológico de Córdoba
CE030166-1072
(FIG. 9-1)

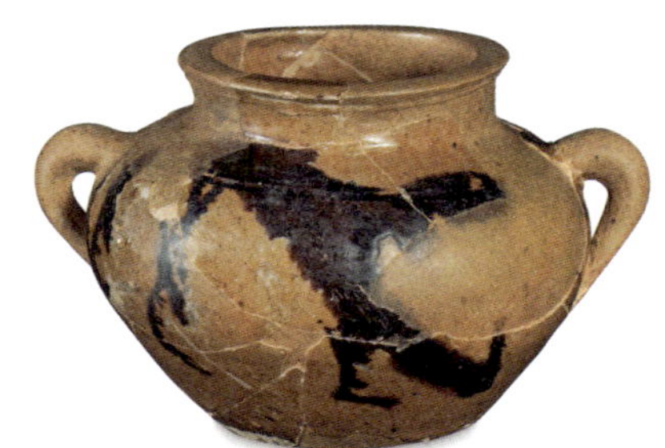
Checklist No. 73

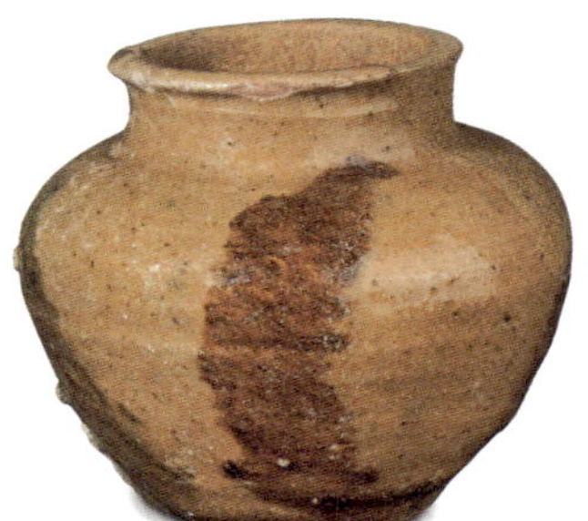
Checklist No. 71

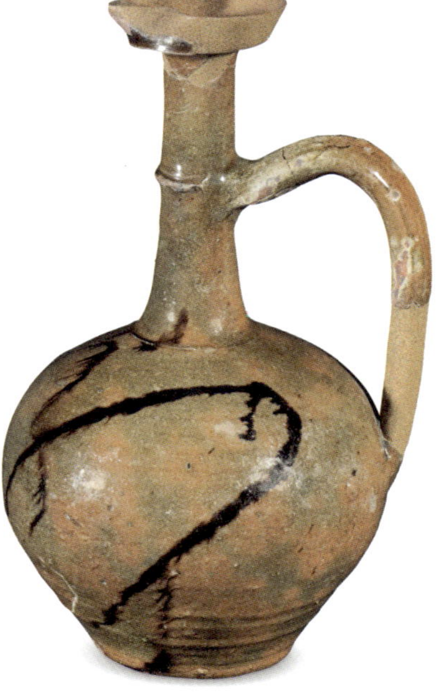
Checklist No. 75

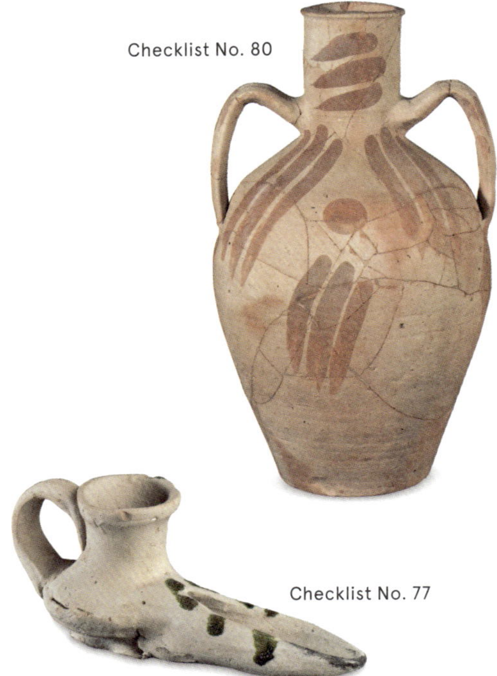
Checklist No. 80

Checklist No. 77

70
Jar with floral and ring decoration
Second half of the 10th century CE
Manganese glazed ware
Madīnat al-Zahrā'
H. 28.9 cm; Diam. 26.8 cm
Museo Arqueológico y Etnológico de Córdoba
CE030166-2024
(FIG. 9-2)

71
Miniature jar
Second half of the 10th century CE
Amber glazed ware
Madīnat al-Zahrā'
H. 8.2 cm; Diam. 9.3 cm
Conjunto Arqueológico Madīnat al-Zahrā' (MMaZ)
24015

72
Oil lamp
Second half of the 10th century CE
Amber glazed ware
Madīnat al-Zahrā'
H. 6.4 cm; W. 6 cm; D. 14.5 cm
Conjunto Arqueológico Madīnat al-Zahrā' (MMaZ)
24042
(FIG. 9-12)

73
Jar
Second half of the 10th century CE
Amber glazed ware
Madīnat al-Zahrā'
H. 12.7 cm; Diam. 19 cm
Conjunto Arqueológico Madīnat al-Zahrā' (MMaZ)
24060

74
Bowl with geometric and vegetal decoration
Second half of the 10th century CE
Amber glazed ware
Madīnat al-Zahrā'
H. 8.5 cm; Diam. 28.6 cm
Conjunto Arqueológico Madīnat al-Zahrā' (MMaZ)
24117
(FIG. 9-11)

75
Juglet
Second half of the 10th century CE
Amber glazed ware
Madīnat al-Zahrā'
H. 30.3 cm; Diam. 18.7 cm
Museo Arqueológico y Etnológico de Córdoba
CE030166-0033

76
Jug with painted decoration
Second half of the 10th century CE
Painted common ware
Madīnat al-Zahrā'
H. 40 cm; Diam. 23 cm
Conjunto Arqueológico Madīnat al-Zahrā' (MMaZ)
24013
(FIG. 9-13)

77
Oil lamp
Second half of the 10th century CE
Painted common ware
Madīnat al-Zahrā'
H. 6.5 cm; W. 6.5 cm; D. 16.5 cm
Conjunto Arqueológico Madīnat al-Zahrā' (MMaZ)
24017

78
Stove
Second half of the 10th century CE
Common ware
Madīnat al-Zahrā'
H. 20.9 cm; Diam. 20.9 cm
Conjunto Arqueológico Madīnat al-Zahrā' (MMaZ)
24043
(FIG. 9-15)

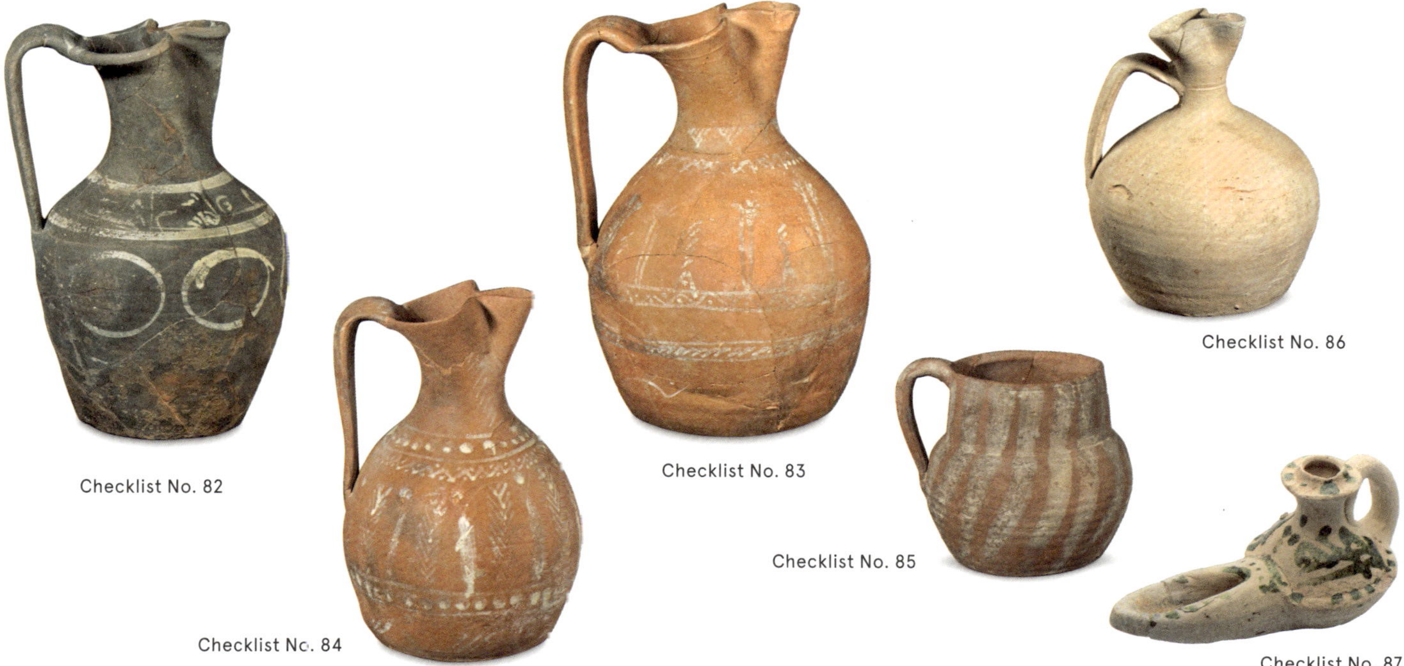

Checklist No. 82

Checklist No. 84

Checklist No. 83

Checklist No. 85

Checklist No. 86

Checklist No. 87

79
Cooking pot
Second half of the 10th century CE
Common ware
Madīnat al-Zahrā᾽
H. 16.2 cm; Diam. 19.4 cm
Conjunto Arqueológico Madīnat al-Zahrā᾽ (MMaZ)
24044
(FIG. 9-15)

80
Jug with painted decoration
Second half of the 10th century CE
Painted common ware
Madīnat al-Zahrā᾽
H. 41 cm; Diam. 24 cm
Conjunto Arqueológico Madīnat al-Zahrā᾽ (MMaZ)
24047

81
Jug with imitation calligraphy and circle decoration
Second half of the 10th century CE
Painted common ware
Madīnat al-Zahrā᾽
H. 46.7 cm; Diam. 27 cm
Conjunto Arqueológico Madīnat al-Zahrā᾽ (MMaZ)
24048
(FIG. 9-14)

82
Jug with imitation calligraphy and spiral motifs
Second half of the 10th century CE
Painted common ware
Madīnat al-Zahrā᾽
H. 23.7 cm; Diam. 19.5 cm
Conjunto Arqueológico Madīnat al-Zahrā᾽ (MMaZ)
24049

83
Jug with painted decoration
Second half of the 10th century CE
Painted common ware
Madīnat al-Zahrā᾽
H. 25.5 cm; Diam. 18 cm
Conjunto Arqueológico Madīnat al-Zahrā᾽ (MMaZ)
24050

84
Jug with painted decoration
Second half of the 10th century CE
Painted common ware
Madīnat al-Zahrā᾽
H. 26.4 cm; Diam. 19.5 cm
Conjunto Arqueológico Madīnat al-Zahrā᾽ (MMaZ)
24051

85
Cup with painted decoration
Second half of the 10th century CE
Painted common ware
Madīnat al-Zahrā᾽
H. 15 cm; Diam. 17 cm
Conjunto Arqueológico Madīnat al-Zahrā᾽ (MMaZ)
24054

86
Juglet
Second half of the 10th century CE
Common ware
Madīnat al-Zahrā᾽
H. 20.7 cm; Diam. 16.5 cm
Conjunto Arqueológico Madīnat al-Zahrā᾽ (MMaZ)
24057

87
Oil lamp
10th century CE
Painted common ware
Madīnat al-Zahrā᾽
H. 7.7 cm; W. 8 cm; D. 15 cm
Conjunto Arqueológico Madīnat al-Zahrā᾽ (MMaZ)
66022

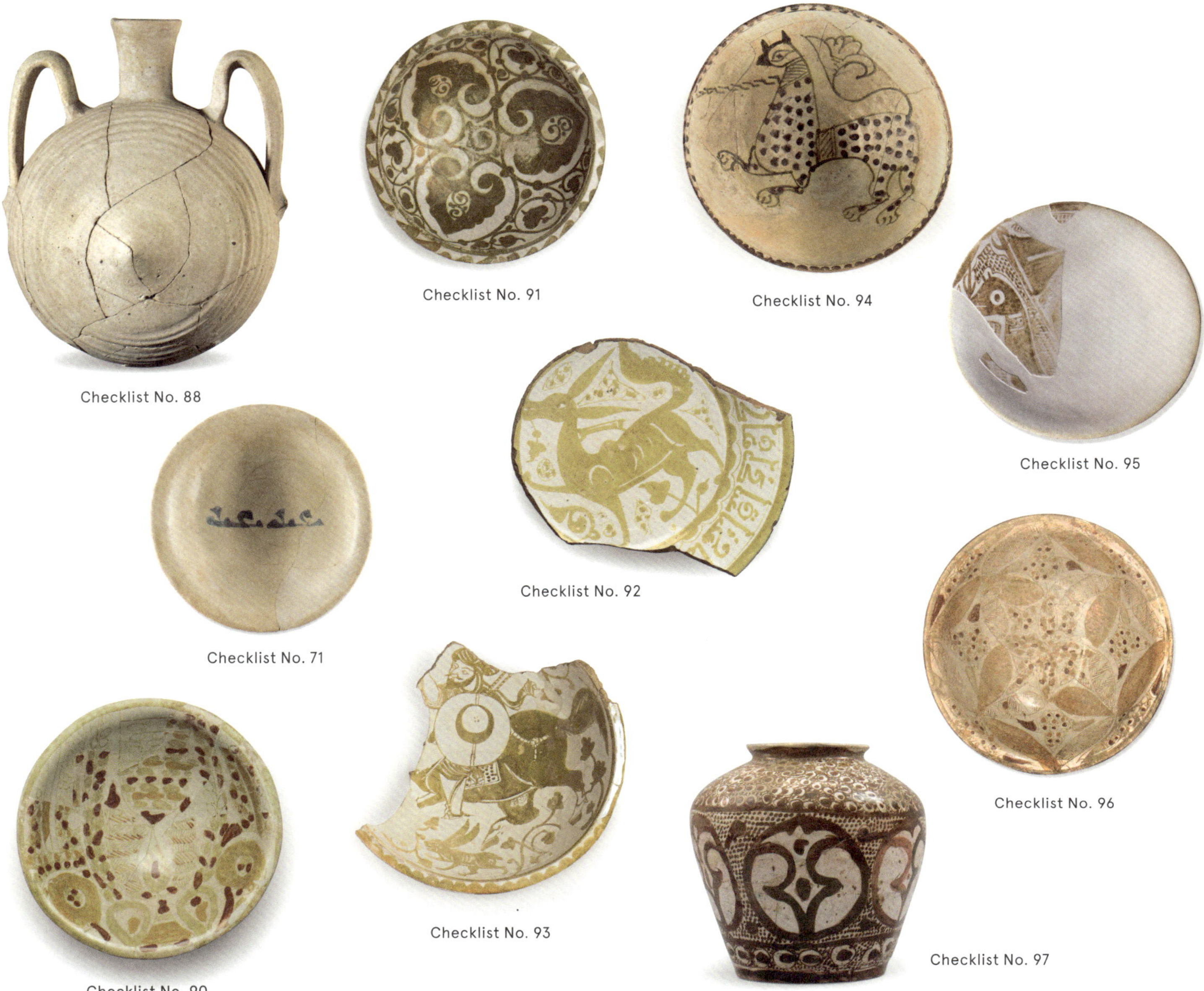
Checklist No. 88
Checklist No. 91
Checklist No. 94
Checklist No. 95
Checklist No. 92
Checklist No. 71
Checklist No. 96
Checklist No. 93
Checklist No. 97
Checklist No. 90

88
Flask
Second half of the 10th century CE
Common ware
Madīnat al-Zahrā᾽
H. 19.5 cm; Diam. 15.7 cm
Museo Arqueológico y Etnológico de Córdoba
CE030166-0004

89
Blue and white bowl with Kufic inscription
9th century CE
Ceramic
ʿAbbāsid, Iraq
H. 3.3 cm; Diam. 13.2 cm
Brooklyn Museum
74.195

90
Bowl with abstract foliate design
9th century CE
Ceramic
ʿAbbāsid
H. 5.4 cm; Diam. 18.1 cm
Brooklyn Museum
74.78

91
Bowl
10th–11th century CE
Ceramic
H. 6.6 cm; Diam. 23.7 cm
Brooklyn Museum
86.227.187

92
Fragment of a plate
11th century CE
Ceramic
Fāṭimid
H. 5.8 cm; Diam. 21.9 cm

Brooklyn Museum
86.227.82

93
Fragment of a bowl depicting a mounted warrior
11th century CE
Ceramic
Fustat, Egypt
D. 39.4 cm
Brooklyn Museum
86.227.83

94
Bowl
10th century CE
Ceramic
H. 8.5 cm; Diam. 21.5 cm
Brooklyn Museum
86.227.85

95
Imported bowl with image of a camel
Second half of the 10th century CE
Luster ware
Madīnat al-Zahrā'
H. 6.8 cm; Diam. 24 cm
Museo Arqueológico y Etnológico de Córdoba
CE030166-1221

96
Three-colored luster bowl with foliated rosettes
9th century CE
Earthenware
Iraq
H. 6.7 cm; H. 24.1 cm
The Metropolitan Museum of Art
20.52.6

97
Luster jar with medallions and peacock-eye pattern
10th century CE
Earthenware
Iraq
H. 19.2 cm; Diam. 19.1 cm
The Metropolitan Museum of Art
56.96

98
Fountain spout in the shape of a deer
Second half of the 10th century CE
Bronze
Madīnat al-Zahrā', Monasterio San Jerónimo de Valparaiso
H. 61.6 cm
Museo Arqueológico y Etnológico de Córdoba
CE000500
(FIG. 10-1)

99
Perfume bottle
10th century CE
Silver
Córdoba, Olivos Borrachos
H. 7.3 cm; Diam. 3.7 cm
Museo Arqueológico y Etnológico de Córdoba
CE003772
(FIG. 10-8)

100
Perfume bottle
10th century CE
Silver
Córdoba, Cortijo de La Mora
H. 6.8 cm; Diam. 4.5 cm
Museo Arqueológico y Etnológico de Córdoba
CE024205
(FIG. 10-8)

101
Inscribed plaque with deer and peacocks
Second half of the 10th century CE
Limestone
Madīnat al-Zahrā'
H. 23 cm; W. 23 cm; D. 3.5 cm
Museo Arqueológico y Etnológico de Córdoba
CE028305

102
Diadem
10th century CE
Gold and precious stones
Charilla, Alcalá la Real
H. 4.5 cm; W. 21.5 cm
Museo Provincial de Jaén
CE/DA02789/01
(FIG. 11-1)

103
Choker
10th century CE
Gold and vitreous glass
Charilla, Alcalá la Real
H. 2 cm; W. 11 cm
Museo Provincial de Jaén
CE/DA02789/02
(FIG. 11-3)

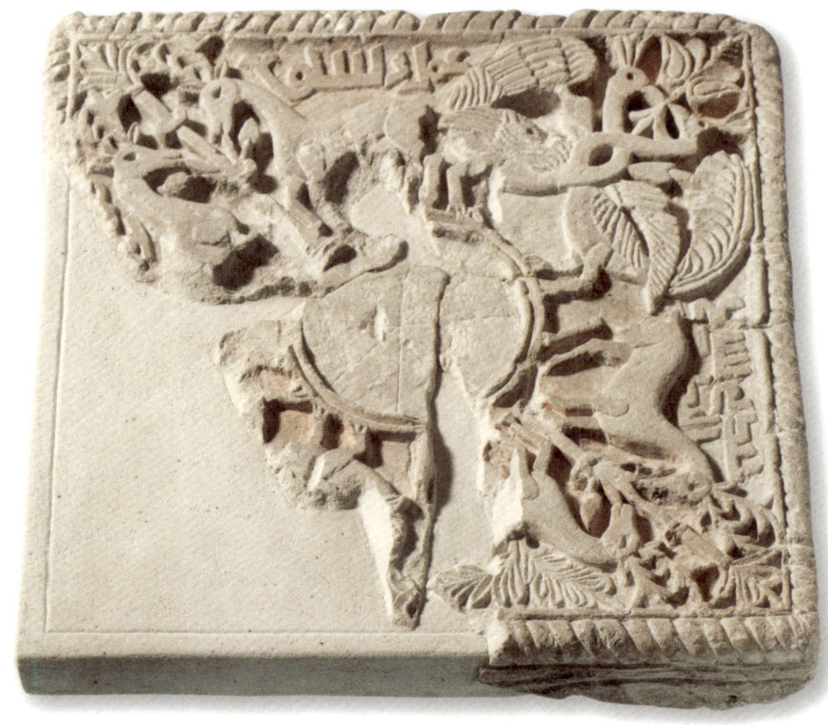

Checklist No. 101

104
Pendant
10th century CE
Silver
Charilla, Alcalá la Real
H. 3.45 cm; W. 3.8 cm
Museo Provincial de Jaén
CE/DA02789/03
(FIG. 11-8)

105
Appliqué
10th century CE
Gold and vitreous paste
Charilla, Alcalá la Real
W. 0.85 cm; D. 3 cm
Museo Provincial de Jaén
CE/DA02789/04
(FIG. 11-2A)

106
Appliqué
10th century CE
Gold
Charilla, Alcalá la Real
W. 0.57 cm; D. 3cm
Museo Provincial de Jaén
CE/DA02789/05
(FIG. 11-2A)

107
Appliqué
10th century CE
Gold and vitreous paste
Charilla, Alcalá la Real
W. 0.48 cm; D. 2.95 cm
Museo Provincial de Jaén
CE/DA02789/06
(FIG. 11-7A)

108
Bead
10th century CE
Gold
Charilla, Alcalá la Real
W. 1.27 cm; Diam. 1cm
Museo Provincial de Jaén
CE/DA02789/07
(FIG. 11-5A)

109
Bead
10th century CE
Gold
Charilla, Alcalá la Real
W. 1.23 cm; Diam. 1 cm
Museo Provincial de Jaén
CE/DA02789/08
(FIG. 11-5A)

110
Bead
10th century CE
Gold
Charilla, Alcalá la Real
W. 1.14 cm; Diam. 1 cm
Museo Provincial de Jaén
CE/DA02789/09
(FIG. 11-5A)

111
Bead
10th century CE
Gold
Charilla, Alcalá la Real
W. 2.86 cm; Diam. 1.47 cm
Museo Provincial de Jaén
CE/DA02789/10
(FIG. 11-5B)

112
Bead
10th century CE
Gold
Charilla, Alcalá la Real
H. 1.27cm; W. 3.10 cm
Museo Provincial de Jaén
CE/DA02789/11
(FIG. 11-5C)

113
Bead
10th century CE
Gold
Charilla, Alcalá la Real
W. 2.97 cm; Diam. 1.15 cm
Museo Provincial de Jaén
CE/DA02789/12
(FIG. 11-5C)

114
Bead
10th century CE
Gold
Charilla, Alcalá la Real
H. 1.5 cm; W. 3.04 cm
Museo Provincial de Jaén
CE/DA02789/13
(FIG. 11-5C)

115
Bead
10th century CE
Gold
Charilla, Alcalá la Real
H. 1.29 cm; W. 2.18 cm
Museo Provincial de Jaén
CE/DA02789/14
(FIG. 11-5B)

116
Bead
10th century CE
Gold
Charilla, Alcalá la Real
W. 0.5 cm; Diam. 1.11 cm
Museo Provincial de Jaén
CE/DA02789/15

117
Bead
10th century CE
Gold
Charilla, Alcalá la Real
W. 0.5 cm; Diam. 1.08 cm
Museo Provincial de Jaén
CE/DA02789/16

118
Bead
10th century CE
Gold
Charilla, Alcalá la Real
W. 0.6 cm; Diam. 0.65 cm
Museo Provincial de Jaén
CE/DA02789/17
(FIG. 11-5A)

119
Clasp-pin
10th century CE
Gold
Charilla, Alcalá la Real
W. 0.6 cm; Diam. 0.6 cm
Museo Provincial de Jaén
CE/DA02789/18

120
Ring
10th century CE
Gold and vitreous paste
Charilla, Alcalá la Real
W. 3.1 cm; Diam. 2.42 cm
Museo Provincial de Jaén

CE/DA02789/19
(FIG. 11-6)

121
Inscribed ring
10th century CE
Silver
Charilla, Alcalá la Real
W. 2.01 cm; Diam. 1.7 cm
Museo Provincial de Jaén
CE/DA02789/20
(FIG. 11-6)

122
Ring
10th century CE
Silver
Charilla, Alcalá la Real
W. 2.01 cm; Diam. 1.8 cm
Museo Provincial de Jaén
CE/DA02789/21
(FIG. 11-6)

123
Ring
10th century CE
Silver
Charilla, Alcalá la Real
W. 3.4 cm; Diam. 2 cm
Museo Provincial de Jaén
CE/DA02789/22
(FIG. 11-6)

124
Bead
10th century CE
Gold
Charilla, Alcalá la Real
H. 0.6 cm; W. 1.28 cm
Museo Provincial de Jaén
CE/DA02789/23
(FIG. 11-5A)

125
Bead
10th century CE
Gold
Charilla, Alcalá la Real
W. 0.51 cm; D. 0.98 cm
Museo Provincial de Jaén
CE/DA02789/24
(FIG. 11-5B)

126
Bead
10th century CE
Gold
Charilla, Alcalá la Real
W. 1.12 cm; Diam. 1.09 cm
Museo Provincial de Jaén
CE/DA02789/25
(FIG. 11-5B)

127
Needle
10th century
Silver
Charilla, Alcalá la Real
W. 5 cm; D. 0.23 cm; Diam. 1.09 cm
Museo Provincial de Jaén
CE/DA02789/26
(FIG. 11-2B)

128
Belt
10th century CE
Silver
Charilla, Alcalá la Real
H. 22 cm; D. 0.69 cm
Museo Provincial de Jaén
CE/DA02789/27

129
Bell
10th century CE
Silver
Charilla, Alcalá la Real
H. 4.59 cm; W. 2.65 cm; Diam. 1.83 cm
Museo Provincial de Jaén
CE/DA02789/28

130
Chain
10th century CE
Silver
Charilla, Alcalá la Real
H. 5.8 cm; Diam. 1 cm
Museo Provincial de Jaén
CE/DA02789/29

131
Necklace
10th century CE
Semiprecious stone
Charilla, Alcalá la Real
H. 15 cm; Diam. 2.29 cm
Museo Provincial de Jaén
CE/DA02789/30
(FIG. 11-4A)

132
Necklace
10th century CE
Semiprecious stone
Charilla, Alcalá la Real
H. 19 cm; Diam. 0.62 cm
Museo Provincial de Jaén
CE/DA02789/31
(FIG. 11-4B)

133
Appliqué
10th century CE
Gold
Charilla, Alcalá la Real
W. 0.7 cm; Diam. 3.57 cm
Museo Provincial de Jaén
CE/DA02789/32
(FIG. 11-7C)

134
Appliqué
10th century CE
Gold
Charilla, Alcalá la Real
W. 0.5 cm; Diam. 3.42 cm
Museo Provincial de Jaén
CE/DA02789/33
(FIG. 11-7B)

135
Belt
10th century CE
Silver
Charilla, Alcalá la Real
H. 0.69 cm; W. 14 cm; D. 0.1 cm
Museo Provincial de Jaén
CE/DA02789/34

136
Bead
10th century CE
Gold
Charilla, Alcalá la Real
H. 2.92 cm; W. 1.56 cm
Museo Provincial de Jaén
CE/DA02789/35
(FIG. 11-5C)

137
Appliqué
10th century CE
Gold
Charilla, Alcalá la Real
H. 1.47 cm; W. 1.07 cm
Museo Provincial de Jaén
CE/DA02789/36

138
Appliqué
10th century CE
Gold
Charilla, Alcalá la Real
H. 1.35 cm; W. 0.72 cm
Museo Provincial de Jaén
CE/DA02789/37

139
Appliqué
10th century CE
Gold
Charilla, Alcalá la Real
H. 0.81 cm; Diam. 0.9 cm
Museo Provincial de Jaén
CE/DA02789/38

140
Appliqué
10th century CE
Gold
Charilla, Alcalá la Real
H. 0.83 cm; Diam. 0.94 cm
Museo Provincial de Jaén
CE/DA02789/39

141
Lamella
10th century CE
Gold
Charilla, Alcalá la Real
H. 0.48 cm; W. 0.7 cm
Museo Provincial de Jaén
CE/DA02789/40

142
Dirham of al-Ḥakam II, minted in al-Andalus
970 CE (360 H.)
Silver
Charilla, Alcalá la Real
D. 0.1 cm; Diam. 2.3 cm
Museo Provincial de Jaén
CE/NU03627
(FIG. 11-9)

143
Dirham of ʿAbd al-Raḥmān III, minted in al-Andalus
945 CE (334 H.)
Silver
Charilla, Alcalá la Real
D. 0.15 cm; Diam. 3 cm
Museo Provincial de Jaén
CE/NU03628
(FIG. 11-9)

144
Dirham of ʿAbd al-Raḥmān III, minted in Madīnat al-Zahrāʾ
945 CE (334 H.)
Silver
Charilla, Alcalá la Real
D. 0.1 cm; Diam. 2.99 cm
Museo Provincial de Jaén
CE/NU03629
(FIG. 11-9)

145
Dirham of ʿAbd al-Raḥmān III, minted in Madīnat al-Zahrāʾ
945 CE (334 H.)
Silver
Charilla, Alcalá la Real
Diam. 2.59 cm
Museo Provincial de Jaén
CE/NU03630
(FIG. 11-9)

146
Pyxis
ca. 966 CE
Ivory with silver gilt
Madīnat al-Zahrāʾ
H. 16 cm; Diam. 10.1 cm
The Hispanic Society of America
D752
(FIG. 10-7)

147
Pyxis
Third quarter of the 10th century CE
Elephant ivory
Córdoba
H. 11.7 cm; Diam. 10.5 cm
The Metropolitan Museum of Art, The Cloisters Collection, 1970
1970.324.5
(FIG. 10-6)

148
Commemorative inscription for a hydraulic construction
940 CE
Marble
Córdoba
Museo Arqueológico y Etnológico de Córdoba
CE000501
(FIG. 13-1)

149
Sundial fragment
10th century CE
Marble
Córdoba, Camino Viejo de Almodóvar
H. 34.5 cm; W. 24 cm; D. 4.5 cm
Museo Arqueológico y Etnológico de Córdoba
CE012700
(FIG. 6-4)

150
Sundial fragment
10th century CE
Marble
Madīnat al-Zahrāʾ, Court of the Clocks
H. 30.1 cm; W. 33 cm; D. 5.2 cm
Museo Arqueológico y Etnológico de Córdoba
CE030135
(FIG. 6-2)

151
Sundial fragment
10th century CE
Marble
Madīnat al-Zahrāʾ, Court of the Clocks
H. 23 cm; W. 32 cm; D. 5.5 cm
Museo Arqueológico y Etnológico de Córdoba
CE030136
(FIG. 6-3)

Bibliography

Abū al-Qāsim Khalaf ibn ʿAbbās al-Zahrāwī
Chirurgia: Cod. Ser. n. 2641 der Österreichischen Nationalbibliothek, Wien. Facsimile ed. with commentary by E. Irblich. Graz: ADEVA.

Acién Almansa 1995
Acién Almansa, M. "Materiales e hipótesis para una interpretación del salón de ʿAbd al-Raḥmān al-Nāṣir." In *Madīnat al-Zahrā': El salón de ʿAbd al-Rahman III*, edited by A. V. Triano, 179–95. Córdoba: Junta de Andalucía.

Acién Almansa 1997
Acién Almansa, M. *Entre el feudalismo y el Islam: ʿUmar b. Ḥafṣūn en los hstoriadores, en las fuentes y en la historia*. 2nd ed. Jaén: Universidad de Jaén.

Acién Almansa 2020
Acién Almansa, M. "On the Role of Ideology in the Charaterization of Social Formations: The Islamic Social Formation." In *Obras Escogidas*, 171–21. Jaén: Universidad de Jaén.

Acién Almansa and Vallejo Triano 1998
Acién Almansa, M., and A. Vallejo Triano. "Urbanismo y Estado islámico: De Corduba a Qurṭuba–Madīnat al-Zahrā'. In *Genèse de la ville islamique en al-Andalus et au Maghreb occidental*, edited by P. Cressier, M. García Arenal, and M. Meouak, 107–36. Madrid: Consejo Superior de Investigaciones Científicas.

Aguirre de Cárcer 1999
Aguirre de Cárcer, L. F. "Farmacología andalusí." In *La medicina en al-Andalus*, edited by C. Álvarez de Morales and E. Molina, 173–96. Granada: Fundación el El Legado Andalusí.

Aillet 2010
Aillet, C. *Les Mozarabes: Christianisme, islamisation et arabisation en peninsula Iberique (Ixe–XIIe siècle)*. Madrid: Casa de Velázques.

Al-Bunnāhī 2005
Al-Bunnāhī. *Al-Marqaba al-ʿulyà de al-Nubāhī (La atalaya suprema sobre el cadiazgo y el muftiazgo)*. Edited and translated by A. Cuellas Marqués. Granada: Universidad de Granada Grupo de Investigación "Ciudades Andaluzas bajo el Islam."

Al-Dāya 1987
Al-Dāya, M. R. *Dīwān Ibn ʿAbd Rabbihi*. 2nd ed. Damascus: Dār al-Fikr.

Al-Dāya 1997
Al-Dāya, M. R. *Saʿīd b. Jūdī al-Saʿdī al-Ilbīrī al-Andalusī, aḥad thuwwār al-daʿwa al-ʿarabiyya wa-shuʿarā'i-hā bi-l-Andalus: Sīratu-hu wa-majmūʿ shīʿri-hi*. Beirut: Dār al-Fikr al-Muʿāṣir.

Al-Ḥumaydī 1966
Al-Ḥumaydī. *Jadhwat al-muqtabis*. Cairo: al-Dār al-Miṣriyya li-l-Ta'līf wa-l-Tarŷama.

Al-Maqqarī 1968
Al-Maqqarī. *Nafḥ al-ṭīb min ġuṣn al-Andalus al-raṭīb*. Edited by I. ʿAbbās. 8 vols. Beirut: Dār Ṣādir.

Al-Talli Bardawil 1999
Al-Talli Bardawil, F. *Recherches sur le décor sculpté dans l'architecture civile omeyyade de Syrie (661–750)*. 2 vols. PhD diss., Université de Panthéon-Sorbonne, Paris I.

Al-Tūnjī 1993
Al-Tūnjī, M. *Dīwān Ibn ʿAbd Rabbihi maʿa dirāsa li-ḥayāti-hi wa-shiʿri-hi*. Beirut: Dār al-Kitāb al-ʿArabī.

Al-Zahrāwī 1986
Al-Zahrāwī. *Al-Taṣrīf li-man ʿajiza ʿan al-taʾlīf*. Facsimile ed. Edited by F. Sezgin. 2 vols. Frankfurt am Main: Institute for the History of Arabic-Islamic Science at the Johann Wolfgang Goethe University.

Albarrán 2013
Albarrán, J. *La cruz en la media luna: Los cristianos de al-Andalus; Realidades y percepciones (siglos VIII–XIII); Estado de la cuestión y perspectivas de investigación*. Madrid: Sociedad Española de Estudios Medievales.

Alfonso 2008
Alfonso, E. *Islamic Culture through Jewish Eyes: Al-Andalus from the Tenth to Twelfth Century*. London: Routledge.

Alkuwaifi 2022
Alkuwaifi, A. *El Kitāb al anwāʾ del Kātib ʿArīb ibn Saʿīd*. PhD diss., Universitat de Barcelona. Barcelona: Universitat de Barcelona.

Álvarez de Morales 1991
Álvarez de Morales, C. "Sobre la farmacia de Madīnat al-Zahrā." In *Homenaje al Profesor Jacinto Bosch Vilá*, 1:87–96. Granada: Universidad de Granada.

Anderson 2013
Anderson G. D., *The Islamic Villa in Early Medieval Iberia: Architecture and Court Culture in Umayyad Córdoba*. Burlington, VT: Ashgate.

Anderson 2018
Anderson, G. D. "Aristocratic Residences and the Majlis in Umayyad Córdoba." In *Music, Sound, and Architecture in Islam*, edited by M. Frishkopf and F. Spinetti, 228–54. Austin: University of Texas Press.

Anderson and Rosser-Owen 2015
Anderson, G. D., and M. Rosser-Owen. "Great Ladies and Noble Daughters: Ivories and Women in the Umayyad Court at Córdoba." In *Pearls on a String: Artists, Patrons, and Poets at the Great Islamic Courts*, edited by A. S. Landau, 28–51. Baltimore: Walters Art Museum in association with the University of Washington Press.

Arié 1995
Arié, R. "Un lettré hispano-musulman du Haut Moyen Age: Ibn ʿAbd Rabbih; État de recherches." In *Homenaje al Profesor J. M. Fórneas Besteiro*. Edited by C. Castillo Castillo. Granada: Universidad de Granada.

Arnold 2019
Arnold, F. "The Evolution of Madīnat al-Zahrāʾ as Capital City of the Umayyad Caliphate." *Madrider Mitteilungen* 60: 308–37.

Arvide Cambra 2016
Arvide Cambra, L. M. "Abulcasis al-Zahrawi, the Surgeon of al-Andalus." Special issue, *European Scientific Journal*, May: 240–46.

Ashtor 1974–84
Ashtor, E. *The Jews of Moslem Spain*. 3 vols. Philadelphia: Jewish Publication Society of America.

Ávila 1989
Ávila, M. L. "Las mujeres 'sabias' en al-Andalus." In *La mujer en Al-Andalus: Reflejos históricos de su actividad y categorías sociales*, edited by M. J. Viguera Molins, 139–84. Madrid: Universidad Autónoma de Madrid-Editoriales Andaluzas Unidas.

Ávila 2002
Ávila, M. L. "The Search for Knowledge: Andalusi Scholars and Their Travels to the Islamic East." *Medieval Prosopography* 23: 125–39.

Ávila 2014
Ávila, M. L., and M. Fierro. "Do Caliphs Write? The View from the Islamic West." In *Rulers as Authors in the Islamic World: Knowledge, Authority and Legitimacy*, edited by Fierro, S. Brentjes, and T. Seidensticker, 210–44. Leiden: Brill.

Balaguer 1976
Balaguer, A. *Las emisiones transicionales árabe-musulmanas de Hispania*. Barcelona: Asociacion numismatica española.

Ballestín Navarro 2008
Ballestín Navarro, X. "El cojín de ámbar y la historia de David: Justicia y autoridad en el occidente musulmán en las postrimerías del siglo X." In *El Corán ayer y hoy: Perspectivas actuales sobre el islam: Estudios en honor al profesor Julio Cortés*, edited by M. H. de Larramendi and S. Peña Martín,145–54. Córdoba: Editorial Berenice.

Ballestín Navarro 2020
Ballestín Navarro, X. "Centralization and Consolidation: The Cordoban Umayyads and the Amirids." In Fierro 2020, 37–63.

Balty-Guesdon 1992 (1988)
Balty-Guesdon, M.-G. *Médecins et hommes de science en Espagne Musulmane (IIe/VIIIe-Ve/XIe s.)*. PhD diss., Université de la Sorbonne Nouvelle, 1988. Lille: Université de Lille-Atelier National de Reproduction des Thèses.

Barceló 1975
Barceló, M. "El hiato en las acuñaciones de oro en al-Andalus, 127–316/744(5)–936(7): Los datos fundamentales de un problema." *Moneda y Crédito: Revista de Economía* 132: 33–71.

Barceló 1993
Barceló, M. "*Al-Mulk*, el verde y el blanco: La vajilla califal omeya de *Madīnat al-Zahrā*'. In *La cerámica altomedieval en el sur de al-Andalus: Primer encuentro de Arqueología y Patrimonio*, edited by A. Malpica, 291–300. Granada: Universidad de Granada.

Barceló 2014
Barceló, C. "Epitaph of an ʿAmirī (Cordova 374 H/985 CE)." *Journal of Islamic Archaeology* 1, no. 2: 121–42.

Barceló and Labarta 1988
Barceló, C., and A. Labarta."Ocho relojes de sol hispano-musulmanes." *Al-Qanṭara* 9, no. 2: 231–48.

Bargebuhr 1968
Bargebuhr, F. *The Alhambra: A Cycle of Studies on the Eleventh Century in Moorish Spain*. Berlin: Walter de Gruyter.

Bariani 2003
Bariani, L. *Almanzor*. San Sebastián: Nerea.

Bariani 2005
Bariani, L. "¿Fue Subh 'la plus chère des femmes fécondes?': Consideraciones sobre la dedicatoria de las arquetas califales del Instituto Valencia de Don Juan y de la iglesia de Santa María de Fitero." *Al-Qanṭara* 26, no. 2: 299–316.

Bates 1992
Bates, M. L. "The Coinage of Spain under the Umayyad Caliphs of the East, 711–750." In *III Jarique de Numismática Hispano-Arabe*, edited by C. Alfaro Asíns and Ignacio Sáenz-Diéz, 271–89. Madrid: Museo Arqueológico Nacional and Museu Casa de la Moneda.

Bellver 2020
Bellver, J. "The Beginnings of Rational Theology in al-Andalus: Ibn Masarra and His *Refutation of al-Kindī's On First Philosophy*." *Al-Qanṭara* 41, no. 2: 323–71.

Beltrán 1988–90
Beltrán, J. "La colección arqueológica de época romana aparecida en Madinat alZahra." *Cuadernos de Madinat al-Zahra* 2: 109–26.

Beltrán 1993
Beltrán, J. "Hermeraclae hispanos." In *Estudios dedicados a Alberto Balil: In memorian*, 163–74. Málaga: Universidad de Málaga.

Beltrán 1999
Beltrán, J. *Los sarcófagos romanos de la Bética con decoración de tema pagano*. Málaga: Universidad de Málaga.

Beltrán 2006
Beltrán, J., M. A. García, and P. Rodríguez. *Los sarcófagos romanos de Andalucía: Corpus de esculturas del Imperio Romano*. Murcia: Tabularium.

Beltrán Fortes 1988–90
Beltrán Fortes, J. "La colección arqueológica de Época Romana aparecida en Madīnat al-Zahrā' (Córdoba)." *Cuadernos de Madīnat al-Zahrā'* 2: 109–26.

Ben Haián de Córdoba 1999
Ben Haián de Córdoba. *Muqtabis II: Anales de los emires de Córdoba Alhaquem I (180–206 H. / 796–822 J. C.) y Abderramán II (206–232 J. C.)*. Madrid: Real Academia de la Historia.

Ben Tāwīt 1978
Ben Tāwīt, M. *Shiʿr Ibn ʿAbd Rabbihi*. Dār al-Bayḍā': Maṭbūʿāt Dār al-Maghrib li-l-Ta'līf wa-l-Tarjama wa-l-Nashr.

Berlekamp 2011
Berlekamp, P. *Wonder, Image, and Cosmos in Medieval Islam*. New Haven, CT: Yale University Press.

Blair 1998
Blair, S. *Islamic Inscriptions*. Edinburgh: University Press.

Bos 2011
Bos, G. *Novel Medical and General Hebrew Terminology from the 13th Century*. Vol. 1. Oxford: Oxford University Press.

Bos 2019
Bos, G. *Novel Medical and General Hebrew Terminology from the 13th Century*. Vol. 4. Leiden: Brill.

Bos, Hussein, Mensching, and Savelsberg 2011
Bos, G., M. Hussein, G. Mensching, and F. Savelsberg, eds. *Medical Synonym Lists from Medieval Provence: Shem Tov ben Isaac of Tortosa, Sefer ha-Shimmush, Book 29; 1. Edition and Commentary of List 1 (Hebrew, Arabic, Romance/Latin)*. Leiden: Brill.

Brett 2001
Brett, M. *The Rise of the Fatimids: The World of the Mediterranean and the Middle East in the Fourth Century of the Hijra, Tenth Century CE*. Leiden: Brill.

Bulliet 1979
Bulliet, R. W. *Conversion to Islam in the Medieval Period: An Essay in Quantitative History*. Cambridge, MA: Harvard University Press.

Bürgel 2016
Bürgel, J. Ch. *Ärztliches Leben und Denken im arabischen Mittelalter*. Leiden: Brill.

Calvo Capilla 2012
Calvo Capilla, S. "Madinat al-Zahra' y la observación del tiempo: El renacer de la Antigüedad en la Córdoba del siglo X." *Anales de Historia del Arte* 22, no. 2: 131–60.

Calvo Capilla 2014
Calvo, S. "The Reuse of Classical Antiquity in the Palace of Madīnat al-Zahra and Its Role in the Construction of Caliphal Legitimacy." *Muqarnas* 31, no. 1 : 1–33.

Camacho Cruz 2018
Camacho Cruz, C. "Evolución del parcelario doméstico y su interacción con la trama urbana: El caso de los arabales califales de Córdoba." *Arqueología y Territorio Medieval* 25: 29–65.

Camacho Cruz and Valera 2023
Camacho Cruz, C., and R. Valera. "Algunos apuntes sobre ajuar cerámico califal: Las cerámicas de Madīnat Qurṭuba (Córdoba) y Madīnat al-Zahrā'." *Antiquitas* 35: 109–33.

Cano Piedra 1996
Cano Piedra, C. *La cerámica verde y manganeso de Madīnat al-Zahrā'*. Granada: El Legado Andalusí.

Canto García 1986–87
Canto García, A. "Los ashab al-sikka de Abd al-Rahman III según Ibn Hayyan y el testimonio de las monedas." *Cuadernos de Prehistoria y Arqueología* 13–14: 271–76.

Canto García 1991
Canto García, A. "De la ceca al-Andalus a la de Madīnat al-Zahrā'." *Cuadernos de Madīnat al-Zahrā'* 3: 111–22.

Canto García 2001a
Canto García, A. "Las cecas: Al-Andalus y Madīnat al-Zahrā'." In *El esplendor de los omeyas cordobeses: Estudios*, coordinated by M.J. Viguera and C. Castillo, 417–23. Barcelona: Junta de Andalucía. Consejería de Cultura, and Fundación El Legado Andalusí.

Canto García 2001b
Canto, A. "Tesoro de Ermita Nueva (Alcalá la Real)." In López and Vallejo 2001, 227–28.

Canto García 2006
Canto García, A. *Hallazgo de monedas califales de Haza del Carmen (Córdoba)*. Monografías del Museo Arqueológico de Córdoba 2. Córdoba: Museo Arqueológico de Córdoba.

Canto García 2007
Canto, A. "Joyas del hallazgo del Cortijo de la Mora: Lucena; Córdoba 1964." In *Maskukat: Tesoros de monedas andalusíes en el Museo Arqueológico de Córdoba; Catálogo de la exposición enero–marzo 2007*, 9–40. Córdoba: Consejería de Cultura.

Canto García 2011
Canto García, A. "Las monedas de la conquista." In *711: Arqueología e historia entre dos mundos*, 135–46. Madrid: Museo Arqueológico Regional and Alcalá de Henares.

Canto García and Escudero Martín 2007
Canto García, A., and F. Escudero Martín. "El hallazgo de moneda califal de Fontanar (Córdoba)." *Documenta et Instrumenta* 5: 129–56.

Canto García and Ibrahim 2004
Canto García, A., and T. Ibrahim. *Moneda andalusí: La colección del Museo Casa de la Moneda*. Madrid: Ibersaf.

Canto García, Cressier, and Grañeda 2008
Canto García, A., P. Cressier, and P. Grañeda, eds. *Minas y minería en al-Andalus y Magreb Occidental: Explotación y poblamiento*. Madrid: Casa de Velázquez.

Cardoso 2023
Cardoso, E. *The Door of the Caliph: Concepts of the Court in the Umayyad Caliphate of al-Andalus*. New York: Routledge.

Carriedo Tejedo 2015
Carriedo Tejedo, M. "Un sol esplendoroso en León: El judio Hasday de Córdoba (941–956)." *Estudios Humanísticos: Historia* 7: 21–60.

Casulleras 2007
Casulleras, J. "Majrīṭī, Abū l-Qāsim." *Biographical Encyclopaedia of Astronomers*, edited by T. Hockey and V. Trimble, 2: 727–28. New York: Springer.

Catalán and De Andrés 1975
Catalán, D., and M. S. De Andrés, eds. *Crónica del moro Rasis*. Madrid: Cátedra.

Channing 1778
Channing, J. *Albucasis De chirurgia: Arabice et latine*. Oxford: Clarendon.

Christys 2002
Christys, A. *Christians in al-Andalus (711–1000)*. Baskerville: Curzon.

Continente 1969
Continente, J. M. "Abū Marwān al-Ŷazīrī, poeta ʿĀmirí." *Al-Andalus* 34, no. 1: 123–41.

Coope 2017
Coope, J. A. *The Most Noble of People: Religious, Ethnic, and Gender Identity in Muslim Spain*. Ann Arbor: University of Michigan Press.

Corriente 2008
Corriente, F. "Coptic Loanwords of Egyptian Arabic in Comparison with the Parallel Case of Romance Loanwords in Andalusi Arabic, with the True Egyptian Etymon of al-Andalus." *Collectanea Christiana Orientalia* 5: 115–18.

Cressier 1984
Cressier, P. "Les chapiteaux de la grande mosquée de Cordoue (oratoires d'ʿAbd ar-Raḥmān I et d'ʿAbd ar-Raḥmān II) et la sculpture de chapiteaux à l'époque émirale: Première partie." *Madrider Mitteilungen* 25: 216–81.

Cressier 1995
Cressier, P. "Los capiteles del Salón Rico: Un aspecto del discurso arquitectónico califal." In Vallejo Triano 1995b, 84–106.

Cressier 2004
Cressier, P. "Historias de capiteles: ¿Hubo talleres provinciales califales?" *Cuadernos de Madīnat al-Zahrā'* 5: 177–96.

Cressier and Cantero Sosa 1995
Cressier, P., and M. Cantero Sosa. "Diffusion et remploi des chapiteaux omeyyades après la chute du califat de Cordoue: Politique architecturale et architecture politique." In *VIème Colloque international: L'Afrique du Nord antique et médiévale; Productions et exportations africaines; Actualités archéologiques*, 159–74. Paris: CTHS.

Cressier, Gilotte, and Martínez Núñez 2023
Cressier, P., S. Gilotte, and M. A. Martínez Núñez. "Le *ṣāḥib al-ṭirāz* contrôlait-il aussi la sculpture monumentale sous le califat de Cordoue? L'apport d'un chapiteau califal omeyyade inédit." In *Mers et rivages de l'Islam: De l'Atlantique à la Méditerranée: Mélanges offerts à Christophe Picard*, edited by A. Bill, A. Borrut, Y. Dejugnat, C. Rhoné-Quer, and J. Vanz, 367–84. Paris: Éditions de la Sorbonne.

Di Branco 2009
Dibranco, M. *Storie arabe di Greci e di Romani: La Grecia e Roma negli storici arabi medieval*. Pisa: PLUS-Pisa University Press.

Díaz de Monasterioguren 2022 Díaz de Monasterioguren, A. "Las joyas de la Amarguilla y otros tesoros del siglo X." *Además de: Revista on line de artes decorativas y diseño* 8: 93–114.

EI2 1954–2004
Encyclopaedia of Islam. 2nd ed. Leiden: Brill.

EI3 2007–
The Encyclopaedia of Islam Three. Leiden: Brill.

El-Cheikh 2014
El-Cheikh, N. M. "The Chamberlains." In *Crisis and Continuity at the Abbasid Court: Formal and Informal Politics in the Caliphate of al-Muqtadir (295–320/908–32)*, by M. Van Berkel et al., 143–64. Leiden: Brill.

Elices 2020a
Elices, J. "Escultura Clássica em Madīnat al-Zahrā': *Exemplum et spolia* no contexto islâmico." *Heródoto* 5, no. 2: 99–132.

Elices 2020b
Elices, J. *Respeto o barbarie: El islam ante la Antigüedad de al-Andalus a DAESH*. Madrid: Marcial Pons.

Elices 2021
Elices, J. *Antigüedad y legitimación política en la Alta Edad Media peninsular (siglos VIII–X)*. Seville: Editorial Universidad de Sevilla.

Elices 2022
Elices, J. "Pagan Statues in Islamic Context: Iconotropy in Tenth-Century al-Andalus." In *Iconotropy and Cult Images from the Ancient to Modern World*, edited by J. T. García and S. Sáenz-López Pérez, 118–41. London: Routledge.

Escudero 1991
Escudero, J. "La cerámica decorada en verde y manganeso de Madīnat al-Zahrā'." *Cuadernos de Madīnat al-Zahrā'* 2: 127–64.

Ewert 1996
Ewert, C. *Die Dekorelemente der Wandfelder im Reichen Saal von Madīnat az-Zahrā': Eine Studie zum westumaiyadischen Bauschmuck des hohen 10 Jahrhunderts*. Mainz am Rhein: P. von Zabern.

Ewert and Wisshack 1981
Ewert, C., and J.-P. Wisshack. *Forschungen zur almohadischen Moschee*. Vol. 1, *Vorstufen*. Madrider Beiträge 9. Mainz: Philipp von Zabern.

Farmer 1997
Farmer, H. G. "Music: The Priceless Jewel" (1941). In *Studies in Oriental Music*, edited by E. Neubauer, vol 1. Frankfurt: Institute for the History of Arabic-Islamic Science at the Johann Wolfgang Goethe University, Frankfurt am Main.

Ferrandis 1935
Ferrandis, J. *Marfiles árabes de occidente*. Vol. 1. Madrid: E. Maestre.

Fierro 1996
Fierro, M. "Bāṭinism in al-Andalus: Maslama b. Qāsim al-Qurṭubī (d. 353/964), author of the *Rutbat al-Ḥakīm* and the *Ghāyat al-Ḥakīm* (*Picatrix*)." *Studia Islamica* 84: 87–112.

Fierro 2004
Fierro, M. "Violencia, política y religión en al-Andalus durante el s. IV/X: El reinado de ʿAbd al-Raḥmān III." *De muerte violenta: Política, religión y violencia en al-Andalus*, edited by Fierro, 36–101. Estudios onomástico-biográficos de Al-Andalus 14. Madrid: Consejo Superior de Investigaciones Científicas.

Fierro 2005
Fierro, M. *ʿAbd Al-Rahman III: The First Cordoban Caliph*. London: One World.

Fierro 2012
Fierro, M. "Plants, Mary the Copt, Abraham, Donkeys and Knowledge: Again on Bāṭinism during the Umayyad Caliphate in al-Andalus." In *Differenz und Dynamik im Islam: Festschrift für Heinz Halm zum 70. Geburtstag*, edited by H. Biesterfeldt and V. Klemm, 124–44. Würzburg: Ergon-Verl.

Fierro 2013
Fierro, M. "Heresy and Political Legitimacy in al-Andalus." In *Heresy and the Making of European Culture: Medieval and Modern Perspectives*, edited by A. P. Roach and J. R. Simpson, 52–76. Farnham-Burlington: Ashgate.

Fierro 2019
Fierro, M. *Historia de los autores y transmisores Andalusíes*. Madrid: CSIC. https://www.eea.csic.es/red/hata/disciplina.php?dis=10&pag=1&pag_o=1

Fierro 2020
Fierro, M., ed. *The Routledge Handbook of Muslim Iberia*. Abingdon, Oxon: Routledge.

Fierro 2024
Fierro, M. "If She Is a Woman, She Will Be Christian: Religious Affiliation in Some Mixed Marriages in Islamic Societies." *Anaquel de Estudios Árabes* 15: 1–7.

Fierro and Tolan 2013
Fierro, M., and J. Tolan, eds. *The Legal Status of dimmi-s in the Islamic West*. Turnhout: Brepols.

Forcada 1993
Forcada, M. *Ibn ʿĀṣim (m. 403/1013): Kitāb al-anwāʾ wa-l-azmina, al-qawl fī l-šuhūr.* Barcelona: Institut Millàs Vallicrosa d'Història de la Ciència Àrab-Consejo Superior de Investigaciones Científicas.

Forcada 2000a
Forcada, M. "Astrology and Folk Astronomy: the *Mukhtasar min al-Anwāʾ* of Aḥmad ibn Fāris!" *Suhayl* 1: 107–205.

Forcada 2000b
Forcada, M. "The *Kitāb al-Anwāʾ* of ʿArīb b. Saʿid and the Calendar of Cordova." In *Sic itur ad astra: Studien zur Geschichte der Mathematik und Naturwissenschaften; Festschrift für den Arabisten Paul Kunitzsch zum 70*, edited by M. Folkerts and R. Lorch, 234–51 Wiesbaden: Geburtsta.

Forcada 2004
Forcada, M. "Ibn Fāris, Aḥmad." In Lirola Delgado and Puerta Vílchez 2004, 3:149–50.

Forcada 2004–5
Forcada, M. "Astronomy, Astrology and the Sciences of the Ancients in Early al-Andalus (2nd/8th–3rd/9th Centuries)." *Zeitschrift für Geschichte der Arabisch-Islamischen Wissenschaften* 16: 1–74.

Forcada 2017
Forcada, M. "Books from Abroad: The Evolution of Science and Philosophy in Umayyad Al-Andalus." *Intellectual History of the Islamicate World* 5, no. 1: 55–85.

Forcada 2022
Forcada, M. "Ibn ʿAbd Rabbihi: Adab and the Rational Sciences." In *Connected Stories: Transmissions of Knowledge between East and West in the Pre-Modern Islamic World*," edited by M. Meouak and C. de la Puente, 131–55. New York: De Gruyter.

Forcada 2025
Forcada, M. "Rational and More Than Rational Sciences in the Umayyad Caliphate: Dialog, Debate, and Confrontation." Special issue, *Power, Religion, and Wisdom: Orthodoxy and Heterodoxy in al-Andalus and Beyond*, edited by G. de Callataÿ and S. Moureau. *Micrologus: Nature, Science and Medieval Societies* 33.

Frochoso Sánchez 1995
Frochoso Sánchez, R. *Las monedas califales de ceca Al-Andalus y Madīnat al-Zahrāʾ, 316–403 H, 928–1013 J.C.* Córdoba: Consejería de Cultura de la Junta de Andalucía and Obra Social y Cultural de Cajasur.

Gallego 2003
Gallego, M. A. "The Languages of Medieval Iberia and Their Religious Dimension." *Medieval Encounters* 9: 107–39.

García Gómez 1978
García Gómez, E. *El libro de las banderas de los campeones de Ibn Saʿīd al-Magribī: Antología de poemas arábigoandaluces*. Barcelona: Seix Barral.

García Sanjuán 2013
García Sanjuán, A. *La conquista islámica de la Península Ibérica y la tergiversación del pasado: Del catastrofismo al negacionismo*. Madrid: Marcial Pons.

García Sanjuán 2020
García Sanjuán, A. "Daily Life and Popular Culture." In Fierro 2020, 513–31.

Garulo 1986
Garulo, T. *Dīwān de las poetisas de al-Andalus*. Madrid: Hiperión.

Garulo 2004
Garulo, T. "Ibn Huḏayl al-Tamīmī, Yaḥyà." In Lirola Delgado and Puerta Vílchez 2004, 480–82.

Garulo 2012
Garulo, T. "Ibn Badr, Ismāʿīl." In Lirola Delgado and Puerta Vílchez 2012, appendix, 141–43.

Garulo 2023
Garulo, T. "La corte literaria de al-Zāhira." *Al-Mulk* (Cordoba) 21: 99–135.

Gil, Moralejo, and Ruiz de la Peña 1986
Gil, J., J. L. Moralejo, and J. I. Ruiz de la Peña, eds. *Crónicas asturianas.* Oviedo: Universidad de Oviedo.

Gisbert 2000
Gisbert, J. A. *Cerámica Califal de Denia*. Alicante: Vicerrectorado de Extensión Universitaria.

Gómez Moreno 1927
Gómez Moreno, M. "Los marfiles cordobeses y su derivación." *Archivo Español de Arte y Arqueología* 3, no. 9: 233–43.

Gómez Moreno 1951
Gómez Moreno, M. "Joyería." In *El arte árabe español hasta los Almohades: Arte Mozárabe*, 338–41. Ars Hispaniae 3. Madrid: Plus-Ultra.

González 2020
González, V. "Aporia en Umayyad Art or the Degree Zero of the Visual Forms' Meaning in Early Islam." *Journal of Material Cultures in the Muslim World* 1: 6–33.

Gordon et al. 2018
Gordon, M. S., Ch. Robinson, E. K. Rowson, and M. Fishbein. *The Works of Ibn Wāḍiḥ al-Ya'qūbī: An English Translation*. Leiden: Brill.

Grabar 1996
Grabar, O. *The Shape of the Holy: Early Islamic Jerusalem*. Princeton, NJ: Princeton University Press.

Gragueb Chatti 2011
Gragueb Chatti, S. "La céramique vert et brun a fond blanc de Raqqada." In *La céramique maghrébine du haut Moyen Âge (VIIIe–Xe siècle): Etat des recherches, problèmes et prespectives*, edited by P. Cressier and E. Fentress, 181–95. Rome: Collectión de l'Ecole Française de Rome.

Guérin 2016
Guérin S. M. "The Tusk: Origins of the Raw Material for the Salerno Ivories." In *The Salerno Ivories: Objects, Histories, Contexts*, edited by F. Dell'Acqua et al., 21–29. Berlin: Reimer Verlag-Gebr. Mann.

Gutas 1998
Gutas, D. *Greek Thought, Arabic Culture: The Graeco-Arabic Translation Movement in Baghdad and Early 'Abbasaid Society (2nd–4th/5th–10th centuries)*. London: Routledge.

Hamarneh 1962
Hamarneh S. "The Rise of Professional Pharmacy in Islam." *Medical History* 6: 59–66.

Hamarneh 1965
Hamarneh S. "The First Known Independent Treatise on Cosmetology in Spain." *Bulletin of the History of Medicine* 39: 309–25.

Hamarneh and Sonnedecker 1963
Hamarneh, S. K., and G. Sonnedecker. *A Pharmaceutical View of Abulcasis al-Zahrāwī in Moorish Spain, with Special Reference to the "Adhān."* Leiden: Brill.

Haro Gutiérrez 2004
Haro Gutiérrez, A. B. "Conjunto de Charilla, un nuevo estudio." *Arqueología y Territorio Medieval* 11, no. 1: 115–24.

Hernández 2018
Hernández, A. *Catálogo razonado de los astrolabios de la España medieval*. Madrid: La Ergástula.

Hernández Giménez 1985
Hernández Giménez, F., *Madīnat al-Zahrā': Arquitectura y decoración*. Granada: Patronato de la Alhambra y Generalife.

Hinds 1993
Hinds, M. "*Mihna*." In *EI2*, 7:2–6.

Ibn 'Abd al-Mālik al-Marrākushī 2012
Ibn 'Abd al-Mālik al-Marrākushī. *Al-Dhayl wa-l-takmila (al-mujallad al-khāmis, sifr al-thāmin)*. Edited by I. 'Abbās, M. ibn Sharīfa, and B. 'Awād Ma'rūf. Tunis: Dār al-Gharb al-Islāmī.

Ibn Abī Uṣaybi'a 2020a
Ibn Abī Uṣaybi'a. *A Literary History of Medicine: The* 'Uyūn al-anbā' fī ṭabaqāt al-aṭibbā' *of Ibn Abī Uṣaybi'ah*. Edited and translated by E. Savage-Smith, S. Swain, and G. J. van Gelder. 5 vols. Leiden: Brill. https://doi.org/10.1163/37704_0668IbnAbiUsaibia.Tabaqatalatibba.lhom-tr-eng1

Ibn Abī Uṣaybi'a 2020b
Ibn Abī Uṣaybi'a.*'Uyūn al-anbā' fī ṭabaqāt al-aṭibbā'*. Edited by E. Savage-Smith, S. Swain, and G. J. van Gelder. Leiden: Brill. https://scholarlyeditions.brill.com/reader/urn:cts:arabicLit:0668IbnAbiUsaibia.Tabaqatalatibba.lhom-tr-eng1:13.36-13.40

Ibn al-Abbār 1985
Ibn al-Abbār. *Al-Hulla al-siyarā'*. Edited by Ḥ. Mu'nis. 2 vols. Beirut: Dār al-Ma'ārif.

Ibn al-Faraḍī 1989
Ibn al-Faraḍī. *Tārīkh 'ulamā' al-Andalus*. Edited by I. al-Abyārī. Vol. 1. Cairo: Dār al-Kitāb al-Miṣrī- Dār al-Kitāb al-Lubnānī.

Ibn al-Jaṭīb 1975
Ibn al-Jaṭīb. *Al-Iḥāṭa fī ajbār Garnāṭa*. Edited by M. 'A. 'Inān. 4 vols. Cairo: Dār al-Ma'ārif.

Ibn al-Kattānī 1966
Ibn al-Kattānī. *Kitāb al-tashbīhāt min ash'ār ahl al-Andalus*. Edited by I. 'Abbās. Beirut: Dār al-Thaqāfa.

Ibn Bashkuwāl 1966
Ibn Bashkuwāl. *Kitāb al-Ṣila*. 2 vols. Cairo: al-Dār al-Miṣriyya li-l-ta'līf wa-l-tarjama.

Ibn Bashkuwāl 1989
Ibn Bashkuwāl. *Kitāb al-Ṣila*. Edited by I. al-Abyārī. Cairo: Dār al-Kitāb al-Miṣrī-Dār al-Kitāb al-Lubnānī.

Ibn Ḥabīb 1991
Ibn Ḥabīb. *Kitāb al-taʿrīj*. Edited by J. Aguadé. Madrid: CSIC.

Ibn Ḥawqal 1971
Ibn Ḥawqal. *Configuración del mundo (Fragmentos alusivos al Magreb y España)*, translated and indexed by M. J. Romani Suay. Valencia: Anubar.

Ibn Ḥayyān 1937
Ibn Ḥayyān. *Muqtabis 3*. Edited by M. Martínez Antuña. Paris: Librairie Orientaliste Paul Geuthner.

Ibn Ḥayyān 1965
Ibn Ḥayyān. *Muqtabis 7*. Edited by ʿAbd al-Raḥmān ʿAlī al-Ḥajjī. Beirut: Dār al-Thaqāfa.

Ibn Ḥayyān 1967
Ibn Ḥayyān. *Muqtabis 7*. Translated by E. García Gómez. Madrid: Sociedad de Estudios y Publicaciones.

Ibn Ḥayyān 1968
Ibn Ḥayyān. *Risāla fī faḍl al-Andalus (Al-Maqqarī, Nafḥ al-ṭīb)*. Edited by I. ʿAbbās. Beirut: Dār Ṣādir.

Ibn Ḥayyān 1979
Ibn Ḥayyān. *Muqtabis 5*. Edited by P. Chalmeta, F. Corriente, and M. Ṣubḥ. Madrid: Instituto Hispano-Árabe de Cultura.

Ibn Ḥayyān 1981
Ibn Ḥayyān. *Muqtabis 5*. Translated by M. J. Viguera and F. Corriente. Zaragoza: Anubar-Instituto Hispano-Árabe de Cultura.

Ibn Ḥayyān 1983
Ibn Ḥayyān. *Al-Muqtabas*. Edited by ʿA. R. ʿA. al-Ḥajjī. Beirut: Dār al-thaqāfa.

Ibn Ḥayyān 1999
Ibn Ḥayyān. *Muqtabis 2-1*. Madrid: Real Academia de la Historia.

Ibn Ḥayyān 2001a
Ibn Ḥayyān. *Muqtabis 2-1*. Translated by Maḥmūd Alī Makkī and F. Corriente. Zaragoza: Instituto de Estudios Islámicos y del Oriente Próximo.

Ibn Ḥayyān 2001b
Ibn Ḥayyān. *Muqtabis 2-2*. Translated by Maḥmūd Alī Makkī and F. Corriente. Zaragoza: Instituto de Estudios Islámicos y del Oriente Próximo.

Ibn Ḥayyān 2002
Ibn Ḥayyān. *Al-Sifr al-thānī min Kitāb al-Muqtabis*. Edited by Maḥmūd ʿAlī Makkī. Riyāḍ: Markaz al-Malik Fayṣal li-l-Buḥūth wa-l-Dirāsāt al-Islāmiyya.

Ibn Ḥayyān 2006
Ibn Ḥayyān. *Muqtabis 7*. Edited by Ṣalāḥ al-Dīn al-Hawwārī. Ṣaydā-Beirut: al-Maktaba al-ʿAṣriyya.

Ibn Ḥazm 1982
Ibn Ḥazm. *Jamhara ansāb al-ʿarab*. Edited by ʿAbd al-Salām Muḥammad Hārūn. Beirut: Dār al-Maʿārif.

Ibn ʿIḏārī 1948–51
Ibn ʿIḏārī, M. *Kitāb al-bayān al-muġrib fī aḫbār al-Andalus wa-l-Maġrib*. Edited by G. S. Colin and É. Lévi-Provençal. Leiden: Brill.

Ibn ʿIḏārī 1953
Ibn ʿIḏārī, M. *Kitāb al-bayān: Los Almohades*. Edited and translated by A. Huici Miranda. Tetuán: Instituto General Franco de Estudios e Investigacion Hispano-Arabe.

Ibn ʿIḏārī 1993
Ibn ʿIḏārī, M. *La caída del califato de Córdoba y los reyes de Taifas (al Bayān al-Mugrib)*. Translated by F. Maíllo Salgado. Salamanca: Universidad de Salamanca.

Ibn ʿIḏārī 2013
Ibn ʿIḏārī. *Al-Bayān al-mughrib*. Edited by B. ʿA. Maʿrūf and M. B. ʿAwwād. Vol. 2. Tūnis: Dār al-Gharb al-Islāmī.

Ibn Juljul 1955
Ibn Juljul. *Ṭabaqāt al-aṭibbāʾ wa-l-ḥukamaʾ*. Edited by F. Sayyid. Cairo: Institut Français d'Archéologie Orientale.

Ibn Qutayba 1925
Ibn Qutayba. *ʿUyūn al-akhbār*. Vol. 2. Cairo: Dār al-Kutub al-Miṣriyya.

Ibrahim and Canto 1997
Ibrahim, T., and A. Canto. *Moneda andalusí en La Alhambra*. Granada: Patronato de la Alhambra y Generalife.

Ibrahim and Gaspariño 2016
Ibrahim, T., and S. Gaspariño. "The Dirhams (and Dinars) Issued during the Umayyad Emirate and the Caliphate in al-Andalus According to the Index of Vives." *Mancuso* 5 (December): 17–28.

Ibrahim and Pliego Vázquez 2020
Ibrahim, T., and R. Pliego Vázquez. "The Coins of al-Andalus: Ideological Evolution and Historical Context." In Fierro 2020, 171–86.

Jonson 2014
Jonson, T. "A Numismatic History of the Early Islamic Precious Metal Coinage of North Africa and the Iberian Peninsula." 2 vols. PhD diss., Faculty of Oriental Studies, University of Oxford.

Käs 2010
Käs, F. *Die Mineralien in der arabischen Pharmakognosie*. Wiesbaden: Harrassowitz.

Käs 2022
Käs, F. "Medical Instruments." In *Routledge Handbook on the Sciences in Islamicate Societies: Practices from the 2nd/8th to the 13th/19th centuries*, edited by S. Brentjes, 502–11. London: Routledge.

Kennedy 2016
Kennedy, H. *Caliphate: The History of an Idea*. New York: Basic Books.

King 2008
King, A. "Importance of Imported Aromatics in Arabic Culture: Illustrations from Pre-Islamic and Early Islamic Poetry." *Journal of Near Eastern Studies* 67, no. 3: 175–89.

A. King 2011
King, A. "Tibetan Musk and Medieval Arab Perfumery." In *Islam and Tibet: Interactions along the Musk Routes*, edited by A. Akasoy A., C. Burnett, and R. Yoeli-Tlalim, 145–62. Farnham: Ashgate.

King 1992
King, D. A. "Los cuadrantes solares andalusíes." In *El legado científico andalusí*, edited by J. Vernet and J. Samsó, 89–102. Madrid: Ministerio de Cultura y Deporte.

King 2011
King, D. A. *Astrolabes from Medieval Europe*. Ashgate-Variorum: Farnham-Burlington.

King 2018–19
King, D. A. "The Enigmatic Orientation of the Great Mosque of Córdoba." *Suhayl* 16–17: 33–111.

Kuhne Bravant 1980
Kuhne Bravant, Rosa. "La Urŷuza fī-l-ṭibb de Saʿīd Ibn ʿAbd Rabbihi. *Al-Qantara* 1: 279–338.

Kühnel 1971
Kühnel, E. *Die islamischen Elfenbeinskulpturen, 8.–13. Jh.* Berlin: Deutscher Verlag für Kunstwissenschaft.

Labarta 2015
Labarta, A. "La arqueta de Hišām: Su epigrafía." *Symma* 6: 1–24.

Labarta 2017
Labarta, A. *Anillos de la Península Ibérica, 711–1611*. Valencia: Alhorí.

Labarta 2019
Labarta, A. "El tesorillo andalusí de joyas de Castuera (Badajoz)." *Revista de Estudios Extremeños* 75, no. 3: 783–802.

Labarta 2021a
Labarta, A. "Las joyas de época califal de Castuera: Pulseras y pendientes." In *Actas VI Congreso de Arqueología Medieval (España-Portugal) Alicante, 2019*, edited by M. Retuerce, 527–32. Ciudad Real: AEAM.

Labarta 2021b
Labarta, A. "Joyas medievales en Murcia." *Tudmīr* 6: 81–122.

Labarta and Barceló 1988
Labarta, A., and C. Barceló. "Ocho relojes de sol hispano-musulmanes." *Al-Qanṭara* 8, no. 2: 231–48.

Leclerc 1861
Leclerc, L. *La chirurgie d'Abulcasis*. Paris: Baillière.

León Muñoz and Montejo Córdoba 2023
León Muñoz, A., and A. J. Montejo Córdoba. "The Medina: The Old City of Córdoba." In *A Companion to Late Antique and Medieval Islamic Córdoba: Capital of Roman Baetica and Caliphate of al-Andalus*, edited by A. Monterroso Checa and J. P. Monferrer Sala, 186–220. Leiden: Brill.

Lévi-Provençal 1931
Lévi-Provençal, É. *Inscriptions arabes d'Espagne, avec quarante-quatre planches en phototypie*. 2 vols. Leiden: E. J. Brill.

Lirola Delgado 2004
Lirola Delgado, J. "Ibn Idrīs al-Jālidī, Abū ʿUṯmān." In Lirola Delgado and Puerta Vílchez 2004, 3:492–94.

Lirola Delgado and Puerta Vílchez 2004–17
Lirola Delgado, J., and J. M. Puerta Vílchez, eds. *Biblioteca de al-Andalus*. 10 vols. Almería: Fundación Ibn Tufayl de Estudios Árabes.

López and Vallejo 2001
López, R., and A. Vallejo, eds. *El esplendor de los Omeyas cordobeses: La civilización musulmana de Europa Occidental; Exposición en Madīnat al-Zahrāʾ 3 de mayo a 30 de septiembre de 2001; Catálogo de piezas*. Granada: Junta de Andalucía, Consejería de Cultura; Fundación El Legado Andalusí.

Makki 1963–64
Makki, M. ʿA. "Ensayo sobre las aportaciones orientales en la España musulmana." *Revista del Instituto Egipcio de Estudios Islámicos en Madrid* 11–12: 7–140.

Manzano Moreno 2006
Manzano Moreno, E. *Conquistadores, emires y califas: Los Omeyas y la formación de al-Andalus*. Barcelona: Crítica.

Manzano Moreno 2010
Manzano Moreno, E. "The Iberian Peninsula and North Africa." In *The Formation of the Islamic World, Sixth to Eleventh Centuries*, edited by Ch. F. Robinson, 581–621. New Cambridge History of Islam 1. Cambridge: Cambridge University Press.

Manzano Moreno 2013
Manzano Moreno, E. "Qurtuba: Some Critical Considerations of the Caliphate of Cordoba and the Myth of *Convivencia*." In *Reflections on Qurtuba in the 21st century*, edited by J. Rosón, 111–32. Madrid: Casa Árabe.

Manzano Moreno 2019
Manzano Moreno, E. *La corte del califa: Cuatro años en la corte de los omeyas*. Barcelona: Crítica.

Manzano Moreno 2023a
Manzano Moreno, E. *The Court of the Caliphate of al-Andalus: Four Years in Umayyad Córdoba*. Translated by J. Roe. Edinburgh: Edinburgh University Press.

Manzano Moreno 2023b
Manzano Moreno, E. "The Tombs of the Umayyad Rulers at the *Rawḍa* of the Alcázar of Córdoba and Their Symbolic Meaning." *Der Islam* 100, no. 2: 467–83.

Marçais 1999
Marçais, G., *L'art musulman*. París: Presses Universitaires de la France.

Marín 1999
Marín, M. "'El Halcón maltés' del arabismo español: El volumen II/1 de *Al-Muqtabis* de Ibn Ḥayyān." *Al-Qanṭara* 20: 543–49.

Marín 2000
Marín, M. *Mujeres en al-Andalus*. Estudios onomástico-biográficos de al-Andalus 11. Madrid: Consejo Superior de Investigaciones Científicas.

Marín 2004
Marín, M. "Comment 1: Symbiosis and Conflict; Reflections on Andalusi History and Historiography." In *Muslim Societies: Historical and Comparative Aspects*, edited by S. Tsugitaka, 156–71. London: Routledge Curzon.

Marsham 2024
Marsham, A. *The Umayyad Empire*. Edinburgh: Edinburgh University Press.

Martín Castellanos 2009
Martín Castellanos, A. J. "Al-Muṣḥafī, Ŷa'far." In Lirola Delgado and Puerta Vílchez 2009, 6: 576–89.

Martín-Serrano 2021
Martín-Serrano, A. "Los talleres de *Madīnat al-Zahrā'* en las fuentes documentales." *Madrider Mitteilungen* 62: 512–43.

Martínez Antuña 1929
Martínez Antuña, M. *La corte literaria de Alhaquen II en Córdoba*. San Lorenzo del Escorial: Real Monasterio del Escorial.

Martínez Núñez 1995
Martínez Núñez, M. A. "La epigrafía del salón de 'Abd al-Raḥmān III." In Vallejo Triano 1995b, 107–52.

Martínez Núñez 1999a
Martínez Núñez, M. A. "Correos y medios de comunicación y propaganda en al-Andalus." In *Aladas palabras: Correos y Comunicaciones en el Mediterráneo*, edited by A. Pérez Jiménez and G. Cruz Andreotti, 133–72. Madrid: Ediciones Cásicas.

Martínez Núñez 1999b
Martínez Núñez, M. A. "Epígrafes a nombre de al-Ḥakam en Madīnat al-Zahrā'." *Cuadernos de Madīnat al-Zahrā'* 4: 83–103.

Martínez Núñez 2008
Martínez Núñez, M. A. "El Corán en los textos epigráficos andalusíes." In *El Corán ayer y hoy: Perspectivas actuales sobre el islam; Estudios en honor al profesor Julio Cortés*, edited by M. Hernando de Larramendi and S. Peña Martín, 125–44. Córdoba: Editorial Berenice.

Martínez Núñez 2015a
Martínez Núñez, M. A. "Epigrafía monumental y élites sociales en al-Andalus." In *Epigrafía árabe y Arqueología Medieval*, edited by A. Malpica Coello and B. Sarr Marroco, 19–60. Granada: Nakla.

Martínez Núñez 2015b
Martínez Núñez, M. A. *Recientes hallazgos epigráficos en Madīnat al-Zahrā' y nueva onomástica relacionada con la dār al-ṣinā'a califal. Anejos de Arqueología y Territorio Medieval* 1. Jaén: Universidad de Jaén.

Martínez Núñez and Acién Almansa 2004
Martínez Núñez, M.A., and M. Acién Almansa. "La epigrafía de Madīnat al-Zahrā'." *Cuadernos de Madīnat al-Zahrā'* 5: 107–58.

Márquez Bueno, Gurriarán Daza, and Martínez Núñez 2021
Márquez Bueno, S., P. Gurriarán Daza, and M. A. Martínez Núñez. *Las portadas monumentales de la arquitectura andalusí y mudéjar: 1, Épocas omeya y taifa (ss. VIII–XI)*. Madrid: El Tercer Sello.

Marwān ibn Janāḥ 2020
Marwān ibn Janāḥ. *On the Nomenclature of Medicinal Drugs (Kitāb al-Talkhīṣ): Edition, Translation and Commentary, with Special Reference to the Ibero-Romance Terminology*. Edited by G. Bos, F. Käs, M. Lübke, and G. Mensching. 2 vols. Leiden: Brill.

Mazzoli-Guintard 1997
Mazzoli-Guintard, C. "Remarques sur le fonctionnement d'une capitale à double polarité: Madīnat al-Zahrā'– Cordoue." *Al-Qanṭara* 18, no. 1: 57–64.

Mazzoli-Guintard 2009
Mazzoli-Guintard, C. "Juifs, chrétiens et musulmans en terre d'Islam: Des quartiers multi-confessionnels dans la Cordoue des Xe-XIe siècles." In *Eglises de l'ouest, églises d'ailleurs : Mélanges en l'honneur de Marcel Launay*, edited by B. Joly and J. Weber, 475–86. Paris: Les Indes savantes.

Meouak 2004
Meouak, M. *Ṣaqāliba, eunuques et esclaves à la conquête du pouvoir: Géographie et histoire des élites politiques "marginales" dans L'Espagne umayyade*. Helsinki: Annales Academiae Scientiarum Fennicae.

Milwright 2001
Milwright, M. "Fixtures and Fittings: The Role of Decoration in Abbasid Palace Design." In *A Medieval Islamic City Reconsidered: An Interdisciplinary Approach to Samarra*, edited by C. Robinson, 79–109. Oxford: Oxford University Press.

Monferrer Sala 2019
Monferrer, J. P. "The Fragmentary Ninth/Tenth Century Andalusi Arabic Translation of the Epistle to the Galatians Revisited (Vat. lat. 12900, olim Seguntinus 150 BC Sigüenza)." *Intellectual History of the Islamicate World* 7: 125–91.

Monferrer Sala 2009
Monferrer Sala, J. P. "Ibn Albar al-Qūṭī." In Lirola Delgado and Puerta Vílchez 2009, 2:87–89.

Monferrer Sala and Pulido 2021
Monferrer Sala, J. P., and L. Bonhome Pulido. *Evangelios de al-Andalus: Bayerische Staatsbibliothek cod.ar. 234*. Corpus Biblicus Arabicus Andalusiacus 7. Madrid: Sindéresis.

Monroe 1971
Monroe, J. T. "The Historical Arjūza of Ibn ʿAbd Rabbihi, a Tenth-Century Hispano-Arabic Epic Poem." *Journal of the American Oriental Society* 91, no. 1: 67–95.

Monroe 1974
Monroe, J. T. *HispanoArabic Poetry: A Student Anthology*. Berkeley: University of California Press.

Morales 2012
Morales, A de. *Las antigüedades de las ciudades de España: Edición crítica del manuscrito por Juan Manuel Abascal*. Madrid: Real Academia de la Historia.

Mottahedeh 1994
Mottahedeh, R. "Some Islamic Views of the Pre-Islamic Past." *Harvard Middle Eastern and Islamic Review* 1, no. 1: 17–26.

Muḥammad ibn Futūḥ Al-Ḥumaydī 2008
Muḥammad ibn Futūḥ Al-Ḥumaydī. *Jadhwat al-muqtabis fī ta'rīkh ʿulamā' al-Andalus*. Edited by B. ʿAwwād Maʿrūf and M. Bashshār ʿAwwād. Tūnis: Dār al-Gharb al-Islāmī.

Mulder 2022
Mulder, S. Introduction to *Imagining Antiquity in Islamic Societies*, edited by Mulder, 1–32. Bristol: Intellect.

Nashef 2016
Nashef, A. "Edición, estudio y traducíon de la Maqāla II de Kitāb al-Taṣrīf . . . de . . . al-Zahrāwī (Abulcasis)." PhD diss., Universidad de Salamanca.

Navarro 1990
Navarro, M. Á. *Risāla fī awqāt al-sana: Un calendario anónimo andalusí*. Granada: Consejo Superior de Investigaciones Científicas.

Navarro i Ortiz 2012
Navarro i Ortiz, E. "Al-Ṭubnī, Muḥammad b. Ḥusayn." In Lirola Delgado and Puerta Vílchez 2012, 7:480.

Nawas 2015
Nawas, J. A. *Al-Ma'mūn, the Inquisition and the Quest for Caliphal Authority*. Atlanta: Lockwood.

Noack-Haley 2004
Noack-Haley, S. "Los capiteles de la mezquita de Madīnat al-Zahrā'." *Cuadernos de Madīnat al-Zahrā'* 5: 413–43.

Northedge 2005
Northedge, A. *The Historical Topography of Samarra*. Samarra Studies 1. London: British School of Archaeology in Iraq and Fondation Max van Berchem.

Ocaña Jiménez 1936
Ocaña Jiménez, M. "Capiteles epigrafiados, de Madīnat al-Zahrā'." *Al-Andalus* 4, no. 1: 155–67.

Ocaña Jiménez 1970
Ocaña Jiménez, M. *El cúfico hispano y su evolución*. Madrid: Instituto Hispano-Árabe de Cultura.

Ocaña Jiménez 1976
Ocaña Jiménez, M. "Ŷaʿfar el eslavo." *Cuadernos de la Alhambra* 12: 217–23.

Ocaña Jiménez 1988–90
Ocaña Jiménez, R. "Inscripciones árabes fundacionales de la mezquita-catedral de Córdoba." *Cuadernos de Madīnat al-Zahrā'* 2: 9–28.

Partearroyo 2007
Partearroyo, C. "Tejidos andalusíes." *Artigrama: Revista del Departamento de Historia del Arte de la Universidad de Zaragoza* 22: 376–81.

Pellat 1961
Pellat, Ck. *Le calendrier de Cordoue publié par R. Dozy: Nouvelle edition accompagnee d'une traduction française annotée.* Leiden: Brill.

Peña 2004
Peña, S. "Al-Qālī, Abū ʿAlī." In Lirola Delgado and Puerta Vílchez 2004, 7:36–43.

Peña Jurado 2010
Peña Jurado, A. *Estudio de la decoración arquitectónica romana y análisis del reaprovechamiento de material en la Mezquita Aljama de Córdoba.* Córdoba: Universidad de Córdoba.

Penelas 2001
Penelas, M. Introduction to *Kitāb Hurūšiyūš (traducción árabe de las "Historiae adversus paganos" de Orosio)*, ed. Penelas, 27–42. Madrid: Consejo Superior de Investigaciones Científicas–Agencia Española de Cooperación Internacional.

Penelas 2001
Penelas, M., ed. *Kitāb Hurūšiyūs: Traducción árabe de las "Historiae adversus paganos" de Orosio.* Madrid: Consejo Superior de Investigaciones Científicas–Agencia Española de Cooperación Internacional.

Pérès 1954
Pérès, H. "Ibn Ḥazm, bibliographe, et apologiste de l'Espagne musulmane." *Al-Andalus* 19: 53–102.

Pérez Grande 2001
Pérez Grande, M. "Tesoro de Loja (Granada)." In López and Vallejo 2001, 225–26.

Pliego Vázquez 2009
Pliego Vázquez, R. *La moneda visigoda: Historia Monetaria del Reino Visigodo (c.569–711)*, Seville: Secretariado de Publicaciones, Universidad de Sevilla.

Prado-Vilar 1997
Prado-Vilar, F. "Circular Visions of Fertility and Punishment: Caliphal Ivory Caskets from al-Andalus." *Muqarnas* 14: 19–41.

Qur'an 2010
The Qur'an. Translated by M. A. S. Abdel-Haleem with parallel Arabic text. Oxford: Oxford University Press.

Ramírez del Río 2002
Ramírez del Río, J. *El libro de las Batallas de los Árabes de Ibn Abd Rabbihi.* Edited and translated by Ramírez del Río. Nuevo Baztán, Madrid: Editorial Boreal.

Retuerce and Zozaya 1986
Retuerce, M. and J. Zozaya. "Variantes geográficas de la cerámica omeya andalusí: Los temas decorativos." In *La cerámica medieval nel Mediterraneo Occidentale*, 69–128. Firenze: Edizioni all'Insegna del Giglio.

Reynolds 2008
Reynolds, D. F. "Al-Maqqarī's Ziryāb: The Making of a Myth." *Middle Eastern Literatures* 11, no. 2 (August): 155–68.

Ribera y Tarragó 2008
Ribera y Tarragó, J. "Bibliófilos y bibliotecas en la España musulmana." In *Libros y enseñanzas en al-Andalus*, 113–50. Prologue by M. J. Viguera Molíns. Pamplona: Urgoiti Editores.

Rius 2000
Rius, M. *La alquibla en al-Andalus y al-Magrib al-Aqsà.* Barcelona: Universitat de Barcelona.

Rius 2003
Rius, M. "La actitud de los emires cordobeses hacia los astrólogos: Entre la adicción y el rechazo." In *Identidades marginales*, edited by C. de la Puente, 517–49. Estudios onomásticos-biográficos de al-Andalus 13. Madrid: Consejo Superior de Investigaciones Científicas.

Roselló-Bordoy 1995
Roselló-Bordoy, G. "La céramique vert et brune en al-Andalus du Xe au XIIIe siècle." In *Le vert & le brun: De Kairouan à Avignon, céramiques du Xe au XVe siècle*, 104–17. Avignon: Musées de Marseille-Réunion des Musées Nationaux.

Roselló-Bordoy 2015
Roselló-Bordoy, G. "Espontaneidad epigráfica: Función, decoración, propiedad a partir de las marcas insertas en cerámica." In *Epigrafía árabe y arqueología medieval*, edited by A. Malpica Cuello and B. Sarr Marocco. Granada: Nakla.

Rosser-Owen 2014
Rosser-Owen, M. "Andalusi Spolia in Medieval Morocco: 'Architectural Politics, Political Architecture.'" *Medieval Encounters* 20, no. 2: 152–98.

Rosser-Owen 2015
Rosser-Owen, M. "Islamic Objects in Christian contexts: Relic Translation and Modes of Transfer in Medieval Iberia." Special issue. *Art In Translation* 7, no. 1 (March): 39–64.

Rosser-Owen 2021
Rosser-Owen, M. *Articulating the* Ḥijāba: *Cultural Patronage and Political Legitimacy in al-Andalus; The ʿĀmirid Regency, c. 970–1010 AD.* Leiden: Brill.

Rouighi 2010
Rouighi, R. "The Andalusi Origins of the Berbers." *Journal of Medieval Iberian Studies* 2, no. 1: 93–108.

Ruggles 1993
Ruggles, D. F. "Arabic Poetry and Architectural Memory in al-Andalus." *Ars Orientalis* 23: 171–78.

Ruggles 2000
Ruggles, D. F. *Gardens, Landscape and Vision in the Palaces of Islamic Spain*. University Park: Pennsylvania State University Press.

Sáenz-Badillos and Targarona Borrás 1988
Sáenz-Badillos, A., and J. Targarona Borrás. *Diccionario de autores judíos (Sefarad. Siglos X–XV)*. Córdoba: Ediciones El Almendro.

Safran 2000
Safran, J. M. *The Second Umayyad Caliphate: The Articulation of Caliphal Legitimacy in al-Andalus*. Cambridge, MA: Harvard University Press.

Safran 2013
Safran, J. M. *Defining Boundaries in al-Andalus: Muslims, Christians and Jews in Islamic Iberia*. Ithaca: Cornell University Press.

Ṣāʿid al-Ṭulayṭulī 1985
Ṣāʿid al-Ṭulayṭulī. *Ṭabaqāt al-umam*. Edited by Ḥ. Bū ʿAlwān. Beirut: Dār al-Ṭalīʿah. Translated by S. I. Salem and A. Kumar as *Science in the Medieval World: Book of the Categories of Nations*, Austin: University of Texas Press, 1991. Translated by F. Maíllo Salgado as *Libro de las categorías de las naciones: Vislumbres desde el Islam clásico sobre la filosofía y la ciencia*, Madrid: Akal, 1999; and by Eloísa Llavero Ruiz as *Historia de la filosofía y de las ciencias, o, Libro de las categorías de las naciones*, Madrid: Trotta, 2000.

Salinas and Pradell 2020
Salinas, E., and T. Pradell. "Madīnat al-Zahrāʾ or Madīnat Qurtuba? First Evidences of the Caliphate Tin Glaze Production of 'Verde y Manganeso' Ware." *Archaeological and Anthropological Sciences* 12, no. 9: 1–32.

Samsó 2011
Samsó, J. *Las ciencias de los antiguos en al-Andalus*. 2nd ed. with additions and corrections by Samsó and M. Forcada. Roquetas de Mar: Fundación Ibn Tufayl de Estudios Árabes.

Samsó 2020
Samsó, J. *On Both Sides of the Staits of Gibraltar: Studies in the History of Medieval Astronomy in the Iberian Peninsula and the Maghrib*. Leiden: Brill.

Sánchez-Moliní 1999
Sánchez-Moliní, C. "Las bibiotecas y al-Andalus." In *El saber en al-Andalus: Textos y estudios II*, edited by J. Carabaza and A. T. Mohamed-Essawy, 79–98. Sevilla: Universidad de Sevilla.

Savage-Smith 2000
Savage-Smith, E. "The Practice of Surgery in Islamic Lands: Myth and Reality." *Social History of Medicine* 13, no. 2: 307–21.

Savage-Smith 2002
Savage-Smith, E. "Al-Zahrāwī." In *EI2*, 11:398–99.

Ṣāʿid al-Andalusī 1996
Ṣāʿid al-Andalusī. *Ṭabaqāt al-Umam*. Translated by S. I. Salen and A. Kumar. Austin: University of Texas Press.

Ṣāʿid al-Andalusī 1997
Ṣāʿid al-Andalusī. *Ṭabaqāt al-Umam*. Edited by J.-N. Avval Gholamreza. Tehran: Hejrat.

Sezgin 1967–84
Sezgin, F. *Geschichte des arabischen Schrifttums*. 9 vols. Leiden: Brill.

Sezgin 2023
Sezgin, F. *The Arabic Writing Tradition: An Historical Survey*. Vol. 3. Translated by J. Lameer. Leiden: Brill.

Shatzmiller 1994
Shatzmiller, J. *Jews, Medicine, and Medieval Society*. Berkeley: University of California Press.

Silva Santa-Cruz 1999
Silva Santa-Cruz, N. "Nuevos datos para el estudio de dos piezas de eboraria califal: Arquetas de la iglesia parroquial de Fitero y del Instituto Valencia de Don Juan." *Anales de Historia del Arte* 9: 27–33.

Souto Lasala 2002–3
Souto Lasala, J. A. "Las inscripciones árabes de la Iglesia de Santa Cruz de Écija (Sevilla): Dos documentos emblemáticos del Estado omeya andalusí." *Al-Andalus-Magreb* 10: 217–40.

Sperl and Shackle 1996
Sperl, S., and C. Shackle. *Qasida Poetry in Islamic Asia and Africa: Classical Traditions and Modern Meanings*. 2 vols. Leiden: E. J. Brill.

Spink and Lewis 1973
Spink, M.S., and G. L. Lewis. *Albucasis: On Surgery and Instruments; A Definitive Edition of the Arabic Text with English Translation and Commentary*. London: Wellcome.

Steinschneider 1893
Steinschneider, M. *Die hebräischen Übersetzungen des Mittelalters und die Juden als Dolmetscher*. Berlin: Bibliographisches Bureau.

Stetkevych 1997
Stetkevych, S. P. "The *Qaṣīdah* and the Poetics of Ceremony: Three ʿĪd Panegyris to the Cordoban Caliphate." In *Languages of Power in Islamic Spain*, edited by R. Brann, 1–48. Bethesda, MD: CDL Press.

Stetkevych 1997/2002
Stetkevych, S. P. "Umayyad Panegyric and the Poetics of Islamic Hegemony: Al-Akhṭal's *Khaffa al-Qaṭīnu* ("Those that dwelt with you have left in haste")." *Journal of Arabic Literature* 28 (1997): 89–122. Repr. in S. P. Stetkevych, "Celebration and Restoration: Praising the Caliph Al-Akhṭal and the Umayyad Victory Ode." In *The Poetics of Islamic Legitimacy: Myth, Gender, and Ceremony in the Classical Arabic Ode*, 80–109. Bloomington: Indiana University Press.

Stetkevych 2002
Stetkevych, S. P. "The Poetics of Ceremony and the Competition for Legitimacy: Al-Muhannad al-Baghdādī, Muḥammad ibn Shukhayṣ, Ibn Darrāj al-Qasṭallī, and the Andalusian Ode." In *The Poetics of Islamic Legitimacy: Myth, Gender, and Ceremony in the Classical Arabic Ode*, 241–56. Bloomington, Indiana University Press.

Stroumsa 2019
Stroumsa, S. *Andalus and Sefarad: On Philosophy and Its History in Islamic Spain*. Princeton: Princeton University Press.

Terés 1976
Terés, E. "ʿUbaydīs b. Maḥmūd y Lubb b. al-Šāliya, poetas de Šumuntān (Jaén)." *Al-Andalus* 41: 87–119.

Toral-Niehoff 2015
Toral-Niehoff, Isabel. "History in *Adab* Context: 'The Book of Caliphal Histories' by Ibn ʿAbd Rabbih (246/860–328/940)." *Journal of Abbasid Studies* 2: 61–85.

Toral-Niehoff 2018
Toral-Niehoff, I. "Writing for the Caliphate: The Unique Necklace by Ibn ʿAbd Rabbih." *Al-ʿUṣūr al-Wusṭā'* 26: 80–95.

Una crónica anónima de ʿAbd al-Raḥmān III al-Nāṣir 1950
Una crónica anónima de ʿAbd al-Raḥmān III al-Nāṣir. Edited and translate by E. Lévi-Provençal and E. García Gómez. Madrid: Consejo Superior de Investigaciones Científicas, Instituto Miguel Asín.

Urvoy 1994
Urvoy, M. T., ed. *Le psautier mozarabe de Ḥafṣ le Goth*. Toulouse: Presses universitaires du Mirail.

Vallejo Triano 1995a
Vallejo Triano, A., ed. *Madīnat al-Zahrā'. El Salón de ʿAbd al-Raḥmān III*. Córdoba: Consejería de Cultura. Junta de Andalucía.

Vallejo Triano 1995b
Vallejo Triano, A. "El Salón de ʿAbd al-Raḥmān III: Problemática de una restauración." In Vallejo Triano 1995a, 9–40.

Vallejo Triano 2004
Vallejo Triano, A. "Un elemento de la decoración vegetal de Madīnat al-Zahrā': La palmeta." In *Al-Andalus und Europa: Zwischen Orient und Okzident*, edited by M. Müller-Wiener et al., 208–24. Petersberg: Michael Imhof Verlag.

Vallejo Triano 2006
Vallejo Triano, A. "Consideraciones generales sobre los programas decorativos de Madīnat al-Zahrā." In *Anejos de Archivo Español de Arqueología* 61: 391–413.

Vallejo Triano 2007
Vallejo Triano, A. "Madīnat al-Zahrā': Transformation of a Caliphal City." In *Revisiting al-Andalus: Perspectives on the Material Culture of Islamic Iberia and Beyond*, edited by G. F. Anderson and M. Rosser-Owen, 3–26. Leiden: Brill.

Vallejo Triano 2010
Vallejo Triano, A. *La ciudad califal de Madīnat al-Zahra': Arqueología de su arquitectura*. Córdoba: Almuzara.

Vallejo Triano 2015
Vallejo Triano, A. Prologue to *Los colores del poder: La cerámica en "verde y manganeso" de Jerez de la Frontera (Cádiz)*, by R. González, L. Aguilar, and F. J. Barrionuevo, 7–13. Jerez: Peripecias Libros.

Vallejo Triano 2018
Vallejo Triano, A. "Piezas metálicas suntuarias del periodo califal de al-Andalus." In *The Pisa Griffin and the Mari-Cha Lion: Metalwork, Art, and Technology in the Medieval Islamicate Mediterranean*, edited by A. Contadini, 257–79. Ospedaletto (Pisa): Pacini Editore.

Vallejo Triano 2023
Vallejo Triano, A. "The Ceremonial Ensemble of the Umayyad Caliphate at Madīnat al-Zahrā'." In *A Companion to Late Antique and Medieval Islamic Cordoba: Capital of Roman Baetica and Caliphate of Al-Andalus*, edited by J. P. Monferrer-Sala and A. Monterroso-Checa, 271–303. Leiden: Brill.

Vallejo Triano and Escudero 1999
Vallejo Triano, A., and J. Escudero. "Aportaciones para una tipología de la cerámica común califal de Madinat al-Zahra'." *Arqueología y Territorio Medieval* 6: 133–76.

Vallvé Bermejo 1986
Vallvé Bermejo, J. "La descripción de Córdoba de Ibn Gālib." In *Homenaje a Pedro Sainz Rodríguez*, 3:669–79. Madrid: Fundación Universitaria Española.

Van Berkel 2014
Van Berkel, M. "The Vizier." In *Crisis and Continuity at the Abbasid Court: Formal and Informal Politics in the Caliphate of al-Muqtadir (295–320/908–32)*, by M. Van Berkel et al., 63–86. Leiden: Brill.

Van Dalen 1996/2013
Van Dalen, B. "Al-Khwārizmī's Astronomical Tables Revisited: Analysis of the Equation of Time." In *From Baghdad to Barcelona: Studies in the Islamic Exact Sciences in Honour of Prof. Juan Vernet*, edited by J. Casulleras and J. Samsó, 195–252. Barcelona: Universitat de Barcelona. Repr. in *Islamic Astronomical Tables: Mathematical Analysis and Historical Investigation*. Farnham, Surrey: Ashgate-Variorum.

Vernet 1978
Vernet, J. *La cultura hispanoárabe en Oriente y Occidente*. Barcelona: Editorial Ariel.

Vernet 1992
Vernet, J. "La educación en la Hispania musulmana." In *Historia*

de la Educación en España y América, coordinated by Buenaventura Delgado Criado, 1: 179–204. Madrid: Fundación Morata.

Vernet 1993
Vernet, J. *El islam de España*. Madrid: Ediciones Mapfre.

Vernet 1999
Vernet, J. *Lo que Europa debe al Islam de España*. Barcelona: El Acantilado.

Vicente 2006
Vicente, A. *El proceso de arabización de Alandalús*. Zaragoza: Instituto de Estudios Islámicos and del Oriente Próximo.

Vives y Escudero 1893
Vives y Escudero, A. *Monedas de las dinastías arábigo-españolas*. Madrid: Establecimiento Tipográfico de Fortanet

Wasserstein 1990–91
Wasserstein, D.J. "The Library of al-Ḥakam al-Mustanṣir and the Culture of Islamic Spain." *Manuscripts of the Middle East* 5: 99–105.

Wasserstein 1997
Wasserstein, D. J. "The Muslims and the Golden Age of the Jews in Al-Andalus." *Israel Oriental Studies* 17: 179–96.

Wasserstein 2002
Wasserstein, D. J. "The Christians of al-Andalus: Some awkward Thoughts." *Hispania Sacra* 54: 501–14.

Wasserstein 2015
Wasserstein, D. J. "¿Cómo salvó el Islam a los Judios? / How Islam Saved the Jews." Translated by T. Ibrahim. *Hesperia: Culturas del Mediterráneo* 10: 223–28.

Yāqūt 1993
Yāqūt. *Muʿjam al-udabāʾ*. Vol. 1. Edited by I. ʿAbbās. Beirut: Dār al-Garb al-Islāmī.

Zozaya 1984
Zozaya, J. "Instrumentos quirúrgicos andalusíes." *Boletín de la Asociación Española de Orientalistas* 20: 255–59.

Zozaya 1994
Zozaya, J. "Girdle." In *The Art of Medieval Spain, a.d. 500–1200*, 102, cat. 51. New York: Metropolitan Museum of Art.

Zozaya 2002
Zozaya, J. "Iconografía califal." In *Al-Andalus Omeya*, edited by J.L. del Pino, 119–42. Córdoba: Fundación PRASA.

Photography and Drawing Credits

The base map (figs. 1-3 and 1-4) has been supplied by the Ancient World Mapping Center, University of North Carolina, Chapel Hill. Map information and final design: Eduardo Manzano Moreno and Vaishnavi Kumar © Institute for the Study of the Ancient World

American Numismatic Society
Courtesy of the American Numismatic Society: fig. 12-1, 12-2, 12-3, 12-4, 12-5, 12-6, 12-7, 12-8

Alamy
© Heritage Image Partnership Ltd / Alamy Stock Photo: fig. 14-5

Austrian National Library
© Österreichisches Nationalbibliothek Vienna: fig. 14-3

Conjunto Arqueológico de Madīnat al-Zahrā' (MMaZ)
© Conjunto Arqueológico de Madīnat al-Zahrā': figs. 2-1, 2-2, 2-3, 2-4, 2-5, 2-6, 2-7, 2-8, 2-9, 2-10, 2-11, 2-12, 2-13, 2-14, 4-2, 4-3, 4-4, 6-2, 6-5, 6-6, 8-1, 8-5, 8-7, 8-8, 9-5, 9-6, 9-7, 9-9, 9-10, 9-11, 9-12, 9-13, 9-14, 9-15, 10-2, 13-2, 13-3, 13-5, 13-6, 13-7

Photograph taken by A. Holgado for Conjunto Arqueológico de Madīnat al-Zahrā': fig. 7-5

Photographs taken by M. Pijuán for Conjunto Arqueológico de Madīnat al-Zahrā': figs. 7-3, 7-4, 7-7, 7-9, 7-10

Photographs taken by J. Escudero for Conjunto Arqueológico de Madīnat al-Zahrā': fig. 7-8

Cressier
Image © Patrice Cressier: figs. 8-9, 8-10, 8-11

Cressier and Bahjaoui
Image © Patrice Cressier and Taoufiq Bahjaoui: figs. 8-3, 8-6

Elices Ocon
Image courtesy of Jorge Elices Ocon: fig. 4-1

French National Library
© Bibliothèque nationale de France. Département des Manuscrits: fig. 14-4

Grimaldi
© Matilde Grimaldi: fig. 10-4

The Hispanic Museum & Library
© The Hispanic Museum & Library. Presented to the Hispanic Society by Archer M. Huntington, 1914: fig. 10-7

History of Science Museum, University of Oxford
© History of Science Museum, University of Oxford: fig. 15-1

Junta de Andalucía
© Junta de Andalucía: fig. 8-2

Magoga Piñas
Photo © Magoga Piñas: fig. 7-6

Martínez Núñez
© Restitution and drawing by M. Ocaña Jiménez, from Martínez Núñez 1995: fig. 13-4

The Metropolitan Museum of Art
© The Metropolitan Museum of Art / Public Domain: fig. 10-6

Montilla Torres
Image courtesy of Irene Montilla Torres: fig. 9-4

Museo Arqueológico de Jerez de la Frontera
© Museo Arqueológico de Jerez: checklist nos. 54 and 60

Museo Arqueológico Nacional, Madrid
© Museo Arqueológico Nacional: fig. 10-3

Museo Arqueológico y Etnológico de Córdoba
© Museo Arqueológico y Etnológico de Córdoba: figs. 3-1, 6-3, 6-4, 7-2, 8-4, 9-1, 9-2, 9-3, 9-5, 9-8, 10-1, 10-8, 13-1, 13-8, 13-9

Museo de Navarra
Navarra © Album / Art Resource, NY: fig. 10-5

Museo Provincial de Jaén
Photograph taken by José Manuel Pedrosa with permission from the Museo Provincial de Jaén : figs. 11-1, 11-2, 11-3, 11-4 11-5, 11-6, 11-7, 11-8, 11-9

Museum of Islamic Art, Doha
© Museum of Islamic Art, Doha: fig. 6-1

National Museum of Scotland
© National Museum of Scotland: fig. 15-2

Universitat de Barcelona
© Universitat de Barcelona: fig. 3-2

University of Pennsylvania
Lawrence J. Schoenberg Collection (University of Pennsylvania) © Public Domain: fig. 14-1, 14-2

Vallejo Triano
Image courtesy of Antonio Vallejo Triano: fig. 7-1

Published by the Institute for the Study of the Ancient World at New York University and distributed by Princeton University Press on the occasion of the exhibition *Madinat al-Zahra: The Radiant Capital of Islamic Spain* at the Institute for the Study of the Ancient World, October 30, 2024 – March 2, 2025.

Institute for the Study of the Ancient World
New York University
15 E. 84th Street, New York, NY 10028
isaw.nyu.edu

Princeton University Press
41 William Street, Princeton, NJ 08540
99 Banbury Road, Oxford OX2 6JX
press.princeton.edu

This exhibition has been organized by the Institute for the Study of the Ancient World at New York University.

This exhibition and its accompanying catalogue were made possible by generous support from the Achelis and Bodman Foundation, the Gladys Krieble Delmas Foundation, and the Leon Levy Foundation. Additional funding provided by Liz and Iris Fernandez Zimick.

Managing Editor: Taylor McBride

Copy Editor: Mary Cason

Proofreader: Gretchen Dykstra

Designer: Laura Grey with Bella Bennett

Color separations, printing, and binding:
Conti Tipocolor, Florence, Italy

The book was set in Apercu and Skolar and printed on Munken Polar.

Cover: Courtesy of Conjunto Arqueológico de Madīnat al-Zahrā᾽.

Library of Congress Control Number: 2024933598

ISBN: 978-0-691-26788-3

British Library Cataloguing-in-Publication Data is available.

Printed and bound in Italy.

10 9 8 7 6 5 4 3 2 1